머니랜드

옮긴이 **박중서**

한국저작권센터(KCC)에서 일했고 출판 번역가로 활동 중이다. 논픽션 번역서로는 시몬 비젠탈의 『모든 용서는 아름다운가』, 빌 브라이슨의 『거의 모든 사생활의 역사』, 조지프 캠벨의 『신화와 인생』, 찰스 밴 도렌의 『지식의 역사』 등이 있다.

머니랜드

사악한 돈, 야비한 돈, 은밀한 돈이 모이는 곳

올리버 벌로 Oliver Bullough 지음 | **박중서** 옮김

MONEY
LAND

북트리거

이 책에 쏟아진 찬사

국제적인 사기꾼들이 저명하고도 존경할 만한 그 경제 고문들과 함께 으스대며 활보하는 사이, 오로지 서민들만 세금을 내야 하는 이유가 도대체 무엇인지 궁금해하는 사람이 있다면, 이것이야말로 딱 그런 사람을 위한 책이다. 지구상의 모든 정치인과 금융인의 필독서. 하지만 그들은 이 책을 외면할 것이다. 바로 그들의 본색에 관한 폭로니까.

— 존 르 카레, 『리틀 드러머 걸』 저자

입을 다물 수 없으며 무척이나 심란해진다. 올리버 벌로는 21세기에도 멀쩡하게 거대한 규모로 벌어지는 해적 행위에 관해서 견실하고도 명석한 설명을 내놓았다. '필독서.' 이 한마디로 끝이다.

— 피터 프랭코판, 『실크로드 세계사』 저자

불법적인 금융과 돈세탁의 세계에 관해 올리버 벌로만큼 훤히 꿰뚫고 있는 사람은 세계에서도 극소수이다. 그의 안내를 따라 저 공모와 범죄의 미로를 지나가다 보면, 우리를 보호해야 마땅한 제도들에 대한 신뢰가 모조리 뒤집히는 느낌을 받을 것이다.

— 빌 브라우더, 『적색 수배령』 저자

정작 가 볼 수는 없지만 사실은 우리 주위를 에워싼 어떤 나라에 대한 훌륭한 안내서.

— 리처드 브룩스, 『회계사Bean Counters』 저자

부패는 민주주의를 잠식하고, 제도를 약화하고, 신뢰를 부식시키며, 삶을 파괴하고, 수백만 명을 가난하게 만든다. 『머니랜드』는 바로 그런 사실에서 출발하여 런던의 입장에서 그 이야기를 해 나간다. 벌로의 저서는, 극빈자를 강탈하고 오늘날에는 심지어 영국의 안보까지도 위협하는 시스템을 묵인했을 뿐만 아니라 때로는 촉진했던, 영국 정부와 은행과 법률 회사와 전문 서비스 회사를 향한 중요한 문제 제기이다. 이 중요한 책은 영국의 대외 정책이 외국인을 위한 것이 아니라 영국 스스로를 위한 것임을 똑똑히 보여 준다.

— 톰 터겐다트, 영국 하원 대외정책특별위원장

세계 곳곳으로 흘러다니는 더러운 돈의 규모와 공포를 세심한 취재와 매력적인 언변으로 밝혀내는 책이다. 머니랜드에서 영국 및 영국인 관련 사법관할구역이 담당하는 중심적인 역할을 고려해 보면, 영국에서 부패와 공평에 대해 우려하는 사람은 누구나 이 책을 읽어야 한다. 그리고 캠페인과 운동에 나서야 한다.　　　　　　　　　　　—마거릿 호지, 영국 하원의원

'머니랜드'는 세계의 대부호들이 대개 부정하게 얻은 각자의 부를 조세 당국 및 기타 공무원의 시선에서 차단하기 위해 은닉해 두는 가상 국가에 저자가 붙인 이름이다. 이 책은 구소련 국가들의 도둑 정치가에게 초점을 맞추면서, 동시에 가난하고 잘못 통치되는 국가에서 훔친 돈을 부유하고 안전한 국가에 투자하도록 도와주는 회계사, 사기꾼 등 세계 각지의 수많은 사람들을 열거한다. 중요한 주제에 대한 긴급한 폭로이다.

　　　　　　　　　　　　　　　　　　　　　—《이코노미스트》 올해의 책 선정 이유

"하나님께 부를 선사받은 사람들의 됨됨이만 놓고 보면, 하나님께서는 부를 하찮게 여기신다는 사실을 알 수 있다." 알렉산더 포프는 1727년에 이런 말을 했다. 그런데 "도둑들과 사기꾼들이 오늘날 세계를 지배하는 이유, 그리고 세계를 다시 되찾을 방법"이라는 부제로 오늘날 우크라이나부터 런던까지 이어지는 더러운 돈과 극한 부유 범죄자들의 실상을 파헤친 벌로의 이야기만 놓고 보면, 포프의 시대로부터 오늘날까지 무려 291년 동안 거의 변한 것이 없음을 알 수 있다. 그의 주장에 따르면, 전세계적인 돈세탁 작전을 실행하기 위해 아예 산업 하나가 생겨났다. 이 책은 우리가 세계를 바라보는 방식을 바꿔 놓을 것이며, 변화에 대한 요구의 지지자를 만들어 낼 것이다.　　—《선데이타임스》 올해의 경영서 선정 이유

분노의 울부짖음을 넘어서서 … 가장 악명 높은 올리가르히, 범죄자, 부패 공무원 일부에 대한 철두철미한 분석을 제공한다.　　　　　　　—《시티 AM》 올해의 책 선정 이유

역외 부富의 위력에 대한 대담한 보고서 … 눈을 뗄 수가 없다.　　　　　—《타임스》

『머니랜드』는 즐거운 유람이라기보다는, 제멋대로인 엘리트가 자신의 모국에 궁극적으로 손상을 가함으로써 영구적으로 망가진 국가 상태를 유지시키는 불공평하고 유해한 시스템에 대한 통렬한 고발장이다.　　　　　　　　　　　　　—《파이낸셜타임스》

눈을 열어 주는 필수불가결한 책 … 벌로는 복잡하지만 중요한 주제를 가지고, 차마 눈을 뗄 수가 없으며 알기 쉬운 이야기를 만들어 내는 데 일종의 모범을 제공했다. 머니랜드를 모르는 상태에서는 권력과 부와 가난을 이해할 수 없다.　　　　　　—《뉴스테이츠먼》

압축적이고 자신만만한 책 … 속도감 있고, 영리하고, 재미있으며 … 혹시라도 해방된 자본주의의 경이에 대한 환상을 여전히 품은 사람이 있다면,『머니랜드』가 아마 깨끗이 치료해 줄 것이다.   —《가디언》

꼼꼼한 조사와 환상적인 불편함의 만남.   —《옵저버》

굉장히 잘 넘어간다.   —《리터러리리뷰》

『머니랜드』는 만만찮은 언론의 작품으로 … 책 전체에 분노의 혈관이 펄떡인다.
                                                                            —《데일리익스프레스》

[벌로의] 진정한 힘은 기자로서 발휘된다. 그는 훌륭한 인용문을 포착하는 귀가 있으며, 또한 머니랜드의 총독 중에서도 가장 냉소적인 사람의 입조차도 열게 만드는 친밀감을 지니고 있다.   —《런던리뷰오브북스》

매우 읽기 좋고, 철저히 조사되었으며, 생각거리를 던져 주며, 어쩐지 섬뜩하면서도 동시에 유머러스하다.   —《포브스》

우리 모두가 손수레에 실려 지옥으로 끌려가지 않으려면 반드시 뭔가 조치를 취해야 한다는 확실한 생각을 하며 읽게 될 다급하고도 메스꺼워지는 책.   —《북셀러》

MONEYLAND

CONTENTS

일러두기

1. 인명의 외국어 표기는 가독성을 위해 본문에 병기하지 않고 「찾아보기」에 실었다. 단, 본문의 이해를 돕기 위해 필요한 경우는 예외로 했다.
2. 본문의 각주는 모두 옮긴이의 주석이다.
3. 저자가 이탤릭체로 강조한 부분은 한국어판에서 고딕체로 처리했다.
4. 학술지를 비롯한 정기간행물은 《》, 단행본은 『』, 논문·보고서·소송사건명은 「」, TV 프로그램·영화·노래 제목은 〈 〉를 써서 묶었다.
5. 거리, 면적, 무게 등의 단위 표기는 국제 도량형 표기법에 맞추었다.

1

알라딘의
동굴

런던은 여러 가지 얼굴이 있으며, 보는 사람이 누구냐에 따라 서로 다르게 나타난다. 우선 왕궁 수문장 교대식의 장관과 예식이 있다. 온통 빨간색 제복을 걸친 군인들, 위풍당당한 군마들, 환호하는 군중 따위다. 이것은 관광객용이다. 런던의 금융가인 시티의 강철과 유리도 있다. 이른 아침부터 무리 지어 강철 다리를 건너가는 은행원과 사무원으로 이루어진 군대가 이 요새를 수비한다. 이것은 사업가용이다. 런던 교외의 연립주택과 생울타리와 막다른 길과 공원도 있다. 이것은 지역 주민용이다.

그런가 하면 런던 북서부의 핀칠리 같은 곳도 있는데, 그곳의 작은 길 우드베리 그로브에서는 불과 10년 전까지만 해도 자동차를 구경하기가 힘들었고, 가장 가까운 가게에서는 폴란드산* 맥주와 타블로이드 신문을 판매했다. 이곳으로 말하자면 딱히 이유가 없는 한 우리가 굳이 찾아갈 만한 거리는 아니고, 심지어 우리 눈에 띌 만한 거리도 아니다. 폴 매너포트가 자기 회사 가운데 하나를(즉 폼폴로 유한회사Pompolo Ltd를) 굳이 이곳의 2번지에 자리 잡게 한 것도 아마 그래서였을 것이다.

로버트 뮬러가 지휘한 특별검사국의 기소장에 따르면, 도널드 트럼프의 전직 선거대책위원장이었던 매너포트는 여러 개의 역외 은행 계좌를 통해 약 7,500만 달러를 움직였으며, 이 자금 가운데 상당 부분을 고가 부동산과 사치품 구입에 사용했다. 그는 우크라이나에서 일하면서, 그것도 흉악스러운 전직 대통령 빅토르 야누코비치를 위해 주로 일하면서 이 자금을 벌었으며, 급기야 미국 국세청을 속이고 자금을 은닉한 혐의 및 기타 범죄 혐의로 유죄를 선고받았다. 상세하게 작성된 기소장에서는 그가 이 자금을 움직인 은행 계좌를 보유하려고 이용한 회사들의 목록이 나와 있는데, 우리가 폼폴로 유한회사에 관해서 알게 된 이유도 그래서이다. 폼폴로 소유의 은행 계좌 가운데 하나를 보니, 단 하루 동안 플로리다에 본사를 둔 가정용 오락 기기 회사에 17만 5,575달러를 송금했고, 햄턴스에 있는 조경 업체에 1만 3,325달러를 송금했다고 나왔다. 모두 2013년 7월 15일에 벌어진 일이었다.

폼폴로가 한 일은 아마도 이게 전부라고 해도 과언이 아니다. 불과 3개월 전에 설립된 이 회사는 그로부터 1년 뒤에 영국 기업청에 의해 해산되었는데, 이는 필수적인 문서를 제출하지 않은 회사들이 자동적으로 겪는 일이었다. 나는 폼폴로 유한회사의 활동 근거지로 알려진 주소인 우드베리 그로브 2번지로 직접 찾아가 보았다.

그곳은 상당히 초라한 목적지였다. 황갈색 벽돌에, 베이지색 벽토를 일부 덧칠한 2층짜리 사무용 건물이었다. 지붕 타일은 이끼 덩어리 덕분에 간신히 제자리에 붙어 있는 듯했고, 창틀은 검은 얼룩이 져서 나무 재질인 것을 잘 알아보지 못할 정도였다. 문 옆으로는 초인종이 줄줄이 설치되어 있었다. 그중 하나를 눌렀더니 영국 헤비메탈 밴드 아이언메이든을 홍보하는 색 바랜 티셔츠를 걸친 남아프리카 억양의 중년 남자가 나와서 문을 열어 주었다. 나는 그의 안내를 받아 안으로 들어갔다. 매너포트가 우크라이나에서 자금을 빨아내서 뉴욕과 버지니아에 있는 사치품에 쏟아붓기 위해 사용한 금융 배관의 연결점이었던 장소에 간다니, 나도 솔직히 뭘 기대해야 할지 모르는 심정이었다. 그런데 뭔가 더 흥미진진한 것을 상상했음에도 불구하고, 그곳은 흔히 볼 수 있는 회색 카페트가 깔려 있고, 컴퓨터 앞에 앉을 때 허리에 무리를 주지 않는 방법을 직원들에게 조언하는 포스터가 걸려 있는 말쑥하고 무미건조한 사무실일 뿐이었다. 아이언메이든 팬으로 보이는 남자의 상사를 기다리고 있는 동안, 나는 두 여자가 주말 계획에 관해 나누는 잡담에 귀를 기울였고, 그들의 칸막이 공간 안을 엿보려고 시도했다. 안타깝게도 이들의 상사는 마침 자리에 없었고, 내가 지하철역에서 우드베리 그로브까지 15분 동안 걸어와서 얻은 보상이라고는 이메일 주소뿐이었다(나중에 그의 답변이 날아오기는 했지만, 잘못에 대한 부정과 아울러 강한 과장의 어조가 들어 있을 뿐이었다. "이른바 '매너포트 같은 사람들'을 움직인 동기가 무엇인지에 대해서는 저 역시 말할 만한 입장이 아니므로, 아무래도 귀하께서 나름의 결론을 끌어내셔야 할 것 같습니다").

이 사건과 관련해서 내가 다음으로 취할 행동은 두 가지가 더 있었다. 그중 첫 번째는 막다른 길이려니 하며 폼폴로를 단념하고, 그 대신 매너포트 본인에, 즉 그의 탐욕스러운 고객층에, 또한 그의 부도덕한 행적과 아울러 사치품에 대한 놀라운 식욕에 초점을 맞추는 것이었다. 두 번째는 우드베리 그로브 2번지를 다시 살펴보고, (그토록 막대한 현금을 주무르는 회사인) 폼폴로가 왜 하필 런던에서도 유독 인기 없는 한구석의 보잘것없는 장소에 자리 잡았는지를 물어보는 것이었다.

대부분의 언론인이 첫 번째 접근법을 선호하는 것이야 이해할 만하다. 영국의 추악한 제도상 구조에 관해서 묘사하는 것보다는 차라리 타조 가죽 재킷과 호화 콘도미니엄에 관해서, 그리고 수십 명에 달하는 혐오스러운 정치인과 올리가르히^{oligarch} [1]의 재산을 매너포트가 세탁해 준 방식에 관해서 쓰는 편이 더 흥미진진한 이야기가 되기 때문이다. 하지만 오히려 더 보람 있는 쪽은 두 번째 접근법인데, 왜냐하면 우리가 매너포트와 우드베리 그로브의 연계를 이해할 수 있다면, 우리는 그 사람의 배후에 있는 금융 시스템의 숨은 작용을, 즉 내가 '머니랜드'라고 부르는 비밀 국가를 살짝이나마 엿볼 수 있을 것이기 때문이다.

매너포트에 대한, 그리고 그의 협조자인(즉 폼폴로의 사업주로 등록된) 릭 게이츠에 대한 기소장에서는 단순히 폼폴로 유한회사의 존재뿐만 아니라, 심지어 카리브해의 국가 세인트빈센트그레나딘, 키프로스, 미국 버지니아와 플로리다와 델라웨어와 뉴욕주에 있는 다른 회사들의 존재도 밝혀졌다. 이 회사들은 다수의 은행 계좌를 보유했으며, 외관상 각자 별개인 듯 보였지만 실제로는 공동의 소유주에 의해 서로 연결되어 있었다. 이 회사들이 서로 간에 자금을 이리저리 움직인 모습은 마치 끊임없고 당혹스러운 춤과도 비슷했으며, 그 춤의 패턴은 어찌나 복잡한지 다수의 전문가들조차도 차마 이해하지 못할 정도였다. 이 법인들 모두를 연결하는 금융 구조의 복잡성을 서술하는 것은 어디까지나 법 집행기관의 전문가들로 이루어진 수사단의 임무이다. 일반인에게는 한마디로 불가능한 일이다.

매너포트와 게이츠는 이 시스템을 10년 이상 이용했지만, 그렇다고 해서 직접 만든 것까지는 아니었다. 아울러 이들은 우드베리 그로브 2번지를 굳이 물색해서 자기들의 작전 기지로 삼겠다고 직접 결정했던 것도 아니었다. 그런 일은 이들 같은 사람, 즉 숨길 돈을 가진 사람의 범죄를 조력하는 또 다른 사람들로 이루어진 전체 산업이 대신해 주었다. 핀칠리에 있는 사무용 건물의 실제

1.　정권과 결탁해 부를 축적한 러시아 및 구소련 국가의 신흥 거부.

세입자는 A1 컴퍼니서비시즈A1 Company Services라는 곳으로, 고객을 대신해 회사를 설립하고 우편 주소를 제공했다. A1 컴퍼니서비시즈는 단순한 정치적 스캔들보다도(심지어 폼폴로만큼 커다란 스캔들보다도) 훨씬 더 거대한 뭔가의 상징이었다. 그 회사는 바로 부자와 권력자의 비밀을 숨겨 줌으로써 세계를 궁핍화하고 있는 시스템을 상징했다.

매너포트의 비밀은 워낙 잘 보호되었기 때문에, 로버트 뮬러조차도 트럼프의 전직 선거대책위원장에 대한 수사를 차마 시작하지도 못해서 여차하면 범죄를 저지르고도 그가 무사히 빠져나갈 수 있을 것 같았다. 이것이야말로 걱정스러운 생각이 아닐 수 없다. 지금도 여전히 그와 똑같은 시스템을 사용하는 사람들이 무척이나 많기 때문이다. 우드베리 그로브 2번지만 해도 다른 수천 개 회사들의(심지어 어떤 데이터베이스에 따르면 무려 1만 6,551개에 달하는 회사들의) 주소지이기(또는 주소지'였기') 때문이다. 매너포트가 그레나다에서, 키프로스에서, 심지어 미국에서 사용한 주소도 마찬가지였다.

폴 매너포트가 중요한 이유는 어디까지나 도널드 트럼프의 선거를 에워싼 부패를 드러냈기 때문이라고만 생각하는 사람이 대부분이다. 하지만 사실 그와 트럼프의 연계는 이보다 훨씬 더 커다란 뭔가를, 즉 우리 가운데 극소수만이 아는 모호한 시스템을 들여다볼 수 있는 창문을 제공한다. 이것이야말로 조용하면서도 효과적으로 수백만 명을 가난하게 만드는, 민주주의를 잠식하는, 독재자가 자국을 약탈하도록 도와주는 시스템이다. 그리고 매너포트가 제공했던 서비스의 가장 큰 고객 가운데 하나를 살펴봄으로써, 우리는 이 세계에 대해서 더 많이 배울 수 있다. 그 고객의 이름은 우크라이나 전직 대통령 빅토르 야누코비치이다.

야누코비치는 2010년부터 2014년까지 우크라이나를 통치했는데, 그 4년간 본인은 부자가 되었지만 국가는 파산했다. 마침내 우크라이나도 질려 버렸는지 2013년에서 2014년으로 넘어가는 추운 겨울 내내 수천 명이 시위에 나섰고, 결국 그는 도망치고 말았다. 그런데 그가 남겨 놓고 간 부만 살펴보더라도 매너포트 따위는 졸지에 검소하게 보일 정도로 워낙 휘황찬란하다. 메쥐히랴 관저의 넓은 땅에는 연못 정원, 골프장, 신^神그리스 양식 신전, 옆구리에 토스카나 풍경화를 그려 넣은 말^馬 대리석상, 타조 컬렉션, 멧돼지 사냥터, 심지어 과도하고도 저속한 취향에 탐닉하기 위한 5층짜리 통나무집도 있었다. 이것이야말로 몰취미의 신전이었고, 키치의 대성당이었으며, 과도함의 축도^{縮圖}였다.

빅토르 야누코비치가 범죄자라는 사실은 모두가 알았지만, 그가 범한 약탈의 정도로 말하자면 진짜 선례가 없는 수준이었다. 우크라이나 일반인의 부가 여러 해 동안 정체되어 있던 시기였지만 그는 수억 달러 상당의 재산을 축적했으며, 최측근들도 마찬가지였다. 야누코비치는 평생 다 쓰지도 못할 만큼 많은 돈을 가졌고, 집에 들여 놓지도 못할 만큼 많은 보물을 가졌다.

국가수반이라면 누구나 관저를 갖게 마련이지만, 보통 관저 자체는 개인의 소유가 아니라 정부의 소유이게 마련이다. 개인 부동산을 관저로 사용하는 예외적인 정치인이라도(예를 들어 도널드 트럼프라도) 보통은 관직에 나가기 이전에 취득한 재산이게 마련이다. 하지만 야누코비치는 국가의 봉급을 받으면서 자기 관저를 건축했기에, 훗날 시위자들이 그의 거대한 통나무집을 구경하기 위해서 모여들었던 것이다. 이들은 커다란 본관 건물, 분수대, 폭포, 조상^{彫像}, 희귀종 꿩 등을 보고 감탄해 마지않았다. 사업 감각이 있는 지역 주민들은 방문객에게 자전거를 대여하는 사업을 시작했다. 부지가 워낙 넓어서 전체를 다 둘러보려면 힘들 수밖에 없었기 때문에, 혁명가들도 여러 날이 걸려서야 구석구석 확인할 수 있었다. 그곳의 차고야말로 금붙이가 가득한 알라딘의 동굴이었는데, 그중 일부는 아마도 가치를 매길 수 없을 정도로 귀한 물건인 듯했다. 혁명가들은 키예프 소재 국립 미술관의 큐레이터들을 불러서 거기 있는 물건들이 손상되기 전에 모두 수거해 국가를 위해 보존하고 공개 전시회에 내보내도록 했다.

도금 촛대도 무수히 많았으며, 대통령의 초상화로 가득한 벽도 있었다. 그리스 신들의 조각상도 있었고, 상아를 조각해 만든 정교한 동양식 탑도 있었다. 성화聖畵라든지, 골동품 총과 검과 도끼도 수십 점 있었다. 야누코비치를 "올해의 사냥꾼"으로 선정한 인증서도 있었고, 본인의 이름을 따서 명명된 별과 아내의 이름을 따서 명명된 또 다른 별에 관한 문서도 있었다. 대통령의 물건 가운데 일부는 그것을 선물한 공직자의 명함과 나란히 전시되었다. 그 물건들은 통치자에게 보내는 경의 표시였다. 공여자들의 입장에서는 야누코비치의 호의를 계속 누리기 위한, 그리하여 각자를 부유하게 만들어 줄 편취를 계속 진행하기 위한 일종의 상납금인 셈이었다.

유리 진열장에는 고서古書도 한 권 전시되어 있었는데, 국세청에서 온 선물이라는 표식이 붙어 있었다. 우크라이나 역사상 최초의 인쇄본인 『사도전使徒傳』으로, 겨우 100권밖에 현존하지 않는 희귀품이었다. 왜 국세청에서는 이 고서를 대통령에게 어울리는 선물이라고 생각했던 걸까? 또 국세청이 무슨 돈으로 이걸 구입했던 걸까? 그건 그렇고, 애초에 왜 국세청이 대통령에게 이런 선물을 주었던 걸까? 과연 누구의 돈으로 산 걸까? 아무도 모른다. 번지르르한 도자기 더미 사이에는 정교한 피카소의 꽃병도 한 점 있었고, 그 출처는 불명이었다. 어느 진열장에는 강철 망치와 낫이 들어 있었는데, 과거 우크라이나공산당이 이오시프 스탈린에게 보낸 선물이었다. 이것은 어쩌다 야누코비치의 차고에 들어와 있게 된 것일까? 대통령 입장에서도 딱히 놓아 둘 만한 공간이 더는 없었던 까닭이 아니었을까?

머지않아 관저의 정문에 늘어선 사람들의 줄이 도로까지 이어졌다. 기다리는 사람들은 즐거운 표정이었으며, 천천히 앞으로 움직여서 박물관의 자갈 붙인 삼각 박공벽 뒤로 사라졌다. 한참 뒤에 다시 나온 사람들은 창백한 표정이었다. 출구에는 방명록이 비치되어 있었다. 누군가가 소감을 멋지게 요약해 두었다.

"사람 한 명이 얼마나 많은 것을 필요로 할 수 있는가? 공포 그 자체다. 속이 메스껍다."

이것은 겨우 시작에 불과했다. 혁명 직후의 나날은 좋게 말해야 무법 상태여서, 누군가가 자기 호기심에 몰두한들 제복 입은 사람이 저지할 리 만무했으므로, 나 역시 그 기회를 이용해 구엘리트의 비밀 거처에 최대한 많이 침입해 보았다. 한번은 키예프 외곽에 있는 숲 한가운데로도 가게 되었다. 내 친구이며 혁명가인 안톤은 우리가 가려는 목적지의 정문 앞에서 차를 세운 다음 도로를 벗어나 관목 속으로 들어가더니, 한참을 부스럭거리다가 자기가 발견한 것을 치켜들어 보여 주었다. "낙원으로 들어가는 열쇠야." 그는 뒤틀린 미소를 지으며 말했다. 그는 정문을 열고, 다시 차에 올라서 그곳을 지나 달렸다.

오른쪽으로는 키예프 저수지의 반짝이는 수면이 있었다. 드네프르강의 물이 댐에 막혀 모이면서, 갈대 더미가 군데군데 떠 있는, 내륙의 바다를 만들어 낸 것이었다. 곧이어 작은 보트 창고와 선착장이 있는 연못을 지나가는 좁은 둑길이 나타났다. 수면의 작은 섬들에 자리한 나무 둥지들 주위로 오리 몇 마리가 돌아다녔다. 마침내 안톤이 차를 빙 돌려서 2층짜리 통나무집 앞에 세웠다. 이곳은 바로 야누코비치가 휴식을 즐기고 싶을 때 옛 친구들이며 새 여자 친구들과 함께 찾아온 곳이었다.

안톤은 2014년 2월의 어느 날, 대통령이 수도에서 도망친 지 몇 시간 되지 않은 상황에서 딸과 함께 이곳으로 찾아왔다. 텅 빈 도로를 따라 차를 몰고 정문까지 온 다음, 자기는 혁명 세력에서 파견된 사람이라고 경찰에게 말했다. 그러자 경찰은 그에게 열쇠를 건네주고 들어가게 해 주었다. 오늘 안톤은 나를 위해 문을 열어 주고 안으로 안내했다. 그는 아무것도 손대지 않았다. 열여덟 개의 쿠션 빵빵한 의자가 놓인 긴 식탁도 그가 처음 발견했던 그대로였고, 가열식 대리석 마사지 테이블도 마찬가지였다. 벽에는 수준 낮은 인상파 아류 누드화(즉 피에르오귀스트 르누아르가 소프트 포르노 분야로 돌아섰다고 가정한다면 그렸을 법한 그림들)가 군데군데 걸려 있었다. 바닥에는 광택이 번쩍이는 마루판이 깔려 있었는데, 목질이 단단한 열대산이었다. 벽을 이루는 통나무는 목질이 연한 것을 각지게 깎았고, 의도적으로 마감하지 않아서 마치 참깨처럼 노란색이었다. 책이라고는 한 권도 없었다.

이상하게 들릴 수도 있지만, 나는 그곳 화장실을 보고서 정말 깜짝 놀랐다. 그 집에는 텔레비전이 아홉 대 있었는데, 그중 두 대는 변기 앞에, 그것도 사람이 앉아 있는 눈높이에 맞춰서 설치되어 있었다. 그것은 더 친밀한 종류의 개인적인 흔적이었다. 야누코비치 대통령은 텔레비전 보기를 좋아했던 사람이었고, 아울러 변기에서 꽤 오랜 시간을 앉아 있어야 했던 사람이었던 것이다. 우크라이나 국민이 이른 나이에 사망하고, 생계 유지 수준의 봉급을 얻기 위해 힘들게 일하고, 전국의 도로가 썩어 가고 나라의 공무원이 도둑질을 하는 동안, 대통령은 자기가 좋아하는 텔레비전 프로그램을 즐기는 즐거움을 변비조차도 방해하지 못하도록 조치하는 데에 몰두했던 셈이다. 그 두 대의 텔레비전이야말로 내게는 뭔가 잘못된 것을 가리키는 작은 상징이 되었다. 단지 우크라이나에서만이 아니라, 내가 일해 보았던 구소련 국가들 모두에서도 마찬가지였다.

소련은 내가 열세 살 때 무너져 버렸고, 나는 그 순간을 직접 경험할 수 있을 만큼 충분히 나이 들었던 사람들 모두를 매우 질투했다. 모스크바의 강경론자들이 구소련의 방식을 자국에 다시 도입하려다 실패했던 1991년 여름에도 나는 가족과 함께 스코틀랜드 하일랜드에서 휴가를 보내던 중이어서, 산봉우리 사이로 스며드는 전파를 붙잡아 밖에서 무슨 일이 벌어지고 있는지 알아보려고 며칠 동안 라디오를 붙들고 애를 썼다. 우리 가족의 휴가가 끝났을 무렵에는 쿠데타도 실패로 돌아가고 새로운 세계가 떠오르고 있었다. 이전까지만 해도 냉철했던 역사가 프랜시스 후쿠야마Francis Fukuyama는 역사의 종말을 선언했다. 온 세계가 자유롭게 될 것만 같았다. 착한 편이 이겼기 때문이었다.

나는 동유럽에서 무슨 일이 벌어지고 있는지를 알고자 열망했고, 나보다 먼저 그곳에 갔던 사람들이 쓴 책을 수백 권이나 읽었다. 대학 시절에는 긴 여름방학마다 이전까지만 해도 금지된 땅이었던 구 바르샤바조약 국가들을 돌아다니며 유럽의 재통일을 기뻐했다. 대학을 졸업하자 동기들 대부분은 일자리를 얻으려고 애썼지만, 나는 그렇게 하지 않았다. 대신에 1999년 9월 러시아 제2의 도시 상트페테르부르크로 이주했고, 기쁨에 압도된 상태에서 민주주의적 변모의 가능성, 그리고 새로운 사회가 펼쳐질 가능성에 잔뜩 취했다. 그때는 워낙 가슴이 벅찼기 때문에 러시아가 그 가능성을 이미 놓쳤다는 것을 미처 깨닫지 못하고 말았다. 물론 그것도 애초에 가능성이 있었다고 가정할 경우에 그렇다는 뜻이지만 말이다. 내가 탄 비행기가 풀코보 공항에 착륙하기 3주 전에, 블라디미르 푸틴이라는 무명의 전직 스파이가 총리로 선출되었다. 이후 10여 년 동안 나는 자유와 우정에 관해서 글을 쓰기는커녕, 오히려 전쟁과 학대에 관해서 보도하고, 편집증과 괴롭힘을 경험하는 경험하는 처지에 놓이게 되었다. 역사의 종말은 없었다. 오히려 역사는 가속화되었다.

대통령의 변기에 관해서 숙고하던 2014년, 나는 이미 구소련에 관해 두 권의 책을 간행한 다음이었다. 첫 번째 책은 체첸공화국과 그 인근에서 직접 목격한 비참의 산물로서, 캅카스산맥에 사는 사람들에 관한, 그리고 그들이 열망했지만 번번이 달성하지 못한 자유에 관한 내용이었다. 두 번째 책은 러시아 민족 그 자체를 다루었으며, 알코올중독과 절망이 한 민족으로서 이들의 지속적인 존립을 잠식하고 있음을 보여 주었다. 그런데 두 권의 책 배후에는 (나로서도 이제야 깨달았지만) 양쪽 모두에서 미처 제기되지 않았던 의문이 하나 있었다. '무엇이 잘못된 것일까? 왜 1991년의 꿈은 실현되지 못했을까?' 우크라이나에서 해외로 망명한 국가수반의 사냥용 별장에 있는 호화판 화장실에서도 바로 이 질문이 강렬하게 떠올랐다. '왜 이 모든 국가들은 자유와 번영을 얻은 것이 아니라, 오히려 자기들이 통치하는 국가의 안녕보다는 자기 자신의 배변의 편리에 관해서 더 신경을 쓰는 정치인들만 얻게 된 것일까?'

왜냐하면 우크라이나만이 유일한 사례는 아니었기 때문이다. 크렘린에서 800미터도 안 떨어진 벤틀리 전시장에서는 대당 수십만 달러짜리 승용차를 판매하고, 러시아 언론은 그곳이야말로 이 고급 브랜드 매장 가운데 지구상에서 가장 성황인 곳이라고 자랑한다. 거기서 불과 몇 시간만 더 가도, 언젠가 한번은 내 노키아폰을 자신의 전체 농지와 맞바꾸자고 제안하는 사람을 만날 수 있을 정도였다(지금으로 말하자면 아이폰의 시대로 진입한 지 오래인 상황인데도 말이다). 아제르바이잔에서는 일함 알리예프 대통령이 그 당시 세계에서 가장 유명한 건축가였던 자하 하디드에게 의뢰한 끝에, 타계한 자기 부친을 기리는 화려하고도 널찍하며 굽이치는 모양의 박물관을 자국의 수도 바쿠의 한가운데 자리한 노른자위 땅에 건축했다. 그곳 국민 수천 명은 임시 피난민 보호소에 살고 있었는데, 무려 20년 전 아르메니아와의 전쟁에서 집을 잃어버린 이후로 줄곧 그런 상태였다. 키르기스스탄에서는 대통령이 3층짜리 이동식 텐트를 만들고서 마치 연세 지긋한 유목민 족장인 양 포즈를 취했는데, 그 와중에 자국의 수도 주민들은 여전히 공동 펌프를 이용해 물을 길러 다녔다.

우크라이나에서 야누코비치와 그 집권 도당은 공식 정부 기구와 나란히 운영되는 그림자 국가 작전을 펼쳤다. 이들은 통치한 것이 아니라 훔쳤다. 세금을 받을 곳이 있으면, 뇌물을 받고 사람들이 세금을 회피하도록 도와주었다. 허가를 내줄 곳이 있으면, 자기 친구들에게 허가를 내주었다. 사업이 번성하는 곳이 있으면, 경찰을 보내 보호비를 요구했다. 정부 공무원은 그림자 국가를 위해 아르바이트를 했는데, 부업이 더 짭짤한 터라 본업에 소홀했다. 우크라이나에

21

는 검사가 1만 8,500명이나 있었는데, 이들은 마치 마피아 두목의 조직원처럼 행동했다. 이들이 누군가를 법정에 세우려고 작정했을 경우, 판사는 이들이 지시하는 대로 따랐다. 전체 사법 체계가 온전한 상황이었다면 내부자가 돈을 벌 기회는 각자의 상상력 이내로 제한되었을 것이다. (그런데도 매너포트의 임무는 마치 아무 일도 없다는 듯 야누코비치를 멀쩡한 정치인으로 서구에 보여 주는 것이었다.)

의약품을 예로 들어 보자. 우크라이나 정부는 필요한 사람 모두에게 무상 의료를 제공해야 하는 헌법상 의무를 지닌 보건 시스템을 운용하기 위해 공개 시장에서 의약품을 구입한다. 관련 기준에 부합하는 업체면 기술적으로는 참여가 허락된다. 하지만 실제로는 공무원들이 자신들에게 돈을 건넬 채비가 미처 되지 않은 업체를 배제하는 방법을 끝도 없이 찾아냈다. 예를 들어 서류의 서체가 잘못되었다며, 서류 맨 아래의 서명이 너무 크거나 너무 작다며, 또는 자기들이 생각할 수 있는 그 어떤 이유를 들어서든지 간에 진입을 불허하는 식이다. 이렇게 배제된 업체라면 이의를 제기할 수도 있지만, 그렇게 하려면 가뜩이나 부패한 시스템의 또 다른 부분에 불과한 법정에 가야 하고, 사기극 속으로 한 걸음 더 나아가는 격이기 때문에, 이들은 애초에 그러려는 시도를 굳이 하지조차 않는다. 어쨌거나 소동을 일으키는 업체가 있다면, 현장 조사 수행 권한을 지닌 수십 군데 정부 기관 중 한 군데로부터 앞으로 영구히 괴롭힘을 당할 것이기 때문이다. 예를 들어 소방 규정을 지키라고, 또는 위생 규정을 지키라고, 또는 기타 등등의 규정을 지키라는 식으로 말이다. 이는 결국 우크라이나의 의약품 시장이 사실상 관료의 친구들에 의해서 지배된다는 뜻이다. 이들은 해외에 등록된 수상쩍은 중개 업체를 전면에 내세우고, 서로서로는 물론이고 내부자와도 결탁해서 가격을 올린다. 이런 사업은 우크라이나 법률 조문에 의해 보장되는 셈이어서, 이를 지배하는 사업가와 공무원은 여전히 어마어마한 수익을 올린다.

결국 보건부는 HIV를 억제하여 완전한 AIDS로 발전하지 못하게 만드는 필수 의약품인 항ᴴ레트로바이러스제를 구입하면서 원래 책정한 것보다 두 배 이상의 비용을 지출하게 된다. 정작 우크라이나는 유럽에서 HIV의 유행이 가장 빨리 증가하는 국가인데도 불구하고 말이다. 혁명 직후 국제기구가 의약품 조달을 관장하게 되면서부터는 암 치료제의 가격이 거의 40퍼센트나 떨어졌는데, 품질에는 아무런 저하가 없었다. 결국 이전까지만 해도 그만큼의 돈이 공무원의 주머니로 들어갔다는 뜻이다.

이것은 겨우 시작에 불과했다. 우크라이나 정부가 사용하는 모든 물품은 다른 누군가로부터 구매한 것이었기에, 내부자 입장에서는 그런 구매 하나하나가 모조리 부자가 될 기회였다. 국가 조달 체계의 부정부패로 인해 정부는 매년 150억 달러 상당의 적자를 보았을 것이다. 2015년에는 우크라이나 어린이 두 명이 소아마비에 걸렸는데, 그 질병으로 말하자면 유럽에서는 이미 박멸되었다고 간주되던 것이었다. 부패하고 냉소적인 정치인들에게 잠식된 허술한 예방 접종 프로그램이 그 원인으로 지목되었다. 무엇이 잘못된 것일까?

어쩌면 이런 질문이 우크라이나와 구소련 이웃 국가들에게만 적용되는 것처럼 보일 수도 있을 것이다. 하지만 실제로 이 질문은 훨씬 더 폭넓은 의미를 지니고 있다. 야누코비치를 부자로 만들고 그의 나라를 잠식한 저 산업 규모의 부패는 동쪽으로 필리핀에서부터 서쪽으로 페루에 이르는 커다란 호ᴴ에 걸쳐서 분노와 불안을 조장했으며, 그 사이의 장소 대부분에 영향을 끼쳤다. 튀니지에서는 정부의 탐욕이 워낙 심했기 때문에 노점상 한 명이 분신했고, 급기야 아랍의 봄이라고 일컬어진 사건이 시작되었다. 말레이시아에서는 연줄 좋은 젊은 투자자 여러 명이 국부 펀드를 약탈해서 그 수익을 마약과 섹스와 할리우드 스타에게 지출했다. 적도기니에서는 대통령의 아들이 4,000달러의 월급을 공식으로 받았고, 내부자들이 공적 자금을 훔쳐서 해외에 은닉한 다음, 자국이 무너져 가는 상황에도 아랑곳하지 않고 어마어마한 호화판 생활을 만끽했다.

나는 여전히 변기와 텔레비전, 그리고 그 물건들이 상기시키는 반갑지 않은 광경에 관해 숙고하며 사냥용 별장에서 걸어 나오며 안톤에게 물어보았다. 어떻게 우크라이나 사람들은 자기네 통치자가 이런 일을 하도록 내버려 둘 수 있었나? 어떻게 이런 일이 벌어지고 있다는 사실을 모르고 있었나? "우리야 세부 사항까지는 몰랐지. 당연히 몰랐고말고." 그의 답변에는 짜증의 기미가 들어 있었다. "지금 우리가 서 있는 이 땅만 해도 우크라이나 소유가 아니야. 여기는 영국이라니까. 직접 알아보라고."

그의 말이 맞았다. 한때 자연보호 구역이었던 이 300제곱킬로미터에 달하는 땅의 소유주가 누구인지 알고 싶다면, 즉 애초에 어떻게 해서 이 땅이 사유화되었는지가 궁금하다면 토지 소유 등기부를 살펴보면 된다. 등기부상에는 그 땅의 공식 소유주가 돔레스니카^{Dom Lesnika}라는 우크라이나 회사로 되어 있다. 돔레스니카의 소유주가 누구인지 찾아보려면 또 다른 등기부를 살펴보면 되는데, 거기서는 어느 영국 회사의 이름이 나오고, 거기서 또 다른 등기부를 살펴보면 그 영국 회사의 소유주는 리히텐슈타인에 있는 익명의 재단임을 알 수 있다. 외부 관찰자에게는 이것이야말로 순수한 외국인 투자의 일부인 것처럼, 즉 모든 정부가 독려하려고 열심인 종류의 일인 것처럼 보일 수 있다. 만약 각별히 끈질긴 누군가가 직접 확인을 위해서 수콜루크야^{Sukholuchya}라는 이름의 그 땅을 찾아가 보았다면, 숲속의 입구를 지키던 경찰이 제지했을 것이다. 이쯤 되면 뭔가 수상하다는 생각이 들었겠지만, 그래도 뭔가 잘못된 일이 진행 중이라는 증거는 여전히 없었을 것이다. 도둑질은 잘 숨겨져 있었다.

수사관들로서는 고맙게도 야누코비치는 자기가 하려던 일에 관한 기록을 남겨 놓았다. 그의 관저는 나무가 우거진 언덕 위에 있고, 거기서 완만한 경사를 따라 아래로 내려가면 드네프르강이 나왔다. 관저 아래의 강변에는 요트 정박장과 범선을 개조한 수상 연회장이 있었다. 서둘러 떠나는 와중에 대통령의 보좌관들은 서류철 200개 분량의 금융 기록을 정박장에 쏟아붓고 물에 가라앉기를 바랐다. 하지만 그렇게 되지는 않았다. 시위대가 서류를 꺼내고 사우나에 넣어 말렸다. 그리하여 이들은 야누코비치가 조국을 수탈하게 도와준 금융 공학의 핵심을 일별할 수 있게 되었다.

알고 보니 전직 대통령의 사냥용 별장뿐만이 아니라 그의 관저도 외국 소유였다. 돈바스에 있는 그의 탄광 회사와 크림반도에 있는 또 다른 관저도 마찬가지여서, 결국에는 어느 카리브해 국가의 소유였다. 아울러 이런 역외 음모를 이용한 내부자는 그 혼자만도 아니었다. 의약품 부정 거래의 본거지는 키프로스에 있었다. 불법 무기 거래는 스코틀랜드로까지 거슬러 올라갔다. 가장 많이 팔리는 명품의 복제품을 만드는 업체는 세이셸에서 합법적으로 소유하고 있었다. 이 모두는 이제 공적인 부패의 저 단단하게 짜인 직조물을 풀어 보고자 하는 수사관들이라면 누구라도 여러 군데 조세 피난처의 변호사들과 공무원들을, 아울러 수십 군데 외국의 경찰들을 반드시 상대해야 한다는 의미였다.

"이 고위 공무원들은 모두 해외에, 이를테면 모나코, 키프로스, 벨리즈, 또는 영국령 버진아일랜드에 시민으로 등록되어 있습니다." 그렇게 도둑맞은 자산을 회수하는 임무를 담당한 우크라이나의 한 검사는 내게 말했다. "우리가 그들에 관해 협조 공문을 보내면, 무려 3년 내지 4년 동안 기다려야 하거나, 심지어 아예 답신 자체가 없는 경우도 있습니다. 영국령 버진아일랜드는 백이면 백 답신이 없는데, 우리나라와는 아예 협정을 맺지 않았기 때문이지요. 그러면 그걸로 끝이어서, 모두 뿔뿔이 흩어져 버립니다. 우리는 무작정 기다리고, 그렇게 우리가 답신을 기다리고 있는 사이에 저쪽은 다섯 번이나 무려 재등록을 하는 겁니다. 모조리 재등록을 했기 때문에, 우리의 주된 문제도 바로 그겁니다. 그 문서들을 일일이 확인하고 받는 것이 문제인 거죠."

이런 말을 듣고 보니, 마치 너무 복잡해서 이해할 수 없는 수학 문제를 접한 것처럼, 또는 내 발밑의 땅이 꺼지는 것처럼 머리가 아찔해졌다. 이런 자산들은 우크라이나에 남아 있었지만, 그럼에도 법적으로는 다른 어딘가에, 즉 우리가 차마 따라갈 수도 없는 어딘가에 있는 셈이었다. 부패한 정치인들이 이런

어지러운 구조물을 유용하다고 생각하게 된 것도 놀라운 일은 아니었다. 이런 구조물은 이해를 불허했기 때문이다. 그리고 우크라이나는 단지 그 시작에 불과했다.

나이지리아, 러시아, 말레이시아, 케냐, 적도기니, 브라질, 인도네시아, 필리핀, 중국, 아프가니스탄, 리비아, 이집트와 기타 수십 군데 국가의 공무원들은 자기네 부를 자국 시민들의 손과 감독이 차마 닿지 않는 곳에 은닉해 두었다. 개발도상국에서 매년 이렇게 도둑맞는 총액은 최소 200억 달러라는 어마어마한 금액부터 최대 1조 달러라는 상상 불가능한 금액까지로 추산된다. 이 돈은 역외 비밀주의 사법관할구역을 거쳐서 마이애미, 뉴욕, 로스앤젤레스, 런던, 모나코, 제네바 같은 몇몇 서구 도시들로 간다.

옛날에는 공무원이 자국에서 돈을 훔쳐 보았자 막상 그걸 가지고 할 수 있는 일이 별로 없었다. 승용차를 새로 한 대 사거나, 멋진 집을 하나 짓거나, 친구와 친척에게 주더라도 결국 그것뿐이었다. 끝도 없이 많은 돈을 지역 시장이 차마 다 소화할 수 없기 때문에 그의 취향도 제한될 수밖에 없었다. 설령 이후로도 계속 돈을 훔친다 한들, 그냥 집 안에 쌓아 두었다가 더 이상 둘 공간이 없어지거나, 아니면 생쥐가 갉아 먹어 버릴 뿐이었다.

그런데 역외 금융은 이런 상황을 싹 바꿔 버렸다. 어떤 사람은 유령 회사를 가리켜 부정한 돈을 위한 도주용 차량일 뿐이라고 말하지만, 실제로는 (현대의 금융 시스템과 조합될 경우에는) 오히려 마법의 순간 이동 상자와 더 비슷하다. 만약 누군가가 돈을 훔친다면 더 이상은 생쥐가 들어갈 수도 있는 금고 안에 굳이 숨겨 놓을 필요가 없다. 대신에 그 돈을 마법 상자에 집어넣으면 버튼 한 번을 누르는 순간 돈을 해외로, 즉 원하는 목적지 어디로라도 보내 버리는 것이다. 이것이야말로 금융 분야에서 마치 아무리 먹어도 포만감이 없는 상황을 구현한 셈이다. 공무원들이 그렇게 대식가가 된 것도 이상한 일은 아닌 것이, 이제는 그들이 훔칠 수 있는 돈에 한도가 없어졌으며, 따라서 그들이 쓸 수 있는 돈의 한계도 없어졌기 때문이다. 만약 요트를 원한다면 모나코로 돈을 보내서 연례 선박 전시회에서 한 척을 선택하면 그만이다. 만약 집을 원한다면 런던이나 뉴욕으로 돈을 보내서 질문이 많지 않은 부동산 중개업자를 찾아내면 그만이다. 만약 고급 미술을 원한다면 경매 회사로 돈을 보내면 그만이다. 역외라는 단어는 결국 '때'를 불문한다는 뜻이다.

마법은 여기서 그치지 않는다. 일단 어떤 자산(예를 들어 주택, 제트기, 요트, 또는 회사)의 소유권이 다수의 법인 매개체corporate vehicles 배후에서 흐려져 다수의 사법관할구역에 숨어 버리면, 그걸 다시 발견하기는 거의 불가능해진다. 우크라이나의 경우처럼 설령 내부자들이 수익을 거두었던 부패한 정권이 무너진다 하더라도, 돈을 찾아내고 압류해서 자국으로 다시 회수하는 것은 (비록 불가능한 것까지는 아니더라도) 어려워진다. 물론 수백만 달러가 나이지리아, 인도네시아, 앙골라, 카자흐스탄으로 회수되었다는 기사가 나왔던 것은 사실이다. 하지만 그것은 원래 도난당한 금액의 1퍼센트도 되지 않는다. 부패한 통치자는 자신의 부를 숨기는 데 워낙 뛰어나기 때문에, 기본적으로 일단 훔친 돈은 영영 사라지게 마련이고, 설령 공직을 박탈당한다 치더라도 계속해서 런던 서부에서 고급 부동산을 소유하고, 카리브해에서 대형 요트를 소유하고, 프랑스 남부에서 저택을 소유하는 것이다.

이로써 돈을 잃어버린 나라가 받은 손상은 명백하다. 나이지리아는 북부 지역에 대한 통제권을 잃었고, 수백만 명이 고향을 떠나야 했다. 리비아는 여러 개의 무장 세력이 통제권을 놓고 다투면서 인신매매범에게 자유로운 통로를 열어 주는 등 국가로서의 모습을 거의 찾아볼 수 없게 되었다. 아프가니스탄은 통치자들의 부패로 인해 아편 재배자 단속을 중단했으며, 결국 밀매업자들이 원하는 곳 어디로나 저렴한 헤로인을 보낼 수 있게 되었다. 러시아는 바로 그 헤로인의 상당량을 소비하는 곳으로서 100만 명 이상의 HIV 양성 환자가 있지만 보건 시스템은 자금 부족에 시달리고, 정부 역시 자국 시민을 돕기보다는 오히려 저렴한 선전을 통한 승리를 추구하는 실정이다.

그 와중에 우크라이나는 난장판이 되고 말았다. 도시 간 도로는 관리가 소홀했고, 시골 도로는 관리가 전무했다. 전국을 한 바퀴 여행하는 것만 해도 시련이 아닐 수 없는데, 툭하면 교통경찰이 수십 가지 교통법규 위반 혐의를 지적하면서(심지어 필요한 경우에는 교통법규를 직접 만들어 내면서까지) 차량을 멈춰 세우고 돈을 뜯을 위협이 항상 있어서 상황이 더 좋지 않다.

소련은 만사를 잘못 관리하는 것으로 악명 높은 국가였기 때문에, 그 일부였던 우크라이나도 1991년 독립 즈음에는 거의 모든 사람이 대략 비슷한 정도의 생필품을 갖고 있었다. 그런데 20년 뒤에는 상황이 완전히 바뀌고 말았다. 혁명 직전인 2013년에는 그 나라 경제 가치의 절반에 맞먹는 자산을 겨우 45명이 나눠 가지고 있었다. 이것 역시 부패로 망가진 여러 개발도상국의 특징이다. 앙골라 역사상 가장 오래 재직 중인 대통령의 딸은 아프리카에서 가장 부유한 여성이 되어서 마치 A급 유명 인사처럼 서구를 활보하는 반면, 고국의 나머지 사람들은 사실상 실패한 국가에서 분투하고 있다. 아제르바이잔 대통령의 딸은 영화를 제작하고 화려한 잡지를 간행하며, 위기관리부 장관의 아들들은 런던 중심부에서 로비 작전을 펼치고 있다. 이렇게 불균형한 경제를 보유한 국가가 건강한 민주주의를, 또는 정직한 정치 체제를 구축하리라고, 또는 심지어 스스로를 방어할 수 있으리라고 상상하기는 전적으로 불가능하다.

그 결과는 우크라이나의 혁명 직후 크림반도에서 명백히 드러났다. 크림반도는 원칙상 우크라이나의 일부이며, 1950년대부터 줄곧 그래 왔다. 하지만 러시아군이(비록 군복에는 표식이 없었지만, 차량에는 러시아군의 번호판이 붙어 있었다) 이 반도의 여러 도시로 산개하여 군사기지를 봉쇄해 버리는 상황에서도, 우크라이나 정부 당국은 워낙 사기가 저하된 상태였기 때문에 감히 저지할 엄두조차 내지 못했다. 한 제독은 조국에 충성을 바치기로 맹세했음에도 불구하고, 자기 혼자만이 아니라 우크라이나 해군의 함선 여러 척을 끌고 러시아에 투항

했다. 공항에 있던 국경 수비대는 내 여권에 우크라이나 문장敎章을 찍어 주었지만, 이들이 복무하는 국가는 이들 주위에서 증발한 상태였다. 나중에 우크라이나 동부에서도 마찬가지 패턴이 반복되었다. 러시아의 후원을 받아 잘 훈련된 무장 반란군에 맞서 우크라이나를 지키고 싶어 하는 이가 사실상 아무도 없었다. 부패가 어찌나 속을 갉아먹었던지, 불법적인 치부의 수단으로 이용될 때 말고는 국가 자체가 존재하기를 중단해 버리고 말았다. 솔직히 말해서 국민의 삶을 불행하게 만들기 위해서만 노력하는 국가를 과연 누가 지키고 싶어 하겠는가? 부패가 온 나라에서 그 합법성을 앗아 가 버린 셈이었다.

이런 종류의 분노가 우크라이나를 잠식했으며, 마찬가지로 다른 나라들을 잠식해 버렸다. 아프가니스탄, 나이지리아, 중동의 국민들이 테러리스트 집단에 가입하게 된 동기도 역시나 이런 분노였다. "아프가니스탄의 미래에 대한 커다란 도전은 탈리반도 아니고, 파키스탄의 피난처도 아니고, 애초부터 적대국이었던 파키스탄도 아닙니다. 현대 아프가니스탄의 장기적 생존 가능성에 대한 실질적인 위협은 바로 부패입니다." 아프가니스탄 주재 국제연합군의 총지휘관을 역임한 미국 해병대 소속 존 앨런 장군은 2014년 4월에 미국 상원위원회 증언에서 이렇게 말했다. "이데올로기적 반발, 범죄 조장 네트워크, 마약 산업은 서로 부정한 동맹을 형성하고 있으며, 그 성공은 그곳 정부의 기능을 모든 층위에서 범죄적으로 장악한 데에 의존하고 있습니다. 우리는 너무 오랫동안 탈리반을 아프가니스탄에 대한 실질적 위협으로서 주목해 왔습니다. 하지만 우리가 반드시 맞서 싸워야 할 부패의 범위와 정도에 비교하자면, 탈리반조차도 단순히 성가신 정도에 불과합니다."

나는 계속해서 모두에게 (앞서 안톤에게 했던 것과 똑같은 질문을) 물어보고 싶었다. 어떻게 이런 일이 벌어지고 있다는 사실을 모르고 있었나? 이렇게 명백한데도 말이다. 그렇지 않은가? 음, 아니었다. 안톤의 말이 맞았다. 돈을 찾아내기가 쉬운 것처럼 보이는 까닭은, 그 돈이 어디 있는지를 우리가 이미 알기 때문이다. 이와 마찬가지로 문제가 쉬운 것처럼 보이는 까닭은, 그런 문제가 있다는 사실을 우리가 이미 알기 때문이다.

2017년 할로윈 다음 날 아침, 뉴욕시 브루클린 하이츠 남쪽의 격자 모양으로 뻗은 방대한 도로에 있는 유니언 스트리트 377번지의 말쑥한 갈색 사암 건물 문간에 호박 조각이 하나 등장했다. 이 호박 조각을 유심히 살펴보면 어쩐지 로버트 뮬러와 상당히 닮은 느낌이 들었다. 전직 연방수사국FBI, Federal Bureau of Investigation 국장이었던 그는 도널드 트럼프의 선거에 러시아가 불법 개입했는지 여부를 조사하기 위한 특별검사가 되어 있었다. 그 지역의 사진작가 에이미 핑켈이 만든 그 호박 조각 뒤에는, 이 부동산이 "대통령을 무너트린 집"이라며 누군가가 손수 만든 "국가 기념물 지정" 표지를 붙여 놓았다. 2016년 대통령 선거에서 힐러리 클린턴에게 압도적으로 표를 던진 그 지역 주민들은 유니언 스트리트 377번지의 이 전시품을 재미있어하고 있었다.

그로부터 불과 이틀 전에 뮬러는 폴 매너포트를 돈세탁 혐의로 기소했다. 그 내용에 따르면 매너포트는 2012년에 액티넷Actinet이라는 키프로스 회사 소유의 키프로스 은행 계좌에서 나온 300만 달러로 이 부동산을 매입한 다음, 그걸 담보로 대출한 500만 달러를 가지고 다른 부동산을 매입하고 대출금을 갚는 등 복잡한 조세 회피 사기극을 벌였다.

야누코비치와 일하는 동안, 매너포트는 훗날 트럼프를 위해 사용하게 된 유세 방식을 완벽하게 갈고닦았다. 매너포트의 숙련된 인도하에서 야누코비치는 진솔한 언행의 정치인으로서 잊히고 뒤처진 사람들을 대변할 장본인처럼 행세했다. 뮬러의 기소장에는 매너포트의 우크라이나 활동이며, 그가 거기서 얻은 돈을 가지고 무슨 일을 했는지도 들어 있었다. "그들은 우크라이나 제재 조치, 우크라이나 부정 선거 논란, 그리고 야누코비치의 대선 경쟁자 투옥 논란 등의 사안에서 자기네한테 유리한 결과를 얻어 내기 위해 미국 하원의원과 그 보좌관 다수에게 로비를 벌였다." 기소장에는 이렇게 나와 있다.

기소장에 열거된 그의 방대한 지출 내역을 보면 매너포트는 거의 야누코비치만큼 사치를 좋아한 모양이다. 골동품 양탄자에 93만 4,350달러, 의복에 84만 9,215달러, 오디오와 비디오 장비에(어쩌면 그 역시 변기에 앉았을 때의 눈높이에 맞춰 텔레비전을 설치했을지도 모르겠다) 11만 2,825달러 등이었다. 하지만 가장 지출이 큰 항목은 부동산이었다. 뉴욕에 있는 콘도 한 채에 150만 달러, 버지니아주에 있는 주택 한 채에 190만 달러를 썼는데(야누코비치와 마찬가지로, 그리고 실제로 트럼프와 마찬가지로, 매너포트는 경제 변화로 인해 뒤처진 사람의 표를 원했지만, 그렇다고 해서 그런 사람들의 이웃이 되기를 원하지는 않았다), 이 모두는 바로 우크라이나 정부에서 나온 돈이었다.

그리고 바로 여기에 불편한 질문이 있다. 브루클린에 사는 이웃들이 호박과 손수 만든 표지를 붙여 놓음으로써 매너포트를 조롱했다는 것은 재미있지만, 정작 그들이 그 부동산 거래 당시 무슨 일이 벌어지는지 모르고 있었다는 사실은 우크라이나 국민들이 수콜루크야의 진짜 주인을 모르고 있었다는 사실만큼이나 걱정스러운 일이다. 물론 그들이야 알고 싶어도 알 수 없었을 것이다. 설령 뉴욕시 등기부에서 갈색 사암 건물을 소유한 회사의(즉 MC 브루클린홀딩스유한책임회사MC Brooklyn Holdings LLC의) 이름을 찾아보았더라도, 그 진짜 주인에게로 안내하는 정보는 전혀 찾지 못했을 것이다. 문제의 회사는 지역 회사였고, 야누코비치가 위장한 영국과 리히텐슈타인의 구조물과 마찬가지로 이 부동산의 소유주인 척 위장하고 있을 뿐이었다. 만약 주민들이 이 부동산을 매입하거나 수리하는 데, 또는 멋진 옷이나 하이파이 시스템이나 골동품 양탄자를 사는 데 사용된 자금의 출처를 질문했다 치더라도, 기껏해야 키프로스나 세인트빈센트그레나딘이나 영국에 있는 회사들의 이름만을 밝혀내는 데 그쳤을 것이다. 뮬러의 수사진이 기소장의 세부 내역을 밝혀내기 위해 한 일을 다시 한 번 생각해 보면, 나는 마치 중력이 더 강해지고 땅이 무너져 내리는 듯한 아찔한 느낌을 받는다.

하지만 그 경로를 따라서 우리가 뉴욕으로 가는 것은 적절한 일이다. 이 구멍은 우크라이나나 사하라 이남 아프리카나 말레이시아에는 열려 있지 않았고, 오로지 서구의 중심부에만 열려 있었기 때문이다. 부유한 사람들은 항상 자기 돈을 정부의 손이 닿지 않는 곳에 두려고 노력하며, 수 세기 넘도록 그렇게 할 수 있는 영리한 도구들을 개발해 왔다. 영국과 미국의 변호사들은 명목상 부를 포기하더라도 그 혜택은 유지하도록 허용하는 신탁을 만들어서, 부유한 고객들이 그 자녀들에게 부를 이전하도록 도와주었다. 유럽에서는 재단들이 이와 똑같은 일을 담당한다.

서구 전역의 사회는(특히 미국은) 1970년대 이후로 부와 수입 모두의 견지에서 덜 평등하게 되었다. 토마 피케티Thomas Piketty를 필두로 하는 일부 경제학자들은 자본의 장기적 수익이 경제성장률보다 더 높은 것이 그 원인이라고 주장해 왔다. 이건 결국 세계대전 규모의 파국이 없는 한, 그리고 상황을 뒤집기 위한 정부의 공동 노력이 없는 한, 서구 사회는 불가피하게 더 불평등해질 것이라는 뜻이다. 어쩌면 그럴 수도 있지만, 이 책에서 다루려는 내용은 그게 아니다. 나는 경제학자가 아니므로, 구조적 사안이 자본 대신 노동자에게 유리한지 여부에 대해서 논의할 만한 자격이 없다. 대신에 나는 언론인이므로, 모든 언론인이 그러하듯이 사기꾼에게 매료되었다. 따라서 이 책은 속임수를 쓰는 사람들에 관한 내용이다. 즉 내가 1999년에 이주한 나라를 파멸에 이르게 하고, 영광스러운 러시아의 미래로 접어들리라 기대했던 희망찬 파도를 흩어 버린, 바로 그런 종류의 사람들에 관한 내용이다.

역외 책략을 이용하는 부유한 사람들의 능력이 우리에게는 이용 불가능하다는 사실, 그리고 이것이야말로 우리 사회가 그토록 훨씬 덜 평등하게 되었는지에 대한 설명 가운데 일부라는 사실쯤이야 굳이 경제학자가 아니더라도 알 수 있을 것이다. 만약 부자들이 세금을 회피하고 심지어 훔치기까지 하는데도 처벌받지 않는다면, 이는 자산을 소유한 사람과 소유하지 못한 사람 사이의 간극을 더 넓히기만 할 것이다.

　서구 여러 정부는 이런 책략을 억제하기 위해 분투해 왔으며, 최소한 이 과정에서 스스로를 대체적으로 정직하게 유지하기 위해 필요한 제도와 전통을 갖고 있다. 반면에 더 최근에 생긴 국가들과 더 가난한 국가들에서는 이런 제도와 전통 자체가 없다. 그런 곳들의 공무원과 정치인은 돈의 쓰나미에 휩쓸려 왔다. 우크라이나의 한 변호사는 내게 이렇게 말했다. "이건 뇌물을 받느냐, 아니면 정직하게 행동하느냐 사이의 선택이 아닙니다. 오히려 뇌물을 받느냐, 아니면 내 아이가 살해되느냐 사이의 선택인 겁니다. 물론 누구라도 뇌물을 받게 마련이지요." 멕시코의 한 변호사는 좀 더 간결한 표현을 사용했다. "은덩이로 받겠나, 아니면 납총알로 받겠나?" 부패가 워낙 만연하다 보니 이런 나라들에서는 가장 부유한 주민들에게 과세조차도 못하며, 이는 결국 납세 능력이 가장 없는 사람들이 정부를 먹여 살릴 수밖에 없다는 뜻이 된다. 이런 상황은 민주주의의 정당성을 잠식하고, 그런 정부 치하에서 살아가는 사람들을 격분시킨다. 자유주의적 세계 질서를 신봉하는 사람들에게 이런 상황은 좋은 면이 전혀 없다.

　정치계의 여러 방면에서 활동하는 평론가들은 불평등이 미국의 사회구조에 끼친 효과에 관해 우려를 표시해 왔는데, 1퍼센트의 최상위 부자들이 보유한 부의 지분이 1990년부터 2012년 사이에 4분의 1에서 5분의 2로 늘어났기 때문이다. 하지만 이 정도를 나쁘다고 생각한다면, 전 세계적으로 무슨 일이 일어났는지 한번 살펴보시라. 2000년 이후 10년 사이에 세계 인구의 1퍼센트 최상위 부자들의 부는 전체의 3분의 1에서 무려 절반까지로 늘어났다.

　이런 증가는 러시아 같은 나라에서 주도했다. 블라디미르 푸틴이 권좌에 오른 2000년 이후 15년 동안, 러시아인 가운데 크레디트스위스은행의 기준상 중산층에 해당하는(즉 1만 8,000달러부터 18만 달러 사이의 재산을 보유한) 4퍼센트의 전체 자산은 1,370억 달러나 증가했다. 이것만 해도 대단해 보이지만, 같은 기간 동안 이 나라의 상류층이 달성한 기록에는 미치지 못한다. 러시아인 가운데 18만 달러 이상의 재산을 가진 상위 0.5퍼센트의 자산이 무려 6,870억 달러나 증가했기 때문이다. 러시아에서는 상위 10퍼센트의 부자들이 전체 자산의 87퍼센트를 소유하고 있다. 이는 다른 세계 주요 국가들보다 더 높은 비율이다. 불과 30년 전만 해도 공산주의 국가였음을 감안한다면 상당히 놀라운 일이 아닐 수 없다.

이 대목에서 우리는 폴 매너포트에게로 다시 돌아가게 된다. 이런 대규모 약탈은 오로지 그와 같은 사람들, 즉 서구의 조력자들 덕분에 가능했기 때문이다. 변호사, 컨설턴트, 로비스트, 회계사와 그 밖의 사람들이 고객의 돈을 옮기고 영리한 방법으로 숨기도록 도와주었던 것이다. 만약 내가 서구야말로 블라디미르 푸틴의 크렘린에 대한 훌륭한 대안이라고 설득하려 시도한다면, 영리한 러시아인은 이렇게 반문할 것이다. 그렇다면 왜 푸틴의 선전 책임자가 고작 관료의 봉급만 가지고도 비벌리힐스에 부동산을 구입할 수 있었고, 왜 푸틴의 부총리가 런던의 국회의사당에서 지척인 곳에 아파트를 소유할 수 있었던 걸까? 서구의 이런 위선은 푸틴에게 주는 선물일 수밖에 없다. 푸틴은 단순히 이를 부각시킴으로써 정적政敵을 무력화할 뿐만 아니라, 서구의 역외 도구들을 사용해서 정적과 싸우기도 하기 때문이다. 자신의 경호 업무에 충당하고, 반反서구 선전물을 만들고, 자기 이익에 유리한 정치적 극단주의자를 지원하는 자금의 도관으로 사용하는 식이다. 부패는 반서구 적국들에게 전력 증강 요소이지만, 정작 서구는 계속해서 적들의 더러운 돈을 수십억 달러씩 자기네 경제로 받아들이고 있는 것이다.

그 돈이 우리가 서 있는 곳을 빨아들이면, 결국 땅이 무너진다.

어린 시절 나는 세계, 그러니까 영국과 미국과 유럽을 맞추는 지그소 퍼즐을 갖고 있었다. 국경선 모양만 있는 빈 칸에 각각의 군郡과 주州와 나라의 형태를 채워 넣는 것이었다. 이제는 내 아이들이 그걸 갖고 논다. 프랑스는 육각형 모양이다. 이탈리아는 구두를 닮았다. 미국 와이오밍과 콜로라도주는 거의 완벽한 직사각형이어서 서로 구분하기도 힘들다. 칠레는 딱 알아보기 쉽게끔 길고도 가늘다. 이런 놀이는 만사를 국가별로 나누는 방식의 접근법을 반영하는데, 어떤 면에서 이 같은 접근법은 물론 타당하고도 정확하다. 만약 매년 태어나는 아이들의 숫자나 총기 사망 희생자의 숫자, 혹은 풋볼을 즐기는 인구의 숫자를 논의한다 치면, 각 사건이 벌어지는 국가별로 관련자의 수를 배분하는 것이 타당하다.

하지만 때로는 이런 접근법이 오히려 덜 적절할 때도 있다. 반부패 캠페인 단체인 국제투명성기구TI, Transparency International 에서는 매년 세계 거의 모든 국가의 부패 정도를 순위로 나타낸 부패 인식 지수를 발표하는데, 깨끗한 쪽에는 덴마크와 뉴질랜드가 있고 아래로 내려가면 북한과 남수단과 소말리아가 있는 식이다. 심지어 지도도 제작해서 부패 상태를 색깔로 보여 준다. 아프리카 대부분은 놀랍게도 빨간색 위주이고, 남아메리카와 아시아도 마찬가지이다. 반면에 유럽과 북아메리카와 오스트레일리아는 친근한 노란색이 다양한 농도로 나타난다. 이것도 어느 정도까지는 도움이 되며, 실제로 코펜하겐보다는 킨샤사에서 뇌물이 오갈 가능성이 더 크기는 하다. 하지만 야누코비치가 써 먹은, 또는 (만약 뮬러의 기소장이 사실이라고 드러난 경우에는) 매너포트가 써 먹은 더 정교한 형태의 부패라면 어떨까?

TI의 지도에서 우크라이나는 새빨갛게 표시되어 있다. 세계에서 131번째로 가장 덜 정직한 장소이고, 또한 (러시아와 나란히) 유럽에서 가장 지저분한 장소이기 때문이다. 하지만 야누코비치의 재산도 영국 유령 회사의 도움이 없었다면 은닉될 수 없었을 것이다. 그렇다면 왜 영국은 독일이며 룩셈부르크와 나란히 10위를 차지하며 정직한 국가로 평가된 것일까? 이와 유사하게, 매너포트의 돈이 키프로스와 세인트빈센트그레나딘에 있는 은행이며 회사를 통해 은닉되었는데도 불구하고, 왜 이 두 나라는 각각 47위와 35위로 비교적 깨끗하다고 평가된 것일까? 심지어 그 돈의 종착지인 미국은 18위에 올라 있다.

우크라이나의 정치인들이 다른 나라의 도움 없이는 사기를 칠 수 없었다고 치면, 그런 사기 행위는 단지 우크라이나라는 한 나라만의 문제가 아니지 않을까? 영국이나 키프로스의 변호사들이 우크라이나의 사기꾼들을 끌어들이려고 광고를 내는 상황이라면, 그런 변호사들의 모국은 과연 깨끗하다는 평판을 얻을 자격이 있을까?

돈의 관점에서 보자면 국경은 중요하지 않다. 돈의 흐름에 국경이 무너진 지는 오래되었다. 내가 키에프에 가더라도 여전히 비자 카드를 쓸 수 있으며, 이는 캘리포니아나 케임브리지나 세인트키츠에 가더라도 마찬가지이다. 물론 그렇다고 해서 국경이 아주 사라져 버린 것은 아니다. 앞서 언급한 우크라이나의 검사가 명료히 말한 것처럼 외국의 사법관할구역에서 증거를 획득하기는 어렵고, 이는 그 어떤 나라의 수사관에게나 마찬가지다. 돈의 흐름은 국경을 넘나들지만, 법은 그러지 못한다. 부자는 전 세계를 누비며 살아가는 반면, 나머지 우리는 국경을 갖고 있다.

내가 방금 한 말이 무슨 뜻인지를 확실히 보여 주는 런던도둑정치관광단 London Kleptocracy Tours이라는 단체가 있다. 내 친구 로만 보리소비치와 찰스 데이비드슨이 만든 단체이며, 나 역시 그곳의 일원이다. 마치 할리우드에서 클라크 게이블이 살던 집이나 스칼렛 조핸슨의 단골 미장원을 구경시켜 주며 할리우드를 누비는 것처럼, 우리도 버스 한 대에 관광객을 태운다. 하지만 우리는 관광객에게 스타를 보여 주는 대신 정치인을 보여 준다. 운전기사가 버스를 몰고 런던 중심부와 서부를 지나가는 동안, 안내원은 구소련의 올리가르히, 중동의 정치적 세습 왕조의 자손, 나이지리아의 지역 통치자, 그리고 TI 목록의 낮은 순위에 속한 여러 나라에서 한재산을 만들고는 TI 목록의 높은 순위에 속한 여러 나라에 은닉한 기타 모든 사람들이 소유한 부동산을 지목해 구경시켜 준다.

버스의 탑승 인원은 한 번에 50명 남짓일 뿐이지만, 그 목표는 간단하기 그지없다. 우리는 전 세계적 금융 시스템의 남용을 가려 주는 베일을 걷어 버리기를 원한다. 우리는 사람들이 미처 몰랐다고 변명하는(심지어 변명할 수 있는) 일이 더는 없길 바라는 것이다.

우리가 자주 지나가는 한 장소는 (오늘날은 아마도 런던에서 가장 명성 있는 동네일) 이튼스퀘어인데, 그곳에서는 멋지게 크림색으로 칠해진 정사각형 주택들이 위풍당당하게 직사각 형태를 이루고, 어깨 높이의 검은색 울타리 너머에서 개인 정원을 내려다보고 있다. 2017년 1월에 (이른바 무정부주의 자유지상주의자 자율국가Autonomous Nation of Anarchist Libertarians, 즉 무려 ANAL이라는 약자를 사용하는)[2] 활동가 여러 명이 열린 창문을 통해 이튼스퀘어 102번지로 잠입해서 그곳 전체를 노숙자 쉼터로 개방했다. 집은 널찍했고, 전면에 치장 벽토가 칠해져 있으며, 1층 베란다부터 4층까지 뻗은 기둥 위에 박공이 설치되어 있었다. 내가 방문했을 당시에는 그곳의 깃대 가운데 하나에 검은색 깃발이 달려 있었고, 턱수염 기른 남자가 난간에 기대어 담배를 피우고 있었다. 그는 무슨 일이냐고 소리쳐 물어본 다음, 금방 나오겠다고 약속했다.

자주색 코르덴 바지와 방수 재킷을 걸친 중년 남자 하나가 우리의 대화를 지켜보더니, 자기 아내와 함께 길을 건너와서는 대뜸 나더러 '인간 쓰레기'라고 욕했다. 턱수염 기른 무정부주의자는 보도에 나타나자마자 방금 그 말의 끝부분만 듣고는 나를 보며 씩 웃었다. 그는 헝가리인이었다. 그는 나를 안내해 계단을 내려가 지하실로 들어갔고, 비상구를 지나서 한때는 극장이었던 곳으로 들어갔다. 자기네는 퇴거 반대 법정 싸움에서 졌기 때문에 조만간 나가야 한다는 설명이었다. 하지만 나더러는 원하는 대로 내부를 살펴보라고 했다. 바닥은 나무 패널로 모자이크한 방식이었고, 계단은 지붕과 연결된 꼭대기 탑까지 이어져 있었다. 방에 들어가면 또 다른 방들이 나오고, 다시 또 다른 방들이 나왔다. 벽에 낙서가 되어 있기는 했지만, 이곳이 누군가에게는 훌륭한 집이 되어

---

2.   anal은 영어에서 "항문의"라는 뜻이기도 하다.

줄 것이라는 사실에는 변함이 없었다.

여기서 그 누군가는 바로 안드레이 곤차렌코였다. 러시아의 가스 대기업 가스프롬Gazprom의 자회사 가운데 한 곳의 운영자였던 그는 2014년까지 3년 동안 런던 서부에 여러 곳의 부동산을 구입했다. 그중에서도 이곳의 가격은 1,500만 파운드로 가장 저렴했고, 아마 그런 이유 때문에 소유주도 이 집을 텅 비워 놓았을지 모른다. "우리의 주된 목적은 런던에 있는 다수의 텅 빈 건물을 눈에 띄게 하고, 이토록 노숙자가 많은 상황에서 그런 건물을 마냥 놀려 두지 않도록 하는 것입니다." 2017년 1월에 퇴거 반대 증언을 위해 법정에 출석한 무정부주의자 가운데 하나인 제드 밀러는 언론에 이렇게 말했다. "런던에 이처럼 많은 건물을 소유하고 텅 빈 채로 놓아 두는 역외 회사들은 이를 이용해서 자기네 납세 의무를 최소화하고 있습니다. 이것은 중요한 정부의 기능에 필요한 돈을 빼돌리는 격입니다."

텅 빈 건물을 불법 점유하는 일에 굳이 동의하지 않는 사람이라 하더라도, 밀러의 말이 정곡을 찔렀다는 사실은 알 수 있을 것이다. 곤차렌코의 저택은 어느 누구라도(심지어 징세관조차도) 그 진짜 주인을 찾아낼 수 없게 만드는 부류의 익명 구조물 소유로 확인된 그 거리 소재 부동산 86채 가운데 단 하나에 불과했다. 그중 30채가량은 영국령 버진아일랜드 소유였다. 13채는 건지섬 소유였다. 16채는 저지섬 소유였다. 나머지는 파나마, 리히텐슈타인, 맨섬, 미국 델라웨어주 케이맨제도, 라이베리아, 세이셸, 모리셔스, 그리고 (매너포트가 선호한) 세인트빈센트그레나딘 소유였다. 곤차렌코는 지브롤터를 자기 회사 MCA 해운의 본거지로 선호했다. 잉글랜드와 웨일스에 걸쳐서 10만 개 이상의 부동산이 야누코비치와 매너포트의 부동산처럼 역외 소유로 되어 있다. 그중 텅 빈 것이 얼마나 되는지는 알 수 없지만, 한 연구에 따르면 대략 시장의 맨 꼭대기에 속한 신축 건물들 가운데 최대 절반은 거의 사용되지 않는다고 전한다. 이는 사람이 살기 위한 주택이 아니라, 오히려 주택의 모습을 갖춘 은행 계좌인 것이다.

만약 누군가가 런던 사람들을 향해서 왜 무슨 일이 벌어지는지 모르고 있었느냐고 물어본다면, 자기네도 모르게 숨겨져 있었기 때문이라고 대답할 것이다. 마치 브루클린에 있는 갈색 사암 건물이 매너포트 소유라는 사실이 그 이웃들에게 숨겨져 있었던 것과 마찬가지로 말이다. 이튼스퀘어의 이런 부동산 가운데 어떤 것이라도 사기꾼의 소유일 가능성이야 있지만, 정확히 어떤 것이라고 지목하기는 불가능하다. 영국령 버진아일랜드에 등록된 회사인 케인가든 서비시즈 유한회사$^{Cane\ Garden\ Services\ Ltd}$는 맞닿은 건물 두 채의 한 층을 터서 모두 사용하는 아파트 하나를 구입하면서 1,300만 파운드 가까운 돈을 썼다. 사치를 좋아하고 낭비가 심한 이 유령 회사는 캘리도니언 로드에 있는 마권 판매소의 주소를 이용해 등록했는데, 런던 북부의 이 흉물스러운 도로로 말하자면 1급 변호사가 모여드는 거리라기보다는 오히려 각성제 밀매상이 모여드는 거리처럼 보였다. 저건 혹시 적신호일까? 그럴 수도 있고, 아닐 수도 있다.

여기서 또다시 아찔한 기분이 든다. 일단 적신호를 보기 시작하면, 그때부터는 어디서나 볼 수 있다. 85번지와 102번지 모두는 홍콩의 똑같은 주소로 등록된 역외 회사의 소유이다. 73번지의 소유주인 라이베리아의 회사는 모나코 주소로 등록되어 있다. 86번지의 아파트는 파나마 업체인 패노셔닉무역회사$^{Panoceanic\ Trading\ Corporation}$ 소유인데, 그 이름만 놓고 보면 1960년대의 스릴러에서 막 나온 것도 같다. 사기꾼이라면 이만큼 뚜렷하지는 않게 마련 아닐까? 아니면 혹시 이중 속임수인 걸까?

런던도둑정치관광단에서 우리는 보통 오후 내내 예닐곱 군데 부동산을 설명하는 것이 고작이다. 다시 말해 이튼스퀘어에 있는 역외 소유 부동산 모두의 유래를 탐사하고 싶다면, 시간이 2주쯤 걸릴 것이라는 뜻이다. 그리고 나면 우리는 그 옆 도로에서 다시 시작해야 할 것이다. 인접 도로마다 그곳 못지않게 많은 역외 부동산이 있으며, 그 모두는 영국 전체에 걸친, 심지어 그 너머까지도 도달하는 혼돈과 기만의 거대한 네트워크에 서로 맞물려 있기 때문이다. 우리의 순회 여행은 세상의 종말 때까지 끝나지 않을지도 모른다. 심지어 무슨 일이 벌어지는지 우리가 안다고 생각하고 싶어 하는 사람들도 실제로는 무슨 일이 벌어지는지 전혀 모르고 있다.

법률이 손을 놓고 있는 사이, 이런 부동산을 소유한 부유한 유목민들은 어떤 법률을 따를지 선택하기 위해서 국경을 넘나들어 돈을 움직이는 방법으로 이득을 취하고 있다. 영국 법률에 따르면 부동산 소유주가 누구인지를 반드시 신고해야 한다. 하지만 그 부동산을 모리셔스에서 소유하고 있다면 굳이 그렇게 하지 않아도 된다. 물론 소유 구조를 그런 방식으로 구축하려면 돈이 들겠지만, 그 비용을 감수할 수만 있다면 자국 나머지 모든 사람의 접근을 차단하는 사생활 보장을 얻을 수 있다.

이 문제를 더 많이 조사할수록, 나는 이 문제가 일개 부동산 소유권보다도 훨씬 더 넓은 것에 적용된다는 점을 더 많이 깨닫게 되었다. 내가 만약 시리아 난민이라면, 전 지구적 비자 규제로 인해 여행 능력이 극심하게 제한된다. 반면에 시리아 부유층이라면 세인트키츠네비스나 키프로스나 기타 대여섯 군데 국가의 여권을 구입할 수 있고, 그러고 나면 내 동포들에게는 거부되었던 비자 면제 여행의 세계에 갑자기 접근할 수 있게 된다. 내가 만약 평범한 우크라이나인이라면 자국의 부패와 비효율적인 사업 체계에 휘둘리게 마련이다. 반면에 부유한 우크라이나인이라면 내 모든 사업 거래를 영국 법률에 의해 통제되도록 만들어서, 정직하고도 효율적인 법관들의 서비스를 누릴 수 있다. 내가 만약 평범한 나이지리아인이라면 자국의 신문이 나에 대해서 하는 말 때문에 고통을 받을 것이다. 반면에 내가 만약 부유한 나이지리아인이라면 런던의 변호사를 고용할 것이고, 자국 언론인의 온라인 기사를 영국에서도 읽을 수 있다는 사실에 근거해서 유난히 엄격하기로 유명한 영국의 명예훼손법 위반으로 고발할 수 있다. 여기서 가장 중요한 점은 이렇다. 만약 내 자산이 미국에 있도록 조치할 수만 있다면, 자국에 있는 것을 모두 찾아내는 우리 정부도 미국에 있는 내 자산은 결코 찾아낼 수 없을 것이다(어떻게 그런지는 나중에 다시 설명하겠다). 법률에 대한 이런 취사선택 접근법에 관해서는 더 나중에 가서 훨씬 더 자세히 설명할 것이다. 그것이 바로 이 책의 주제이니 말이다.

물리학자 리처드 파인먼Richard Feynman은 다음과 같은 말을 남겼다. "여러분이 양자역학을 이해했다고 생각한다면, 여러분은 양자역학을 이해하지 못한 것입니다." 세계의 직조물을 뒤틀어 놓은 역외 구조의 방식에 관해서라면 나 역시 똑같은 기분이다. 하지만 설령 이 아찔한 깨달음이 싫어서 집 밖으로 나가고 화면을 외면한다 치더라도, 여기에서 벗어날 방법은 없다. 내가 아침마다 커피를 사는 건물은 바하마제도 소유이다. 머리를 깎는 곳은 지브롤터 소유이다. 기차역으로 가는 길에 지나는 건설 현장은 맨섬 소유이다. 지금 실제로 일어나고 있는 일의 수수께끼를 풀기 위해서 모든 시간을 소비한다고 치면, 우리는 다른 일을 할 시간이 전혀 없을 것이다. 그러니 분별 있는 사람 대부분이 슈퍼 부자의 행각을 외면하는 것도 놀라운 일은 아니다. 앨리스처럼 하얀 토끼를 따라서 굴로 들어갔는데 갑자기 터널이 아래로 이어지더니, 미처 깨닫기도 전에 우리는 매우 깊은 구멍으로 떨어져서 새로운 세계에 들어선다. 만약 우리가 그곳을 즐길 만큼 부자라면, 그 세계는 아름다운 장소이다. 하지만 부자가 아니라면, 우리는 앨리스처럼 열쇠를 갖지 못한 상태에서 문 너머의 모습을 일별할 수만 있을 뿐이다.

나는 이 새로운 세계를 머니랜드라고 부른다. 몰타의 여권, 영국의 명예훼손법, 미국의 사생활 보장, 파나마의 유령 회사, 저지섬의 신탁, 리히텐슈타인의 재단, 이 모두가 합쳐져서 그들의 총합보다 훨씬 더 큰 가상공간을 만들어 내는 것이다. 세계 어디에 있는 법률이든지 간에, 머니랜드의 법률은 어느 때라도 그 비용을 감당할 수 있을 만큼 충분히 부유한 사람들에게 최적화되어 있다. 만약 어딘가에 있는 나라가 머니랜드인을 규제하기 위해 자국 법률을 바꾼다고 치면, 그들은 더 너그러운 다른 법률을 따르기 위해서 자기 자산을 옮기거나, 자기가 직접 옮겨 갈 것이다. 만약 어떤 나라에서 새로운 치부 가능성을 제공하는 너그러운 법률을 통과시키면, 그들은 마찬가지로 자기 자산을 옮겨 갈 것이다. 이것은 마치 중국, 나이지리아, 우크라이나, 러시아의 가장 부유한 사람들이 우리의 모든 민족국가들 너머에 있는, 국경이 이미 무너진 이 새로운 나라로 파고들어간 것과도 비슷한 형국이다. 그들은 원하는 곳이라면 어디로든 자기 돈, 자기 자녀, 자기 자산, 자기 자신을 옮겨 가고, 자기가 준수하기를 원하는 법률이라면 어디의 것이든지 취사선택한다. 그 결과로 엄격한 규제와 제한도 이들에게는 적용되지는 않으며, 다만 나머지 우리만을 여전히 구속하고 있을 뿐이다.

이러한 현상으로 인해서 정부 역할의 핵심까지 미치는 새로운 결과가 나타났다. 미국의 경제학자 맨서 올슨Mancur Olson은 문명의 기원을 선사시대의 "방랑 도적 떼"가 인간 집단을 습격하고 또 다른 곳으로 옮겨 가는 것보다는, 차라리 한자리에 머물면서 그 희생자로부터 항상 훔치는 것의 수익이 더 많음을 깨달은 순간으로 거슬러 올라간다고 했다. 초창기 인류가 이들에게 굴복한 까닭은 (비록 이런 "정주 도적 떼"에 복종함으로써 자유를 일부 잃어버리기는 했지만) 그 대가로 안정과 안전을 얻었기 때문이었다. 도적 떼의 이익과 공동체의 이익이 부합했던 것이다. 쉴 틈 없는 도적 떼의 습격으로 재산을 빼앗기는 일이 사라지자, 인간 집단은 점점 더 복잡한 공동체와 경제를 만들게 되었고, 점점 더 번영하게 되었으며, 급기야 국가와 문명과 기타 오늘날 우리가 당연시하는 모든 것들이 탄생하게 되었다.

"우리는 옛날 사람들이 도적 떼에게 부정기적 약탈을 당하는 것보다 차라리 세금이라는 방식으로 군주에게 정기적 약탈을 당하는 쪽을 더 선호한 이유를 알 수 있다. 방랑 도적 떼는 무정부 상태를 의미했으므로, 무정부 상태를 정부로 대체함으로써 소출에서 상당한 증대를 이루었기 때문이다." 올슨은 2000년에 간행한 저서 『권력과 번영Power and Prosperity 』에서 이렇게 썼다.

안정적인 정부는 강자와 약자의 이익에 부합했는데, 왜냐하면 양쪽 모두가 부유해지기를 바랐기 때문이다. 약자는 스스로 부유해지고 싶었던 반면, 강자는 약자가 부유해져서 세금을 더 많이 걷을 수 있기를 바랐다. 올슨은 마피아의 보호세를 비유로 사용했다. 만약 마피아가 지역 공동체를 완벽하게 장악하면 사실상 범죄가 없어진다. 지역 사업체들이 최대한 많은 돈을 벌어야만 그만큼 많은 돈을 뜯을 수 있어서 마피아 두목의 이익에 부합하기 때문이다. 사회의 차원에서 범죄란 뭔가 유용한 결과를 낳는 쪽보다 경비, 울타리, 자물쇠 쪽으로 돈을 낭비하게 하는 비생산적인 활동이게 마련이다. 따라서 통치를 받는 것이 우리에게는 이익이다.

하지만 올슨은 한 가지 단서를 달았다. 이 논증이 유효하려면 모든 사람이 장기적으로 생각해야만 한다는 것이다. 그리고 바로 그런 이유 때문에 머니랜드는 만사를 바꿔 버리고 말았다. 머니랜드인은 공동체에서 훔친 자기 자산을 그 바깥에 간직할 수 있기 때문에, 공동체 안에서 장기적으로 일어나는 일에 대해서는 관심이 없다. 지금 더 많이 훔칠수록, 그들과 자녀들은 더 많이 간직하게 된다. 사실 그들은 불안정으로부터 돈을 버는 셈이다. 불화가 더 많을수록, 그들이 얻어 낼 돈도 더 많아지는 것이다.

이런 "역외 도적 떼"는 과거 방랑 도적 떼에서 최악의 특징들과 정주 도적 떼에서 최악의 특징들을 가져다가 조합해 놓았다. 현대 금융 시스템의 마법과 더불어, 그 출처를 막론하고 돈을 받아들이는 역외 사법관할구역의 익명성 덕분에, 이들은 굳이 안정과 번영을 늘리는 데 공헌하지 않은 상태에서도 일반 국민들을 억압할 수 있는 것이다.

지난 몇 년 사이에 우리는 세계화를 비판하는 데 익숙해졌다. 세계화가 서구 여러 국가에서 일자리를 빼앗아 다른 곳으로 재배치하면서, 이 과정에서 뒤처진 사람들에게는 아랑곳하지 않는다는 이유에서였다. 세계화의 옹호자들은 반대 논증을 펼친다. 자본을 가장 효율적으로 작용할 수 있는 곳에 배치한 것이야말로, 중국과 인도와 다른 여러 곳의 더 많은 사람들을 가난으로부터 구제하는 데에서 다른 어떤 운동보다도 더 많은 일을 해냈다는 것이다. 하지만 머니랜드에서는 세계화가 이와 다르게 작용한다. 여기서의 관건은 자본을 효율적으로 배치하여 최대한의 수익을 얻는 것이 아니라, 오히려 자본을 몰래 배치하여 최대한의 보호를 얻는 것이다. 이것은 세계화의 어두운 측면이며, 혹시나 도둑 본인이거나 그 하수인인 조력자가 아닌 한, 이를 위한 긍정적인 주장은 결코 내세울 수가 없다.

하지만 머니랜드는 맞서 싸우기에 쉬운 장소가 아니다. 일단 그곳에 병력을 보낼 수도 없는데, 애초에 그 어떤 지도에도 나와 있지 않기 때문이다. 마찬가지 이유로 그곳에 제재를 가한다거나, 또는 외교관을 보내서 설득할 수도 없다. 전통적인 국가들과는 달리 머니랜드에는 여권에 도장을 찍어 주는 국경 수비대도 없고, 경례할 국기도 없고, 전화로 이야기를 나눌 외무장관도 없다. 그곳을 지킬 군대도 없는데, 애초부터 그런 것을 전혀 필요로 하지 않기 때문이다. 자기 돈을 자국 정부의 손 닿는 범위 밖에 두려는 사람이 있다면, 그리고 이에 필요한 변호사와 금융인을 고용할 만한 여유가 있는 사람이 있다면, 머니랜드는 어디에나 존재한다. 하지만 우리가 민주주의를 유지하고 싶다면, 우리는 반드시 머니랜드의 유목 시민들과 맞서 싸워야 하며, 민주주의적 감시를 피한 이들의 재산 은닉을 무척이나 용이하게 만들어 주는 역외 구조물을 무너트릴 방법을 찾아내야 한다. 세계를 안전하게 만들고자 하는 규범 기반 질서의 입장에서는, 그들이야말로 최소한 우리가 매일 글로 접하는 테러리스트나 독재자만큼이나 중대한 위협이기 때문이다.

나는 이 책을 연대와 주제에 따라 구성했고, 머니랜드가 얼마나 널리 퍼져 있는지를 가장 잘 보여 줄 수 있는 사례들을 가급적 세계 많은 지역에서 모으고 골랐다. 우선 나는 머니랜드가 어떻게 작동하는지, 어떻게 부를 **숨기는지**, 어떻게 작은 사법관할구역이 이를 조장하는 법률을 만들어서 생계를 유지하는지를 설명하는 것으로 시작했다. 곧이어 우크라이나 병원 한 곳의 사례를 이용해 권력자들이 머니랜드를 이용해서 **훔치는** 것이 무슨 의미인지를, 그리고 그 병원 한 곳이 어떻게 세계 대부분의 축도가 될 수 있는지를 묘사했다.

다음으로 나는 머니랜드가 어떻게 그 시민과 부富를 **보호할** 수 있는지를 묘사했다. 즉 어떻게 그들에게 여권을 판매하는지, 어떻게 언론인으로부터 자기네 평판을 보호하는지, 어떻게 그 훔친 부의 진짜 소유주가 남들에게 발견되지 않도록 방지하는지를 설명했다. 머니랜드는 심지어 누군가가 살인을 저지르고도 무사하게 만들 수 있으며, 실제로도 그렇게 해 왔다. 나는 머니랜드 시민이 그곳에 숨겨 놓은 현금을 어떻게 **소비하기**를 좋아하는지 (의복, 부동산, 미술품, 기타 등등의 사례를 들어) 설명했고, 또한 그들의 점점 더 터무니없는 소비 습관이 세계에 어떤 영향을 끼치는지 설명했다. 그들의 이런 소비의 영향은 워낙 극단적이어서, 이제는 아예 그 문제만을 전담하는 연구 분야가 (아예 '금권경제'金權經濟 plutonomy라는 이름으로) 생겼을 정도다.

마지막으로 나는 정부가 어떻게 **반격**을 시도했는지를 묘사하면서 스위스 은행을 겨냥한 미국의 방법에 주목한 다음, 오히려 그 기회를 이용해 머니랜드를 그 어느 때보다 더 강력하고 안전하게 만든 변호사와 금융인이 얼마나 영리했는지를 서술했다. 그 내용만 보면 희망찬 전망이 아닌 것 같다. 하지만 문제 해결의 첫걸음이 문제의 존재를 인식하는 것이라고 치면, 우리는 아마도 이제 본격적인 문제 해결의 길에 접어든 셈일 것이다.

이 책을 쓰기 위한 조사 과정은 쉽지 않았다. 머니랜드는 워낙 잘 방비되고, 어지간한 격투가 벌어지지 않는 한에는 그 비밀을 쉽사리 내놓지 않는다. 또한 머니랜드는 세계의 작동 방식에 관해서 우리가 안다고 생각하는 만사에 도전한다. 머니랜드가 야기하는 현기증이 워낙 크기 때문에, 독자 여러분도 일단 그 존재를 알아보게 되면 (내가 겪은 것과 마찬가지로) 그것이 온통 주위에 널려 있음을 깨닫게 될 것이다. 어째서 자국이 아니라 외국 국기를 걸고 다니는 선박이 그토록 많은 걸까? 머니랜드 덕분에 그 소유주들이 자국의 노동 규제를 우회할 수 있기 때문이다. 어째서 러시아의 공무원들은 학교와 병원 건설보다는 오히려 수십억 달러짜리 교량 건설을 더 선호하는 것일까? 머니랜드 덕분에 그 공무원들은 공사비의 10퍼센트를 훔쳐서 해외에 은닉할 수 있기 때문이다. 어째서 억만장자들은 굳이 런던에 사는 걸까? 머니랜드 덕분에 그들은 그곳에서 세금을 회피할 수 있기 때문이다. 어째서 뉴욕에 돈을 투자하려는 부패한 외국인이 그토록 많은 걸까? 머니랜드 덕분에 그들의 재산이 몰수되지 않고 보호되기 때문이다.

이는 결국 머니랜드가 민주주의의 핵심 기능을(즉 시민에 대한 과세 기능을 비롯해 그로 인한 수익을 공동선에 사용하는 기능을) 무력화했다는 뜻이고, 이는 결국 민주주의의 실험 단계에 있는 수많은 사람들에게 환멸을 낳는다. 이들은 절망한 나머지 야누코비치 같은 독재자를 지지하지만, 그로 말하자면 이미 부유하고 강력한 사람들에게만 유익을 주는 사악한 순환 주기 속에서 민주주의를 더욱 잠식했을 뿐이다.

여기서 확고하면서도 반복적으로 강조되어야 하는 한 가지 요점은 지금 내가 음모론을 묘사하고 있는 게 아니라는 점이다. 머니랜드는 무슨 가죽 의자에 앉아서 하얀 고양이를 쓰다듬는 악당 두목 한 명에게 조종되는 것이 아니다. 혹시나 머니랜드의 배후에 이를 조종하는 두뇌가 하나 있다고 치면 차라리 상대하기가 더 쉬울 것이다. 현실은 그보다 훨씬 더 복잡하고, 훨씬 더 음험하다. 그것은 돈이 자유롭게 오가는 반면에 법률이 자유롭게 오가지 못하는 세계, 그리고 거기서 비롯된 불일치를 악용함으로써 훌륭한 삶을 살 수 있는 세계의 결과이다. 만약 세율이 저지섬에서는 낮고 영국에서는 높다면, 영국에 있는 고객의 자산을 저지섬으로 옮길 수 있는 사람은 그 대가로 돈을 벌게 될 것이다. 세계 전역의 사법관할구역의 경우에도 마찬가지이다. 그들 모두는 미묘하게 서로 다른 규제와 제한을 갖고 있다.

머니랜드는 전통적인 조직보다는 오히려 개밋둑에 더 가깝다. 개밋둑에서는 개별 개미가 어떤 지시에 복종하는 것이 아니다. 즉 이들에게 밖에 나가 풀씨를 모아 오라고 명령하는 중간 관리자 개미 따위는 없다. 사리사욕을 위해 풀씨를 은닉한 위반자를 체포하는 경찰 개미도 없고, 그런 위반자를 개미 감옥에 보내는 판사 개미도 없다. 개미들은 외부 자극에 예상 가능한 방식으로 반응할 뿐이다. 머니랜드에서는 개별 변호사, 회계사, 정치인이 역시나 예측 가능한 방식으로 반응한다. 만약 부유한 사람의 존재의 어떤 측면에라도 도움이 되는 법률이 하나 있다면, 머니랜드의 조력자들은 (어디에 있는 어떠한 내용이건 간에) 그 법률의 이득을 부유한 사람이 누리게 해 줌으로써 결국 부유한 사람의 더 큰 선과 나머지 우리의 손해를 유발한다. 개미 한 마리를 눌러 죽이더라도, 또는 부정한 변호사 한 명을 체포하더라도, 그 밖의 다른 행위는 아무 영향을 받지 않은 채 계속 이어질 것이다. 따라서 전체 시스템이 반드시 바뀌어야 하며, 그렇기 때문에 어려운 일이다.

머니랜드가 어떻게 해서 존재하게 되었는지를, 그리고 민주주의를 위해 세계를 안전하게 만들려는 이전의 시도를 어떻게 패배시켰는지를 설명하는 것으로 이 책을 시작하는 이유도 그래서이다. 제2차 세계대전의 어두운 시기 동안 연합군은 열린 사회에 대한 전무후무하게 강한 위협에 맞서 싸워야 했다. 이에 대응해 이들은 영구적으로 민주주의에 우위를 부여하는 세계 금융 구조물을 고안했다. 민주주의적으로 선출된 정부가 두 번 다시는 그 어떤 경쟁자에 의해서도 위협받지 않기를 희망했던 것이다. 하지만 이 시도는 실패했으며, 그 실패 과정에 관한 이야기가 곧 머니랜드의 탄생에 관한 이야기이다.

2

해적

제1차 세계대전 이후의 세계는 비록 기술적으로 덜 정교했다는 차이는 있을망정 오늘날과 비슷하게 돌아갔다. 돈은 그 소유주들이 원하는 만큼 충분히 국가 간을 넘나들었으며, 그 수익을 추구하는 과정에서 각국의 통화와 경제를 불안정하게 만들었다. 경제가 무너지는 동안 상당수 부자는 더 부유해졌다. 1930년대에 『밤은 부드러워』, 『분노의 포도』, 『천한 몸』, 『위건 부두로 가는 길』처럼 사회의 맨 꼭대기와 맨 밑바닥을 묘사한 작품들이 한꺼번에 나온 이유도 그래서였다. 혼돈으로 인해 독일과 다른 여러 국가에서는 극단주의 정부의 선출, 경쟁적 평가절하와 '근린궁핍화' 관세, 무역 전쟁, 외교적 반발, 국경분쟁, 무력 충돌이 나타나고, 급기야 제2차 세계대전이 발생해서 수천만 명의 사망자를 낳았다.

연합국은 이런 일이 또다시 벌어지는 것을 방지하고 싶었다. 그리하여 1944년 뉴햄프셔주 브레턴우즈 휴양지에서 통제되지 않은 돈의 흐름을 (영구적으로) 막을 경제적 구조물의 세부 사항을 협상했다. 연합국은 이 조치 덕분에 각국 정부가 무역을 무기화해 이웃 국가를 괴롭히지 못하게 되고, 금융인이 민주주의를 잠식함으로써 수익을 거두지 못하게 되기를 바랐다. 이 강제된 안정성은 새로운 전쟁으로의 행군을 시작도 전에 멈추고, 평화와 번영의 새로운 체계를 창조할 것이었다. 이들은 제1차 세계대전 이전의 시절을, 즉 무역이 자유롭게 오가고 세계 질서가 (최소한 부유한 서구 국가들에서는) 안정적이었던 때를 돌이켜 보았다. 그 시스템은 금으로 지지되고 있었다. 한 국가의 통화가치는 금 보유고에 의해 결정되었고, 금 보유고는 무역이 확대되거나 축소됨에 따라서 늘어나거나 줄어들었으며, 따라서 돈의 공급에 대해서는 물론이고 결국 가격에 대해서도 자동 촉진제나 완충재로 기능하며 만사의 균형을 유지했다.

하지만 과거의 금본위제는 부활될 수 없었다. 1944년에 이르러 세계의 금은 거의 모두 미국의 소유가 되었기 때문이다. 따라서 브레턴우즈에 모인 대표단은 뭔가 다른 것을 생각해 내야만 하는 입장이 되었다. 영국의 대표였던 존 메이너드 케인스는 다른 모든 통화를 고정시킬 수 있는 새로운 국제통화를 만들자고 주장했다. 미국 대표인 해리 덱스터 화이트는 이 주장을 납득하지 못했다. 달러화가 세계의 지배적인 자금력으로서 힘들게 얻어 낸 지위를 잃는 것이 반갑지 않았던 터였다. 미국은 그 회의에서 유일하게 지급 능력이 있는 국가였기 때문에, 화이트는 결국 자기 의견을 관철시켰다. 모든 통화의 가치는 달러화에 고정되고, 달러화의 가치는 또다시 금에 고정될 것이었다. 금 1온스는 35달러가 될 것이었다.

이것이야말로 그 시스템의 근본 토대였다. 미국 재무부는 만약 어떤 외국 정부가 35달러를 지불하면 항상 금 1온스를 구입할 수 있을 것이라고 공언했다. 미국은 국제무역 자금으로 사용하기에 충분한 달러화를 모두에게 공급할 것으로, 아울러 그 달러화를 본래적으로 가치 있게 만들어 주기에 충분한 금 보유고를 유지하기로 기대되고 있었다. 만약 달러화가 금만큼 훌륭하다면 굳이 그 귀금속이 실물로 필요하지는 않을 것이었다.

다른 국가들도 나름대로 기여했다. 만약 자국 통화의 가치를 상당량 변화시키고 싶은 경우, 국제통화기금IMF, International Monetary Fund이라는 새로운 기구의 승인을 얻은 다음에 그러기로 했다. 이렇게 하면 독재자들이 자국 통화를 조작해서 이웃 국가를 파멸시키고 갈등을 조장하는 것을 막을 수 있었다. 투기꾼이 이런 고정 통화 시스템을 공격하려는 것을 막기 위해, 국경을 넘는 돈의 흐름은 엄격하게 규제되었다. 물론 돈이 해외로 나갈 수는 있었지만, 어디까지나 장기 투자의 형태로만 가능했지, 통화나 채권에 대한 단기 투기를 위해서는 불가능했다.

이런 시스템의 작용 방식을 이해하기 위해서는 일단 기름을 가득 실은 유조선이 있다고 생각해 보자. 만약 유조선에 커다란 탱크가 하나만 있다면, 큰 파도가 칠 때마다 거기 들어 있는 기름이 앞뒤로 흔들려서 선박이 불안정해질 것이고, 자칫하면 전복되어 가라앉을 것이다. 제1차 세계대전 직후의 시스템이 바로 그러해서, 투기 자금의 파도가 밀려오자 민주주의가 전복되었던 것이다. 브레턴우즈에서 각국 대표단은 새로운 종류의 유조선을 고안했으니, 여기서는 석유를 여러 개의 작은 탱크에(여기서 탱크 하나는 국가 하나에 해당한다) 나눠 담았다. 이 선박에는 똑같은 양의 기름이 들어 있지만, 싣는 방법은 이전과 달랐다. 석유가 작은 구획 안에서 앞뒤로 흔들리더라도, 선박 전체의 통일성에 손상을 주기에 충분한 여세를 만들어 낼 수는 없을 것이다. 만약 한 구획에서 누출이 발생하더라도 화물 전체를 위협하지는 못할 것이다. 여기서는 한 구획에 있는 석유를 다른 구획으로 옮기는 것도 가능하지만, (이 비유를 부조리한 상황까지 밀어붙일 위험을 무릅쓰고 말하자면) 그러려면 우선 선장의 허락을 받아야만 하고,

그다음에도 그 선박의 공식 배관을 통해 석유를 옮겨야만 한다.

1980년대 이후의 세계만을 경험한 사람에게는 이것은 상상하기 힘들 터인데, 왜냐하면 오늘날의 시스템은 많이 다르기 때문이다. 지금은 국가 간에 돈이 끝없이 흘러 다니며 중국, 브라질, 러시아, 또는 그 밖의 어디에서나 투자 기회를 간파한다. 만약 어떤 통화가 과대평가되었다면 투자자들은 약점을 알아차리고 마치 병든 고래 주위에 몰려드는 상어마냥 습격을 가한다. 전 세계적 재난의 시기에 돈은 금이나 미국 국채의 안전한 곳으로 후퇴한다. 붐의 시기에 돈은 짭짤한 이득을 부단히 추구하며 다른 곳에서 주가를 끌어올린다. 유동자본의 이런 파도는 워낙 큰 위력을 지녔기에, 가장 강한 정부를 제외한 나머지를 싹 쓸어 갈 수 있다. 지난 몇십 년 동안의 특징이었던 유로화, 루블화, 혹은 파운드화에 대한 장기간의 투기적 공격이 브레턴우즈 체제에서는 불가능했을 것이다. 그런 일이 벌어지는 것을 방지하기 위해 특별히 고안된 시스템이었기 때문이다.

기묘하게도 이 오래전에 사라진 시스템을 가장 잘 환기시키는 것은 1959년에 간행된 이언 플레밍Ian Fleming의 제임스 본드 시리즈 가운데 하나인 『골드핑거Goldfinger』이다. 동명의 영화는 줄거리가 소설과 약간 다르지만, 양쪽 모두 서구의 금 보유고를 건드림으로써 서구의 금융 시스템을 잠식하려 하는 소련의 요원 이야기이다. 이 소설에서 (영국 비밀 정보국의 상사인) M의 명령으로 잉글랜드은행에 파견된 본드는 금의 국외 유출 감시 업무를 담당하는 스미더스 대령("스미더스 대령은 딱 스미더스 대령이라는 이름을 가질 법한 사람처럼 생겼다")과 만난다.

"금은, 그리고 그 금을 토대로 하는 통화는 우리 국제 신용의 기반입니다." 스미더스는 007에게 이렇게 설명한다. "우리가 파운드화의 진짜 힘이 무엇인지를 알고자 한다면, 우리 통화의 배후에 있는 화폐 가치의 진짜 양을 알아야만 하고, 다른 국가들도 사정은 마찬가지입니다." 그런데 대령의 설명에 따르면,

문제는 잉글랜드은행이 금괴 하나에 1,000파운드만을(즉 미국에서 1온스당 35달러에 상응하는 금액만을) 지불할 준비가 되어 있는 반면, 금 장신구에 대한 수요가 높은 인도에서는 금괴의 가치가 70퍼센트나 더 높다는 것이었다. 따라서 영국에서 금을 밀반출해 해외에서 판매하면 매우 수지맞았다.

악당 오릭 골드핑거의 교활한 음모란, 영국 전역의 전당포를 소유함으로써 현금이 필요한 평범한 영국인들로부터 금 장신구를 매입해서는, 그것을 녹이고 판*으로 가공해 자기 소유의 롤스로이스에 부착한 다음, 그 승용차를 몰고 스위스로 가서 금을 재가공해 비행기로 인도까지 가져간다는 것이었다. 이렇게 할 경우 골드핑거는 단지 영국의 통화와 경제만을 잠식하는 게 아니라, 또한 그 수익으로 공산주의자와 기타 악당들을 지원할 수 있게 될 것이다. 스미더스가 007에게 내놓은 설명에 따르면, 잉글랜드은행의 직원 3,000명 가운데 딱 6분의 1은 이런 종류의 사기극 발생을 저지하는 임무를 담당하지만, 골드핑거는 너무 영리해서 차마 상대가 되지 않는다고 한다. 그는 이미 비밀리에 영국 최고의 부자가 되었으며, 바하마제도에 있는 한 은행 지하실에 500만 파운드 상당의 금괴를 보유하고 있었다.

"그 금은, 또는 그중 대부분은 영국의 것입니다. 하지만 잉글랜드은행은 아무 조치도 취할 수 없기 때문에, 우리는 골드핑거 씨를 체포하고 그 금을 되찾아와 달라고 당신께 부탁드리는 겁니다, 본드 씨. 당신께서는 외환 위기와 높은 은행 금리를 알고 계시지요? 당연히 말이죠. 음, 영국은 그 금이 몹시 필요합니다. 빠를수록 더 좋습니다."

이 지루하지만 중요한 도입 부분(스포일러 주의: 본드는 실제로 골드핑거를 물리치는 데 성공한다. 이 과정에서 그는 시카고의 갱단과 얽히고, 미국 정부의 금괴가 보관된 군사 기지 포트 녹스를 겨냥한 대담한 공격을 저지하고, 심지어 "이전까지는 한 번도 남자를 만난 적 없는" 레즈비언을 유혹하기까지 한다)에서 스미더스 대령은 브레턴우즈 체제의 핵심에 놓인 철학적 질문을 해부한다. 현대의 기준에서 보자면, 골드핑거는 일부 조세 회피를 제외하면 사실 아무런 잘못도 하지 않은 셈이다. 그는 사람들이 기꺼이 내려는 금액에 금을 매입한 다음, 좀 더 많은 금액을 내려는 사람들이 있는 또 다른 시장에 가서 금을 팔았다. 그것은 그의 돈이었다. 그것은 그의 금이었다. 그렇다면 무엇이 문제인가? 그는 상업의 바퀴에 기름칠을 했고, 자본을 가장 잘 사용될 수 있는 장소에 효율적으로 분배한 것이었다. 그렇지 않은가?

그렇지 않다. 왜냐하면 브레턴우즈는 그렇게 작동하지 않았기 때문이다. 스미더스 대령은 그 금이 골드핑거에게만 속한 것이 아니라, 오히려 영국에도 속한다고 간주했다. 그 시스템에서는 돈의 주인을 그 돈에 대한 결정권이 있는 유일한 사람으로 간주하지 않았다. 신중하게 고안된 규정에 따르면, 돈의 가치를 창조하고 보장하는 국가들은 그 돈에 대한 권리도 역시나 가지고 있었다. 즉 국가들은 나머지 모든 사람들의 이익을 위해 돈 소유주의 권리를 제한했다. 양차 대전 사이의 불황과 제2차 세계대전 모두의 공포가 반복되는 것을 회피하려고 필사적이었던 연합국은 국제무역에서도 사회의 권리가 돈 소유주의 권리보다 우선이라고 브레턴우즈에서 결정했다.

이것은 1930~1940년대에 안정과 번영을 목적으로 완전고용과 더 나은 공공서비스를 보장하기 위해 고안된 일련의 조치들 가운데 단 한 가지 요소에 불과했다. 미국에서는 뉴딜 입법이 은행의 투기 권한을 극심히 제한하는 한편, 영국에서는 사회복지제도가 보편 의료와 무상교육을 제공했다. 이런 혁신들은 놀라우리만치 성공적이었다. 1950년대와 1960년대에 대부분의 서구 국가들은 거의 중단이 없다시피 경제성장을 이룩했으며, 공중 보건과 기반 시설의 막대한 개선도 이룩했다. 하지만 이 모두가 저렴한 비용으로 이루어진 것은 아니었고, 이를 충당하기 위해서 높은 세금을 물려야 했다. 비틀스 팬들이라면 조지 해리슨이 부른 〈징세관Taxman〉이라는 노래를 기억할 것이다. 그 노랫말에는 자기가 20실링을 벌면 정부가 19실링을 세금으로 거둬 간다는 대목이 등장하는

데, 이것이 그의 수익 중에서 재무부로 가는 금액에 대한 정확한 묘사이다. 그래서 부유한 사람들은 자기 돈을 징세관의 손이 닿지 않는 곳으로 옮기려고 분투했는데, 이는 유조선에 있는 별개의 격실 덕분에 가능했다. 하지만 물리적으로 직접 이주하지 않는 한, 세금을 피하기는 어렵게 마련이었다(예를 들어 롤링 스톤스는 1970년대 초에 『대로에 유배되다Exile on Main Street』 앨범을 녹음하면서 영국의 세금을 피하러 프랑스로 갔다).

유조선 설계의 이 혁신적인 부분에 관한 평가는 우리가 누구인지에 따라서(즉 세금을 내는 사람들 가운데 하나인지, 또는 유례 없이 향상된 생활 수준을 누리는 사람들 가운데 하나인지에 따라서) 달라지게 마련이다. 비틀스와 롤링스톤스는 분명히 이를 싫어했고, 베어링은행 가문의 상속자이며 (1961년부터 1966년까지) 잉글랜드은행장을 역임한 제3대 크로머 백작 롤랜드 베어링 역시 이를 싫어했다. "환율 통제는 시민의 권리에 대한 침해이다." 그는 1963년에 영국 정부에 이런 서신을 보냈다. "따라서 나는 윤리적으로 잘못이라고 간주하는 바이다." 그는 소유주가 돈을 가지고 원하는 일을 뭐든지 할 수 있어야 한다고, 그리고 정부가 해외로 흘러나가는 돈을 저지함으로써 소유주의 기회를 제한하는 것이 가능하지 않아야 한다고 생각했다. 베어링은 이 새로운 종류의 유조선이 잘못이라고 여겼다. 설령 선박에 큰 손상이 가해지는 한이 있더라도, 소유주가 원하는 곳 어디든지 석유를 흘려보내는 것을 선장이 막아서는 안 된다는 것이다.

충분히 우스운 일이지만, M 역시 마찬가지로 생각했다. 『골드핑거』에서 그는 스미더스 대령의 설명을 제대로 이해하지 못하겠다고 본드에게 말한다. "개인적으로 나는 파운드화의 힘이 우리가 가진 금의 양에 달려 있다기보다는 오히려 우리가 얼마나 열심히 일하는지에 달려 있다고 생각하네." 그는 자기 견해가 정치보다 위에 있다고 고집하는 사람 특유의 퉁명스러운 상식의 일종을 드러내며 이렇게 말한다. "하지만 그거야말로 정치인들에게는 지나치게 쉬운 해답이겠지. 아니면 십중팔구 너무 어렵거나." 이런 견해는 런던의 시티에서도 널리 견지되었는데, 시티의 은행가들은 자산의 가치 평가를 정치적 간섭 없이 오로지 시장에 맡겨야 한다고 믿었다.

이런 견해가 시티에서 매우 널리 퍼져 있었던 주된 이유 가운데 하나는 아마도 새로운 브레턴우즈 체제가 그곳 종사자들의 생계 유지 능력을 극심하게 제한했기 때문이었을 것이다. 제1차 세계대전 이전에 영국의 파운드스털링은 세계에서 가장 중요한 통화였고, 시티의 은행가들은 세계의 무역에 자금을 제공함으로써 잘나가고 있었다. 열심히 일하는 사람, 전력질주하는 사람, 연줄 좋은 사람이라면 막대한 재산을 얻을 수 있었다. 그런데 두 차례의 세계대전으로 영국이 알거지가 되고, 이제 달러화가 세계의 우수한 통화가 되자, 시티의 은행가들은 할 일이 거의 없어지게 되었다.

"마치 성능 좋은 승용차를 시속 30킬로미터로 운전하는 것 같다." 한 은행가는 영국의 주요 은행을 담당하는 자신의 업무에 관해서 이렇게 한탄했다. "은행들은 마취 상태다. 마치 꿈속의 삶 같다." 사람들은 늦게 출근해서 일찍 퇴근했으며, 가뜩이나 짧은 업무 시간 대부분을 반주 곁들인 점심 식사 즐기는 데 허비했다. 한 은행가는 점심시간을 강에서 보냈던 일을 회고했다. 그는 정기선을 타고 하류의 그리니치로 가서 샌드위치를 먹고 맥주를 마신 다음, 다시 배를 타고 돌아와서 맥주를 더 마시고 나서야 일터로 돌아갔다. 전적으로 무의미한 이 왕복 여행에는 최대 2시간이 걸렸지만 아무도 크게 신경 쓰지 않았는데, 그것 말고 딱히 할 일이 없었기 때문이었다. 최소한 그는 신선한 공기라도 많이 마신 셈이었다. 시티의 근로자들은 원래 봉급이 많은 편도 아니었지만, 이제는 그들의 일자리조차 수요가 아주 많지는 않아졌다. 은행들은 서로의 고객을 빼앗아 오는 것이 잘못이라 생각했고, 이미 보유한 고객들도 그렇게 큰 도움이 되지는 않았다. 1960년대가 한창일 때까지도, 시티 구역에는 무려 20년 전에 독일의 폭탄이 런던에 떨어지며 생긴 상흔이 여전히 남아 있었다. 한때 무역과 상업의 중추가 들어 있었던 건물이 무너진 곳에서는, 잡초가 잔뜩 자라나서 천둥

벌거숭이 같은 아이들의 놀이터가 되고 있었다. 그 안에서 할 일이 없는 상황인데 뭐하러 건물을 새로 짓겠는가?

런던의 긴 역사를 조금이라도 아는 사람이 보기에는 이것이야말로 잘못처럼 느껴졌다. 템스강의 북쪽 강변에 있는 이 언덕에는 로마군이 도래하기 이전부터 무역 기지가 있었다. 로마는 단지 그 수도를 여기에 두고 론디니움Londinium이라고 명명함으로써 그 상황을 공식화했을 뿐이었다(지금도 길드홀 지하에 가면 로마의 원형극장 유적을 구경할 수 있다. 물론 충분히 관심 있는 사람이라면, 그리고 비 오는 오후라면 말이다). 왜 그들이 그렇게 했는지를 이해하기는 쉬운 일이다. 런던이야말로 무역에 적격이었기 때문이다. 물이 잘 빠지고, 방어가 용이하고, 템스강으로 선박이 거슬러 올 수 있는 최대 한도로 내륙에 자리잡고 있었다. 이곳은 바다를, 그리고 세계를 바라보고 있었다. 상류 쪽의 영국을 바라보는 것이 아니었다. 이곳에 화물을 내려놓으면 배후지에서 온 지역민들에게 판매할 수 있었다. 또는 화물을 런던에 그냥 두었다가 다른 외국 무역업자에게 다시 팔 수도 있었다.

시티는 영국과 세계 나머지 사이의 접촉면이었다. 템스강과 바다 덕분에 런던은 부유해졌고, 그렇게 부유해지는 것이 런던의 목적이었다. 런던은 엄밀히 말해서 영국의 수도도 아니었다. 진짜 수도는 더 상류에 있는 웨스트민스터였는데, 비록 런던과 물리적으로는 합쳐졌지만 철학적으로는 합쳐지지 않은 상태였다. 웨스트민스터는 영국인의 삶의 세부 내역에 대해서 집착했던 반면, 런던은 항상 그 나름대로의 정치가 있었고, 거대한 금융업 가문의 지배를 받았으며, 웨일스의 소도시 마킨레스나 잉글랜드의 소도시 메이든헤드보다는 차라리 맨해튼이나 뭄바이에 더 관심이 많았다.

인도와 아프리카와 북아메리카를 최초로 정복한 것도 영국이라는 국가가 아니라 런던의 회사들이었다. 이들은 여러 대륙을 이어 주는 철도와 증기선을 만들 자금을 지원했고, 여러 대륙을 오가는 화물에 보험을 제공했다. 그러니 브레턴우즈 체제 아래서는 시티에서 무역금융을 하고, 전력질주하고, 원하는 곳 어디에서나 사업을 위해 경쟁하는 것이 허락되지 않는다고 치면(실제로 제2차 세계대전 이후에는 그렇지 않았으니까) 과연 무슨 소용이 있겠는가?

그리고 이 모두에서 특히나 짜증스러운 점은 뉴욕이 붐을 이루고 있다는 것이었다. 한때 런던을 통해 흘러가던 사업 대부분이(무역 금융과 채권 거래를 비롯해 런던이 생득권으로 간주하던 모든 것이) 이제는 월 스트리트의 그 성가신 벼락출세자들에 의해서 수행되고 있었다. 런던은 오로지 영국만을 위한 금융 중심지 역할을 하도록 위축되었으며, 식민지와 구식민지들로 이루어진 줄어드는 무리는 워낙 보수적인 까닭에 파운드화에 매달렸다. 이런 상황은 전혀 즐겁지 않았다.

오늘날 그곳의 번쩍이는 유리와 강철 협곡을 바라보거나 평일 새벽의 여명 속에서 런던 브리지를 건너는 무수한 통근자 무리에 가담한 사람들은, 금융 중심지로서의 런던이 거의 죽었다는 사실을 차마 상상하기 힘들 것이다. 하지만 1950년대와 1960년대에 시티는 국가적 대화로부터 거의 전적으로 배제된 상태였다. 이른바 '화려한 60년대'Swinging Sixties [3]에 관한 두툼한 사회사 서적에서도, 한때의 로마 시대 무역 기지에서 무슨 일이 벌어지고 있었는지는 아예 언급조차 하지 않는다. 이것이야말로 기묘한 일인 것이, 왜냐하면 그 당시에 끓어오르고 있었던 어떤 중요한 일로 말하자면, 비틀스나 앨런 실리토Allen Sillitoe나 데이비드 호크니가 한 것보다 훨씬 더 많이 세계를 변화시키게 될 것이었으며, 브레턴우즈 체제의 고결한 구속을 산산조각 낼 것이기 때문이었다. 바로 여기에서 머니랜드로 들어가는 터널이 처음 열렸으며, 바로 여기에서 최초의 사람들은 그 터널이 어디로 이어지는지를 파악해 수익을 얻을 수 있음을 발견했던 것이다.

---

3. 1960년대 영국에서 기성 세대에 저항하는 청년들이 문화 변혁의 주체로 떠올라 현대성, 즐거움, 쾌락 등을 추구한 시기로 미술, 음악, 패션 등의 분야에서 개성과 활력이 넘쳤다.

이언 플레밍이 『골드핑거』를 간행했을 즈음, 세계경제라는 거대한 유조선의 결코 새지 않는다고 간주되던 격벽에서는 이미 약간의 누출이 있었다. 문제는 자국 달러화를 불편부당한 국제통화로서 사용하겠다는 미국 정부의 공언을 모든 외국 정부가 믿지는 않았다는 점이었다. 외국 정부 쪽에서도 믿지 않을 이유가 충분히 있었다. 워싱턴이 항상 중립적 심판으로 행동하지는 않았기 때문이다. 전쟁 직후의 세월 동안 미국 정부는 실제로 공산주의 국가 유고슬라비아의 금 보유고를 일시 압류한 바 있었고, 이에 놀란 동유럽권 국가들은 자기네 달러화를 뉴욕이 아니라 유럽 은행에 보관하는 관행이 생겼다. 워싱턴에 있는 까닭에 예나 지금이나 그 최대 주주에게 휘둘릴 수밖에 없었던 IMF도 공산주의 국가 폴란드의 재건 지원을 거절했다. 이와 유사하게 1956년에 영국과 프랑스가 수에즈운하의 통제권을 되찾으려고 시도했을 때, 이를 승인하지 않았던 워싱턴은 두 나라에 달러화를 주지 않겠다고 압박해서 그 모험에 종지부를 찍어 버렸다. 이런 것들은 확실히 중립적 중재인의 행동이 아니었다.

그 당시에 영국은 연이은 재난으로 비틀거리고 있었다. 1957년에는 파운드화를 보호하려는 시도로서 금리를 급격히 올리고, 파운드스털링의 사용을 제한했다(이것이 바로 스미더스 대령이 제임스 본드에게 말한 "외환 위기와 높은 은행 금리"였다). 파운드화를 쓸 수 없었던 시티의 은행들은 소련으로부터 달러화를 빌렸다. 마침 소련은 미국의 압력에 약점을 잡히지 않으려고 자기네 달러화를 런던과 파리에 보관하고 있었던 터였다. 그런데 알고 보니 이것이야말로 수지맞는 일이었다. 미국에서는 달러화 대출에 대해 은행이 매길 수 있는 금리에 한계가 있었던 반면, 런던에서는 그렇지 않았기 때문이다. 미국에서는 혹시나 대출이 잘못될 경우를 대비해서 은행이 자기네 달러화 가운데 일부를 보유해야 했지만, 런던에서는 그렇지 않았기 때문이다. 은행은 브레턴우즈 유조선의 격벽에 난 구멍을 하나 발견한 셈이었다. 미국 바깥에서 달러화를 사용한다면, 미국의 규제 당국도 그들을 건드릴 수 없었고, 영국의 규제 당국은 전혀 상관하지 않았다. 이 무국적 달러화는(훗날 '유로달러화'Eurodollar [4]라는 이름으로 일컬어지게 되는데, 어쩌면 유럽 소재 소련 소유의 은행 가운데 한 곳에서 사용한 텔렉스 주소 '유로'Euro 때문이었을 가능성이 있다) 과거와 마찬가지로 자유롭게 여러 국가를 넘나들며 흐를 수 있었다. 반면에 법은 이 돈을 따라 흐를 수 없었다.

미국 공무원들은 이를 저지하려 했고, (연방 은행 시스템을 총괄하는) 통화감사원장은 런던에 상설 사무소를 열어서 미국 은행의 영국 지점들이 무슨 일을 하는지를 조사했다. 하지만 미국인은 대서양 저편에서 아무런 힘이 없었고, 그곳 주민들로부터도 아무런 도움을 얻지 못했다. "시티의 은행들이 런던에서 미국 규제를 회피했는지 여부야 저와는 아무런 상관이 없습니다." 이들 은행을 감시하는 임무를 담당한 잉글랜드은행의 공무원 짐 키오는 이렇게 말했다. "저로선 딱히 알고 싶지도 않습니다. 만약 미국 통화감사원장의 부하들이 자기네 사법관할권을 런던에서 발동할 수 있다고 생각한다면, 저는 '잘해 보시라'고 말해 줄 겁니다." 언젠가 그는 한 외국 은행가에게 반쯤 농담으로 이렇게 말했다. 런던에서는 "백주대로에서 말馬을 놀래키는" 일만 아니라면, 뭐든지 자기 내키는 대로 할 수 있다고 말이다. 이 일에 관여된 금액 자체는 (뉴욕에서 미국 은행들 간에 오가는 금액에 비하자면) 많지 않았어도 매년 3분의 1씩 꾸준히 늘어났으며, 그리하여 런던은 마침내 새로운 세입원을 얻게 되었다.

이와 거의 동시에(아울러 전적으로 무관하게. 물론 그 당시에는 이런 반항이 전반적으로 팽배한 상태였지만) 영국의 라디오 청취자들은 들을 만한 새로운 방송국 몇 개가 더 생겼다. 그 당시 영국에서는 법적으로 오로지 BBC만 라디오로 방송이 가능했기에, 새로운 팝 아티스트들을 청취자와 공유할 시기에는 후진적일 수밖에 없었다. 십 대 청취자는 네로앤드더글래디에이터스Nero and the Gladiators 나

---

4.   미국 달러가 세계 통화의 기축 통화가 된 이래, 미국 이외의 은행, 주로 유럽의 은행에 예치되어 있는 달러 자금을 말한다. 현재는 '유로엔', '유로마르크', '유로스털링' 등 모국 이외의 장소에 예치되어 있는 모든 통화 앞에 '유로'가 붙는다.

비범블앤드더스팅어스^{B. Bumble and the Stingers}처럼 신나고 새로운 음악을 듣고 싶어 했으며, BBC가 이들의 곡을 틀고 싶어 하지 않는다는 사실이 답답했다. 진취적인 선주들은 여기에서 새로운 기회를 보았다. 이들은 자기네 선박에 라디오 장비를 실어서 영국의 영해 바깥에 정박시킨 다음, 영국을 향해 팝 음악을 방송했다.

많은 사람들은 이런 라디오 운영자를 해적이라고 불렀지만, 또 어떤 사람들은 이런 방송국을 또 다른 이름으로 불렀다. 바로 '역외'^{域外, offshore}라는 이름이었는데, 비록 재미는 덜하지만 언어상으로는 더 정확했다. 이런 선박들은 영국의 해안선에서 약간 떨어진 곳에 자리했으며, 따라서 영국 정부의 사법관할구역 바깥에 있었다. 무선 장비를 이용해 그 방송을 손쉽게 찾을 수 있다는 점에서 역외 라디오 방송국은 다른 방송국 못지않게 물리적으로 현존했지만, 그럼에도 불구하고 법적으로는 부재했으며, 따라서 당국에서도 상대하기가 매우 어려웠다.

이런 '역외'라는 개념은 (법적으로는 부재하면서도 물리적으로는 현존하는 존재를 가리키므로) 상당히 유용했기에, 급기야 금융거래를 일컬을 때 차용되기 시작했다. 규제받지 않은 유로달러화를 움직이는 은행들은 두 가지 종류의 계좌를 갖고 있었다. 한 종류는 일반적이고 평범한 거래를, 즉 외환 관리와 기타 등등의 규제를 준수하는 파운드화를 보여 주었다. 이런 거래는 역내^{域內, onshore}라고 일컬어졌다. 또 다른 종류는 허세스럽고 해적스러운 새로운 유로달러화 시장을 설명했는데, 바로 브레턴우즈 유조선의 격벽에서 흘러나와 밑바닥에 고인 석유에 해당했다. 이런 거래는 역외라고 일컬어졌는데, 그 명칭만 놓고 보면 마치 영국의 영해 바깥에서 행해지는 것처럼, 그리고 영국은 그 거래에 대해서 사법관할권이 없는 것처럼 보였다. 이 두 가지 종류의 거래는 똑같은 지리적 위치에서(즉 런던의 시티에서) 이루어졌지만 법적으로 그중 하나는 다른 어딘가에, 그러니까 법규가 적용되지 않는 곳에 있었다. 그리고 이 개념은(즉 역외의 발상,

다시 말해 물리적으로는 사법관할구역 안에 현존하면서도 법적으로는 사법관할구역 밖에 있는 자산에 관한 발상은) 우리의 이야기에서 절대적인 중심이다. 이 개념이 없다면 머니랜드는 존재할 수 없었다.

이런 역외 유로달러화 시장은 1950년대에 런던의 시티에 약간의 생명을 불어넣어 주었지만, 많이는 아니었다. 뉴욕에서는 여전히 대규모 채권 발행이 진행 중이어서 성가시기 짝이 없었다. 돈을 빌리는 회사들이 대개 유럽 국적이고 돈을 빌려 주는 사람들도 역시나 유럽 국적이었는데, 결국 미국 은행만 그 거래로 짭짤한 수수료를 벌어들여서 특히 성가셨다. 유럽 정부와 기업은 돈을 빌리는 데 매우 열심이었다. 가뜩이나 복구해야 할 전쟁의 손상이 무척 많았고, 경제도 워낙 빨리 성장하고 있었기 때문이다. 그런데 런던의 은행가들이 보기에는 유럽인이 그 사업에서 한몫을 얻지 못하는 것은 옳지 않아 보였다. 각별히도 이 사실을 매우 언짢게 생각했던 인물이 바로 지그문트 바르부르크였다.

바르부르크는 시티의 아늑한 세계에서 외부자였다. 우선, 그는 독일인이었다. 또 하나, 시티에서 은행가의 임무는 사업을 위한 전력질주라는 생각을 포기하지 않았다. 그는 시티의 거대 은행들의 카르텔에서 종속적인 자리를 받아들이고 가만히 뒤로 물러나 앉아 있을 생각이 전혀 없었다. 그는 거래를 위해 살아갔다. 자기가 하루 동안 원하는 모든 정보망 형성을 위해서는 한 번의 점심식사로 충분하지 않다고 본 까닭에 하루에 무려 두 번씩, 각각 서로 다른 손님들과 점심식사를 한 것으로 유명하다. 시티 기득권층이 탐탁지 않아 하는데도 적대적 인수라는 발상을 영국에 도입한 장본인도 역시나 바르부르크였다. 그는 널리 여행을 다녔고, 끝도 없이 정보망을 형성했고, 1962년 세계은행에 있던 한 친구로부터 미국 국외를 순환하는 금액이(즉 언제라도 사용할 수 있도록 유조선 바닥에 고인 석유가) 약 30억 달러에 달한다는 이야기를 듣게 되었다. 바르부르크는 이 문제에 관여하기로 결심했다. 그는 1920년대에 독일에서 은행가로 일하면서 외국 통화로 채권 거래를 주선했던 일을 기억했다. 왜 영국의 은행원들은 이와 비슷한 일을 다시 할 수 없었던 걸까?

채권 거래는 장기적인 금융 약정으로서, 차용인은 정해진 액수의 돈을 빌리는 대신 정해진 금리로 이자를 지불하기로, 그리고 정해진 기간이 끝나면 돈을 상환하기로 약속한다. 채권은 기업과 국가가 자금을 조달하는 방법에서 절대적으로 중요하다. 이때까지만 해도 어떤 회사가 달러화를 빌리고 싶으면 뉴욕에 가서 그렇게 해야만 했다. 하지만 바르부르크는 그 30억 달러라는 상당한 뭉칫돈을 어디 가서 발견할 수 있는지를 거의 확신했고(그곳은 바로 스위스였다) 혹시 그것을 작동하게 만들 방법을 찾을 수 있는지 궁리했다.

스위스에는 많은 돈이 있었다. 이 나라는 자국의 감시를 회피하는 외국인을 대신하여 현금과 자산을 보관하는 사업을 줄곧 해 오고 있었는데, 적어도 프랑스가 최고 세율을 72퍼센트까지 올린 1920년대부터 그래 왔다. 그때부터 제2차 세계대전 사이의 기간 동안, 스위스가 보유한 돈의 양은 무려 10배로 늘어났고, 급기야 유럽 대륙 전체 가계 자산의 2.5퍼센트가량을 차지하게 되었다(물론 유럽 대륙의 경제가 전반적으로 부진하던 시절의 이야기이다). 그 고객 중에는 세금을 내고 싶어 하지 않는 프랑스인과 이탈리아인이 압도적으로 많았다. 제2차 세계대전 이후로도 좋은 시절이 지속되었고, 1970년대 초에는 유럽의 가계 자산의 5퍼센트가량이 스위스에 예치되어 있었다. 누구나 승용차에 현금을 싣고 취리히나 제네바까지 몰고 가서, 신중한 은행원에게 은행권을 예치한 다음 다시 갈 길을 갔다. "세금을 회피하고 싶어 하는 부유한 유럽인에게는 1920년대 내내 똑같은 상황이었다. 즉 금융 비밀주의의 보호를 제공하는 국가는 스위스였던 것이다." 프랑스의 경제학자 가브리엘 쥐크망Gabriel Zucman이 머니랜드의 형성에서 스위스의 역할을 파헤친 2015년의 저서 『은닉된 국부론The Hidden Wealth of Nations』에서 한 말이다.

이것은 사실 비밀도 아니었다. 1968년에 간행된 땡땡 시리즈 가운데 하나인 『시드니행 714편Flight 714 to Sydney』에서는 대악당 로베르토 라스타포풀루스가 백만장자 한 명을 납치한 다음, 그의 스위스 은행 비밀 계좌의 세부 사항을 알아내려 협박을 시도한다. "나는 그 은행의 이름을 알고 있지. 당신이 계좌를 개설하는 데 사용한 이름도 알고 있어. 당신이 사용하는 가짜 서명의 훌륭한 예시도 몇 가지 갖고 있지." 라스타포풀루스는 포로에게 이렇게 말한다. "다만 내가 모르는 단 한 가지는 바로 그 계좌 번호이고, 이제 당신은 그걸 내게 말해 주게될 거야." 곧이어 자백제와 화산 폭발과 외계인과 텔레파시가 연이어 등장하면서, 땡땡 시리즈 전체를 통틀어 가장 무모한 모험이라 할 만한 이야기가 이어진다. 하지만 아주 적절하게도, 이 모든 소동 속에서 정작 그 계좌 번호는 결코 밝혀지지 않았다. 설령 밝혀졌다 해도 지나치게 부자연스러웠을 것이다. 어쨌거나 그곳은 1934년부터 은행의 비밀이 법적으로 보장되어 온 스위스였으니 말이다. 스위스 은행 계좌는 워낙 잘 보호되기 때문에 그 진짜 소유주를 아는 사람은 단 세 명, 곧 은행원 두 명과 소유주 본인뿐이다. 그리고 세금을 회피하는 사기꾼들이 스위스에 보유한 거대한 현금 더미의 존재에 관한 소식이 일개 아동 서적의 저자에게까지 흘러들어갔다고 치면, 런던의 가장 야심만만한 금융인들 대부분에게는 익히 알려져 있었을 것이 분명하다.

"부유하고 유명한 사람, 나쁘고 추악한 사람, 정보원과 마피아가 저마다 번호 계좌[5]를 사용했다. 아내와 남편과 사업 동료를 피해 돈을 숨기기 위해, 회사의 수익을 횡령하기 위해, 소규모 전쟁이며 마약 카르텔에 자금을 지원하기 위해서 말이다." 한때 스위스의 은행원이었던(그리고 뒤에 가서 더 자세한 이야기를 만나게 될) 브래들리 버켄펠드의 말이다. "번호 계좌를 가진 고객은 그 특권의 대가로 오히려 스위스에 소액의 일시불 요금을 내야 하고, 이자라고는 단 한 푼도 받지 못한다. 하지만 그 정도는 감내할 만하다. 그 계좌의 잔고는 모조리 내 것이고, 스위스의 강철 매트리스 밑에 안전하게 보관되어 있으니까."

5.   예금주의 이름 대신 숫자와 문자가 조합된 계좌 번호로만 표시되는 비밀 계좌.

1960년대 초의 런던 은행가들에게는 이것이야말로 감질나기 짝이 없는 일이었다. 그 많은 돈이 스위스에 모여 있기만 하고 아무 일도 하지 않았으므로, 그것은 이들이 다시 채권 판매를 시작하기 위해 딱 필요한 목표물이었다. 바르부르크가 직시한 것처럼, 만약 어찌어찌 그 돈에 접근한 다음 그 돈을 포장해서 빌려줄 수만 있다면 어엿한 사업이 될 것이었다. 자기 돈을 돌봐 달라며 스위스 은행가들에게 돈을 내는 사람들을 설득해서, 차라리 우리 채권을 구입해서 수익을 얻어 보라고 할 수도 있지 않을까? 그 수익이 면세라면 특히나 말이다. 그리고 뉴욕에서 비싼 수수료를 내야 하는 유럽 회사들을 설득해서, 차라리 우리한테서 돈을 빌리라고 할 수 있지 않을까?

아직은 아니었다. 아직 한 가지 그의 앞길을 막아선 것이 있었다. 바로 전후 시스템인데, 유조선의 모든 격벽들 덕분에 서로 다른 유럽 국가 간에 투기 자금이 자연스럽게 흘러 다니지 못하게 막아 놓은 상황이었다. 그렇다면 스위스에 보관된 돈을 빌리고 싶어 하는 고객이 있는 곳까지 (그 고객이 지금 어느 나라에 있든지 간에) 가져갈 방법을 어떻게 해야 찾아낼 수 있을까? 바르부르크는 자기 부하 중에서 가장 뛰어난 두 명을 선발한 다음, 그 일을 해내라고 지시했다.

이들은 1962년 10월에 협상을 시작했는데, 바로 그 달에 비틀스가 〈나를 사랑해 주오Love Me Do〉를 발표해서 영국 음악 차트에서 17위를 차지했다. 물론 이 밴드의 첫 싱글이라는 점에서는 상당한 성공이지만, 그렇다고 해서 눈부신 성공까지는 아니었다. 은행가들은 이듬해 7월 1일에 계약서에 서명했는데, 바로 그날 비틀스는 〈그녀는 너를 사랑해She Loves You〉를 발표해서 전 세계적 비틀스 광풍이 촉발되었다. 그 비범한 9개월 동안에는 팝 음악에서뿐만 아니라 지정학에서도 혁명이 이루어졌으니, 마침 그 시기에 쿠바 미사일 위기와 존 F. 케네디 대통령의 '나는 베를린 시민입니다'Ich bin ein Berliner 연설[6]도 있었기 때문이

---

6. 소련의 지원하에 베를린장벽이 세워진 후, 동독이 언제 자신들을 침략하는지 모른다는 불안을 안고 있던 서베를린 시민을 격려하는 내용이다.

다. 이런 상황이다 보니, 전 세계적 금융에서 이에 버금가는 혁명이 크게 주목받지 못하고 넘어갔던 것도 충분히 이해할 만한 일이었다.

바르부르크의 새로운 채권 발행은(이 채권은 훗날 '유로본드'eurobond [7]라고 일컬어지게 된다) 스코틀랜드의 전쟁 영웅 출신으로 언론인을 거쳐 은행가가 된 이언 프레이저가 주도했다. 우아하게 집필된 자서전 『잉글랜드로 가는 큰길The High Road to England』에는 이때 그가 상사의 선견을 실현시키기 위해서 얼마나 많은 관료제적 장애물을 극복해야 했는지에 관해 꽤 상세히 보여 준다. 그는 동료인 피터 스파이라와 함께 핫머니가 국경을 넘나들며 흐르지 못하게 고안된 규제와 세금을 무력화할 방법을 찾아내는 동시에, 자기네 창조물의 다양한 요소들에 대한 수많은 국가별 규제의 갖가지 측면을 취사선택하는 방법을 찾아내야 했다.

만약 채권이 영국에서 발행되면 4퍼센트의 세금을 내야 하기 때문에, 프레이저는 채권을 네덜란드 소재 스히폴 공항에서 공식 발행했다. 만약 이자를 영국에서 지급한다면 또다시 세금을 내야 하기 때문에, 프레이저는 이자를 룩셈부르크에서 지급하도록 조치했다. 그는 런던증권거래소를 설득해서 정작 영국에서 발행되거나 상환되지도 않는 자기네 채권을 목록에 올리도록 했고, 통화관리에 유로본드가 끼칠 영향을 당연히 우려했던 프랑스, 네덜란드, 스웨덴, 덴마크, 영국의 중앙은행을 설득했다. 최종 책략은 차용인이 마치 (이탈리아 국영도로 공사인) 아우토스트라데Autostrade인 양 꾸민 것이었는데, 실제로는 국영 지주회사인 IRI가 차용인이었다. 만약 IRI가 차용인이었다면 원천세를 제해야 했겠지만, 아우토스트라데는 그럴 필요가 없었다.

(시티의 은행가들은 여러 사법관할구역을 서로 이간질해 이득을 취하는 데 능숙했기 때문에, 그로부터 2년 뒤에는 심지어 거래를 마무리하는 것은 단순히 형식일 뿐이라고

---

7.   특정 국가나 기업이 자국 통화가 아닌 다른 나라의 통화로 발행한 역외 채권.

벨기에 조세 당국을 설득하는 데에서도 성공을 거두었다. 이는 결국 룩셈부르크로 직접 가서 최종 서류에 서명을 하지 않아도 된다는 뜻이었다. 다시 말해 미식가에게는 황무지나 다름없었던 그 당시의 룩셈부르크 대신에 괜찮은 식당이 많았던 브뤼셀에서 축하 만찬을 개최할 수 있었다는 뜻이기도 했다.)

사법관할구역을 요리조리 오가는 '트위스터 게임'의 누적 효과 덕분에, 프레이저는 어느 누구도 세금을 낼 필요가 전혀 없고, 어디에서든지 현금으로 교환이 가능하며, 심지어 좋은 금리로 이자를 지불하는 고도로 편리한 채권을 만들게 되었다. 이것이야말로 역외의 궁극적 표현이었다. "비밀은 … 그 채권이 반드시 완전 익명이어야 한다는 것, 이표利票가 반드시 그 어떤 세금 차감도 없이 지불되어야 한다는 것, 그리고 만기에 도달한 채권이 아무런 질문 없이 완전히 상환되어야 한다는 것이었다." 프레이저의 말이다. 이것이 바로 '무기명 채권'이었다. 이 채권을 가진 사람은 누구든 그 소유주가 되었다. 소유권 등기부도 없었고, 소유를 기록할 의무도 없었고, 실제로도 전혀 작성되지 않았다. 프레이저의 유로본드는 마치 마법과도 같았다. 유로본드 이전에는 스위스에 은닉된 부가 할 수 있는 일이 사실 별로 없었다. 하지만 이제는 이 환상적인 종잇조각만 구입하면, 그 돈을 어디로든 가져갈 수 있었고, 어디서든 상환할 수 있었고, 그 와중에 소유주에게는 무과세 이자가 지급되었다. 조세 회피와 **동시에** 수익 창출인 셈이었다. 이것은 1,000달러의 이자를 지급하는 여행자수표와도 마찬가지였다.

이처럼 야심만만한 거래는 런던의 시티에서 거의 반세기 가까이 이루어진 적이 없었기 때문에, 잠깐 동안은 오히려 가장 평범한 이유 때문에 마치 실패할 것처럼 보인 적도 있었다. 채권 인쇄에 필요한 정교한 형판 제작 방법을 어느 누구도 기억하지 못했던 것이다. 다행히도 그 기술을 아직 보유한 나이 많은 체코인 두 명이 나타난 덕분에, 이제는 은행장들이 종잇조각에 서명하는 일만 남게 되었다. "브뤼셀에는 서명 기계가 하나 있는데, 펜 열두 개를 장착해 한 번에 열두 개의 증권에 서명할 수 있었다." 그로부터 수십 년 뒤에 스파이라는 이렇게 회고했다. "하지만 기본적으로 회사는 서너 명으로 구성된 실무진을 일주일 동안 룩셈부르크로 보내서 종잇조각에 일일이 서명하게 했다. 이것이야말로 과거에 존재했던 어리석은 관료제를 보여 준다."

그렇다면 프레이저의 마법 같은 발명품을 누가 샀을까? 음, 이것은 약간 비밀이었던 것이, 왜냐하면 그 판매를 주로 담당한 스위스의 은행가들은 고객 정보를 함부로 흘리지 않았기 때문이다. 하지만 프레이저는 상당히 훌륭한 추측을 내놓았다. "이 채권의 주요 구매자는 개인들이었다. 보통은 동유럽 출신이었지만, 또한 남아메리카 출신도 곧잘 있었다. 이들은 자기 재산 가운데 일부를 운반 가능한 상태로 만들어서, 혹시나 떠나야 할 때에는 작은 여행 가방에 채권을 담아 신속하게 떠날 수 있게 했다." 프레이저의 말이다. "당시에도 중부 유럽을 떠나 이스라엘과 서구로 향하는 생존 유대인 인구의 대규모 이주가 여전히 있었다. 여기에 동쪽으로 향하는 남아메리카의 몰락한 독재자들의 일상적인 이주가 더해졌다. 스위스야말로 이 모든 돈이 은닉되는 곳이었다."

훗날의 역사가들은 프레이저의 설명을 액면 그대로 받아들이는 대신, 부패한 정치인들은(즉 "남아메리카의 몰락한 독재자들"은) 이 초창기 채권 발행의 수요 가운데 기껏해야 5분의 1 정도밖에 차지하지 않았다고 주장하려 했다. 하지만 프레이저 역시 현실을 액면 그대로 설명한 것은 아니었다. 남아메리카에서 살고 있었던 몰락한 독재자들이 모두 그곳 태생은 아니라는 점이다. 제2차 세계대전 당시 유럽에서 약탈해 그 수익을 스위스에 예치하고 아르헨티나로 도주한 사람들 가운데 상당수가 1960년대 초에도 여전히 살아 있었던 것이다. 나치 전쟁 범죄자들로서는 스위스에 넣어 둔 자기 돈을 버젓하게 가져올 방법이 없다는 사실이 매우 불만스러웠을 터이다. 그러다가 마침내 이언 프레이저와 그의 팀 덕분에 위험도 없고 세금도 없이 은닉 재산으로 생계를 유지할 수 있는 방법을 얻게 되었다.

그 채권을 구입한 돈의 나머지 5분의 4는 일반적인 조세 회피자들에게서 (즉 은행가들이 흔히 "벨기에의 치과의사"라고 부르는 사람들에게서) 나왔다. 평소에도 자기 수익 가운데 상당 부분을 룩셈부르크나 제네바로 보내던 이들 고소득 전문직은 이 사랑스러운 새 투자처를 반겼다. 프레이저도 이런 사실에 깜짝 놀랐다고 주장하지는 않았다. 회고록에서 그는 "에릭 삼촌"(즉 바르부르크의 선임 은행원들 가운데 하나인 에릭 코르너)이 취리히에 중개인을 하나 두고서, 어떤 고객사가 기대보다 더 나은 소식을 전할 때쯤이 되면 항상 그를 찾아갔었다고 기록했다. 그리하여 코르너는 시장의 나머지가 그 소식을 알기 전에 해당 주식을 매매할 수 있었고, 덕분에 자기네 고객의 비용으로 은밀한 무과세 현금을 벌 수 있었던 동시에 새로운 채권에 소비할 수 있는 돈주머니를 스위스에 쌓아 올릴 수 있었다.

이것이 머니랜드로 들어가는 터널에서 언뜻 보이는 첫 번째 장면이다. 그 작동 방식은 이러하다. 우선 내가 돈을 (훔치거나, 또는 과세를 피하거나, 또는 벌었거나 간에) 얻는다. 다음으로 그 돈을 숨긴다. 다음으로 그 돈을 쓴다. 이전까지만 해도 나는 이 세 가지 단계 가운데 두 가지까지는 밟을 수 있었지만, 절대 세 가지 모두를 한꺼번에 밟을 수는 없었다. 일단 돈을 얻으면 써 버릴 수도 있었지만, 그러면 위험성이 높았다. 또는 일단 돈을 얻으면 숨길 수도 있었지만, 그러려면 돈을 스위스에 묻어 두어야 하므로 즐길 방법이 없었다. 하지만 머니랜드는 부를 해방시켰으며, 그 부가 어디에서 온 것인지는 상관하지 않았다. 그저 영구적으로 훔치고, 숨기고, 쓰게 도와주었던 것이다. 이는 유로본드의 핵심에 놓인 더러운 비밀이었다. 이 모두는 현대의 통신수단(처음에는 전신, 다음에는 전화, 다음에는 텔렉스, 다음에는 팩스, 다음에는 이메일) 덕분에 가능했으며, 이것이야말로 우리가 세계화라고 부르는 편의성 혁명의 어두운 측면이다.

나는 지금 사생활 보장에 대한 정당한 열망을 지닌 사람이 아무도 없었다고 말하는 것은 아니다. 프레이저가 확언한 것처럼 최초의 고객들은 나치를 피해 스위스에 돈을 은닉했던, 그리고 마침내 그 돈을 이용해 생계를 유지할 방법을 발견했던 유럽 유대인이었다. 문제는 홀로코스트 생존자들이 텔아비브로 이주하는 과정에서 매력을 느꼈던 그 사생활 보장과 운반 가능성과 편의성에 급기야 안트베르펜의 치과의사, 런던의 내부 거래 은행가, 심지어 부에노스아이레스의 나치까지도 매력을 느꼈다는 점이다. 스위스에서는 합법적으로 대피한 돈이 야비한 조세 회피 자금과 뒤섞였고, 이는 또다시 사악하게 약탈한 돈과 뒤섞였다. 유로본드는 그 출처를 불문하고 숨겨야 하는 현금을 지닌 모두에게 편리했다.

그렇다면 이것이야말로 머니랜드의 마법 정원으로 들어가는 문을 부자들이 열어 놓은 최초의 순간이라고 할 법하다. 바로 이 순간에 런던의 영리한 은행가들은 가상 국가 하나를 구상해서 실현시켰는데, 이 가상 국가에서는 누구든지 충분히 부자이기만 하면 출처를 불문하고 그가 지닌 돈에는 법률이 전혀 적용되지 않았다. 평범한 벨기에인은 자기 수입에 대해서 세금을 내지만, 스위스 은행 계좌를 유지할 만한 여력이 되는 치과의사는 단지 그런 세금을 회피할 뿐만 아니라, 그 과정에서 수익까지 올렸다. 동유럽의 약탈당한 주민들은 산산조각 난 국가를 재건하기 위해 일하는 반면, 그들을 약탈한 나치들은 그 범죄 수익을 보전할 뿐만 아니라, 심지어 그걸 이용해서 버젓한 삶을 영위했다.

뒤에서 다시 살펴보겠지만, 제1세계의 조세 기피자들과 제3세계의 도둑 정치가들kleptocrats 모두가 머니랜드에 살고 있다는 사실이야말로, 우리가 그곳에 대해 뭐라도 알아내기가 그토록 힘든 이유의 핵심이다. 따라서 우리는 조금이라도 증언을 남겨 준 이언 프레이저와 바르부르크의 그 동료들에게 도리어 고마워해야 할 것이다.

첫 번째 거래는 1,500만 달러어치였다. 그런데 역외에서 흐르는 현금을 저지했던 장애물을 우회하는 방법이 일단 나타나자, 더 많은 돈이 그 경로로 흐르는 것을 막을 방법은 전혀 없었다. 1963년 하반기에 유로본드는 3,500만 달러어치 팔렸다. 1964년에 그 시장은 5억 1,000만 달러 규모가 되었다. 1967년에는 총액이 사상 최초로 10억 달러를 넘어섰고, 이제는 세계에서 가장 큰 시장 가운데 하나가 되었다. 심지어 미국 기업들조차도 뉴욕과 그 지겨운 규제를 포기하고 유로본드를 발행하기 시작했다. 물론 그러려면 핫머니의 급증을 어떻게든 통제하려는 미국 정부의 시도를 회피하기 위해 '트위스터 게임'에서도 새로운 수가 필요했지만 말이다. 다행히도 네덜란드와 미국 간의 유리한 세금 조약 덕분에 미국 기업들은 네덜란드령 앤틸리스제도라는 카리브해의 작은 섬에 이 목적으로 특별히 설립된(즉 다른 목적으로는 불필요했던) 자회사를 통해 돈을 빌릴 수 있게 되었으며, 이 과정에서 세금을 전혀 낼 필요가 없었다.

그렇다면 브레턴우즈에서 만들어진 격벽 구조의 유조선에는 이것이 과연 무슨 의미였던 것일까? 비유하자면 마치 화물 소유주가 선장의 허락이나 인지 없이 자기 석유를 이 탱크에서 저 탱크로 옮길 수 있게 해 주는 자체적인 배관 시스템을 만들어 낸 격이었다. 하지만 이 비유는 여기에서 끝나고 마는데, 돈의 본성 때문이다. 이 돈은 역외로 도망쳤고, 거기에서 미국 정부가 부과하는 규제와 세금을 회피했다. 하지만 여전히 달러화였기에, 이 돈 35달러는 여전히 금 1온스의 가치를 지니고 있었다. 곧이어 나타난 문제는 달러가 석유처럼 행동하지는 않는다는 사실로부터 비롯되었다. 석유는 우리가 뭔가를 위해 사용하지 않더라도 여전히 석유이고, 그대로 있을 뿐이며, 아무 일도 하지 않는다. 하지만 달러화는 곱절로 늘어난다.

우리가 1달러를 은행에 예치하면 은행은 이를 다른 누군가에게 빌려주는 돈의 보증금으로 사용하며, 이는 결국 시중에는 예치한 것보다 더 많은 달러화가 있다는 뜻이 된다. 우리의 달러화, 그리고 다른 누군가가 빌려 간 달러화 말이다. 만약 그 다른 누군가가 자신이 빌린 돈을 또 다른 은행에 예치해서 은행이 그 돈을 빌려주면, 이제는 시중에 더 많은 달러화가 있게 되고, 이런 식으로 계속된다. 그 달러화 모두가 명목상으로는 고정된 양의 금만큼의 가치를 지니기 때문에, 이제 미국은 그 잠재적 수요를 충족시키기 위해 항상 더 많은 금을 계속해서 구입해야 할 필요가 생긴다. 하지만 미국이 그렇게 한다면, 결국 달러화를 주고 금을 구입할 수밖에 없는 입장이 되고, 이는 시중에 더 많은 달러화가 존재할 것이라는 뜻이다. 그렇게 불어난 달러화가 또다시 곱절로 늘어나면, 더 많은 금 구입이 이루어지고 더 많은 달러화가 생겨난다는 의미인데, 결국 이 시스템은 이처럼 이치에 닿지 않는 사실로 인해 결국 붕괴하고 말 것이다. 이 시스템은 역외에 대처할 수가 없는 셈이다. 마치 유조선 속의 석유가 단순히 비밀리에 탱크와 탱크 사이로 옮겨 가는 것뿐만 아니라, 한 번 옮겨 갈 때마다 용량이 두 배씩 늘어나는 것과 마찬가지이다.

어쩌면 여러분은 이게 무슨 뜻인지를 이미 이해했을 것이다. 외국 정부는 1온스당 35달러에 금을 구입할 권리를 갖고 있지만, 달러화는 점점 늘어만 갔던 반면 금은 오로지 정해진 양만 있었다. 간단한 수요와 공급의 원리에 따라서 조만간 암시장이 나타날 상황이었는데, 이는 달러화 가격을 통제하려 시도한 독재 정권에서 항상 비공식 환율이 튀어나오는 것과 정확히 똑같은 원리다. 외국 정부는 1온스에 35달러씩 주고 미국 정부에서 금을 구입한 다음, 공개시장에서 더 비싸게 유로달러화에 판매한다. 그런 다음 그 유로달러화를 이용해서 1온스에 35달러씩 주고 미국 정부에서 금을 더 사들여 이문을 남겨 판매하고, 이런 식으로 계속하는 것이었다. 기본적으로는 골드핑거의 사기 수법과 똑같지만 그보다 훨씬 더 수익이 높았다. 그 과정에서 롤스로이스의 외장 판벽으로 위장한 금괴를 밀수할 필요도, 007과 골프를 칠 필요도 없고, 그 수익금조차도 워싱턴이 기꺼이 손실을 감내할 만한 금액으로만 제한되어 있었다. 이 사기 수법은 그렇게 명백히 결함 있는 시스템으로부터 수익을 얻지 않으려는 참가자의 의향이 있어야만 막을 수 있었다.

미국 정부는 달러/금 가격을 보호하려고 애썼지만, 달러화의 움직임에 제한을 가할 때마다 오히려 달러화를 런던에 두는 편이 수익성이 높아서, 급기야 더 많은 돈이 역외로 새어 나가고 결국에는 달러/금의 가격 상승 압력만 더 높아졌을 뿐이었다. 미국 은행들 입장에서는, 오늘날 중국이 미국 제조업자들에게 하는 것과 대략 비슷한 역할을 영국이 하기 시작한 셈이었다. 월 스트리트에 비해 시티에는 더 느슨한 규제와 더 융통성 있는 정치인이 있었고, 은행들도 이를 좋아했다. 1964년에 미국 은행 가운데 11개는 런던의 시티에 지점을 두고 있었다. 1975년에는 58개가 그렇게 하고 있었다. 하지만 그 무렵 워싱턴은 불가피한 상황에 굴복한 나머지 금 1온스를 35달러에 상환한다는 약속을 중단했다. 이것은 브레턴우즈에서 만든 모든 안전장치의 꾸준한 해체로 나아가는 첫걸음이었다.

누가 실제로 돈을 소유하느냐 하는(즉 그 돈을 번 사람이냐, 아니면 그 돈을 만든 국가냐 하는) 철학적 문제에 대해서는 이미 답이 나왔다. 만약 나한테 돈이 있다면 (런던과 스위스의 융통성 있는 은행가들 덕분에) 그 돈으로 내가 원하는 일은 뭐든지 할 수 있고, 다른 정부들도 차마 나를 저지할 수 없다. 혹시 다른 정부들이 나를 저지하려 시도하면 결국 상황은 더 나빠질 수밖에 없어서, 마치 줄줄 새는 고무 튜브를 손으로 쥐어짜서 막는 격이 될 것이다. 제아무리 공무원들이 저지하려 애써도 돈은 계속 역외로 향했다. 영국처럼 한 나라가 역외를 묵인하는 경우, 다른 모든 나라의 노력은 수포로 돌아가게 된다. (만약 모두가 케인스의 말에 귀를 기울여서 브레턴우즈에서 국제통화를 만들었더라면, 이런 일은 벌어지지 않았을 것이다.)

그리하여 이것이야말로 국경 없는 돈과 국경 있는 국가 사이의 불가피한 긴장의 기원이다. 만약 규제가 한 국가의 국경에서 멈추지만 돈은 어디든 원하는 곳으로 흐를 수 있다면, 그 소유주는 자기가 선택한 어떤 규제라도 속일 수 있을 것이다. 만약 권투 경기에서 한쪽 선수는 링의 로프 안에만 머물러 있어야 하는 반면, 상대편 선수는 언제라도 바깥으로 나갔다가 그 어느 방향에서도 들키지 않은 채 예고 없이 들어올 수 있다면, 어느 쪽에 판돈이 더 많이 걸릴지는 명백한 일이다.

바르부르크의 투자은행에서 시작된 발전은 단순한 유로본드에서 끝나지 않았다. 그 기본 패턴은 끝없이 복제 가능했다. 그들은 자신들과 고객들에게 돈을 벌어 줄 수 있는 사업들을 찾아낼 수 있었다. 그들은 세계를 둘러보아 그 사업에 적절한 법령을 보유한 사법관할구역(예를 들어 리히텐슈타인, 쿡섬, 저지섬 등)을 찾아냈고, 그런 곳들을 명목상의 기지로 사용했다. 딱 어울리는 법규를 가진 사법관할구역을 찾아내지 못하면, 자신들에게 융통성을 발휘하도록 법규를 바꿀 때까지 위협하거나 아첨했다. 바르부르크 본인도 이를 직접 시작했으니, 만약 영국이 그 법규를 경쟁적으로 만들고 그 세금을 더 낮게 만들지 않는다면 자기 은행을 다른 나라로(이를테면 룩셈부르크로) 옮기겠다고 잉글랜드은행에 말했던 것이다. 그러자 세상에! 정말로 법규가 바뀌었고, 세금은(이 경우에는 무기명 채권에 매겨지는 인지세가) 폐지되었다.

이런 흐름에 대한 세계의 반응 역시 전적으로 예측 가능했다. 때때로 여러 국가들은 자기들이 역외에 잃어버린 사업을 뒤따라 쫓아왔는데(예컨대 미국 은행들이 런던으로 옮겨 갈 때 피하려고 했던 바로 그 규제를 결국 미국 정부가 폐지한 것처럼), 그리하여 역내 세계는 바르부르크의 투자은행의 은행가들이 만들어 낸 역외 해적 세계와 점점 더 비슷해졌다. 세금은 낮아지고, 규제는 완화되고, 정치인은 더 친근해졌으며, 이 모두는 쉬지 않고 활동하는 돈을 유혹하여 다른 사법관할구역이 아니라 자신의 사법관할구역에 정착하게 만들려는 의도를 지니고 있었다. 이렇게 하는 이유는 간단하다. 일단 한 군데 사법관할구역이 내가 원하는 것을 하게 허락하면, 사업이 그쪽으로 흘러가게 되고 다른 사법관할구역들도 서둘러 변화할 수밖에 없었던 터이다. 이것이야말로 머니랜드의 역진 방지 톱니바퀴로, 돈을 움직일 사람들에게 유리하도록 항상 규제를 느슨하게 풀고 결코 역으로 조이지 않는 식으로 작동했다.

———————•———————

머니랜드는 군대나 국가나 국경이나 기타 국가로서의 속성을 갖고 있지는 않았지만, 대신에 언어는 확실히 갖고 있다. 바로 완곡어법의 언어이다. 머니랜드의 합법적인 수호자인 변호사와 회계사 사이에서 어느 정도 시간을 보낸 사람이라면 아마 (그 불법성의 증대에 따라서 점차 증대하는) "회계상 마찰", "승계 계획", "조세 중립성", "수수료", "급행료"[8]에 관한 언급을 듣게 될 것이다. 그러다가 얼마가 지나면 그 사람은 스스로 이런 용어를 사용하게 될 것이다.

그렇다면 저 바깥에, 즉 이런 완곡 표현의 울타리 너머에 은닉된 돈은 과연 얼마나 될까? 이는 답변하기 어려운 질문이다. 돈은 눈에 보이지 않는 데다가, 봉급이 많고 상상력이 풍부하고 고도로 똑똑한 사람들에 의해서 계속 눈에 보이지 않게 유지된다. 이것은 암흑 물질이며, 실제 암흑 물질과 마찬가지로 오로지 우리 눈에 보이는 것들에 대한 그 영향을 기록함으로써만 연구가 가능하다.

스위스 은행업을 연구한 프랑스 경제학자 가브리엘 쥐크망은 이를 계산해 보려고 시도했다. 그는 은행업의 비밀주의가 만들어 내는 통계적 변칙을 분석한 끝에, 2014년에 세계의 전체 금융자산 가운데 8퍼센트가 조세 피난처에 보관되고 있다고 추산했다. 이는 전체 95조 5,000억 달러 가운데 7조 6,000억 달러에 해당한다. 그중 약 3분의 1은 스위스에 등록되어 있고, 나머지는 싱가포

---

8. 일상적인 정부 행위의 수행을 촉진시키거나 원활하게 하기 위한 목적으로 하급 공직자에게 지급되는 소액의 금액.

르, 홍콩, 바하마제도, 저지섬, 룩셈부르크와 기타 여러 곳에 등록되어 있었다. 역외 소유 비금융자산 모두는(즉 미술품, 요트, 부동산, 보석은) 여기에 포함되지 않았으므로, 그는 여기에 2조 달러가 더 추가되어야 한다고 생각한다(이는 자산이 반드시 스위스, 홍콩, 바하마제도 등에 있다는 뜻은 아니다. 다시 말해 법적으로는 그런 사법관할구역에 있지만, 물리적으로는 다른 어딘가에 있을 수 있다는 것이다. 사실 특산품 퍼지 캐러멜을 각별히 좋아하는 사람이라면 모를까, 저지섬에서는 살 만한 물건 자체가 많지 않다).

내가 캘리포니아대학 버클리 캠퍼스의 연구실로 찾아갔을 때, 쥐크망은 국가들이 자국에 투자된(예를 들어 런던 소재 주택, 뉴욕 소재 콘도, 리비에라 소재 빌라에 투자된) 외국 자금을 보고할 때에는 꼼꼼한 반면, 자국을 떠난 자금을 보고할 때에는 그렇지 않다는 사실로부터 그런 변칙들이 생겨난다고 설명했다. 이는 결국 그 나라에 들어오는 자금의 액수와 그 나라를 떠나는 자금의 액수가 딱 맞아떨어지지 않는다는 것이다. "지구 전체를 총괄해서 말하자면 순수 채무가, 즉 순수 금융 채무가 있는 걸로 나타납니다만, 전 세계적 층위에서는 당연히 불가능한 일이지요." 그의 말이다. 세계 모든 국가의 유입과 유출을 스프레드시트 하나에 입력해 보면 그 합계가 맞아떨어져야만(즉 모든 유출이 다른 누군가의 유입이 되어야만) 하지만, 실제로는 그렇지 않다. 이것은 마치 국가별 국제 투자대조표에서 항목이 하나 빠진 것과도 같다. 스프레드시트상에 국가 하나를 더해야만 행이 딱 맞아떨어지게 된다. 모나코Monaco와 몽골Mongol 사이에 머니랜드Moneyland를 더해야 한다는 말이다. 그러면 적절해 보인다.

머니랜드의 지도를 작성하려 시도한 사람은 쥐크망 혼자만이 아니었다. 미국 경제학자 제임스 헨리James Henry는 그곳에 은닉된 현금의 양을 훨씬 더 많게 예측해, 2010년 그곳에 21조 달러 내지 32조 달러가 있다고 생각했다. 그는 천문학적 비유를 이용해서 자기 임무의 정말 당혹스러운 복잡성을 설명했다. "경제학에서 우리가 측정하려 하는 이 지하 시스템은 천문학의 블랙홀에 상응한다. 블랙홀과 마찬가지로 사실상 눈에 보이지 않으며, 관찰자가 너무 가까이 다가가면 다소 위험할 수도 있다." 그는 이 주제에 관한 2012년 논문에서 이렇게 썼다. "우리는 사회의 가장 확고부동한 이익집단과 대면하고 있는 것이다. 어쨌거나 부자와 권력자들보다 더 부유하고 힘 있는 이익집단은 없으니 말이다."

여러 국가들은 여러 가지 방식으로 머니랜드에 영향을 받는다. 북아메리카 및 유럽 내 부유한 국가들의 부유한 시민들은 역외 현금의 총량 중에서 가장 많은 부분을 소유하지만, 이는 자국 경제의 거대한 규모 덕분에 그 국부의 상대적으로 적은 비율에 불과하다. 쥐크망은 미국의 경우에는 겨우 4퍼센트, 서유럽의 경우에는 10퍼센트쯤일 것이라고 추산한다. 하지만 러시아의 경우에는 가계 자산의 52퍼센트가 역외에, 즉 정부의 손이 닿는 범위 밖에 있다. 아프리카의 경우에는(즉 그곳 전체적으로) 총액의 30퍼센트가 그렇다. 페르시아만 국가들의 경우에는 놀랍게도 무려 57퍼센트에 달한다. "개발도상국과 비민주주의 국가의 올리가르히들은 자기 부를 은닉하기가 매우 용이하며, 이에 대해서는 아무런 감시도 없습니다." 쥐크망의 설명이다.

결국 이것이 머니랜드가 존재하게 된 내력이다. 이런 상황을 방지하려던 신중한 안전장치가 파괴되면서, 구속에서 풀려난 머니랜드가 세계 각지로 확산된 과정인 것이다. 그렇다면 이번에는 그곳의 문지기 가운데 몇몇을 찾아가 보도록 하자.

3

소^小앤틸리스제도의
여왕

네비스^{Nevis}는 대서양과 카리브해가 만나는 곳의 바다 위에 돌출한, 숲으로 뒤덮이고 구름이 얹혀 있는 돌기 모양의 섬이다. 표면적만 따지면 맨해튼보다 간신히 큰 정도이며, 인구는 겨우 1만 1,000명이다. 세인트키츠네비스 연방을 구성하는 더 작은 절반으로서 1983년 영국에서 독립했을 때만 해도 이곳의 전망은 어두워 보였다.

그 당시에 네비스 정부의 수장이었던 시미언 대니얼의 임무는 자국민을 먹여 살리는 것이었지만, 정작 곳간은 걱정스러울 정도로 텅 비어 있었다. "버젓하게 생계를 꾸려 나갈 기회가 많지 않았던 것이다." 그는 훗날 이렇게 회고했다. 하지만 대니얼은

한 가지 회심의 카드를 갖고 있었다.

독립 협상 중에 그는 최대한의 자치권을 고집했다. 비록 그가 다스리는 섬이 작기는 하지만, 연방헌법에 따라 자체적인 일에 대해서는 거의 완전한 통제권이 부여되었다. 마침 외국 선박에 자국 국적을 판매하는 분야에서 선두였던 라이베리아에서 쿠데타가 일어나서, 제대로 된 패기를 지닌 국가에도 잘만 하면 수지맞을 법한 시장의 틈새가 생겨났다. 미국의 규제를 회피하고 싶을 때 자기네 선박에 내걸 "편의치적[9] 국기"를 얻기 위해 넉넉하게 대가를 지불할 법한 미국 선주들은 라이베리아의 국기가 시장에서 없어질까 봐 우려하고 있었다.

바로 그때 빌 바나드라는 미국인 변호사가 대니얼에게 그 가능성을 고려해 보도록 권유했다. "바나드 씨와 그의 팀은 전체 기반 시설을 만들었다." 대니얼의 회고다. "이들은 관련 법안의 초고를 작성하고 문구를 준비했으며, 우리는 이 법안을 네비스 의회에서 통과시켰다."

네비스 정부가 얼마나 고분고분한지를 발견한 바나드는 단순한 선박 등록을 뛰어넘는 더 웅장한 야심을 발전시켰다. 당신네가 모두를 도울 수 있는 상황에서, 왜 굳이 선주들이 법규를 피하는 것만 돕고 말아야 한단 말인가? 바나드는 네비스를 비밀주의 사업으로 끌어들였다. 훗날 모닝스타로 명명된 그의 회사는 이 섬의 생산품에 대해서 배타적 독점권을 얻었다. 바나드는 미국 변호사여러 명을 데려와 금융의 진미로 이루어진 맛있는 한 상을 차려 냈고, 네비스는 그 내용을 자국의 법적 메뉴에 꼬박꼬박 옮겨 적었다. 바나드는 내 전화나 문자나 이메일에 전혀 응답하지 않았지만, 그의 팀은 최초의 여러 법안 대부분을 미국 델라웨어주에서 차용했던 것으로 보인다. 네비스의 법안은 1984년에 통과되었다. 그로부터 1년 뒤 비밀 유지 법령이 발동되면서 청취 권한이 없는 사람에게 금융 정보를 전달하는 것이 금지되었고, 이 섬은 만사가 순조로워졌다. 하

---

9. 선주가 자신의 선박을 자기 나라에 등록하지 않고 제3국에 등록하는 일.

지만 거기서 멈추지는 않았다.

데이비드 뉴펠드는 여러 해 동안 그 섬의 금융 시스템을 둘러싸는 방벽 구축을 도왔던 여러 미국 변호사 가운데 한 명이었다. 1994년 그는 미국 와이오밍주의 혁신적인 유한책임회사의 한 가지 버전을 네비스에 도입하는 내용의 법안을 작성해 주었으며, 이 과정에서 고객이 좋아할 법한 다른 법률의 여러 가지 측면들을 덧붙임으로써 개선을 가했다. "우리는 선별을 가했던 겁니다." 그는 내게 이렇게 말했다. "아시다시피, 그것이야말로 천지창조를 주관한 하나님 노릇을 하는 방법이지요. 즉 법안을 지나치게 비난받기 쉽게 만들지는 않는 겁니다. 분명한 사실은 저의 피조물이 천지창조보다는 약간 덜 야심만만했다는 겁니다. 저는 일곱 번째 날에 쉬지도 못했습니다. 그것이야말로 저와 하느님의 차이일 겁니다. 그분은 더 빨리 일했던 겁니다."

뉴펠드와 다른 사람들이 가져온 발상 덕분에 네비스는 자기 자산을 보호하려 도모하는 모두에게 만만찮은 요새가 되었다. 네비스는 해외의 법원 판결을 인정하지 않았으므로, 그 어떤 법적 요구라도 반드시 이 섬의 법원으로 가져와야만 했다. 그런데 어떤 소송을 제기하기 위해서는 우선 당사자의 선의의 증거로서 10만 달러 상당의 채권을 매입해야 했다. 만약 당사자가 고발하려는 문제가 서류 접수 날짜에서 1년을 초과할 경우 그 사건은 자동으로 기각되었다. 설령 서류 접수에 성공하더라도 거기서 찾을 수 있는 정보에는 제한이 걸려 있었다. 네비스는 자국에 등록된 구조물에 금융 서류 보존을 전혀 요구하지 않으므로, 결국 보고나 감사나 회계의 의무에 전혀 직면하지 않았다. 외국 회사라면 언제든 그 소유주가 좋을 때에 네비스로 이전이 가능했다. 네비스의 회사 역시 마찬가지로 다른 어디론가 옮겨 갈 수 있었다. 어느 쪽이든지 간에 그 소유주가 누군지를 이 섬의 등기소에 알릴 필요는 없었다. 그런 정보는 주주와 등록 대리인 사이에만 공유되었고, 그 외에는 법원 명령이 없는 한 공유될 수 없었다.

이 장벽을 고안한 변호사들은 그 혁신 덕분에 버젓한 생계를 유지할 수 있었으며, 오히려 이런 사실을 자랑스러워했다. "우리는 미국 전역에서 온 대략 10여 명쯤으로 이루어진 모임을 만들었고, 기본적으로 2주에 한 번씩 1시간 반 동안 모임을 가졌습니다. 우리는 말 그대로 조항의 서두부터 시작해서 모든 단어를 작업했습니다." 가장 최근에 이 섬의 법률 재검토를 총괄한 플로리다의 신탁 전문가 숀 스나이더가 내게 한 말이다. "고객과 함께 일할 때 저는 항상 자산 보호의 새로운 황금률이란 것이 있다고 말해 줍니다. 바로 '금을 가진 사람이 이긴다'는 거지요."

어디에서나 로비 작업이 이루어졌지만, 여기서는 로비 작업이 그 가장 헐벗은 기초까지도 벗겨 먹은 셈이었다. 미국 변호사들이 법안을 작성하면 네비스 의회가 법률로 만들었고, 그 결과 미국 변호사들은 돈을 챙기고 네비스는 수수료를 걷었다. 이는 순전히 거래 관계였다. 네비스가 자국에 근거한 회사에 과세하지 않는다는 점은 두말할 나위도 없지만, 이 섬은 단순한 조세 피난처를 뛰어넘는 곳이었다. 이곳은 모든 것의 피난처였다. 이곳이야말로 머니랜드에 봉사하기 위해, 즉 그런 봉사를 구매할 만큼 충분히 부유한 모든 이의 자산을 보호하기 위해 나타난 수십 군데 사법관할구역의 축소판 사례였다.

오늘날 이 섬에 근거한 법인 구조물은 약 1만 8,000개에 달해서, 네비스의 인구보다 훨씬 더 많은 형편이다. 이 산업 덕분에 매년 세입이 약 500만 달러에 달하고 정부는 수수료 500만 달러를 추가로 챙기며, 그 외에도 변호사, 회계사, 기타 그 산업 고용인들이 내는 각종 세금도 있다. 그리 대단치 않게 들릴 수도 있지만, 기껏해야 소도시 정도의 인구를 지닌 섬에서는 이 정도만 해도 훌륭한 편이다. 그러니 전직 총리 대니얼이 직접 심은 도토리에 기뻐하는 것도 별로 놀랄 일은 아니다. "금융 서비스 산업은 네비스가 성장하고 국민이 번영하도록 경제적 자원을 제공하는 데 도움을 주었다." 그의 말이다.

네비스는 미국이 과도하게 소송을 좋아한다고, 여성이 이혼 합의금을 너무 많이 가져간다고, 변호사가 성공한 사람들을 호시탐탐 노린다고 믿는 부유한 사람들에게 그 주권을 빌려줌으로써 번영했다. 이런 믿음은 부자들 사이에 워낙 널리 퍼져 있으며, 머니랜드는 이들이 이런 문제에 대해서 뭔가 조치를 취할 힘을 제공했다.

과거에만 해도 자국이 과도하게 소송을 좋아한다고 느낀 부유한 미국인은 관련 법률을 바꾸기 위해 정당에 영향력을 발휘하려고 시도했다. 만약 배우자와의 이혼 합의금이 너무 비싸다고 느낀 사람이 있다면, 그런 현실을 바꾸기 위한 법안의 통과를 주장할 수 있었다. 그러기 위해서는 제법 시간이 걸리고, 또한 그 결과물도 완벽하지는 않겠지만, 그것이 바로 그들을 위한 민주주의였다.

성가신 타협, 또는 밀고 당기기의 과정을 대신한 것이 바로 자산 보호였다. 법률을 바꾸기 위한 운동 대신에, 아예 법률에서 벗어나기로 선택한 것이다. 만약 내가 평범한 사람이라면, 여전히 미국 법률이 요구하는 대로 소송과 이혼 합의금의 위험에 직면할 것이다. 하지만 내가 충분히 부유한 사람이라면, 미국 사법관할구역을 회피해서 터널을 지나 머니랜드로 들어갈 수 있다. 그곳에는 내돈이 나머지 모든 사람에게 숨겨진 채로 있을 것이다.

"저는 숨긴다는 말을 좋아하지 않습니다. 그건 보호된 것이지 숨긴 것이 아니에요. 숨길 것은 전혀 없습니다. 그걸 좀 다르게 보셔야죠. 상당수의 여성은 일확천금을 노립니다. 그래서 정말 사랑하지도 않으면서 어떤 남자와 결혼하는 겁니다. 그 남자한테 돈이 있으니까요. 그렇기 때문에 사람들이 자기 자산을 보호할 방법과 수단을 찾는 겁니다." 20년 넘게 네비스 정부의 상임 재무장관을 역임하고 현재는 재정 고문으로 재직 중인 로리 로런스가 내게 한 말이다. "만약 당신이 미국에서 의사로 일한다면, 자칫 의료 과실 소송으로 경제적 파멸을 맞이할 수도 있음을 아실 겁니다. 따라서 혹시나 무슨 일이 일어나더라도 자칫 파산하지 않도록, 자기 자산을 보호하도록 몇 가지 조치를 취하는 겁니다."

네비스의 법률을 작성한 변호사들은 자기네 작품을 기뻐했지만, 반대편에서 이 섬의 구조와 대립하는 사람들은 훨씬 덜 감명받았다. 2013년엔 러시아 여성이 그때까지의 영국 역사상 가장 큰 (5,300만 파운드의) 이혼 합의금을 얻어 냈다. 17년 동안 벌어들인 자산에 대한 아내의 접근을 막기 위해 남편이 만들어 놓은 복잡한 역외 구조물의 네트워크를 아내 쪽 변호사들이 열어젖히는 데 성공한 터였다.

영국에서 대부분의 가사사건이 그러하듯 여기서도 법원은 부부의 이름을 밝히지 않았지만, 남편이 꾸민 역외 책략의 세부 사항은 공개했다. 그는 네비스의 회사 세 곳을 이용해서 런던의 값비싼 부동산 네 군데를 비롯한 자산에 대한 자기 소유권을 숨겼다. "이 사건은 배후의 꼭두각시 조종사인 남편과의 환상적인 제스처 게임이었다. 아내의 소송대리인들은 (1,400만 파운드에 추가 금액이라는) 어마어마한 수임료를 받고 지구를 횡단하고 또다시 횡단하며 남편의 자산을, 즉 결혼 생활 동안 취득한 돈은 한 푼도 남김없이 추적했다." 엘리너 킹 판사는 판결문에서 이렇게 썼다. 결국 아내가 이겼지만, 무려 1,400만 파운드를 지출할 여력이 있는 누군가에게나 가능한 것이라면 이게 실제로 정의이기는 한 걸까?

이보다 더 규모가 컸던 사례로는 미국 플로리다주에서 핀란드 출신의 기술 분야 백만장자 로베르트 외스터룬트와 웨일스 출신의 아내 새러 퍼스글로브 사이에 벌어진 이혼 전투가 있었는데, 그 세부 내용은 2017년 《뉴욕타임스》의 기나긴 기사에 자세히 폭로되었다. 신문에 따르면 외스터룬트는 자신의 막대한 재산을 "오로지 부유한 사람만을 상대하는 전 세계적인 금융 시스템"에 상응하는 곳에 숨겨 놓았다. 그 시스템의 "주된 목표는 단 하나였다. 즉 세계에서 가장 부유한 사람들이 최대한 적게 소유한 것처럼 보이게 만드는 것이었다." 운 좋게도 퍼스글로브는 실력이 뛰어난 변호사 제프리 피셔를 고용했고, 외스터룬트의 보호 장벽은 아무도 예상치 못했던 각도에서 공격당하게 되었다. 이 기사는 자산 보호의 현실에 대한 매혹적인 파헤치기로 이루어져 있다. 이 사건에 네비스의 유령 회사가 관여한 것은 불가피한 일이었다.

"그런 곳들은 12년 전쯤에 나타나기 시작했습니다. 그러니까 2005년경에 말입니다. 그리고 이후로는 점점 더 널리 나타나게 되었습니다." 피셔는 웨스트 팜비치에서 전화로 내게 말했다. "이제 저는 이 일을 오랫동안 해 온 셈이죠. 저는 원래 검사로 일했는데, 그래서 사람들이 돈을 숨기는 방법이라든지, 사람들이 어떻게 할지를 알고 있었습니다. 예를 들어 네비스 유한책임회사 Nevis LLC 같은 자산 보호 법인에 있는 자산에 대한 제 접근법은 직접 네비스에 가서 돈을 받아 내려 시도하는 게 아닙니다. 그거야말로 무모한 일이니까요. 그곳에서는 법률을 통해서 우리를 저지하는, 즉 많은 비용이 들어가고 정말 오랜 시간이 걸리는 구조물을 설치해 두었거든요. 대신에 우리가 여기서 한 일은 더 창의적인 접근법 가운데 일부를 이용함으로써 (적절한 용어가 없어서 유감입니다만) 돈을 토해 내도록 만든 거였습니다."

문제는 미국 최고의 이혼 전문 변호사 가운데 하나로 거론되는 제프리 피셔 같은 사람을 고용할 여력이 없는 의뢰인이라면, 성공할 기회를 얻지 못할 것이라는 점이다. "이런 사례들 대부분에서는 당신이 지금 뭘 하고 있는지를 알지 못하면 결국 지게 마련입니다. 그리고 그들이 만들어 놓은 음험한 구조물을 해체하기에 충분한 자원을 갖고 있지 못해도 결국 지게 마련입니다." 그의 말이다. "당신은 자산 보호 산업이 수조 달러 규모라는 사실을 깨달아야만 합니다. 수십억 달러 규모가 아니라 수조 달러 규모라는 겁니다. 기본적으로 그렇습니다. 우리는 합법적인 채권자가 합법적인 채무를 회수하는 것을 억지로 방지하는 방법을 찾아낼 겁니다. 그게 그들이 하는 사업입니다만, 단지 뭔가 다른 이름으로 일컫고 그 일에 많은 돈을 투입하며, 그런 방식으로 사업을 증식할 수 있는 겁니다."

만약 네비스의 서비스를 받는 사람들이 동료 시민들 모르게 자기 부를 숨기기에 골몰하는 부유한 미국인뿐이었다면 그리 큰 문제는 되지 않았을지도 모른다. 하지만 바르부르크의 유로본드와 마찬가지로, 이 섬의 독특한 사업은 전 세계 각지의 사기꾼과 폭군의 이목을 끌었다. 사악한 돈은 항상 야비한 돈과 뒤섞이게 마련이다. 복잡하고 국제적인 사기극이라면 무엇이든지 간에 네비스와 비슷한 어딘가와 얽히게 마련이다.

2016년에 영국의 초단기 투기자 네이빈더 사라오는 2010년의 '급폭락' 때 미국 시장에서 '야바위질' 혐의로 유죄 선고를 받았다(그 당시 다우존스산업지수는 불과 몇 분만에 600포인트가 떨어졌는데, 그 부분적인 이유는 적어도 사라오가 가격 하락을 추진하기 위해서 거짓 주문을 보낸 것이며, 이 과정에서 미국 증권의 시가총액에서 수조 달러가 일시적으로 사라졌다). 그는 이때 얻은 수익을 네비스에 등록한 신탁 두 곳으로 빼돌렸는데, 그중 한 곳의 이름은 NAV 사라오밀킹마켓츠펀드NAV Sarao Milking Markets Fund였다. 또 영국에서 있었던 역사상 가장 큰 조세 사기극은 일군의 음모가들이 유명 인사들을 꼬드겨 엉터리 녹색 기술에 투자하게 만듦으로써 1억 파운드를 뜯어낸 것이었다. 그 현금도 네비스에 있는 구조물을 통해 순환되었다. "이 사건은 전적인 부정직, 교묘한 계획, 놀라운 탐욕을 주된 특성으로 하는 음모와 관련되어 있다." 2017년 말 이 사기꾼들에 대한 선고 공판에서 판사는 말했다. "이 피고들을 조사하고 기소하는 데 오랜 시간이 소요된 이유는 그 사기극의 정교함과 복잡성 때문이었다."

2015년 뉴욕주에서 기소된 유가증권 사기극에서도 네비스로 돈을 보냈고, 2017년 뉴저지주에서 재판에 회부된 초단기 투자 사기극에서도 상황은 마찬가지였다. 특히나 터무니없는 사기꾼 하나는 2014년까지 10년 동안 최대 700퍼센트의 이율을 적용하는 급여일 대출[10] 음모를 통해 62만 명의 취약한 미국인에게서 1억 6,100만 달러를 취했으며, 그 활동 기간 중 한동안 네비스의 구조물 뒤에 숨어 있었다. "하이드라대부업체The Hydra Lenders의 '역외' 사무실에서 한 일이란 기껏해야 네비스와 뉴질랜드의 서류상 주소지로 날아온 우편물을 미주

---

10. 주로 저신용자가 생활비를 단기 소액 대출하고 급여일에 상환하는 것을 말하며, 고금리로 인해 빚더미에 앉기 쉬워 정부 규제의 대상이다.

리주 캔자스시티의 진짜 사무실로 재발송한 것뿐이었다." 뉴욕주 남부 검찰청은 이렇게 보고했다.

미국 법무부 웹사이트에서 '네비스'로 검색해 보면 관련 사례가 잔뜩 나온다. 2억 5,000만 달러의 돈세탁 음모에서는 그 주모자가 미국 증권의 가격을 불법으로 조작했고, 자기 회사에 대한 소유권을 네비스의 구조물 뒤에 숨겼다. 한 민사 손해배상 청구 소송에서는 어떤 나이지리아 사업가가 수억 달러를 횡령한 다음, 미국을 통해 세탁해서 갤럭티카스타Galactica Star라는 이름의 8,000만 달러짜리 요트를 구입하는 데 사용했다. 그는 네비스의 회사들을 이용해 전용 제트기의 소유권을 흐려 놓았다(나이지리아에서 형사소송도 진행 중인데, 그가 17억 달러를 훔친 것으로 고발당했기 때문이다. 당사자는 아무런 범죄도 없었다고 부정했다). 2012년으로 거슬러 올라가면 법무부에서는 맨해튼의 콘도미니엄 한 채와 버지니아주 부동산 하나를 압류했는데, 전직 대만 총통의 가족이 자기네가 받은 뇌물을 이용해 구입하면서 그 소유권을 네비스의 한 구조물 배후에서 모호하게 흐려 버린 까닭이었다.

미국 이외의 각국 법무부는 그 업적을 홍보하는 데 그리 뛰어나지는 못했지만, 뉴스 기록 보관소를 뒤져 보면 이와 유사한 고발이 세계 전역에서 이루어졌음을 알 수 있다. 2014년에 드네프르강에서 건져 낸 서류 덕분에, 우리는 우크라이나의 전직 대통령 빅토르 야누코비치가 석탄 광산에 대한 자신의 소유권을 네비스 회사들 배후에 숨겼음을 알게 되었다. 부패한 경찰관들이 러시아의 예산에서 훔친 돈도 결과적으로 네비스에서 소유한 라트비아의 은행 계좌를 거쳤다(이 범죄를 폭로한 반부패 전문 변호사 세르게이 마그니츠키는 훗날 감옥에서 진료 요청을 거부당해 죽고 말았다). 두려움을 모르는 탐사언론인 카디자 이스마일로바의 기사에 따르면, 아제르바이잔의 통치자 일가도 최소한 부분적으로 네비스를 거쳐서 휴대전화 및 금광 회사를 소유했다. 그러니 2017년 선거에 나선 프랑스 대통령 후보 에마뉘엘 마크롱의 평판을 손상시키려 시도하던 블로거들이 네비스에 회사를(그것도 의도적으로 그의 모교 이름을 따서 라프로비당스 유한책임회사La Providence LLC라고) 만든 다음, 그가 그곳에 현금을 숨겨 두고 있다고 주장한 것도 그리 놀랄 일은 아니다. 이런 비난이 거짓이었음에도 널리 보도된 까닭은, 네비스에 회사를 하나 소유하고 있는 것이야말로 부패한 정치인이 충분히 할 만한 종류의 일이었기 때문이다.

상원 반反트러스트 소위원회에서 원내 변호사로 14년간 재직한 부패 조사 분야의 베테랑 잭 블럼은 이 섬과 지긋지긋할 정도로 친숙했다. "그곳의 이사들과 직원들은 수탁자로서의 책임을 전혀 부담하지 않으며, 그곳에서는 법인이 존재하는 장소에 최소한의 기록을 갖추고 있어야 한다는 의무 사항조차도 없습니다. 따라서 어떤 사건에 네비스의 한 회사가 관여되었음을 알아낸 누군가가 기껏 네비스까지 찾아가서 전체 이사진을 닦달하더라도, 정작 그 사건에 대해 조금이라도 아는 사람은 하나도 없는 겁니다." 그는 메릴랜드주 애너폴리스의 자택 근처에서 커피를 마시며 내게 이렇게 말했다. "결국 그곳을 직접 찾아가면 어마어마한 시간 낭비만 하게 되는 겁니다. 별로 발견할 게 없을 테니까요." 그는 핵심을 강조하려는 듯 또다시 말했다. "거기서는 아무것도 발견할 수 없을 테니까요."

하지만 프리랜스 작가 노릇의 몇 안 되는 장점 가운데 하나는 내 시간을 허비하는 것도 결국 내 마음대로라는 것이다. 나는 도전을 좋아했기에 비행기표를 구입해서 직접 확인하러 떠났다. 혹시 다른 사람들이 발견하는 데 실패한 곳에서 뭔가를 발견할 수 있지 않을까?

마이애미에서 세인트키츠까지는 비행기로 세 시간 걸렸고, 공항에서 수도인 바스테르까지는 10분쯤 걸렸다. 여유로운 느낌에 높은 건물이 없는 도시 바

스테르에서는 이웃들끼리 길을 사이에 두고 잡담을 나누었고, 골목에서는 닭들이 모이를 쪼았고, 노점상이 거대한 유람선에서 내려 몰려오는 관광객에게 밥 말리 티셔츠나 껍질 벗긴 사탕수수를 담은 작은 봉지를 판매했다.

거기서 작은 연락선을 타고 이 섬의 남쪽 해안을 따라가면, 대서양에서 거침없이 밀려오는 파도에 배가 많이 흔들리고, 우리 목적지의 방파제에 들어서고 나서야 다시 한 번 바다가 잔잔해진다. 네비스는 바다 위에서 바라보면 정말 멋진 섬이고, 그 완만한 경사면이 봉우리로 다가갈수록 점점 더 가팔라져서 꼭대기는 구름에 항상 가려져 있다. 봉우리에는 눈이 덮여 있어서 아마 최초의 스페인 정복자들도 이 섬을 보고 '누에스트라 세뇨라'^{Nuestra Señora}, 즉 '눈^雪의 성모'라고 이름붙였을 것이다. 이 이름이 훗날 줄어들어 '네비스'^{Nevis}가 되었다.

18세기에 이곳은 대영제국의 주요 설탕 생산지이자 노예무역 중심지였다. 아울러 미국 초대 재무장관이자 뜻밖에 오늘날 뮤지컬의 소재로도 활용되며 팝 컬처의 상징이 된 알렉산더 해밀턴의 출생지이기도 했다. 19세기 내내 큰 식민지들이 더 용이한 수송 연결 고리와 더 많은 인구를 보유했던 반면, 작은 식민지 네비스는 도리어 세인트키츠에 종속되면서 그 명성을 잃게 되었다. 독립 즈음에는 사실상 벽지였으며, 따라서 바나드와 역외 변호사들이 이곳을 발견했다는 것 자체도 대단한 업적이 아닐 수 없다. 네비스의 작은 수도 찰스타운 북쪽에는 고급 휴양 시설 포시즌스^{Four Seasons}가 있는데, 1990년대 초에 개장하면서 상류층 관광객에게 네비스를 소개하는 데 도움을 주었다. 이제는 이 섬의 5성급 호텔을 방문한 부유한 손님들과 이 섬의 자산 보호 생산품을 이용하려는 사람들이 사실상 중첩되고 있었다.

네비스 관련 사업을 연구한 사람의 입장에서 찰스타운은 걸어서 돌아다니기에는 뭔가 좀 기묘한 도시이다. 수많은 관련 회사가 무척이나 좁은 구역에 명목상의 본거지를 두고 있기 때문이다. 아제르바이잔의 금과 통신 산업에 통치자 가족이 관여되었다는 사실을 숨기는 데 사용된 회사들도 내가 연락선에서 내린 곳의 눈앞에 있는 건물에 입주해 있었다. 도로를 따라 10미터쯤 올라가면 이디스 L. 솔로몬 빌딩이 있는데, 건물 이름의 철자 몇 개는 떨어져 나간 상태이다. 이곳은 한때 스캔들을 일으켰던 아이다호주의 한 급여일 대출 회사의 명목상 본사이다. 거기서 북쪽으로 30미터쯤 가면 모닝스타 사무실이 나오는데, 이곳은 하이드파크를 내려다보는 고급 주택지 메이페어에 있는 주택 한 채를 비롯해 영국 내에 36채의 주택을 보유한 회사들의 명목상 본사이다. 잉글랜드와 웨일스에서 모두 합쳐 360개 이상의 부동산을 네비스의 회사들이 소유하고 있는데, 그 회사들 대부분은 기껏해야 축구장보다 약간 더 큰 정도의 구역에 옹기종기 모여 있다.

나는 특히 러시아에서 나온 수십억 달러를 세탁하는 데 사용된 라트비아의 몇몇 은행 계좌 소유권 구조에서 드러난 두 군데 회사를 조사하고 싶었다. 이 음모는 2014년 조직범죄 및 부패보도 프로젝트OCCRP, Organised Crime and Corruption Reporting Project 소속의 탐사언론인에 의해 폭로되었는데, 그는 이를 가리켜 "러시아 세탁소"라고 일컬었다. 이 회사의 본사 주소는 찰스타운 해밀턴 단지 B호라고만 되어 있었는데, 그곳은 또한 네비스인터내셔널 신탁회사NITC, Nevis International Trust Company의 본사 주소이기도 했다. 하지만 이 도시의 어느 누구도 이 주소를 알지 못하는 것처럼 보였다. 당황한 나머지 금융서비스규제위원회에 문의했고, 상담원은 나더러 언덕을 따라 올라가 보라고 알려 주었다.

나는 목이 마른 상태에서 한 시간 동안 휴화산 네비스봉峰의 경사면을 따라 걸어갔는데, 때때로 원숭이 한 마리가 동작을 멈춘 채 내가 지나가는 모습을 지켜보는 것이 그 여행에 활기를 더해 주었다. 불운하게도 상담원이 알려 준 장소에 도달해 보니, 거기 사는 사람들은 내가 하는 말이 무슨 뜻인지 이해하지 못했고, 완전히 엉뚱한 곳에 와 있다고 설명해 주었다. 그러면서 언덕을 따라 다시 내려가라고, 그리고 해안 도로를 따라 포시즌스를 지나면 왼쪽에 해밀턴 단지가 나온다고 조언했다. 하지만 그곳에서도 내 문의는 아무런 성과도 거두지 못했다. 상담원은 전화번호부에 나온 NITC의 전화번호로 친절하게 전화를 걸어 주었다. 하지만 전화를 받은 직원은 NITC의 위치를 내게 말해 주려 하지 않았고, 내가 문의하는 회사들에 관한 그 어떤 정보도 제공하려 하지 않았다.

"꼭 이러실 필요까지 있나요? 제가 무슨 강도도 아니고." 나는 마침내 이렇게까지 말했다.

"실제로 강도인지 아닌지를 제가 모르니까요, 안 그래요?" 그녀는 이렇게 대답했다. 통화는 그걸로 끝이었다.

더 일반적인 종류의 답변을 찾아서, 나는 금융서비스규제위원회의 규제관 하이디린 서턴을 만나러 갔다. 그녀의 임무는 이 섬의 금융 구조물이 범죄자, 부패 공무원, 조세 회피자 등에게 남용되는 일을 방지하는 것이었다. 다시 말해 매우 중요한 책임이었다. 그녀는 동료 세 명과 함께 일했다. 자기네 사무실의 회의용 책상에 네 사람이 나란히 앉아 나를 마주 보고 있는 모습만 보면, 마치 취직 면접이라도 보는 것 같았다.

나는 미국 국무부가 최근에 네비스에 관한 평가에서 그토록 비판적이었던 이유에 대해서 물어보았다. 국무부 산하 국제마약 및 법집행국에서는 돈세탁과 금융 범죄에 맞서 싸우는 여러 사법관할구역의 노력에 대한 연례 보고서를 내놓고 있다. 2017년의 보고서에서는 네비스를 가리켜 "범죄자들이 수익금을 은닉하기에 바람직한 장소"로 지목하면서, 특히 이 섬이 익명 은행 계좌를 허락하고, 강력한 은행 비밀주의 법률을 보유하고, 그곳의 회사와 기타 법인 구조물의 진짜 소유권을 흐려 놓는다는 이유로 비판했다.

서턴은 미국 정부가 보유한 정보가 세월에 뒤처진 것이라고 말했는데, 그 말투만 놓고 보면 각별히 우둔한 학생을 향한 경멸을 숨기는 데 실패한 교사와도 비슷했다. 나는 이 발언에 깜짝 놀랐다. 왜냐하면 네비스 소재 회사들의 소유권이 불투명하다는 사실은 네비스 사람들조차도 일반적으로 수긍하리라고 생각했기 때문이다. 요점을 강조하기 위해서, 나는 러시아 세탁소 스캔들에 관여한 회사들의 주주를 찾으려 시도했던 경험을 설명했다. 그녀는 내가 사무실 건물 하나를 찾으려고 그렇게 멀리서부터 달려왔다는 사실을 매우 재미있게 생각하는 듯했다. "도대체 무슨 목적으로 그런 정보를 필요로 하시는 건가요?" 그녀가 물었다. 수십억 달러의 돈세탁에 관해서 내가 설명하자, 그녀는 웃음을 터트렸다. "그것에 대해서는 말할 수 없어요. 정말로 말할 수가 없어요."

이후 30분 동안이나 서턴은 내가 언급하는 네비스에 관한 모든 비판에 대해 전적으로 부인하는 정책을 고수했다. 네비스에서 법적 절차를 밟는 일의 부질없음에 대해 미국 변호사들이 내놓는 불평을 두고는 이해할 수가 없다는 식이었다. "미국 변호사들이 우리의 법안 초고를 작성했는데, 그건 정말 의외네요. 정말 의외라고요."

이 섬의 법률 조항 일부 때문에 여성은 공평한 이혼 합의금을 얻기가 힘들고, 의료사고의 희생자들이 배상을 얻기도 힘든 것은 사실 아닌가? 나는 계속 질문을 제기했다. 네비스의 법정에서 소송을 제기하려면 일단 10만 달러의 채권을 매입하라는 것은 과도하지 않은가? "일부 국가는 소송을 지나치게 좋아하지요. 예를 들어 어떤 사람이 부주의로 맥도날드의 커피를 엎지르는 바람에 손에 살짝 화상을 입었다고 치면, 그 사람은 결국 그 회사를 고소할 거예요. 우리는 우리 법원의 사법관할구역에 그런 불필요한 소송 세례가 쏟아지지 않게 하려는 것이지요." 서턴의 말이었다. 이때 문득 그녀의 동료 가운데 하나가 다른 하나에게 책상 밑으로 쪽지를 전달하는 모습이 보였다.

이들의 무관심에 슬슬 짜증이 나기 시작하자, 나는 네비스의 구조물을 부패한 외국 공무원들이 남용해 왔다는 사실을 알고 있느냐고 서턴에게 물어보았다(그녀의 답변은 이러했다. "당신이 그렇다고 말씀하신다고 해서 그게 항상 사실은 아니죠."). 나는 구체적인 사례를 들었다. 대만의 통치자 일가가 있었다("그건 일방적인 주장일 뿐이죠."). 우크라이나의 전직 대통령도 있었다("거기에 대해서는 말할 수 없어요."). 러시아 세탁소도 있었다("그렇다면 거기에 대해서 법 집행기관의 조사가 이루어진 적이 있나요?"). 그녀는 자신의 사무실에서 불과 몇 미터 떨어진 회사들이 여러 건의 대규모 절도 행위를 용이하게 만들어 주었다는 사실에 대해서조차 워낙 무관심한 듯했기 때문에, 급기야 나조차도 지금 나 스스로가 약간 미친 것이 아닌가 하는 기분이 들기 시작했다.

"그건 단순히 네비스만 가지고 나무랄 일이 아니에요. 그런 일은 전 세계에서 벌어지고 있으니까요." 그녀는 자신 있게 말했다. "저로서는 우리의 구조물이 뭔가를 용이하게 만드는 데 여러 번 사용되었다는 사실을 시인한다고 말할 수가 없어요. 저로선 그런 이야기를 당신한테서 들었다고 시인할 수도 없고요. 그것에 대해서는 저도 이야기할 수가 없어요."

나는 이렇게 물어보았다. 만약 이곳에서 만사가 잘만 돌아가고 있다면, 왜 누군가가 프랑스 대통령 후보 에마뉘엘 마크롱을 유세 기간 동안 사기꾼처럼 보이게 하려고 굳이 네비스에 회사를 설립했던 것일까? "그건 저도 모르죠. 다른 사람의 머릿속에 들어가 볼 수는 없으니까요." 그녀가 말했다. "게다가 사람들은 항상 일을 꾸며 내게 마련이니까요."

지금까지 여러 해 동안 수많은 규제관과 조사관을 만나 이야기를 나누어 보았지만, 하이디린 서턴 같은 사람은 정말 살다살다 처음이었다. 이전의 모든 사례에서 내 대화 상대는 최소한 내 우려에 대해서 공손한 관심이라도 드러낸 바 있었고, 때로는 심지어 그런 우려를 공유하기까지 했었다. 그런데 서턴은 말 그대로 면전에서 나를 비웃었다. 그 섬의 메커니즘이 엄격하다고, 그 규제 과정은 튼튼하다고, 그리고 어떤 일에서든지 국제 기준을 맞추고 있다고, 비록 모든 증거가 오히려 정반대로 나타남에도 불구하고 그렇다고 주장했다. "일단 어떤 곳이 국제금융 중심지가 되고 특정한 서비스를 제공하게 되면, 항상 남들의 표적이 되게 마련이죠. 즉 그게 사실이라는 뜻까지는 아닌 거예요." 그녀의 말이었다.

서턴의 말이 맞을 가능성도 있었고, 내가 언급했던 사례들은 단순히 고립되고 산발적인 것들에 불과했다. 우리에게는 그녀 휘하 규제관들의 능력에 대한 독립적 평가도 없고, 그녀와 부하들이 감독하는 구조물이 얼마나 범죄에 침투했는지를 알 방법도 전혀 없었다. 네비스의 소수 경찰력은 비록 더 많은 사업을 이 섬으로 끌어오려는 차원에서 이런 현실은 무시할지언정, 금융 범죄를 분쇄하는 데서, 그리고 금융 범죄를 용이하게 만드는 회사들을 단속하는 데서는 각별히 유능할 수도 있었다. 그렇게 생각하면 멋질 것이었다. 하지만 또 다른 금융 중심지에서의 경험을 음미해 본다면, 우리도 지나치게 낙관적이어서는 안 될 것이다.

———————◆———————

저지섬은 영국 해협에 있다. 비록 프랑스 해안에서 가깝지만, 이곳은 다소간 영국제도British Isles의 일부분이다. 이 섬은 1960년대부터 자치권을 이용해 역외 산업을 수립했는데, 이제는 친숙한 패턴대로 처음에는 영국인들이 돈을 숨기는 데 도움을 주는 수단으로 시작되었지만, 머지않아 그 자체로 금융 중심지가 되었다. 네비스와 비교해서 저지섬은 인구도 열 배나 더 많고, 훨씬 더 부유하며, 이곳의 역외 중심지는 수십 년이나 더 오래되었다. 하지만 나이가 많다고 해서 존경이 자연히 따라오는 것은 아니다. 오히려 이곳의 비밀을 파헤친 외부인은 그 결과에 소스라치게 마련이다.

저지섬의 주특기는 신탁信託이다. 신탁의 기원은 중세로 거슬러 올라간다. 당시 기사들은 십자군에 참여하러 떠나 있는 동안에도 아내와 자녀를 위해 자기 부동산에 대한 통제권을 보전하고 싶어 했다. 기사들은 자기 자산을 신뢰할 만한 보관자에게 넘기는 대신, 거기서 나오는 수입은 모두 자기 자녀에게 계속 주라는 조건을 달았다. 이 원칙은 영국 사법 체계에 근거한 모든 사법 체계에서 다양하게 응용되었는데, 그중에는 위대한 역외 책략 하나도 포함된다. 그 책략에서는 무언가의 법적 소유권과 그로부터 나오는 혜택을 분리해 놓았기 때문이다. 예를 들어 뉴욕에 콘도가 한 채 있고 내가 그곳에서 살고 있지만, 정작 나는 그 콘도를 소유하지 않은 식이다. 그 콘도는 저지섬에 있는 신탁회사의 소유이고, 훗날 내 손자에게 넘겨주기로 법적 합의가 되어 있다. 잠재적인 머니랜드인의 시각에서 보자면, 이런 조치에서 생기는 이득은 명백하다. 만약 내가 뭔가를 더 이상 소유하고 있지 않으면 그 뭔가에 대한 과세는 없고, 단지 그 뭔가에서 생성되는 수익에 대해서만 과세가 있을 뿐이다. 신탁은 (부유한 사람이 상속세를 회피하는 것을 가리키는 완곡 표현인) '승계 계획'에서 핵심을 차지하며, 저지섬의 변호사들은 이런 계획을 세우는 데 매우 뛰어나다.

네비스와 마찬가지로 저지섬은 다른 사법관할구역의 혁신을 모방함으로써 경쟁의 우위를 유지하기를 추구해 왔다. 그 의회는(공식 명칭은 '민회民會'이다) 전통적으로 전문직들의 희망 사항을 기꺼이 따르곤 했는데, 그렇게 해야만 전문직을 계속 그 섬에 붙잡아 둘 수 있기 때문이었다. 한 민의원은 2008년의 토론에서 이렇게 말했다. "만약 우리가 그 돈을 차지하지 못하면, 다른 수많은 사람들이 대신 차지할 겁니다. 우리가 금융 산업을 잡지 못하게 된다면, 사회복지 역시 상당 부분 누리지 못하게 될 겁니다."

저지섬의 관점에서는 이것이야말로 충분히 이해할 만한 일이지만, 외부인으로서는 과연 그곳을 정확히 누가 다스리는 것인지 의문을 품게 된다. 민회의 민의원일까, 아니면 자기네 뜻대로 민의원이 움직이지 않으면 그 섬을 떠나겠다고 위협하는 법률 회사와 금융 회사인 걸까?

1987년에 정부 경제 고문으로 채용된 그 지역의 회계사 존 크리스텐슨이 고민한 문제도 바로 그것이었다. 그는 영국 본토에 있는 대학에 가서 경제학을 공부했지만, 고향 저지섬으로 돌아와 가정을 꾸렸다. "저에게 큰 문제는 이곳에서 금융 산업을 위한 로비가 워낙 강력하기 때문에, 이곳 사람들이 성장에 진정으로 관심을 가졌던 유일한 분야가 금융 서비스뿐이라는 거였습니다." 크리스텐슨이 내게 한 말이다. 그 결과로 이 섬이 몇 가지 매우 위태로운 행동조차도 그냥 무시하기 시작했다는 점을 그는 걱정하기 시작했다.

이 분야에서 10년 가까이 일하고 난 다음인 1996년에 크리스텐슨은 저지섬에 근거한 한 무역업자의 행적을 추적하던《월스트리트저널》기자로부터 전화를 받았다. 대부분 미국인으로 구성된 일군의 투자자들의 주장에 따르면, 로버트 영이란 남자가 수익을 올릴 수 있다는 사기성 주장으로 그들의 돈 2,700만 달러를 날렸는데, 저지섬 정부는 이 사건에 대해서 그 어떤 조치를 취하기도 거부한다는 것이었다. 영은 스위스의 금융 그룹 UBS 산하 민영 은행 캔트레이드 Cantrade와 함께 일하고 있었다.

크리스텐슨은 몇 가지 문의를 해 보았다. 알고 보니 그 고소 건을 무시하기로 결정한 민회 의장은 이전에 캔트레이드의 대표로 4년간 재직한 경력이 있었다. 또한 이 섬의 행정부 수반 역시 한때 캔트레이드의 법률 회사에서 선임 파트너로 일한 바 있었다. 또한 캔트레이드 자체의 회계사들은 자사가 혹시 잘못한 것이 있는지 여부를 조사하는 임무를 담당하고 있었다. 충분히 우스운 일이지만, 그들은 자사가 잘못한 것이 없다는 결론을 내렸다. 이 모두는 전혀 좋아 보이지가 않았다. 수사관들이 마침내 영의 집을 급습하자, 구찌 핸드백 40개와 롤렉스 시계 5개가 나왔다. 1993년 12월 한 달 동안의 아메리칸익스프레스 신용카드 고지서에는 14만 4,000달러를 썼다고 나와 있었다.

영과 그의 회계사는 1998년에 투옥되었으며, 캔트레이드는 사기당한 투자자들에게 법정 밖에서 상당한 보상금을 지급했다. 하지만 해외 관찰자들이 보기에는 이것조차도 충분히 좋지는 않았다. 그 당시에 뉴욕주 지방검사였던 존 모스코는 저지섬의 협조 거부로 인해 자기가 하던 수사가 툭하면 좌절을 겪었다면서 한 기자에게 이렇게 말했다. "그런 영국 보호령들이 하다못해 스위스 은행의 비밀주의 법률조차도 보호하지 못할 만한 거래를 위한 피난처로 기능한다는 것은 참으로 꼴사나운 일입니다." 그는 격노해 마지않았다.

바로 이 사건에 관해서 크리스텐슨은 《월스트리트저널》 기자와 이야기를 나누었다. 이 섬의 통치자들에 관한 나름대로의 견해를 내놓으면서, 그는 부디 자기 실명을 거론하지는 말라고 요청했다. "전체적으로 그들은 완전히 분수를 넘어서 버렸습니다." 크리스텐슨은 기자에게 이렇게 말했다. 머지않아 저지섬 사회는 《월스트리트저널》 취재원의 정체를 알아냈고, 크리스텐슨은 결코 용서받지 못했다. 그는 이 섬을 떠나서 본토로 갔으며, 조세 피난처에 반대하는 운동을 벌이는 조세정의네트워크Tax Justice Network를 수립하는 데 힘을 보탰다. 그로부터 20년 뒤에도 저지섬 공무원들은 그 당시 저지섬에 대한 그의 비난이 승진에서 배제된 분노의 결과라고 여전히 주장하고 있다. "그에겐 앙금이 남아 있어요. 말로는 이해 충돌에 관해 이야기한다지만, 실은 이곳에 대한 앙금이 크게 남아 있는 거죠." 저지섬 금융서비스위원회의 위원장은 내게 이렇게 말했다.

저지섬은 인구가 10만 명을 간신히 넘기는 작은 동네이다. 다른 여느 작은 동네와 마찬가지로, 이곳은 소문이 잘 퍼진다. 외부인이 보기에는 크리스텐슨과 《월스트리트저널》과 캔트레이드에 얽힌 우여곡절은 누군가의 사무실 정치만큼이나 진부하게 들릴 수 있지만, 막상 그 함의를 고려해 보면 상황이 다르다. 만약 금융 시스템을 운영하는 사람들이 곧 정치를 운영하는 사람들이라고, 즉 법원이자 규제자라고 치면 내부 거래의 가능성은 명백해진다. 이 섬의 사법적 자율성은 그 섬 안팎에서 부유한 사람들의 야바위를 위한 망토가 되었다. 법치주의는 허위가 되었다. 본토에서 오랜 경력을 쌓고 저지섬에서 근무한 선임 경찰관 두 명의 증언에 따르면, 그곳의 법률은 그것을 무시할 만큼 충분히 강한 사람들에게는 아예 적용되지 않는다.

2000년, 비판적 보도에 움찔한 저지섬 경찰은 외부인인 스코틀랜드 출신의 그레이엄 파워를 고용해서 경찰력 운용을 맡겼다. 그와 그 부관(이번에는 얼스터 출신 레니 하퍼였다)의 임명은 저지섬의 경찰 업무를 전문화하여 그 이미지를 향상시킨다는 의도였다. 하지만 실제로는 정반대의 결과를 낳았고, 캔트레이드 스캔들에서 암시되었던 쟁점들을 결국 만천하에 공개하는 격이 되어 버렸다.

파워는 2008년 선정적인 타블로이드 헤드라인을 장식한 아동 학대 사건에 대한 조사 직후에 직무 중단 처분을 받았다. 그의 부하들은 고아원 한 곳과 청소년 요트 클럽 한 곳에서 자행된 범죄의 증거를 발견했는데, 그 범인은 아동 성추행 기록이 있음에도 불구하고 명예 경찰관으로 임명된 바 있었다. 섬 정부는 파워와 하퍼가 물러나야 한다고 결정했다. 하지만 이들은 조용히 물러나지 않았다. 이후의 법정 청문회와 공개 질의를 위해 준비한 이들의 성명서에서는 이 작고도 부유한 사법관할구역에서 경찰 업무를 수행하기가 얼마나 힘들었는지가 드러나 있었다. 파워는 이른바 '저지섬 방식'이라고 일컬은 뭔가를, 즉 불편한 주제가 공개적으로 논의되는 것을 비밀 거래를 통해 저지하는 근친상간적 관습을 설명했다.

"이곳에는 서로에게 '호의'를 베푼다는 깊이 뿌리박힌 개념이 있습니다." 그는 한 성명서에서 이렇게 썼다. "저지섬에서는 상층부의 사람들이 종종 영향력 있는 지위를 돌아가면서 차지합니다. 이른바 '주뻘나게 나서는' 것에 대한 확고부동한 문화적 저항이 있습니다." 그의 부하들은 지역사회의 고위 구성원들을 겨냥한 아동 학대 주장을 수사하려 했지만, 정치인들은 그 섬의 평판에 해를 입히고 있다는 이유로 그에게 중단을 명령했다. "섬 주민 대부분에게 적용되는 법규와 의무가 힘 있는 지위에 있는 사람들에게는 적용되지 않는 것으로 간주되었습니다." 파워의 말이다.

저지섬 엘리트의 회복탄력성은 새로운 일도 아니지만(저지섬이야말로 아마도 유럽에서 유일하게 나치 점령 이전과 도중과 이후에 내내 똑같은 정부를 보유한 곳일 것이다) 이전까지만 해도 그것이 이처럼 철저히 설명된 적은 없었다. 파워의 부관으로 아동 학대 조사를 주도했던 하퍼는 이보다 더 악담을 퍼부었다. 그는 영국에서도 가장 험한 지역 여러 곳에서 길고도 성공적인 경력을 쌓은 다음인

2002년에 이곳으로 왔다. "여러 면에서 정말 초현실적이었습니다. 무슨 말인가 하면, 저는 평화선 인접지로 긴장이 감도는 폴스 로드Falls Road에서도 일해 보았고, 벨파스트의 취조실에서도 일해 보았고, 런던에서 가장 험한 지역과 글래스고에서 가장 험한 지역에서도 일해 보았다는 겁니다." 그는 스코틀랜드 자택에서 전화로 내게 말했다. "그런데 그중 어느 곳도 제가 저지섬에서 보낸 시절과 비교가 되지 않습니다."

그는 이 섬의 명예 경찰관들한테서 괴롭힘을 당했던 일(그곳에서는 심지어 명예 경찰 밑에 별도의 명령을 받는 부하들이 있었다), 수사를 중단하라는 요청을 받았던 일, 부패한 부하들을 파면할 수 없었던 일, 그리고 저지섬처럼 말끔하고 정돈되고 흠 없어 보이는 장소에는 영 어울리지 않아 보이는 다른 여러 가지 일들을 회고했다. "지금 제 말이 마치 공산주의자처럼 들릴 것이고, 마치 사회주의자처럼 들릴 겁니다. 어쩌면 당신조차도 차마 찾아내지 못할 정도의 공산주의자나 사회주의자보다 훨씬 더 멀리까지 나가는 것처럼 들릴 겁니다." 그의 말이었다. "하지만 그 패거리, 그 저지섬의 패거리는 … 그들은 법률이 공평정대한 방식으로 집행되기를 원하지 않았습니다. 그것은 그들이 가장 원하지 않는 일이었지요. 그들은 오히려 법률이 자기네에게 유익한 방식으로 집행되기를 원했습니다."

이런 경멸은 그저 한 방향으로만 흐르지는 않았다. 저지섬의 정치인들은 하퍼와 파워 모두를 비난했다. 하지만 아동 학대 조사를 둘러싼 언론의 맹공에 대한 현지 반응을 보면, '저지섬의 엘리트는 드러나는 것을 꺼린다'는 경찰관들의 판정을 흠잡기는 어렵다. 2008년에 그 섬의 법원장은 아동 학대를 저지른 범인을 비난하기보다, 오히려 아동 학대를 보도한 언론을 비난했다. 집행관 필립 베일라치는 저지섬이 나치 점령에서 해방된 날을 기념하는 행사에서 이렇게 말했다. "저지섬과 그 주민에 대한 언론의 부당하고도 무자비한 명예훼손이 진짜 스캔들이다." 그의 말은 진심이었겠지만, 여러분이 다음 장을 읽으면서 러시아 내부자들의 고국 약탈을 저지섬이 어떻게 도와주었는지를 알고 나서도 그의 말에 동의할까 싶다.

4

섹스, 거짓말, 그리고
역외 매개체

러시아의 1990년대는 처참했다. 군대는 러시아 전체 병력 수보다 더 적은 인구를 가진 체첸공화국과의 한 전쟁에서 패배했다. 경제는 붕괴했다. 정부는 채무를 불이행했다. 남성의 기대 수명은 60세 밑으로 떨어졌다. 전염병이 급속도로 퍼졌다. 변덕스러운 알코올중독자가 나라를 다스렸고, 정부는 올리가르히로부터 괴롭힘을 당했으며, 국제통화기금^{IMF}에 빚지고 있었다. 이런 상황에서 1999년 3월 17일자 심야 뉴스 방송은 심지어 러시아인이 익숙해진 기준에 비추어 보아도 상당히 새로운 밑바닥을 더 드러냈다.

국영 RTR 방송국에서는 뉴스가 시작되자마자 몇 분 동안

화질이 흐릿하기는 해도 의심의 여지 없이 배가 나오고, 살이 늘어지고, 머리가 벗겨지고, 알몸인 한 남자가 훨씬 더 날씬하고, 훨씬 더 젊고, 마찬가지로 알몸인 두 여성과 신나게 뛰노는 모습을 방송했는데, 둘 중 누구도 그의 아내는 아니었다. 두 여성의 신원은 확인되지 않았지만, 그 남자는 (해설자 말로는) 그 당시에 보리스 옐친 대통령으로부터 사임 압박을 받았음에도 불구하고 여전히 자리를 지키고 있던 검찰총장 유리 스쿠라토프를 "닮은 사람"이었다. 이처럼 보기에도 괴로운 영상을 굳이 방송하는 이유는 자국의 가장 고위 법조인을 협박으로부터 보호하기 위해서라는 것이 RTR의 설득력 없는 해명이었다. "전全러시아국영TV 및 라디오회사의 목표는 이 자료가 국가와 사회와 검찰총장을 해치는 데 이용될 가능성을 차단함으로써, 국가와 사회와 검찰총장 본인의 이익을 보호하려는 것입니다." 방송에서는 성명을 통해 이렇게 말했다.

이보다는 스쿠라토프의 해명 쪽이 오히려 더 설득력 있었다. 그는 정부가 이 비디오를 가지고 자기를 협박하려 했다고 주장했다. 즉 정부는 보리스 옐친 이하 모두를 집어삼킬 기세인 부패 스캔들 수사의 중단을 원했지만, 자기가 거절하자 결국 지저분한 방법을 선택한 것이라는 주장이었다. 수사의 핵심은 양원 의사당을 포함한 정부 건물 보수 계약의 대가로 스위스의 한 건설 회사가 지불한 것으로 추정되는 리베이트였다. 부차적인 스캔들도 있었다. 비록 비디오를 둘러싼 소란 때문에 상대적으로 덜 주목받기는 했지만, 이것은 아마도 훨씬 더 중대한 것이었다. 훨씬 더 많은 돈이 관여되면서 국가의 핵심부까지 그만큼 깊이 관통했기 때문이다.

그해 2월 스쿠라토프가 (러시아 의회인) 두마Duma 의원들에게 보고한 바에 따르면, 러시아중앙은행RCB, Russian Central Bank은 자국의 금융이 급락하던 시기인 1993년부터 1998년까지 모두 합쳐 376억 달러, 99억 8,000만 마르크, 3,799억 엔, 119억 8,000만 프랑, 8억 6,260만 파운드를 FIMACO라는 무명의 역외 유령 회사에 송금했다. 이 돈의 상당 부분은 IMF 대출금에서 나왔으며, FIMACO는 이 돈을 그 무렵 환상적인 수익을 낳던 국채 시장에 투자했다. 검찰총장이 공개한 고발 내역에 따르면, 중앙은행의 은행가들은 이 거래의 수익을 이용해 호화판 생활을 즐기는 동시에 관련 세부 사항을 행정부와 입법부 몰래 FIMACO가 제공하는 역외 비밀주의의 담 너머에 숨긴 혐의가 있었다.

훗날 밝혀진 바에 따르면 FIMACO는 저지섬에 등록되어 있었고, 소련의 임종 시기였던 1990년 11월부터 조용히(즉 직원도, 사무실도, 심지어 그 섬에서 어떤 종류의 물리적 실체도 없이) 존재해 왔다. 이 회사는 북유럽상업은행Bank Commerciale pour l'Europe du Nord이 만들었는데, 모스크바가 소유하고 파리를 근거지로 삼은 이 은행이 바로 1950년대에 유로달러화에 그 이름을 제공한 "유로"라는 텔렉스 주소를 사용한 그 은행이었다. 하지만 이 은행이 그 회사를 설립한 정확한 이유는 어느 누구도 확실히 단언할 수 없다. 중앙은행 은행가들의 설명이 계속 바뀌었기 때문이다. 이들은 투자 메커니즘이 예상대로 작동하는지를 확인하기 위한 용도로 FIMACO를 사용했다고 여러 번 말했다. 그러나 다른 때는 그 매개체가 외환 보유고를 보관하는 데 유용했다고도 말했다. 또 다른 때에는 FIMACO가 전문성을 제공했다고도 말했다. 그런데 이 맨 마지막 설명은 부조리하기 짝이 없다. 애초부터 직원조차 없었던 FIMACO에는 아무런 전문성도 없었기 때문이다. 이건 마치 미국 연방준비제도에서 케이맨제도의 유령 회사를 통해 비밀리에 수십억 달러짜리 거래를 한 다음, 그 작전은 통상적이고도 유익했을 뿐만 아니라, 실제로 몇 가지 새로운 기술을 배우는 데 도움이 되었다고 주장하는 것과 마찬가지다.

결국 러시아중앙은행 총재 빅토르 게라슈첸코는 FIMACO가 러시아의 자산을 여러 채권자로부터 숨기는 데 사용되었음을 시인하고 말았다. 이에 채권자 가운데 하나인 IMF는 줄곧 기만당했다는 사실에 불쾌감을 표시했다. 게라슈첸코는 혹시나 자국이 재판에서 패할 경우에 채권자들이 러시아의 해외 자산을 압류할 가능성을 우려해서 그런 것이라고 둘러댔다. 그의 말에 따르면, 저지섬이라는 블랙홀에 자산을 숨겨 놓는 과정에서 그 회사가 유용했던 이유도 그래서였다. 이게 고상한 답변은 아니었던 것이, 결국 러시아라는 나라 역시 자기 현금을 아내가 못 찾게끔 네비스에 숨겨 둔 바람둥이 남편보다 별로 나을 것이 없음을 입증한 셈이었기 때문이다. 물론 이런 답변조차도 또 다른 답변보다는, 즉 은행가들이 자기 이익만을 노렸다는 답변보다는 차라리 더 나은 편이기는 했다.

게라슈첸코가 잘못을 시인했음에도 불구하고 그 또 다른 답변은 널리 회자되고 말았다. 1990년대 초에 재무장관으로 재직했던 보리스 표도로프의 말에 따르면, 자기가 임기 동안 FIMACO 문제를 제기했지만 그건 당신이 상관할 바 아니라는 답변만 들었다고 한다. 그는 이 음모가 내부자용 떡고물을 뽑아내는 한 가지 방법이었으리라고 확신했다. "그들은 친구들이 그야말로 짭짤한 수익을 얻도록 허락했던 겁니다." 표도로프는 스캔들이 끓어오르는 동안 언론인들에게 이렇게 말했다. 하지만 스쿠라토프의 섹스 비디오 때문에 이 쟁점에 대해서는 최종 해결이 이루어지지 못했다. RTR에서의 방영 며칠 뒤에 옐친은 저 골치 아프고 정력 넘치는 검찰총장을 직무 정지시켰다. 곧이어 의회도 설득당한 끝에 검찰총장을 해임했고, 후임 검찰총장은 현명하게도 스위스 부패 스캔들과 FIMACO 이용 사건 모두에 대한 조사를 중지하기로 결정함으로써 길고도 성공적인 경력을 영위했다. 다시 말해 그 사건은 결코 재판까지 가거나, 또는 공개적으로 방송되지 못했다는 뜻이다. IMF는 러시아중앙은행이 FIMACO에 대해서 회계감사를 실시하도록 요구했지만, 이런 요구는 널리 비웃음만 샀다. IMF 자체가 러시아중앙은행에서 제공하는 정보에만 전적으로 의존할 뿐이었고, 독립적인 조사 역량까지는 없었기 때문이다.

하지만 이 사건을 계속 들여다본 작가들은 상당히 심란한 내용을 많이 발견했다. 한 작가는 1999년에 러시아중앙은행이 무려 8만 6,000명의 직원을 두고 있다는 사실을 발견했는데, 이에 비해 잉글랜드은행은 3,000명이었고 연방

준비제도는 2만 3,000명이었다. 이처럼 후한 선심에 더해, 게라슈첸코는 세계에서 가장 중요한 중앙은행 운영자인 연방준비제도의 앨런 그린스펀보다 70퍼센트나 더 많은 봉급을 받았고, 또한 이 은행의 자회사에서의 이사 역할에 대해서도 추가 수당을 받았다. 러시아중앙은행은 마치 통제불능인 것처럼, 즉 정부의 돈을 가지고 자기 멋대로 거래를 결정할 수도 있는 종류의 기관인 것처럼 보였다.

"RCB(러시아중앙은행)는 매년 그 예산에 대해 두마의 승인을 굳이 받을 필요가 없었기 때문에, RCB 임원들은 FIMACO를 통한 유럽 내 거래 활동에서 나온 자회사의 수익을 마음대로 사용할 수 있었고, 또 실제로 사용한 것으로 보인다." 미국의 경제학자 마셜 골드먼Marshall Goldman은 2003년의 저서 『러시아의 해적화The Piratization of Russia』에서 러시아의 개혁 실패를 이렇게 지적했다. "이것은 단순히 아프리카나 아시아나 남아메리카의 일부 국가에서 흔히 볼 수 있는 국부에 대한 전적인 절도, 또는 약탈의 사례에 그치는 것이 아니라, 국가가 묵인한 돈세탁 과정에서 국내외적 신뢰를 악용했다는 점에서 훨씬 더 교묘한 사례이기도 하다. … 만약 RCB 총재가 최고 수준의 돈세탁에 관여했다면, 어떻게 그가 국민들의 귀감 노릇을 할 수 있으리라 기대할 수 있겠는가?"

FIMACO를 이용한 덕분에 (러시아라는 국가의 일부인) 러시아중앙은행은 그 거래에 대한 세금을 회피한 셈이 되었으며, 이는 역외 조력 비밀주의 덕분에 가장 안 그럴 것 같았던 기관과 개인조차도 감독을 피하고 조세를 회피해 수익을 올렸다는 점에서 주목할 만한 사례 연구 대상이 되었다. 평범한 러시아인이 봉급을 받기 위해 몇 달씩 기다려야 했던 사이에, 이 공무원들은 정부의 돈을 이용해서 정부가 낸 빚으로부터 돈을 벌었고, 그 수익에 대해 정부에 세금도 내지 않은 상태에서 돈을 (FIMACO를 거쳐) 머니랜드에 은닉할 수 있었다. 이것이야말로 공산주의가 무너지고 소련이 15개 공화국으로 갈라지던 당시, 러시아가 사상 최초로 자유롭고 민주적이고 법치적인 체제의 구축에 성공할 수 있으리라 기대한 순진한 서양인들에게 환멸을 느끼게 한 종류의 일이었다. 1990년대 말에 이르러 그런 견해는 오로지 가장 완고하고, 무지하고, 그리고/또는 의도적으로 맹목적인 낙관주의자들만(즉 사실은 나 같은 사람만) 견지하게 되었다. 저지섬 같은 조세 피난처를 통해 실행과 은닉 모두가 가능했던 총체적 약탈 때문에, 러시아에서 발전의 전망은 모조리 종언을 고했고, 상황을 더 악화시킨 책임을 지닌 바로 그 사람들만 보상을 얻었다.

1999년 미국 하원은 러시아에서 흘러나온 부정한 돈이 미국 금융 시스템으로 들어오는 위험에 대해 논의하기 위한 일련의 청문회를 개최했다. 그 위험은 실제였다. 러시아에서 나온 수십억 달러가 여러 은행 계좌와 유령 회사의 미궁의 네트워크를 거쳐 들키지 않고 미국에 흘러들어오도록 뉴욕은행Bank of New York이 도움을 준 것으로 최근에 밝혀졌기 때문이다. 하원 금융재정서비스위원회는 전문가 여러 명의 증언을 청취했는데, 그중에는 전직 KGB 요원을 비롯한 돈세탁 메커니즘의 전문가들이 포함되어 있었다. 하지만 가장 놀라운 주장은 1992년부터 1994년까지 모스크바 주재 CIA 지국장이었던 리처드 파머의 발언이었을 것이다. 그는 구소련 엘리트가 저지섬 같은 역외 중심지에서 제공받는 비밀주의를 전략적으로 이용해서 자국에서 훔칠 수 있는 것은 뭐든지 훔쳤다고 설명했다. 그의 말에 따르면, FIMACO는 그 통치자들의 유익을 위해 러시아의 주권을 잠식하기 위한 (비록 수천 개까지는 아니더라도) 수백 개에 달하는 법인 구조물 가운데 하나였다는 것이다.

"이런 작전에서 얻은 수익은 스위스, 키프로스, 카리브해, 파나마, 홍콩, 아일랜드, 영국령 채널제도 같은 조세 피난처에 예치되는데, 그런 곳들에서는 '소재 불명' 회사들을 만드는 일을 기꺼이 보조합니다." 그는 위원회에 보낸 증언에서 이렇게 썼다. "국가를 약탈하기 위한 이 여러 단계를 관통하는 한 가닥의 변함없는 맥락이 있습니다. 돈을 러시아 외부로 빼내서 훗날 러시아 정부의 회수 시도에서 비롯될 그 어떤 위협으로부터도 안전하게 보관하는 것이 그 목표였다는 것이지요."

　그의 증거는 방대하며, 온라인으로도 확인이 가능하므로 전문을 읽어 볼 만한 가치가 있다. 왜냐하면 최소한 이것은 구소련의 여러 공화국에서 쏟아져 나오는 돈이 미국 정치 시스템의 안정성과 정직성에 장기적인 위협을 야기한 다는 경고이기 때문이다. 그리고 매너포트와 트럼프와 로버트 뮬러의 시대에 는 이런 경고야말로 극도로 선견지명이 있는 것처럼 보인다. 이와는 별개로, 그의 증언에서 가장 충격적인 대목은 구소련 붕괴 이후의 과도기에 관한 다소 낙 관적인 신화 가운데 일부를 그가 대놓고 경멸한 부분이다. 그는 러시아가 올바 른 길로 나아가고 있다는 믿음, 또한 그곳의 문제는 마치 알 카포네가 활보하던 옛날 시카고처럼 일부 범죄 세력이 일으키는 국지적 문제일 뿐이라는 믿음, 따 라서 러시아가 스스로를 추스르기만 한다면 만사형통일 것이라는 믿음을 이런 신화 가운데 하나로 거론했다.

　"미국이 오늘날의 러시아와 같이 되려면 우선 대규모의 부패가 있어야만 합니다. 의회의 구성원 다수는 물론이고 법무부와 재무부, FBI와 CIA와 DIA(국 방정보국)와 IRS(국세청)와 연방보안관, 국경순찰대, 주州 경찰과 지역 경찰, 연방 준비제도, 연방대법원의 대법관, 지역 법원의 판사가 속속들이 부패했는데, 여 기에 더해 다양한 범죄 조직,《포춘》선정 500대 대기업의 지도부, 미국 내 은행 의 최소한 절반, 뉴욕증권거래소가 이들을 지원하는 겁니다. 이 패거리들이 포 트녹스의 금을 비롯해 전체 은행 시스템에 예치된 기타 연방 자산을 장악해야 만 합니다. 석유, 천연가스, 광업, 귀금속 및 준準귀금속, 삼림, 면화, 건설, 보험, 은행 산업 등 핵심 산업도 장악해야만 합니다. 그런 다음에 이런 품목들을 사유 재산이라고 주장해야만 합니다. 사법 체계는 부패, 이해 충돌, 범죄 모의, 돈세 탁, 경제 사기를 방지하는 핵심 법 조항 대부분을 무효화하고, 조세 포탈 관련 법률을 약화시켜야 합니다. 이어서 이 부정한 동맹은 수십억에 달하는 그 수익 의 50퍼센트가량을 여전히 정부 내에 남아 있는 공무원에게 뇌물로 주는 용도로, 또한 모든 정당의 주요 후원자가 되는 용도로 소비해야만 합니다. … 미국 대통령은 이런 활동을 알고 있을 뿐만 아니라, 또한 이런 활동을 후원해야만 합니다. 자기 딸이라든지, 가까운 정치계와 금융계 지지자들의 관여도 거기 포함됩니다. 나아가 대통령은 대통령 관저를 수사하겠다는 검찰총장을 흠집 내고 제거하기 위한 운동을 지시해야 합니다."

그리고 이게 전부는 아니다. 이런 디스토피아는 단순히 국경 안에만 머무는 것이 아니기 때문이다.

"그렇게 훔친 자금, 추가 수익, 뇌물은 안전을 위해 역외 은행으로 보내야 합니다. 마지막으로 우리나라가 문자 그대로 파산했다고, 따라서 살아남기 위해서는 해외 원조금의 대량 수혈이 필요하다고 주장하는 과정에서, 이 음모 패거리는 이런 불법 활동을 해외 선진국으로 전파하기 위해 수십억 달러를 투자하는 것입니다."

———————●———————

FIMACO의 이야기에서 예증되는 것처럼, 그리고 파머가 명확히 말한 것처럼, 한 나라를 책임지는 자리에 있는 사람의 입장에서는 한 나라를 약탈하는 일이 놀라우리만치 손쉽다. 그리고 이것은 머니랜드가 제공하는 진정한 힘이며, 러시아의 통치자들이 손에 넣은 힘이기도 하다.

초창기만 해도, 즉 선구적인 유로본드 시절만 해도, 머니랜드는 단지 부유한 서양인들이 (그들이 보기에 자기 돈을 빼앗고 싶어 하는) 정부로부터 자기 현금을 보호하는 도구에 불과했다. 이를테면 저지섬에 저금을 예치하는 부유한 영국인이라든지, 자기 돈을 룩셈부르크로 보내는 벨기에의 치과의사라든지, 스위스에 자기 현금을 은닉하는 미국인이 그러했다. 이런 책략과 꼼수는 런던의 가장 영리한 은행가들이 만들어 낸 뒤 취리히와 월 스트리트의 명민한 정신의 소유자들이 갈고닦은 것으로서, 여러 군데 조세 피난처에서 더욱 진화했다. 급기야 부유한 서양인은, 지구상에서 가장 재원이 풍부하고 가장 외교적으로 유능한 과세 당국으로부터도 자기 돈이 안전하다고 확신하기에 이르렀다. 이것은 야비한 일이지만, 그래도 실제로 사악하다고 주장할 수 있는 사람은 극소수일 것이다.

하지만 진정한 혁명은 법치가 없는 국가, 또는 서양 같은 튼튼한 정치 제도가 없는 국가에서 이런 책략들이 차용되면서부터 이루어졌다.

제2차 세계대전 이후, 그러니까 브레턴우즈 체제에서(즉 세계경제라는 유조선 속의 구획에서) 자본이 갇혀 있었던 시절, 머니랜드의 탄생은 이미 과거 여러 세기 동안 대결을 벌여 왔던 과세 당국 대 부유한 사람들 사이에 벌어졌던 전투의 결과였다. 부유한 사람들의 돈을 통제하기 위한 이 장기간의 전쟁은 포식자와 먹잇감 사이에 진화론적 군비 경쟁을 만들어 냈고, 양측은 속도와 교활함과 기민함에서 더 눈부신 개가를 올리기 위해 번갈아 가며 박차를 가하게 되었다. 호랑이와 들소가 수천 년에 걸쳐서 점점 더 완벽하게 서로에게 적응하는 모습을 상상해 보라. 이와 비슷한 상황이 과세 부문에서 일어나는 셈이다. 다만 이들이 사용하는 무기가 근육, 뿔, 발톱, 이빨 대신에 유령 회사, 신탁, 비밀 은행 계좌, 무기명^{無記名} 도구, 기타 등등이라는 차이가 있을 뿐이다. 미국 재무부조차도 이런 종류의 저항에 맞서기 위해 분투하는 실정이지만, 그래도 최소한 그곳에서는 자기네가 지금 뭐에 맞서고 있는지를 알고 있다.

하지만 변호사들과 회계사들이 사하라 이남 아프리카와 아시아와 구소련의 생태계에 이 포식자의 도구를 풀어 놓게 되자, 그것이야말로 완벽히 잘못된 만남이 되고 말았다. 마치 덩치 크고 온순하고 날지 못하는 새들이 주로 서식하는 대륙에 호랑이 떼를 들여 놓은 것과도 마찬가지였다. 미처 준비되지 못한 과세 당국과 자금 부족에 시달리는 수사관들을 향해서, 세계적으로 가장 실력이 뛰어난 법규 회피자들과 맞서 싸우라고 요구한 셈이었다. 물론 이들은 상대가

되지 않았다.

그리하여 약탈의 잔치가 벌어졌고, 급기야 야누코비치와 키예프 외곽에 자리한 그의 통나무집 궁전의 과도함에까지 이른 것이었다. 하지만 이 일은 그보다 훨씬 더 오래전부터, 즉 서구 제국주의 말년부터 이미 시작되었다. 사하라 이남 아프리카와 구소련의 가뜩이나 약하고 혼란스러운 행정부를 강타한 역외 금융의 위력은 마치 나폴레옹 시대의 목제 전함을 향해 발사된 헬파이어 미사일의 위력에 버금갔다. 훔치는 당사자를 제외하면 그 무엇도, 그 누구도 안전하지 않았다.

러시아 섹스 비디오테이프 스캔들 관련자들의 이후 경력을 살펴보면, 그 전투가 얼마나 불공평하게 벌어졌는지 이해할 수 있을 것이다. 스쿠라토프는 2000년에 대통령 선거에 출마함으로써 재기하려 시도했지만, 겨우 30만여 표를 획득하며 9위라는 처참한 성적을 거두고 말았다. 이후로 그는 세간에서 잊혔으며, 때때로 농담의 소재로서만 간혹 언급될 뿐이다. 그의 행적을 보여 준 지저분한 비디오테이프는 여전히 인터넷에서 찾아볼 수 있는데, 나와 같은 세대의 모스크바 언론인들은 여전히 "닮은 사람"이란 표현을 볼 때마다 킥킥거린다. 하지만 우리보다 젊은 세대에게는 그의 이름조차도 아무런 의미를 지니지 못한다.

그 비디오테이프가 진짜임을 보증했던 장본인 역시 2000년 대통령 선거에 출마했는데, 오히려 더 나은 성과를 얻었다. 바로 스캔들 당시 FSB(KGB의 주요 승계 조직) 수장이었던 블라디미르 푸틴으로, 그가 이끈 FSB가 애초에 그 영상을 러시아 텔레비전에 제공했다는 의혹이 오래전부터 제기돼 왔다. 2000년에 그가 대통령으로 당선되자, 러시아를 희생시켜 부를 쌓았다고 스쿠라토프로부터 비난을 받았던 인사들 가운데 어느 누구도 기소되지 않았다. 부채 협상에서 러시아 정부의 고문으로 활동했고, 이후 스쿠라토프와 스위스의 수사관들이 사용한 관련 서류 가운데 상당수를 제공한 스페인의 은행가 펠리페 투로베르에 따르면, 푸틴도 과거 크렘린에서 러시아 정부의 부동산 포트폴리오 운용을 담당하면서 앞서의 사례에 못지않은 사기극으로부터 상당한 이익을 보았다.

"1997년에 상상 가능한 온갖 종류의 위장 회사, 합자회사, 유한회사가 설립되었습니다. 가장 비싼 부동산과 기타 해외 자산의 대부분은 바로 이 구조물들의 소유로 등록되었죠. 다시 말해, 해외 부동산이 잘 손질된 상태로 국가의 손에 들어온 겁니다. 그런 손질을 한 사람이 바로 현직 총리죠." 투로베르는 1999년 말에 러시아의 존경받는 탐사 보도 정기간행물인 《노바야가제타Novaya Gazeta》 기자에게 이렇게 말했다. 그 당시에 푸틴은 여전히 총리였다. 기자가 계속 캐묻자, 그는 이렇게 대답했다. "지금 당장은 그 질문에 대답하지 않겠습니다. 당신이나 나나 계속 살아 있기를 원할 것 같으니까요." (훗날 투로베르는 인터뷰에서 푸틴을 거론했다는 사실을 부정했지만, 《노바야가제타》는 이 기사를 철회하지 않았다.)

이 모든 자산은 여전히 안전하게 머니랜드에 은닉되어 있으며, 그곳에서 무려 수십 년 동안 세계 거의 모든 구석구석에서 모은 돈들을 합쳐 놓고 있다. 이런 일은 우연이 아니다. 머니랜드가 존재하는 까닭은 그 청지기에게 돈을 벌어 주기 때문이며, 그들은 이곳의 부유한 시민들에게 봉사하는 대가로 두둑한 보수를 받는다. 유령 회사, 신탁, 비밀 은행 계좌를 제 발톱과 이빨로 사용하는 호랑이는 머니랜드인이 아니라 오히려 청지기들이다. 그들을 종이 호랑이라고 부르고 싶은 유혹을 느낄 수도 있지만, 다음에 살펴보게 될 것처럼 그들은 결코 만만한 존재가 아니다.

5

할리 스트리트의
수수께끼

런던에 있는 몇몇 주소들은 지도상의 장소에 그치지 않는다. 예를 들어 플리트 스트리트는(비록 언론인은 이미 오래전 그곳에서 다른 데로 떠나 버렸지만) 신문 산업의 동의어이며, 이는 뉴욕에서 월 스트리트가 금융의 동의어인 것과 마찬가지이다. 이와 유사하게 다우닝 스트리트는 권력을, 새빌로Savile Row는 맞춤 양복을, 화이트홀은 행정을, 할리 스트리트는 민간 의료를 의미한다. 관광객과 버스가 모여드는 옥스퍼드 스트리트에서 시작해, 교통 체증에 시달리는 주요 도로인 매릴본 로드까지 남북으로 이어지는 이 말쑥하고 가로수가 우거진 길은 한 세기 넘도록 영국의 가장 명성 있는 의사들이 선호하는 주소였다. 이들은 몇 군데 큰 기차

역과의 편리한 인접성과 훌륭한 주택에 이끌려 19세기 후반부터 이곳에 모여들기 시작했으며, 급기야 국민건강보험이 생겨난 20세기 중반에는 이 거리 안팎으로 1,500명의 전문 의료인이 포진해 있었다. 이들의 후임자들은 여전히 비용을 감당할 수 있는 사람들에게 민간 의료를 제공한다.

이 거리의 남쪽 끝자락에 있는 29번지는 왕립의학협회에서 걸어서 5분도 되지 않는 곳이다. 전면이 석재로 된 연립주택으로, 양옆으로는 붉은 벽돌 건물이 두 채 있다. 5층 높이에, 1층엔 적갈색 창문이 달렸고, 옆에는 검게 얼룩진 나무 현관문이 있다. 복잡한 문양의 철제 베란다가 1층을 꾸미고 있으며, 지붕 바로 아래에는 석재 난간이 보인다. 이런 모습은 할리 스트리트가 풍기는 신중한 전문성의 물리적 상징으로 간주된다. 새뮤얼 펜윅 박사는 노섬벌랜드주(州)에서 태어나 스코틀랜드의 세인트앤드류스대학을 졸업하고 1862년에 이곳 29번지로 이사해서 이 거리의 두 번째 의료인이 되었으며, 할리 스트리트를 최고 품질 의료의 동의어로 바꿔 놓는 과정을 준비하는 데 일조했다.

또 한 명의 (에드워드 헨리) 펜윅은 1882년에 이미 의사 자격을 얻어 할리 스트리트 29번지에 살았고, 다음으로는 안과 의사 레슬리 페이턴이 1920년대 초에 그곳에 살았다는 기록이 남아 있다. 이 주택은 1946년에 다시 한 번 매각되었는데, 이때에는 영국 육군 대령 출신으로 전쟁 영웅 겸 아마추어 신학자 겸 외과 의사 겸 자선사업가 겸 암 전문가였던 로널드 레이븐이 임대했다. 생애 말년에 찍은 사진을 보면, 그는 반백의 머리에 나이가 들었고, 예리한 눈과 매부리코를 하고 있었다. 그의 사후에 (뛰어난 간호사이기도 했던) 누이가 간행한 회고록에 수록된 사진에는 나무 판자를 덧댄 진찰실이 나오는데, 책장에는 송아지 가죽 제본서가 꽂혀 있고 훌륭한 도자기가 장식되어 있었다. 그 책에 나온 다른 사진들은 레이븐 교수가 영국 여왕, 영국 태후, 사우디아라비아 국왕, 그리고 그 밖의 세계적인 인물들과 함께 있는 모습을 보여 준다. 그는 1991년 7월 23일에 마지막으로 29번지를 나섰는데, 로열프리병원에서 앤 공주가 참석한 가운데 열린 (자신의 이름을 딴) '로널드레이븐기념 임상종양학 석좌교수직' 창설 행사에 참석했던 것이다. 그로부터 며칠 전에 그는 최후로 간행한 저서 『종양 지도An Atlas of Tumour』의 원고를 넘겼고, 그로부터 3개월 뒤에 87세로 사망했다. "로널드 레이븐은 흠 잡을 데 없이 차려입고 모두에게 친절했으며, 각각의 사람들에게 온전히 관심을 쏟았다. 그는 비범한 기억력을 지녔고, 그가 하는 모든 일 하나하나에 세심한 관심을 드러냈다." 왕립외과대학은 29번지의 이전 거주자를 이렇게 회고했다.

이 모두를 보면 명백히 드러나는 사실이 있다. 첫째로 로널드 레이븐은 예외적으로 뛰어난 사람이었고, 둘째로 그와 그의 전임자들은 29번지를 할리 스트리트의 기준에서 보더라도 각별히 두드러지게 만들었다. 이런 사실 때문에라도 2014년에 우크라이나에서 도망친 저 우스울 정도로 끔찍한 도둑 정치가, 빅토르 야누코비치의 비밀 부동산 제국이 바로 이곳에서부터 시작되었다는 점은 더더욱 이상하게 생각될 수밖에 없다. 이는 마치 뉴저지의 악랄한 갱단 본거지가 평화주의로 유명한 퀘이커교도 집회장이었다는 사실이 밝혀진 것과도 비슷하다.

앞에서 살펴본 것처럼, 우크라이나 전직 대통령의 사치스러운(즉 난방장치가 달린 마사지 테이블, 수상 오리 둥지, 그리고 변기에 앉은 눈높이에 텔레비전이 설치된 화장실을 보유한) 숲속 유곽은 돔레스니카라는 우크라이나 회사의 소유였다. 이 회사는 또다시 할리 스트리트 29번지를 주소지로 하는 애스튜트파트너스 유한회사Astute Partners Ltd라는 업체 소유였다. 그리고 이 회사는 또다시 역시나 로널드 레이븐의 옛 집을 주소지로 하는 블리스 (유럽) 유한회사Blythe (Europe) Ltd라는 업체의 소유였다. 블리스 (유럽) 유한회사의 등기 주주는 리히텐슈타인의 수도 파두츠에 있는 P&A 코퍼레이트서비시즈 신탁회사P&A Corporate Services Trust Reg이다. 리히텐슈타인은 신비스럽게도 현대까지 살아남은 중유럽의 미니 공국公國인데, 자국에 있는 회사들의 소유주가 누구인지를 밝히지 않는다. 따라서 문서상에 나와 있는 개인의 이름은 이 회사들의 이사로 올라 있는 오스트리아의 변호사 라인하르트 프록슈뿐이다. 할리 스트리트 29번지는 런던의 중심부일지 몰라도, 이 회사들은 열대의 섬에 등록된 다른 여느 회사들과 마찬가지로 역외에 익명으로 있는 셈이다. 이 회사들은 야누코비치의 관저를 물리적으로는 우크라이나의 일부로 두면서도 법적으로는 다른 어딘가에 있게끔, 즉 머니랜드에 있음으로서 그 소유권이 감시로부터 안전하게 보호되게끔 만들었던 것이다.

우크라이나 반부패 활동가들은 2013년 말부터 이 수수께끼의 부동산 제국에 대해 조사를 시작했고, 그곳과 할리 스트리트와의 기묘한 연계를 발견했으며, 프록슈와 접촉해서 그가 관리하는 회사들의 실제 소유주가 누구인지를 알아내려고 했다. 프록슈는 야누코비치와의 연계를 모두 부인했다. "그 이야기 전부는 우크라이나인들의 헛소리일 뿐이다. … 그 헛소리에 불과한 이야기에 언급되는 회사들은 모두 실재하지만, 모두 영국/미국, 그리고 아랍에미리트^{UAE}를 근거로 삼는 고객들과 외국 투자자들이 소유해 운영하고 있다." 프록슈는 이런 내용의 성명을 발표했지만, 나중에는 자기 웹사이트에서 내려 버렸다.

하지만 혁명 이후의 우크라이나 당국은 그 회사들에서 전직 대통령이 아무 역할도 담당하지 않았다는 프록슈의 해명을 믿지 않았다. 결국 야누코비치가 국외로 달아난 이후에도 수사는 계속되었다. 법원은 2015년에 숲 저택과 그 밖의 모든 호화 시설을 국가 소유로 돌려주었고, 검사들도 현재 그 부동산을 애초에 대통령에게 넘겨주는 과정에서 책임이 있는 우크라이나 공무원들을 수사 중이다. 이는 공직 부패를 억제하려는 그 나라의 분투에서 보기 드문 승리인 셈이며, 따라서 축하받아야 마땅한 일이다. 하지만 이 사건의 다른 여러 측면은 아직 수사되지 않았다. 예를 들어 도대체 어떻게 해서 대통령이 하필 런던의 가장 명성 있는 거리 가운데 하나에 있는 위풍당당한 연립주택을 통해 자기가 훔친 부동산의 소유권을 흐려 놓을 수 있었는지가 그렇다. 할리 스트리트 29번지가 그의 금융 고문들에게 발휘한 매력은 분명하다. 즉 그곳의 주소 덕분에 사실상 신분 사기일 뿐인 행위에 그럴싸한 광택이 곁들여졌던 것이다. 빅토르 야누코비치는 여러 개의 법인 매개체 배후에 숨어서 마치 자기가 아무것도 소유하지 않은 척했지만, 실제로는 소유했었다. 바로 이 대목에서 우리는 다시 머니랜드로 돌아간다. 왜냐하면 할리 스트리트 29번지는 단지 수콜루크야를 소유한 회사 두 곳의 주소만이 아니기 때문이다. 2016년 4월 현재, 그곳에는 2,157개의 다른 회사들도 입주해 있는데, 그중 상당수는 야누코비치의 사례 못지않게 터무니없는 사기극에 관여되어 있다. 그리고 런던 중심의 부동산 한 곳이 한때 저명한 의사가 환자를 받던 장소였다가, 졸지에 익명성을 추구하는 사람들이 부정하게 얻은 수익을 숨길 수 있는 장소로 변모하게 된 이야기는 바로 축소판 머니랜드의 이야기이기도 하다.

───────────●───────────

물론 29번지의 그 2,159개 회사가 모두 실제로 운영되는 것은 아니다. 만약 그 모든 법인체가 저마다 직원과 서류함과 정수기와 회의실을 구비하려면, 단지 집 한 채가 아니라 할리 스트리트 전체가 필요할 것이다. 그 집은 사실상 우편함, 즉 다른 어디선가 활동을 수행하는 회사들을 위한 등기상 주소일 뿐이었다. 그곳 현관문에 다가가면 왼편에 아홉 개의 초인종이 보인다. 그중 맨 꼭대기에는 연한 파란색 바탕 위에 흰 글자로 이렇게 적혀 있다. "포메이션스하우스"Formations House. 바로 이곳이 진짜 세입자이다. 회사를 설립하는 회사인데, 2001년에 설립되었다.

영국 내에는 법인 설립 대행업체, 즉 회사를 설립하는 회사가 수백 군데에 달하며(물론 그 정확한 숫자는 알 수 없는데, 영국의 규제 설계상의 허점 때문에 이런 문지기들도 본격적으로 사업을 시작하기 전에는 군이 등록할 필요가 없기 때문이다), 그들의 업무야말로 부피는 많고 마진은 적은 게임이다. 비록 각별히 희귀한 이름의 사업체에 대해서는 추가 요금도 물리지만(내가 이 글을 쓰고 있는 지금, 포메이션스하우스는 "애플 유한회사"^{Apple Ltd}와 "섹스 유한회사"^{Sex Ltd}를 각각 10만 파운드씩에 판매 중이다) 그들의 주요 생산품은 단돈 95파운드면 만들 수 있는 표준적인 유한회사이다. 할리 스트리트 29번지 같은 건물을 임대하려면 그런 생산품을 제법 많이 팔아야 할 것 같은데, 포메이션스하우스는 실제로도 그렇게 한다. 그 웹사이트에 따르면 지난 16년 동안에 그 주소에서 무려 1,000만 개 이상의 회사가 존재하게 되었으며, 단순히 영국에만 있는 것이 아니라 미국 델라웨어주부터 인도양의 섬나라 세이셸에 이르기까지 어디에나 있게 되었다.

이쯤 되면 영국의 법인 등기부 전체에 올라와 있는 회사 숫자보다 무려 세 배나 더 많은 셈이다. 비록 영업을 위해 약간 과장했으리라 가정하더라도, 포메이션스하우스가 정말 산업적 규모로 회사들을 만들어 낸 것은 분명해 보인다. 내가 이 글을 쓰고 있는 현재, 이곳은 2만 5,000개의 기성품 회사들을 판매 중이며, 그 대부분은 "섹스 유한회사"보다는 훨씬 더 저렴하다. 예를 들어 "파이낸셜코퍼레이션 유한회사"^{Financial Corporation Ltd}는 겨우 265파운드에 불과했고, "아메리칸 유한회사"^{American Ltd}는 정말 거저나 다름없는 5,000파운드였다. 그중 일부는 은행 계좌, 부가가치세 등록번호처럼 당장 사업을 시작하려면 필요한 여러 가지를 이미 갖추고 있었다.

포메이션스하우스는 영국 내의 법인 설립 대행업체들과 경쟁할 뿐만 아니라, 전 세계의 여러 경쟁자를 상대로도 경쟁하고 있다. 그 명성 있는 주소 덕분에 이 업체는 군계일학이 될 수 있었다. 매월 요금을 내기만 하면, 이곳에 등록한 사업체는 누구나 마치 할리 스트리트 29번지가 본사인 것처럼 행세할 수 있다. 전화가 걸려 오면 그 어떤 회사의 이름으로든 접수원이 응답하고, 우편물과 팩스를 전해 주고, 회의 시설을 제공해서, 그 회사가 품격 있어 보이도록 도움을 줄 수 있는 위신과 훌륭함 모두를 제공할 것이다.

예를 들어 그곳의 이전 거주자인 셔윈앤드노블^{S&N}을 살펴보자. 투자회사

S&N의 소유주인 풍채 좋고, 대머리에, 나이 지긋한 금융인 리처드 벤슨 경은 2003년 11월 10일 라스베이거스에서 벌어진 여러 차례의 회동에 참석했다. 이 회의는 그곳의 번화가 더 스트립에서 약간 떨어진 고급 사유지 스털링클럽에서 열렸는데, 다른 참석자들은 리처드 경처럼 저명한 인물 앞에서 행동하는 방법을 이미 조언받은 다음이었다. 그들은 반드시 말하라는 부탁을 받을 때에만 말해야 했고, 그가 방에 들어오면 자리에서 일어서야 했고, 항상 정확한 예의범절에 따라야만 했다. 리처드 경은 한때 영국 여왕이 모 신탁회사와 관련된 약간의 금융적 체면 손상에서 벗어날 수 있도록 도운 대가로 작위를 얻었고, 이로써 전 세계 사교계의 가장 높은 층위에 연줄을 갖고 있었다. 참석자는 게리 플로렌트, 랠프 애버시아와 그 아들 랠프 2세였다. 플로렌트는 플로리다주에 호텔을 지을 땅을 구입할 5,500만 달러를 원했다. 애버시아 부자는 휴스턴에 "수족관 겸 오락 시설"을 건립할 1억 500만 달러를 원했다. 이들은 리처드 경이 자기들의 꿈을 실현시키도록 도와줄 현금을 내주기를 고대했다.

"오전의 회동에서 벤슨은 자기가 과거에 보험 회사를 소유하고 있었는데, 이제는 개별 보험 인수업자 단체인 '런던 로이즈'Lloyd's of London 와 유사하게 대규모 프로젝트에 자금을 제공할 회사를 새로 시작하기로 결심했다고 말했다." 훗날의 기소장에 나와 있는 내용이다(물론 이는 관련자 모두에게 그리 좋은 결말은 아닌 이야기이다). "그는 S&N이라는 기존 회사와 협력해 5억 달러를 제공했는데, 이 금액은 S&N이 보조한 것이며, 현재 S&N의 가치는 수십억 달러에 달한다고 말했다." 그 진정성의 증거로서 플로렌트와 애버시아 부자는 번드르르한 용수철 제본 소책자를 건네받았는데, 거기에는 S&N이 이미 자금을 지원하는 프로젝트들의 세부 사항과 함께 인상적일 정도로 튼튼해 보이는 대차대조표가 나와 있었다.

리처드 경은 이들의 제안에 대해 긍정적이었고, 자기 자금에 접근하려면 이들이 먼저 각자의 헌신을 상징하는 뜻으로 약간의 선금을 내놓아야 한다고 말했다(플로렌트는 각 41만 2,250달러씩 두 차례, 애버시아 부자는 각 78만 7,500달러씩 두 차례 지급할 예정이었다). 여기에는 위험이 전혀 없어 보였다. 만약 리처드 경이 일을 진행하지 않기로 결정한다면, S&N이 이들에게 되갚을 것이었다. 플로렌트와 애버시아 부자는 기뻐했다. 이것은 그들이 바라던 신호였기 때문이다. 집으로 돌아갔을 때, 이들은 선금의 1차분을 송금했고, 자기네가 받을 돈이 오기를 기다렸다. 그리고 기다리고 또 기다리다가, 마침내 걱정하기 시작했다. 이들은 할리 스트리트 29번지의 S&N 사무실에 우려하는 내용의 전화를 걸고 팩스를 보냈지만, 만사가 잘 진행되고 있다는 답변만 들었을 뿐이었다. 마침내 플로렌트가 의심하기 시작했다. 그는 선금의 2차분 송금을 미루고, 사립 탐정을 고용했다. 그제야 비로소 만사가 파탄 났다. 사립 탐정은 S&N이 수십억 달러의 가치를 지닌 투자회사이기는커녕 빈껍데기 유령 회사일 뿐이라는 사실을 금세 발견했다. 스프링 제본 소책자는 금융계의 거인 HBOS의 자료를 베끼고 몇 가지 세부 사항만 바꾼 결과물이었다. 그 회사도 할리 스트리트에 물리적 실체가 없었다. 전화와 팩스는 미국에 있는 사기꾼들이 받았다. 이미 선금의 2차분까지 송금해 버린 애버시아 부자는 절망했다. "그건 상당히 많은 돈입니다." 랠프 1세는 지역 언론인에게 이렇게 말했다. "우리는 그 망할 것을 여전히 상환하고 있습니다."

이것이야말로 정교한 기발함이 돋보이는 선금 사기극이었다. 심지어 (라스베이거스라는) 그 장소조차도 이 사건에 영화 〈오션스 일레븐Ocean's Eleven〉의 느낌을 더해 주었다. S&N은 돈이 전혀 없을 뿐만 아니라, 리처드 벤슨 경이라는 인물 자체도 허구였고, 앙리 베르제르라는 형편이 좋지 않은 프랑스인 배우가 연기했을 뿐이었다. 그는 버킹엄궁전을 체면 실추에서 구제한 적도 없었고, 작위도 없었으며, 심지어 그럴싸한 영국식 억양을 구사하기 위해 애를 써야만 했다. S&N의 유일한 자산은 그곳에 신뢰성을 제공한 바로 그 요소뿐이었고(즉 런던에서도 가장 명성 있는 거리 가운데 한 곳에 등록된 주소를 갖고 있다는 것뿐이었고),

심지어 그나마도 얄팍하기 그지없었다. 왜냐하면 S&N의 유일한 이사는 영국령 버진아일랜드에 있는 익명의 또 다른 회사였기 때문이다. 이 사기극을 만드는 데 관여한 여러 사람은 2011년 9월 투옥되었으며, 수백만 달러를 반환하라는 명령을 받았다.

이 정도로 극적인 사기극이라면 할리 스트리트 29번지의 평판을 완전히 박살 낼 만도 했을 듯한데, 그런 일은 실제로 일어나지 않았다. 베르제르와 함께 (라스베이거스 사기극의 설계자인) 랄 바티아가 투옥된 지 한 달이 겨우 지났을 무렵, 이번에는 올시즈Allseas라는 네덜란드 해운 회사의 대표자가 투자 제안 논의차 마렉 레이니아크라는 사업가를 만났다. 올시즈는 1억 유로를 가지고 있었는데, 석유 시추 장치 해체에 사용할 선박 제작으로 더 많은 자금이 필요하던 참이었다. 레이니아크는 자기 팀이 그 어떤 투자액도 30일 내에 두 배로 만들 수 있다고, 그리고 그 초기 자본을 3년 안에 12억 유로로 만들 수 있다고 주장했다. 너무 듣기 좋은 이야기라서 오히려 사실이 아닌 것 같았지만, 그는 사실이라고 주장했다. 2011년 10월 16일 몰타에서 이루어진 회동에서 레이니아크는 미국 연방준비제도, 바티칸, 스페인 아라곤 왕가에 연줄을 갖고 있다고 주장했다. 그 덕분에 그는 신비스럽고도 비밀스러운 금융 도구인 '중기中期 채권'에 접근할 수 있다면서, 런던에서 루이스 노브리Luis Nobre라는 이름의 '특급 매매업자'가 LARN 홀딩스LARN Holdings와 ERBON 웰스매니지먼트ERBON Wealth Management라는 두 군데 회사를 통해 이 채권을 사고팔 것이라고 주장했다. 두 회사는 각각 노브리 이름의 머릿글자들, 그리고 성姓을 뒤집은 철자를 회사명으로 삼았으며 런던 중심부의 명성 있는 지역에 본사가 있다고 했다. 바로 할리 스트리트 29번지였다.

이제 와서 보면 올시즈가 그렇게 뻔한 사기극에 걸려들었다는 사실을 차마 믿을 수 없지만, 실제로 그런 일이 일어났다. 다음날 해운 회사는 1억 유로 전부를 레이니아크의 몰타 계좌로 송금했고, 노브리는 이 돈을 다시 런던에 있는 LARN의 계좌로 옮기고 나서야 소비하기 시작했다. 노브리의 사치에 관한 전체 세부 사항은 서더크 형사법원에서 진행된 사기 혐의 재판 동안에 드러났다(2016년에 마무리된 이 재판에서 그는 징역 14년형을 선고받았지만, 레이니아크는 아직 체포되지 않았다). 노브리는 5성급 랜드마크호텔의 스위트룸에 살면서 100파운드짜리 팁을 주고, 무도회장을 사업 회동에 사용했으며, 결국 자기 여자 친구에게(아울러 둘 사이에 낳은 아기에게도) 청구서를 떠넘기고 야반도주했다.

그는 포르투갈인이었고, 재판 당시에는 흰 가닥이 군데군데 섞인 길고 검은 머리카락에, 멋진 세로 줄무늬 맞춤 정장을 걸치고, 스스로 변호를 맡겠다는 현명하지 못한 결정을 내렸다. 피고는 열정적이었고, 말이 많았고, 전적으로 확신이 없었으며, 관련자 모두는 이에 모두 큰 불만을 품었다. 판사는 노브리가 진정할 수 있도록 종종 휴정을 선언해야만 했고, 심지어 그가 말하고자 하는 내용에 대해서 상대편 변호사가 약간 조언을 주려고 시도하기까지 했다. 이조차도 피고에게 도움이 되지는 못했지만, 어쨌거나 재판이 예상보다 몇 달이나 더 지속될 것이라는 뜻이기는 했다. 배심원단이 그에게 유죄를 선고하고 나자, 판사는 긴 재판에 군말 없이 따라 준 그들 모두에게 배심원 의무 평생 면제라는 특혜를 베풀었고, 배심원단은 판사에게 박수갈채를 보냈다.

충분히 이상하게 들릴 이야기이지만, 이 두 가지 황당한 사건은 로널드 레이븐의 옛 집과 연관된 범죄의 세계적 대유행에서 극히 일부분에 불과하다. 부동산 개발 투자 사기, 부가가치세 사기, 공동 소유 재산의 무단 판매 같은 갖가지 범죄가 모두 이곳으로 거슬러 올라갔다. 영국과 우크라이나, 미국은 물론이고 노르웨이, 이탈리아, 루마니아의 언론사들까지도 이 집 한 곳으로 거슬러 올라간 범죄들에 관해 세세하게 보도했다. 특히나 기묘했던 한 범죄에서는 무능한 사기꾼들 패거리가 세금 감면 혜택을 위해서 영화를 제작하는 척했다. 그러다가 붙잡히고 나자, 마치 원래의 잘못을 어떻게든 지워 보려는 듯 진짜로 영화를 만들었다. 터무니없게도 '거짓말의 풍경'이라는 제목을 달아 놓은 그 영화는 정말이지 싼티 나게 제작되었다. 예를 들어 중동 장면은 잉글랜드 남부에서 찍은 것이 분명했고, 주연은 GMTV의 전직 기상 캐스터였다가 가십 토크쇼 〈말 많은 여자들Loose Women〉의 진행자가 된 앤드리아 매클린이었다. 재판이 시작되자 나이트클럽 경비원 출신의 감독 폴 나이트는 땡전 한 푼 없는 상태가 되어서 돈을 받기 위해 할리 스트리트를 찾았다. 하지만 결과는 예상대로였다.

"이런, 세상에!" 그는 2016년의 전화 통화에서 내게 이렇게 말했다. "그 멋진 할리 스트리트의 주소는 단지 우편함 몇 개가 놓인 건물에 불과했다는 걸 알게 된 거죠. 마치 케이크 위에 놓인 체리 장식 같은 거였습니다." 나이트는 결국 돈을 받지 못했지만, 그가 만든 영화는 라스베이거스 영화제에서 무려 은상을 받았다(하지만 주최 측은 졸지에 정교하지만 성공적이진 못했던 알리바이의 산물을 칭찬했다는 사실을 뒤늦게 깨닫고 나서 그 시상을 무효화했다).

여기서 분명히 강조되어야 할 점은, 할리 스트리트 29번지에 등록된 회사들 대다수는 아마도 사기극과 아무 연관이 없으리라는 것이다. 하지만 이것은 여전히 머니랜드의 핵심에 놓인 오랜 문제를 우리에게 제기하는데, 그 문제란 애초에 야비한 돈을 끌어모으는 바로 그 요소, 즉 사생활 보장, 안전, 부인 가능성 같은 요소가 사악한 돈까지도 끌어모은다는 점이다. 성공을 거둘 때까지 성공을 가장하고자 애쓰는 신생 기업이라 하더라도, 범죄자들과 마찬가지 이유로 할리 스트리트 29번지를 사용하고 싶어 할 수 있다. 그 이유란 바로 그 주소가 다른 방법으로는 얻을 수 없을 어느 정도의 명성을 이들에게 제공한다는 점이다. 그것도 한 달에 50파운드밖에 안 되는 비용으로 말이다.

비록 사업을 선전하는 데에서는 주소의 명성이 지닌 유용성이 확실했지만, 정작 포메이션스하우스에는(아울러 모든 수사관의 기회에도) 미처 예기치 못한 문제를 하나 만들어 냈다. 그곳에 입주한 회사와 연관된 사기 재판이 있을 때마다 언론의 헤드라인에 오르는 것이 일상화되었다는 점이다. 할리 스트리트와 횡령이 나란히 언급되는 것이 언론인들의 입장에서는 각별히 재미있었던 모양인지, 이런 사건들의 외설적인 내용은 범죄 면에 무려 10년 이상 세세히 게재되어 왔다. 단순히 '할리 스트리트'와 '사기'만 검색해도 온갖 사건의 전체 목록이 떠오르는데, 그중 어느 것이라도 거뜬히 이 장※에 소개할 만한 내용이다. 단순히 사기극에 연루된 입주 회사의 숫자만 놓고 보면, 포메이션스하우스라고 해서 영국의 다른 여느 법인 설립 대행업체보다 더 나쁘다고 할 수 없을 터이지만, 그 회사들과 명성 있는 주소는 그 반복적이고 정교한 악행을 구체적으로 기록한 뉴스 아카이브에서 유난히 길고도 두드러진 흔적을 남겼다.

한 개인의 신분을 위장하는 회사들의 능력에 관해서는 다음 장에서 더 완전히 다루겠지만, 이런 현상은 이런 곳들을 규제하는 법률에 난 구멍이 한몫을 하면서 극도로 강력해진 셈이다. 회사라면 보통 주주와 이사가 있게 마련이고, 종종 서기書記를 두게 마련이다. 영국에서는 이런 개인들의 신분이 반드시 공개되어야 하며, 이는 외부자가 어떤 법인을 그 소유주이자 운영자인 개인과 연결할 수 있게 만들기 위해서이다. 만약 회사 운영에 관여한 개인이 바뀔 경우, 그 관리자는 영국의 회사 등기소인 기업청에 이 사실을 보고해야 한다. 그런데 기업청은 그 정보를 굳이 확인하지 않으므로, 거짓말로 익명에 도달하는 일도 완벽히 가능하다. 하지만 법률을 위반하지 않으면서도 정체를 비밀에 부친 상태로 남고 싶다면, 그 활용법을 아는 이들에게는 충분히 유용한 영리한 책략들도 늘 존재했다.

예를 들어 2004년에 포메이션스하우스는 회사 세 개를 만들었다. 코퍼레이트노미니스Corporate Nominees, 리걸노미니스Legal Nominees, 프로페셔널노미니스Professional Nominees. 이 가운데 두 번째 회사는 다른 두 군데 회사를 소유하는 동시에, 그 자체로 첫 번째 회사의 소유였다. 두 번째 회사는 다른 두 회사의 이사인 동시에, 그 자체의 이사는 바로 첫 번째 회사였다. 이 배열의 기묘한 균형을 이해하려면 종이 위에 그림을 그려 보아야 할 정도로 어렵지만, 이것이야말로 정말 놀라운, 진정한 전문가의 책략이다. 어찌어찌해서 회사 세 곳이 법률의 필수적 요구를 모두 충족시키면서도, 그 취지를 전적으로 조롱하는 격이기 때문이다. 이들 회사 세 곳은 이어서 다른 구조물들의 이사와 서기와 주주가 되었으며, 그 구조물들은 또다시 다른 구조물들을 소유했다. 여기서 멈춰 서서 이 소유권의 연쇄를 거슬러 올라가 보면, 결국 우아한 순환식 소유권 구조를 지닌 3각 구조를 발견하게 될 것이고, 이에 대해 우리가 할 수 있는 말이라고는 기껏해야 그 세 곳이 서로를 모두 소유하고, 통제하고, 관리한다는 것뿐일 터이다.

이와 같은 문제를 해결하기 위해서, 2008년에 의회는 회사의 이사 가운데 최소한 한 명은 실제 사람으로 두는 것을 의무화하는 법률을 통과시켰고, 이로써 비록 사기에 관여하는 회사라 하더라도 접촉할 수 있는 누군가가 항상 있게 되었다. 이에 대응하여 법인 설립 대행업체는 스스로를 수백 군데 회사의 이사라고 주장하고 보수를 챙길 사람들을 고용했다. 포메이션스하우스에서 이렇게 다중 이사로 활동한 에드위나 콜스의 경우, 한때 영국 등기소에 무려 1,560개 회사의 임원으로 이름이 올라 있었다. 내가 이 글을 쓰는 현재, 그녀의 이사 자격 명단은 현저하게 줄어들었고, 단지 한 회사만을 통제하는 상태로 남아 있다. 하지만 이것만 해도 여전히 놀랍다. 런던 중심부에 있는 콜스의 집을 찾아갔을 때, 그곳에 사는 사람들은 그녀가 벌써 5년 전에 사망했다고 내게 말했다.

콜스의 딸 대니얼 아던이 남편 나딤 칸과 함께 설립한 회사가 바로 포메이션스하우스였다. 두 사람은 처음 만든 여러 회사에서 실명으로 이사 행세를 했고, 칸은 블로그를 운영할 때 쓰는 (샘 솔로만이라는) 가명을 때때로 사용했다. 아던은 항상 자기 주소를 할리 스트리트 29번지라고 댔지만, 내가 그곳을 방문했을 때에는 자리에 없었다.

문이 소리를 내며 열리자 웅장한 대리석 바닥의 현관이 멀리까지 이어졌다. 왼쪽으로 올라가는 계단이 하나 나왔는데, 아마도 로널드 레이븐의 환자들이 진찰실로 가기 위해 그 위로 걸어 올라갔을 것이다. 젊은 남자 하나가 나타나서 내 용건을 묻더니 회의실로 안내했는데, 거기서는 둥글게 튀어나온 창문 너머로 거리가 내다보였다. 잠시 후에 젊은 여성 하나가 나타나서 무슨 용건인지를 물었지만, 내가 이 건물에서 일어난 일에 관심이 있다고 설명하고 나자 내 질문에 답변하기를 거절했다. "대부분의 간행물은 그리 긍정적이지 않을 수 있기 때문에, 우리가 조심하고 있어요." 샬럿 파와르라는 이름의 그 여성은 이렇게 말했지만, 내 수첩에 자기 이메일 주소를 기꺼이 적어 주었다. 나는 질문을 적은 이메일을 보냈지만 그녀는 전혀 답장하지 않았고 내 전화도 받지 않았으며, 내가 그녀의 사업에 관한 기사를 쓰고 나서야 연락을 해 왔다. "우리는 그 기사가 (아무런 불법행위도 법정에서 입증되지 않은) 칸 씨에 대해 명백히 편견적이라고, 또한 단지 영국에서뿐만이 아니라 전 세계에 있는 여러 법인 설립 대행업체 가운데 한 곳인 포메이션스하우스에 대해 명백히 편견적이라고 생각합니다." 그녀는 이렇게 썼다.

칸 씨의 불법행위가 법정에서 입증되지 않은 것은 사실이지만, 그건 노브리 사건이 재판에 회부되기도 전에 그가 사망했기 때문이었다. 그 사건 담당 검사에 따르면, 칸의 사기 조력은 단순한 회사 설립보다 훨씬 더 멀리까지 나아갔다. "그의 행동은 … 노브리가 올시즈에서 훔친 돈을 더 많이 세탁할 수 있게 허락한 열쇠에 해당했다." 법정변호사barrister의 개요서에는 이렇게 나와 있다. 노브리에 대한 형사소송에 따르면, 그가 훔친 돈 가운데 16만 파운드는 칸에게 건너갔는데, 명목상으로는 회사 네 개를 산 대가이지만 실제로는 키프로스의 한 은행을 통해 구입한 선불 신용카드에 돈을 융통하기 위해서였으며, 덕분에 노브리는 경찰에서 보석으로 풀려난 이후에도 자기가 훔친 돈을 계속 쓸 수 있었다. 만약 그에 대한 기소 내용이 정확하다면, 칸은 노브리가 현금을 머니랜드에 간직하는 일을 도운 셈이다. 하지만 칸은 이미 죽었기 때문에 결국 평결까지는 이르지 못했다.

칸이 없는 상황에서 이제는 누가 포메이션스하우스를 소유하고 있을까? 내 기사가 나온 2006년에만 해도, 그곳은 노미니디렉터 유한회사Nominee Director

Ltd의 소유였고, 다시 이 회사는 할리 스트리트의 또 다른 회사 리걸노미니스 유한회사의 소유였다. 리걸노미니스 유한회사는 앞서 언급한 익명 사업의 핵심에 놓인 마법의 3각 구조 가운데 하나였다. 프로페셔널노미니스와 코퍼레이트노미니스는 여전히 그곳의 서기이자 이사이지만, 사업 구조는 2004년에 포메이션스하우스의 성역을 지키기 위해 만들어진 회사들의 3각 구조가 만들어진 이래로 변모했다. 2014년경에 이들 세 회사 각각의 주식 20만 주를 시그마테크엔터프라이지즈Sigma Tech Enterprises가 매입했는데, 이 회사는 홍콩에 있는 주소에 등록되었다. 하지만 홍콩의 법인 등기부에는 그런 회사가 나와 있지 않으므로, 짐작컨대 다른 어딘가에 등록되었을 것이다. 어쩌면 세이셸에 등록되었을 수도 있다. 왜냐하면 그 회사의 웹사이트에서는 자사의 사생활 보장 정책에 대한 모든 논란이 그 인도양 제도諸島의 법률에 의거해 판정될 것이라고 선언했기 때문이다. 하지만 그건 어디까지나 짐작에 불과하다. 포메이션스하우스의 법인 마법사들은 최상의 책략을 자기들을 위해 남겨 놓았고, 머니랜드로 들어가는 터널로 회사 전체를 빨아들여서 아래로 내려가게 했다. 감히 누구도 따라올 수 없는 곳으로 말이다.

6

유령 회사
게임

문제는 이렇다. 누군가가 자산을 갖고 있고, 그 자산을 즐기고 싶어 하지만, 정작 그 자산을 얻은 방법에 대해서는 남부끄러워한다. 어쩌면 훔친 것일 수도 있고, 또는 세금을 모면한 것일 수도 있지만, 뭐든 상관은 없다. 둘 중 어느 쪽이라 하더라도 만약 그 자산을 즐기는 모습이 공개된다면 남부끄러운 일이 될 것이고, 따라서 소유주는 그런 상황을 원하지 않는다. 그렇다면 여기에 좋은 사업 기회가 생긴다. 만약 그 자산을 남부끄럽지 않게 해 주는 방법을, 그리하여 자유롭게 즐길 수 있게 해 주는 방법을 아는 사람이 있다면, 그 자산의 소유주는 그에게 기꺼이 돈을 지불할 것이다. 이것이야말로 머니랜드의 핵심 산업이다. 즉 '훔치기-숨기기-소비하기'의 3단계에서 중간 단계를 제공하는 것이다.

　세계 곳곳에서 고도로 똑똑한 사람들이 더러운 재산을 깨끗하게 만들어 주는 새롭고도 혁신적인 방법을 찾아냄으로써, 즉 고객의 재산을 터널 아래로 내려보내서 가상 세계로 들어가게 해 주는 법적 구멍을 발견함으로써 돈을 벌고 있다. 해결책이 더 복잡할수록 그 가치도 더 올라가며, 이런 해결책 가운데 일부는 실제로 상상력이 탁월하다. 2016년 일본의 한 신문에서는 중국의 최고위 공무원이 아내에게서 추출한 난자를 수정시켜서 일본에 있는 여성에게 이식했다고 보도했다. 여기서의 법적 구멍은 일본 법률이 대리출산을 규제하지 않는다는 것, 그리하여 아이의 출생신고서에 대리모를 어머니로 기재한다는 것, 그리하여 그 아이가 일본 시민권을 얻을 자격이 생긴다는 것이었다. 따라서 부패한 공무원은 자기 부^富를 외관상 혈연이 아닌 일본 아이에게 보낼 수 있으며, 이 과정에서 어느 누구도 그 아이가 그의 아들이나 딸이라고는 깨닫지 못할 것이다. 결과만 놓고 보면 원정 출산인데, 실제로는 거리낄 이유가 전혀 없다. 예를 들어 한밤중에 국경을 넘을 필요도 없고, 망명을 요청할 필요도 없다. 그 아이가 아직 배반포^{胚盤胞} 상태에서 원정 출산한 것이기 때문이다.

　이 사건을 폭로한《마이니치신문》의 기자들이 검토한 서류에 따르면, 이렇게 대리모 중개업자의 주선으로 일본에서 태어날 예정인 아이는 모두 86명이었다. 그 부모 가운데 일부는 국영 회사의 이사였고, 또 일부는 주요 대학과 연줄이 있었으며, 또 일부는 중국 집권 공산당의 주요 인사였다. "중국 공산당 고위 간부의 부유한 친척들이 굳이 일본 시민권을 지닌 아이를 갖는 주된 이유는 그로 인해 제공되는 익명성 때문이다. 설령 중국의 수사 당국이 자산의 흐름을 추적하기 위해 애를 쓰더라도, 결국에는 일본인으로 자처하는 사람들의 외관상 무관한 계좌와 회사만 맞닥뜨리고 끝날 뿐이다."

　기자들은 남편의 숙부인 중국 공산당 고위 간부의 지시로 대리출산 과정에 참여했다는 삼십 대 여성 한 명을 인터뷰했다. 인터뷰는 어떤 식으로건 대상자의 신분을 공개하지 않는다는 조건하에 홍콩에서 이루어졌다. "가족 중에 누군가가 일본 시민권을 갖고 있으면, 혹시라도 중국이 무너졌을 때에 우리가 그곳으로 도피하기가 쉬워지거든요." 그 여성은 곧이어 ("짓궂은 미소를" 띠며) 이렇게 덧붙였다. "공산당에서 더 높이 있는 사람일수록, 국가를 위해 자기를 희생할 의향을 지닐 가능성은 더 적어지지요."

물론 자기 자산을 남부끄럽지 않게 만드는 이런 방법을 선택하는 공산당 간부에게는 분명히 거리낄 이유가 있었다. 우선 비용이 1,500만 엔(약 13만 달러)이나 들었으며, 어쩌면 이보다 더 심각한 문제는 결국 태어난 아이와 거의 아무런 접촉도 할 수 없다는 점일 것이다. 일본 신문과 인터뷰한 또 다른 중국인 부모는 2014년 8월에 아이가 태어나서 칸토關東 지방의 보육원에서 자라고 있는데, 기껏해야 한 달에 두 번밖에는 만나지 못했다. 아이 입장에서는 부모와의 관계 면에서 좋지 않은 일이지만, 가족의 재산 관리 전략에서는 명백히 좋은 일이었다. 기자들은 이제 겨우 걸음마를 하는 그 아이의 은행 계좌를 살펴보았다. 그랬더니 20억 엔이(즉 1,700만 달러 이상의 돈이) 들어 있었고, 그 모두는 이제 남부끄럽지 않은 돈이었다.

본래 불임 치료로서 제안했던 이 서비스의 성공에 중개업자는 분명히 놀랐겠지만, 수요가 지속되는 동안에는 부패한 공무원이나 그 친척들에게 기꺼이 서비스를 계속 제공할 예정이었다. "대리출산을 어떻게 사용하는지는 고객에게 달린 일입니다. 우리 스스로는 원정 출산 산업을 운영하는 것이 아닙니다." 중개업자의 말이다.

이런 디스토피아적 남부끄러움 없애기 도구는 물론 아무나 쓸 수 있는 것이 아니며, 악행과 돈 사이의 연결을 끊어 주는 기술 중에는 더 수수한 방법도 여러 가지가 있다. 예를 들어 나이지리아의 수사관들은 대규모 부패를 조사하기가 얼마나 어려운지 입을 모은다. 그런 사건에서는 수익이 은행권으로 바뀌어 몇 달 동안 안전 가옥에 은닉되었다가, 수화물이 되어서 비행기를 타고 히스로 공항에 도착하면 런던 어딘가의 은행 지하 금고에 들어가 있다가, 아무런 질문도 던질 의향이 없는 부동산 중개업자의 손으로 넘어가곤 했다. 만약 이 모든 거래가 오로지 현금으로만 이루어졌다고 치면, 런던에서 구매한 주택과 그 유래가 되었던 범죄를 연결해 주는 전자적인 발자취는 전혀 없는 것이었다. 하지만 여기에도 단점은 있었다.

첫째로, 고액의 현금을 소유하고 있으면 당연히 수상하게 보일 수밖에 없다. 나이지리아의 지방 정치인 디프레예 알라미예세이가가 2005년 히스로 공항에서 체포되었던 것도 그래서였다. 그의 런던 자택을 수색한 경찰은 다양한 통화로 쌓아 놓은 150만 달러를 발견했고, 결국 이 돈을 압류해서 나이지리아로 돌려보냈다. 둘째로, 현금은 취약하기 짝이 없다. 혹시 집에 불이라도 나면, 돈도 사라져 버린다. 혹시 비행기가 수화물을 바르셀로나로 잘못 보내기라도 하면, 돈도 사라져 버린다. 혹시 전달책이 딴 욕심을 부리기라도 하면, 돈도 사라져 버린다. 애초에 100달러짜리 지폐로 가득한 여행 가방을 하나 잃어버렸다는 주장에 귀를 기울일 만한 보험회사를 찾을 수 있다면 운이 좋을 것이다.

바로 이 대목에서 법인 매개체(즉 회사, 재단, 신탁, 합자회사)가 등장하는 것이다. 자기 자산을 소유한 회사를 다시 소유한 사람의 입장에서는 자기 자신과 남부끄러움 사이에 간극을 하나 두는 셈이 된다. 비유하자면 비닐봉지를 손에 끼고 개똥을 주워 담는 것과 마찬가지이다. 그렇게 하면 더러운 것을 만져도 손을 깨끗이 유지할 수 있는 것이다. 대규모 부패나 조세 기피에 대한 모든 연구에서는 남부끄러운 자산의 처리에서 유령 회사가 얼마나 중요한지가 드러나며, 이것은 아주 새로운 문제도 아니다. 무려 1937년에만 해도 미국 재무장관 헨리 모겐소는 오늘날 캐나다의 영토인 뉴펀들랜드 조세 피난처의 법인 구조물 배후에 미국인이 숨는 것에 관해서 프랭클린 루스벨트 대통령에게 불평을 제기한 바 있었다. "주주들이 온갖 종류의 장치를 동원해서까지 자기네 회사에 관련된 정보 입수를 방해합니다." 그는 이렇게 불평했다. 하지만 포메이션스하우스와 할리 스트리트 29번지의 사례에서 명백히 드러나듯이, 현대 통신수단의 속도와 저렴한 비용 덕분에 이런 회사들을 만드는 일은 점점 더 손쉬워졌고, 결국 이들을 수사하려 시도하는 법 집행기관에는 당혹스러운 결과가 나오고 말았다.

———————●———————

미국 플로리다주 마이애미의 국토안보수사국HSI, Homeland Security Investigations 소속 특별수사관보 존 토번은 이 문제에 대해서 매우 솔직하게 말했다. 2017년 초에 내가 찾아갔을 때, 이 덩치 큰 남자는 터키석과 금으로 장식되고 정의의 천칭 문양이 새겨진 너클더스터 반지를 끼고, 옅은 담자색 줄무늬가 들어간 파란 셔츠를 입고 있었다. 마이애미는 마치 자석처럼 전 세계의 부정한 돈을 끌어들였고, 그는 이에 맞서는 최전선에 서 있었다. 그중에는 서로 싸움질하는 중국 도둑 정치가의 현금도 있었고, 마약 거래 마피아가 벌어들인 수십억 달러도 있었고, 저 푸른 수평선 너머에 있는 여러 조세 피난처(예를 들어 바하마제도, 케이맨제도, 영국령 버진아일랜드, 세인트키츠네비스 같은 곳)에서 미국인이 소유한 재산도 있었다.

인터넷 때문에 그의 임무는 훨씬 더 어려워졌다. 지금으로부터 10년 내지 20년 전만 해도 어떤 사기꾼이 태평양에 유령 회사를 설립하고 싶으면 직접 현지로 가야만 했다. 그런데 지금은 자기네 집 거실에서 온라인으로 만들 수 있다. "인터넷을 통하다 보니 그 어떤 사법관할구역이라도, 심지어 기록 관리가 상당히 좋은 사법관할구역조차도 … 여전히 취약합니다. 진짜 난점은 이른바 '층 쌓기', 즉 '겹싸기'에서 나타납니다." 그의 말이다. "매우 투명한 사법관할구역에서 기업을 하나 만든 다음, 그걸 좀 더 흐릿한 사법관할구역에서 겹싸기하고, 이렇게 저렇게 계속 나아가는 겁니다. 진짜 난점은 바로 거기에 있습니다."

다수의 사법관할구역에 걸쳐 이처럼 길게 겹싸기된 법인 구조물의 연쇄를 창조하는 것은 자산의 기원과 그 소유권 모두를 숨기는 극도로 효과적인 방법이다. 비닐봉지를 더 많이 겹쳐서 개똥을 담을수록, 외부자들은 그 내부에 뭐가 있는지를 깨닫기가 더 어려워지게 마련이다. 게다가 마지막으로 그 봉지를 유명 귀금속 업체 티파니앤드컴퍼니Tiffany &Co의 로고가 새겨진 쇼핑백에 넣어 두면, 어느 누구도 그 안에 똥이 들어 있다는 사실을 결코 깨닫지 못할 것이다.

토번의 말에 따르면, 세이셸 같은 곳에 상호사법공조조약MLAT, Mutual Legal Assistance Treaties에 의거한 요청서를 보내면, 이후의 후속 작업을 미국 외교관들이 처리해 주기를 기대하면서 몇 달이고 답장만 기다려야 했다. 실제로는 플로리다주에 있는 재산을 수사하기 위해서 굳이 그런 복잡한 과정을 거쳐야 하는 것이다. 그리고 이건 점점 더 대규모 범죄가 아니라 소규모 범죄가 되어 가고 있다. "고가품 시장이라기보다는 오히려 소매시장인 거죠. 비유하자면 20년 전에만 해도 이런 법인 구조물을 하나 만들려면 백화점에 가야 했습니다. 그런데 지금은 그냥 동네 구멍가게에 가면 됩니다. 덜 정교한 조직들조차도 더 정교한 방법을 사용하는 모습이 보이는 거죠."

만약 유령 회사를 폐지하는 일이 가능하다고 치면, 지금과 비교해서 과연 어떤 차이가 생길 것인가? 만약 그가 수사하는 모든 재산의 소유주가 누구인지를 손쉽게 파악할 수 있다고 가정하면, 그의 업무는 어떻게 될 것인지 상상할 수 있는가?

"그렇게만 된다면 수사에 걸리는 시간이 절반으로 줄어들 겁니다. 그것만 해도 대단한 일이죠." 그의 말이다. "우리도 조각들을 찾아내려 시도하는 일이 아니라, 오히려 조각들을 맞추는 일에 노력을 집중할 수 있을 겁니다. 지금 당장만 해도, 우리의 시간 대부분은 조각들을 찾아내는 일에 들어가고 있어요. 결국 우리가 조각들을 맞추는 일에 돌입하려 할 쯤이면, 온갖 종류의 사건들이 일어나게 마련이죠. 가끔은 우리가 기껏 정보를 얻어 내고 나니까 규제 법령이 사라져 버리기도 해요. 그러면 끝이죠. … 그런 점에서 유령 회사가 없어지면 세상에 유익할 거예요."

토번과 그 휘하의 수사관들 덕분에 회사들이 어떻게 오용될 수 있는지를 보여 주는 자료 무더기가 점점 더 늘어만 가게 되었다. 세계은행의 도난자산회수StAR, Stolen Asset Recovery 운동, 미국 상원 상설조사 소위원회, 영국의 금융행위감독청은 물론이고, 미국의 해외부패방지법과 영국의 뇌물방지법하에서 기소된 사건들, 그리고 저지섬과 스위스와 프랑스와 기타 지역에서 이루어지는 법적 절차에 이르기까지, 이 모두는 지난 수십 년 동안 이루어진 복잡한 사기극의 중요한 세부 사항을 포함하고 있다. 그 원자료의 출처만 놓고 보면 이것이 마치 영미권의 문제인 것 같은 인상을 압도적으로 받게 되지만, 이는 더러운 돈에 대한 양국의 개방성에 대한 표시라기보다는, 오히려 최소한 부패와 사기의 사례를 기소하려는(또는 최소한 논의하려는) 양국의 의지가 상대적으로 높다는 사실의 반영이다. 또한 사적 이득을 위해 세계 금융 구조를 남용한 부유한 사람들의 행각을 폭로하는 과정에서 대부분의 나라들보다 더 많은 일을 한 국제투명성기구, 조세정의네트워크, 부패감시단, 셰르파Sherpa, 글로벌위트니스Global Witness 같은 비정부 조직들에서 나온 자료의 보물 창고도 있다.

2016년에 글로벌위트니스에서는 정교한 함정 조사의 결과를 간행했다. 그곳 직원들은 명백히 수상한 자금을 미국으로 가져올 방법을 찾고 있는 아프리카의 어느 정치인의 고문으로 자처하며 뉴욕 소재 13개의 서로 다른 법률 회사에 접근했고, 그로부터 비롯된 대화 내역을 몰래 촬영했다. 변호사들 가운데 이런 접근을 딱 잘라 거절한 사람은 단 한 명뿐이었고, 나머지 모두는 익명 회사나 신탁을 이용해 자산의 출처를 숨기라고 제안했다. 그런 변호사 가운데 하나인 제임스 실크나트는 그 당시에 미국 변호사협회 회장이었는데, 마이애미 국토안보수사국의 토번이 무척이나 우려하던 바로 그런 종류의 구조물을 제안했다. "A 회사를 B 회사가 소유하고, 그 B 회사를 다시 C 회사와 D 회사가 공동 소유하며, 귀하의 쪽에서는 C 회사와 D 회사의 주식 전부, 또는 다수를 소유하는 겁니다." 실크나트는 위장 조사원에게 이렇게 말했다. 그의 동료 휴 피네건도 이렇게 덧붙였다. "수많은 해외 소유주는 자기 신분을 다른 누군가가 아는 것을 아예 원하지 않습니다. 따라서 유한책임회사를 설립하는데, 보통은 먹이 사슬에서 다른 한두 개 회사로 더 거슬러 올라가기 때문에, 확인하기가 더 어려워집니다."

물론 두 변호사 가운데 어느 누구도 범죄를 저지르지는 않았으며, 둘 중 누구도 그 제안의 후속 작업을 진행하지도 않았다(글로벌위트니스의 조사원들을 상대로 가상의 아프리카 장관님에 관해 이야기를 나눈 다른 모든 변호사들도 사정은 마찬가지였다). 하지만 이 NGO의 최종 보고서는 "잠재 고객이 수상한 자금을 미국으로 옮겨 오는 방법에 관한 아이디어 도출의 용이성과 더불어, 수상한 자금 옮기기를 더 어렵게 만드는 사법 체계의 개혁의 필요성"에 대해서 우려하고 있다는 결론을 내렸다.

런던에서 진행된 잠비아 전직 대통령 프레더릭 칠루바에 대한 재판에서, 판사는 그의 범죄가 이런 변호사들, 즉 서양 여러 나라의 사법 체계를 빠져나갈 수 있는 사람들의 지원 없이는 일어날 수 없었을 것이라고 판결문에서 언급했다. "이것이야말로 맹목적 부정직의 전형이다." 피터 스미스 판사는 이렇게 결론을 내렸다. 즉 그 변호사가 군이 의뢰인에게 "물어보지 않았던 까닭은, 무슨 일이 벌어지고 있는지를 정확히 알았기 때문이었다. 이들은 사취 음모가 있음을 알았고, 기꺼이 거기 가담했다. 다른 가능성은, 군이 답을 알고 싶어 하지 않았기 때문에 변호사가 묻지 않았다는 것이다. 내가 보기에는 이 두 가지 중에 어느 쪽이 가장 그럴듯한 시나리오인지를 군이 판정할 필요까지는 없다. 하지만 내가 매우 확신하는 바, 정직한 사무변호사solicitor라면 그 입장에 놓였더라도 결코 그가 했던 것처럼 행동하지는 않을 것이다."

문제의 변호사는 나중에 사무변호사규제국에서 제명되었지만, 여기서는 단순히 변호사가 부정직하다는(즉 맹목적이 된다는, 또는 기타 등등인) 것 이상의 어떤 일이 벌어지고 있다. 회사 설립을 이처럼 손쉽게 만든 장본인은 단순히 부정직한 런던의 사무변호사 한 명, 또는 뉴욕의 변호사 한 명이 아니었다. 법인 매개체의 중대한 속성은 그 소유주와 회사가 법적으로 별개이며, 따라서 회사의 부채에 대한 소유주의 책임도 유한하다는 점이다. 그렇다면 이것은 사실상 내가 만약 회사를 통해서 움직이기만 한다면, 내 채무를 사회 전체가 책임진다는 뜻인 걸까? 이것은 일종의 보험이다. 만약 내 사업이 실패한다면, 소유주인 내 자산이 아니라 오로지 유한책임회사의 자산만 위험에 처하기 때문이다.

이것은 예외적으로 강력한 도구이지만, 그 위력이 제대로 평가되는 경우는 오히려 드물다. 예를 들어 사람을 등록하는 일이 회사를 등록하는 일만큼 손쉽다고 상상해 보자. 즉 내가 온라인으로 서식을 작성하고 13파운드만 내면, 길어야 이틀 안에 한 사람의 신분이 생겨난다고 말이다. 이럴 경우 사기극의 기회는 사실상 무제한이 될 것이다. 내가 만든 '사람'은 국가보조금을 요구할 수도 있고, 사업 계약을 맺을 수도 있고, 은행 계좌를 개설할 수도 있는데, 혹시나 문제가 생긴다면 그 사람을 죽여 없애 버리고, 그 뒷감당을 다른 사람들에게 떠넘겨 버리면 그만이다.

17세기에 영국과 네덜란드는 확연하게 근대적인 회사를 최초로 만들었지만, 이런 유럽의 이단자 국가들에서도 오로지 의회만이 회사 설립에 대한 허가를 내줄 수 있었다. 이는 결국 현존하는 회사의 숫자가 적을 수밖에 없었다는 뜻이다. "법인은 처벌받을 신체를 지니지도 않고, 저주받을 영혼을 지니지도 않았으므로, 따라서 뭐든지 자기가 원하는 대로 할 수 있다." 18세기 영국의 대법관 에드워드 설로는 이렇게 말했다. 어떤 자료에서는 그가 좀 더 구어체로 다음과 같이 말했다고 나온다. "저주받을 영혼도 갖지 못했고, 걷어차일 몸뚱이도 갖지 못한 법인이 무려 양심을 갖기를 기대한다는 겁니까?"

유럽에서는 이런 종류의 불신이 최고조로 만연한 상태이다 보니, 진짜 혁신은 미국에서 나타날 수밖에 없었다. 1811년에 뉴욕주에서 유한책임회사의 창설을 입법하자, 이후로 이 발상은 확산되기 시작했다. 처음에는 느리게 퍼졌지만, 나중에는(즉 1850년대부터는) 더 빠르게 확산되었다. 1860년에 런던에서 거래되는 모든 유가증권의 절반은 국채였다. 1914년에 이르자 회사 주식이 시장의 95퍼센트 이상을 차지했다. 《이코노미스트》에 따르면 유한책임은 "산업 자본주의의 열쇠"였다. 회사는 좋은 것이다. 회사가 없었다면, 우리의 현대적 번영은 불가능했을 것이다.

세계은행은 영향력 있는 「기업환경평가 Doing Business」 보고서를 매년 간행하는데, 여기서는 사업 활동의 10개 영역에 걸쳐서 국가들을 1위부터 190위까지 열거한 다음 합계 점수를 매긴다. 2017년에 세계에서 사업하기에 최악의 국가는 소말리아였으며, 그 바로 위에는 베네수엘라, 리비아, 에리트레아가 있었다. 이 조사에서 높은 순위를 차지하는 것은 외국인 투자를 끌어들이려 노력하는 국가에는 중대한 일이었기 때문에, 각국 정부는 순위에서 더 위로 올라가기 위해 자기네 정책을 의도적으로 조사 기준에 맞추었다. 열 가지 순위 영역 가운데 하나는 "사업 시작하기"였다. 회사 설립이 더 쉬울수록 점수를 더 많이 얻는 것이었다. "여러 국가에서는 비효율적인 회사 등록으로 인한 높은 비용이며 관료주의적 장애물 때문에, 좋은 사업 아이디어를 지닌 사람들도 공식적인 사업의 길로 나서지 못하게 마련이다." 2015년의 보고서에는 이렇게 나와 있다.

최신판 「기업환경평가」 보고서에 따르면, 뉴질랜드는 세계에서 사업하기가 가장 쉬운 장소인 동시에 세계에서 회사 설립이 가장 쉬운 장소였다. 그리고 이로부터 비롯된 한 가지 결과가 여기 있다. 2009년 말 방콕 공항에서 군인들이 석유 탐사 장비를 운반 중이라고 알려진 일류신 IL-76 화물기를 급습해서, UN 무기수출금지조약을 위반하고 이란으로 운반되던 폭발물, 로켓 발사기, 미사일을 비롯한 북한산 무기류를 30톤이나 찾아냈다. 이 비행기는 SP 트레이딩 SP Trading이라는 뉴질랜드의 회사가 임대한 것이었지만, 그 배후를 캐려고 시도한 수사관들은 오클랜드 소재 버거킹의 직원인 28세의 중국 출신 여성 루장밖에는 찾아내지 못했다.

법정에서 그녀는 자기가 회사 한 곳마다 20뉴질랜드달러를 받는 대가로 이사가 되기로 했으며, 압류된 무기 화물에 관한 뉴스 보도 이후에야 비로소 뭔가 잘못했음을 깨달았다고 증언했다. 오늘날까지도 무기 밀매의 실제 주모자는 밝혀지지 않았는데, 이 모두가 익명의 뉴질랜드 법인 만들기의 용이함 때문이었다. 게다가 SP 트레이딩은 돈세탁, 마약 밀매, 조달 사기, 주가 조작, 심지어 마그니츠키 사건까지도 모조리 흐려 버리는 위장 회사들의 전체 네트워크에서 겨우 일부분에 불과하다. (나중에 다시 살펴볼) 마그니츠키 사건은 러시아 재무부에서 발생한 2억 3,000만 달러의 절도 사건으로, 그중 일부는 네비스에서 통제하는 은행 계좌를 통해 흘러갔다. 이런 관점에서 바라보자면, 회사 설립을 최대한 손쉽게 만드는 것이 항상 무조건적인 선을 만들지는 않는다는 사실을 세계은행의 「기업환경평가」 편집진이 왜 미처 깨닫지 못하는지 짐작이 안 된다. 어쨌거나 사기극이 만연한 경우에는 사업하기가 오히려 더 어려워질 터인데 말이다.

───────●───────

「기업환경평가」에서는 미국을 뉴질랜드보다는 회사 설립에 훨씬 더 까다로운 나라로 평가했다. 실제로 이 순위에서 미국은 세계 51위로 이집트와 카자흐스탄보다 더 아래인데, 이 두 나라로 말하자면 어느 쪽이건 간에 꼭 공개적이고 역동적인 경제로 유명한 곳은 아니다. 하지만 이런 그림은 자칫 오도의 위험이 있다. 왜냐하면 미국은 주(州)마다 시스템이 다르며, 실제로 그중 일부는 매우 교활하기 때문이다.

나는 워싱턴 소재 FBI 본부에서 국제부패반의 주임특별수사관 카렌 그리너웨이를 만나 1시간 동안 대화를 나누었다(그 시간 동안 그녀는 때때로 허리에 찬 권총 위치를 약간씩 바꾸었다). 그녀는 델라웨어주에 있는 어떤 회사의 정보를 얻어 달라는 외국 수사기관의 요청을 받을 때마다 부끄럽기 짝이 없다고 말했다. 그 주에서는 불과 한 시간이면 회사를 하나 형성할 수 있기 때문이다. 하지만 그 회사를 구입한 사람이 미국 바깥에 근거할 경우에는, 제아무리 FBI라도 얻을 수 있는 정보가 전혀 없었다. "아마 이렇게 생각하시겠죠. 그런 요청을 받으면 제가 당장 델라웨어주의 유령 회사로 달려가서 은행 기록이라든지 계약서라든지 하는 것을 찾아낼 거라고요. 하지만 그런 자료는 없을 거예요. 애초부터 그런 걸 목적으로 만든 회사가 아니니까요." 그녀의 말이다. "결국 저는 돌아와서 외국 수사기관에 이렇게 말해야 하는 거죠. '없어요. 미국 내에는 은행 계좌가 없다고요. 물어보셨던 회사 건물이요? 사무실이 아니라 델라웨어주에 있는 어떤 가게예요. 사진 보내 드릴게요.'"

대부분의 법인 설립 대행업체는(즉 델라웨어주의 어떤 가게에 앉아 있을 법한 종류의 사람들은) 언론인과 이야기 나누기를 지겨워한다. 하지만 로버트 해리스라는 사람은 그렇지가 않았다. 그는 네바다주의 리노에서 80번 주간^{州間} 고속도로를 타고 40분쯤 가면 나오는 펀리라는 작은 도시에 살았다. 그곳으로 가는 내내 특징 없는 도로에는 트럭과 SUV가 가득했고, 때때로 변호사와 패스트푸드와 하나님을 홍보하는 광고판이 나타났다. 그가 사는 단층집은 울타리로 차단되어 도로에서는 안 보이는 새로운 개발 구역에 있었는데, 그곳의 도로는 인근의 골프장을 기념하는 뜻에서 '도그레그 드라이브'^{Dog Leg Drive}, '웨지 레인'^{Wedge Lane}, '디보트 레인'^{Divot Lane} 등 여러 다양한 골프 용어에서 따온 이름을 갖고 있었다.

내가 직접 만나 본 해리스는 친근하고도 재미있는, 괴짜다운 칠십 대 남성이었다. 그는 지난 16년 동안 3,000여 개의 회사를 설립했으며, 이 과정에서 다양한 업무비를 청구함으로써 생계를 유지하고 있었다. 그는 젊은 시절 카지노에서 한몫을 잡으려는 목표를 가지고 리노로 갔다. "하지만 그 일에는 별로 뛰어나지 못했습니다. 아니, 아예 못했던 거죠." 해리스는 어깨를 으쓱해 보이며 미소를 지었다. 대신에 그는 이후 30년 동안 웨이터 일을 하면서, 마찬가지로 카지노에서 한몫을 잡으려는 생각을 품고 리노로 오는 다른 사람들에게 음식과 음료를 제공했다. "하지만 나중에는 나이가 너무 많아서 일자리를 구할 수가 없더군요. 모두들 젊은 여자를, 아시다시피 예쁜 여자를 원했어요. 그래서 저는 변호사인 친구를 찾아갔다가 법인 설립 사업이라는 것을 알게 되었죠."

예를 들어 내가 단돈 249달러만 내면 그로부터 네바다주의 회사 하나를 살 수 있었고, 추가로 150달러를 내면 이후의 문서 업무에서 내 이름을 계속 누락시킬 "네바다주 명의 관리자"까지 살 수 있었다. 그의 최고 생산품은 "딜럭스 사생활 보장 법인 설립 세트"라는 것으로, 단돈 949달러에 자체 은행 계좌를 보유한 익명 회사 하나를 살 수 있었다. 그렇다면 그는 자기가 판매하는 도구들을 고객들이 악용하는지 여부를 확인하고 있을까?

"저는 사람을 조사하지는 않습니다. 그게 필수는 아니니까요. 저는 법인 설립 전에 어떤 사람을 조사할 여력까지는 없습니다. 사람을 조사하는 일에는 수익이 많지 않으니까, 어쨌거나 저로서도 그럴 수는 없습니다. 아시다시피, 그러다 보니 사람들의 말을 있는 그대로 받아들여야 하는 거지요." 그의 말이었다. "이건 오히려 식품점에 가는 것과도 비슷합니다. 거기서는 손님 이름이라든지, 손님 통장에 돈이 얼마나 있느냐든지, 기타 등등의 질문을 하지 않잖아요. 아시다시피, 손님은 그냥 식품을 사면 되는 겁니다. 손님이 법인 설립을 원할 때도 마찬가지인 거죠. 손님이 돈을 내면, 손님은 법인을 사고, 그걸로 끝인 겁니다."

대화 중에 전화가 걸려 왔다. 내털리라는 여자가(스피커폰을 쓰는 것이 분명했다) 자신의 신용 지수를 올리기 위해 직접 법인을 만들 수 있는지 물어보았다. 해리스는 아마 그럴 수 있을 것 같다고 대답했지만 그 문제를 더 자세히 논의하지는 않았는데, 아마도 내가 옆에 있기 때문인 듯했다. "저는 사실 적극적 판매를 활용하지는 않습니다. 오히려 은근한 판매를 활용하는 쪽이죠." 여자가 전화를 끊고 나서야 그가 말했다. "사람들이 그걸 원한다면, 저도 좋다는 겁니다. 사람들이 그걸 원하지 않는다면, 그래도 저는 좋다는 거고요. 저는 이걸로 백만 달러를 벌고 싶은 게 아니니까, 아무한테나 바가지를 씌우려 하지는 않습니다. 오히려 가격을 항상 낮고도 원가에 가깝게 책정합니다. 저는 사람들을 훌륭하고 공정하게 대우합니다. 기독교적 윤리를 제 사업에 이용하는 겁니다."

해리스는 기독교 교리에 관한 책을 여러 권 자비출판 했는데, 거기서는 기쁨의 본성, 그리고 기쁨과 고난의 관계에 특별히 초점을 맞추고 있었다. 그는 네바다주 회사 관련 규제의 세부 사항에 대해서보다는 오히려 그런 내용에 대해서 이야기하는 쪽에 훨씬 더 관심이 있었다. 사실은 자신의 신앙 사역을 위해 웹사이트를 만드는 과정에서 인터넷 사용법을 익히게 되었고, 그 결과로 온라인 법인 설립 서비스까지 만들게 되었다. 이제 해리스는 저서인 『준비하라! 내가 여기 왔다Get Ready! HERE I COME』와 네바다주 회사 모두를 자기 웹사이트(www.nevadaincorporate.com)에서 함께 판매하고 있다.

그렇다면 혹시 자기가 판매한 회사들이 사기극에 사용될 수 있다는 사실을, 즉 결과적으로 자신의 기독교 사역을 침해할 수도 있다는 사실을 우려하고 있을까?

"저는 걱정하지 않습니다. 저는 그런 일과 아무런 관련이 없으니까요." 그가 말했다. "저는 단지 사람들에게 법인 서류를 제공했을 뿐이고, 그게 전부입니다. 누군가가 범죄 조직이었다는 사실을 제가 미리 알았다면 상황도 달라졌겠지요. 하지만 사람들이 대놓고 이렇게 말하지는 않죠. '저기, 제가 범죄 조직에, 또는 마피아에, 또는 다른 뭔가에 소속되어 있는데요.' 사람들은 그런 사실을 시인하지 않습니다."

2014년에 우아하게 설계되어 간행된 학술 연구서 『전 세계적 유령 회사 게임Global Shell Games』에 따르면, 원하는 사람 누구에게나 회사를 제공하는 문제에서 미국의 법인 설립 대행업체들의 태도가 가장 느슨한 것으로 나타난 이유도 해리스 같은 사람들 때문이었다. 저자들은 신중하게 준비된 이메일 수천 통을 181개 사법관할구역의 대행업체에 보냈고, 이 과정에서 미묘하게 다른 어법을 사용해서 자신들이 만들 회사가 사기극이나 테러리즘에 사용될 수도 있다는 암시를 강하게, 또는 약하게 드러내 보았다. 이후 이들은 답장을 대조해, 신분 확인을 가장 까다롭게 요구한 사법관할구역이 어디인지를 살펴보았다. 미국의 경우에는 주마다 상당한 차이가 있었다. 델라웨어주는 세계 다른 어느 곳보다도 더 높은 수락 비율을 보여서 순위에서 꼴찌를 차지했고, 그다음으로 몬태나, 앨라배마, 네바다, 와이오밍주가 있었다. 한 대행업체는 이 연구자들의 접근에 이런 답장을 보냈다. "귀하처럼 기밀 유지에 각별히 관심을 가지신 전 세계 고객들을 저희가 많이 상대해 보았으므로, 귀하께서는 필요에 딱 알맞은 서비스 제공자를 발견하신 것이라고 기쁜 마음으로 말씀드리고 싶습니다!"

그런데 이런 접근법의 단점은 2006년 미국 회계감사원^{GAO, General Accounting Office}이 제시한 바 있다. 여기서는 미국의 유령 회사들이 수십억 달러가 관여된 범죄를 용이하게 만들었으며, 이에 대해 조사하기란 한마디로 불가능하다고 나온다. "네바다주에 근거한 법인 한 곳은 약 2년이 넘는 기간에 걸쳐 총액 8,100만 달러에 달하는 3,774건의 수상한 송금을 받았다." 보고서에는 이렇게 나온다. "하지만 이 사건은 기소되지 않았다. 그로부터 혜택을 입은 법인 소유주를 이민세관집행국^{ICE, Immigration and Customs Enforcement}이 확인할 수 없었기 때문이다." 2006년 미국에서 등록된 법인 한 곳이 유럽의 두 국가 간에 벌어진 "유해성 규제 약물" 밀수의 배후에 있었다. 또 한 사건에서는 러시아의 공무원들이 미국 펜실베이니아와 델라웨어주에 여러 개의 회사를 설립한 다음, 이를 이용해 자국의 핵 기반 시설 고도화를 돕기 위해 배정된 자금 1,500만 달러를 횡령했다. 플로리다주의 회사들을 통한 조세 포탈이라든지, 제재 위반이라든지, 기타 등등에 관련된 다른 사례도 여럿이었다.

이것은 국경을(이 경우에는 주 경계를) 넘어서 흐르는 돈과, 차마 따라갈 수 없는 법의 또 한 가지 사례이다. 굳이 신분을 밝히라고 요구하지 않는 주에서 회사를 등록하기가 워낙 손쉽기 때문에, 더 높은 기준을 지닌 주들은 거의 이득을 못 보는 실정이다. 반면에 더 너그러운 주들로서는 그런 행동을 일소할 만한 유인이 전혀 없다. 마치 저지섬이나 네비스처럼, 이들은 머니랜드가 가져다주는 세입에 낚인 것이다. "델라웨어주의 한 공무원에 따르면, 그 주의 세입에서 22퍼센트는 법인 설립 사업에서 나온 것이다. 또한 네바다와 오리건주 공무원들도 자기네 임무는 세입 창출이라고 말했다." 회계감사원의 보고서에 나온 내용이다. 여기서도 또다시 머니랜드의 역진 방지 톱니바퀴가 작용하는 셈이다.

그 결과는 국가 안보에 명백한 위협을 제기한다. 2017년에 미국 회계감사원은 미국 조달청GSA에서 고도의 보안 목적으로 임대한 건물 가운데 3분의 1의 소유주가 누구인지를 미국 정부가 전혀 모르고 있다고 결론 내렸다. 이 보고서에 언급된 연방 요원들은 자칫 정부 기관들이 "간첩 행위라든지, 미인가된 사이버, 또는 물리적 접근"에 노출될 위험이 크다고 경고했다.

법 집행기관이 유령 회사를 샅샅이 조사하거나, 또는 법인 매개체를 통해 소유되는 자산을 압류하기도 완전히 불가능한 것은 아니다. 하지만 그러려면 비용과 인력과 시간이 많이 들고, 아무리 절약하려 해도 사정은 마찬가지이다. 러시아의 수사관들은 2004년부터 2007년까지 크고도 수익성 높은 유코스Yukos 석유 회사의 통제권을 확보했는데, 그곳의 소유권이 역외 회사들의 빽빽한 숲으로 보호받고 있는데도 불구하고 결국 해낸 것이었다. 서구 국가의 검사나 수사관이었다면 그 구조의 복잡성 때문에 유코스를 실제로 소유한 개인들이 누구인지에 대해 선명한 그림을 얻지 못했겠지만, 마치 불도저를 몰고 미로를 쓸어버리듯 법적 장애물을 뚫고 나아간 러시아 공무원들에게는 큰 문제도 되지 않았다. 그리하여 러시아는 그 회사의 소유권을 되찾았지만, 결과적으로 여러 해 동안 국제 법정과 재판소에서 소송에 휘말리고 말았다. 2014년에는 지브롤터의 회사 GML이 승소해서 자기네 자산의 불법 압류에 대한 배상금으로 500억 달러를 받아낼 상황이 되었다. 비록 러시아가 상고를 통해 판결을 뒤집었지만 (첫 번째 재판소는 해당 사건의 사법관할구역이 아니므로 그 판결도 무효라고 판결했다), GML은 두 번째 판결에 대해서 상고했으며, 이 사건은 계속 질질 늘어지고 있다. 이것은 유령 회사들의 겹싸기된 연쇄의 힘이 (좋건 나쁘건 간에) 정부의 의지조차도 좌절시킨다는 사실에 대한 증언이나 다름없다.

러시아식 접근법을 서구의 법 집행기관이 이용할 수 없다는 점은 명백하다. 서구에서는 법 집행기관의 행위가 그 기관의 통제권이 미치지 않는 법원의 감독과 규제를 받기 때문이다. 한 사법관할구역에서 자산을 훔쳐다가, 무고한 사람들을 보호하도록 돼 있는 미국 같은 곳의 법규를 이용해 덩달아 보호받는 사람들을 파헤치려는 수사관들로서는 좌절스러울 수밖에 없다.

FBI 카렌 그리너웨이의 말에 따르면, 부패한 외국 공무원들은 종종 은행 강도보다 별로 나을 것이 없는 실정이다. 하지만 수사가 진행 중인 상황에서 은행 강도가 자기 약탈물을 가만히 은닉하는 반면, 도둑 정치가들은 자기네가 훔친 부로 변호사를 고용해서 안전하게 보관하도록 시킨다. "그들은 변호사 떼거리를 끌고 들어와서 이 재산권을 지키고, 덕분에 우리는 물론이고 그 부를 빼앗긴 나라까지도 불공평하게 불리한 상황에 놓이게 되는 거죠." 그녀의 말이다. "정당한 법적 절차라는 것이 자기가 훔친 돈으로 가급적 최고의 변호사를 살 수 있다는 뜻이 되어서는 안 되는 거예요. 그건 뭔가가 잘못된 거니까요. 누군가가 자기 재산권을 지켜 주기를 진정으로 원하는 사람이 있다면, 법정에서 우리는 그에게 변호사를 하나 붙여 주겠다고 말하죠. 우리가 붙여 주려는 변호사를 그가 좋아하지 않는다는 사실을 보면, 결국 그게 큰 의미가 없다는 뜻인 거예요."

여기에서 가장 주목할 만한 부분은 훔친 재산을 보호해서 그레너웨이의 수사관들이 닿지 않도록 막아 주는 회사들이 전적으로 허구라는, 즉 변호사들의 상상의 산물이라는 점이다. 불과 반나절이면 서류상의 인물들로 이루어진 서류의 연쇄를 가지고 전 세계를 한 바퀴 두를 수 있지만, 그걸 풀기 위해서는 수사관들이 수년에 걸쳐 끈질긴 조사를 펼쳐야 하며, 그걸 기소하기 위해서는 또다시 수년이 걸릴 것이다.

하지만 자기 자산을 남부끄럽지 않게 만들어서 완전히 즐기고 싶은 사람이라면, 유령 회사 그 자체만으로는 충분하지 않다. 법인 매개체는 뭔가를 둘러싸는 데에, 즉 법적 소송이나 수사나 감독이나 단순히 대중의 인지로부터 막아주는 데에는 유용하지만, 그렇다고 해서 역동적이지는 않다. 즉 그가 즐거움을 누리게끔 돕는 방식으로 자산을 옮기게 해 주지는 않는다. 이를 위해서는 은행 계좌가 필요하다. 유령 회사에 은행 계좌를 덧붙이고 나면, 자신의 남부끄럽지 않게 된 자산을 만끽하며 이용할 가능성은 모든 방향으로 확장되며, 그때부터는 쇼핑을 하러 다닐 수 있다.

———————————————

굴나라 카리모바는 열성적인 쇼핑 애호가이다. 카리모바의 아버지는 우즈베키스탄 대통령인데, 구소련 출신인 이 독재국가에서는 어린이에게 면화를 따서 정부에 팔게 한 다음, 정부가 그걸 되팔아 수익을 챙긴다. 카리모바는 여러 해에 걸쳐 수많은 페르소나를 소유해 왔다. 스페인 대사와 UN 대사, 하버드 유학생, 패션 디자이너, 자선사업가 등이었다. '구구샤'라는 예명으로 진부한 팝비트에 맞춘 영어나 러시아어 노래를 오토튠을 입혀 불렀는데, 그중에는 한때 위대했던(그리고 종종 자신의 신용 가운데 아직 남아 있는 것을 구소련 출신의 부자들에게 돈 받고 빌려주는) 프랑스 배우 제라르 드파르디유와의 이중창도 있다. 우즈베키스탄 내부에서 나온 보고에 따르면, 그녀는 성공적인 사업을 눈에 띄는 대로 가로채서 돈을 벌었다. "대부분의 우즈베키스탄 사람들은 카리모바를 탐욕스럽고 권력에 굶주린 개인으로 바라본다." 미국 대사 존 퍼넬은 훗날 위키리크스로 공개된 2005년의 한 전문에서 이렇게 썼다. "그녀는 이 나라에서 가장 미움받는 사람으로 남아 있다. (주석: 물론 이 발언을 뒷받침할 만한 설문 조사는 전혀 없지만, 그래도 우리는 이 의견을 견지하는 바이다.)"

우즈베키스탄은 언론인이나 수사관이 자유롭게 일할 수 있는(또는 설령 자유롭게 일한다 치더라도, 그리 오랫동안 일할 수 있는) 장소가 아니므로, 카리모바에 반대하는 주장도 모조리 소문으로만 남아 있다가, 외국의 통신 회사들이 일련의 소송을 제기함으로써 그녀가 정부와의 연줄로 벌어들이는 수익이 밝혀지게 되었다. 카리모바는 지브롤터 소재 회사 타킬란트Takilant를 통해 소유한 은행 계좌로 1억 1,400만 달러 이상을 운용했는데, 이 돈은 네덜란드에 근거하고 버뮤다에서 법인이 설립되고 러시아가 소유한 통신 회사 빔펠콤Vimpelcom에서 2006년부터 2012년까지 받은 뇌물이었다. 이 계좌는 라트비아, 홍콩, 네덜란드, 뉴욕 소재 은행들에 개설되었고, 그 지불금은 컨설팅 서비스의 결과물로 위장되어 영국령 버진아일랜드 소재 회사들에게서 송금되었다. 이 뇌물은 워낙 막대했기 때문에 빔펠콤조차도 주기 어려워했다. 적절한 사법관할구역에 모아 놓은 적절한 금액의 여윳자금이 없었기 때문이었다. 이 사건에 대해서는 훗날 미국 연방 검찰의 수사 끝에 38페이지에 달하는 매우 상세한 기소장이 나왔다. 또 다른 수사에서는 스칸디나비아의 또 다른 통신 대기업 텔리아소네라Teliasonera도 우즈베키스탄 시장에 접근하기 위해 똑같은 방식으로 그녀에게 뇌물을 제공했음이 드러났다. 그녀가 받은 금액은 어쩌면 10억 달러를 넘을 수도 있다.

카리모바가 그 돈을 어디에 썼는지는 정확히 확인되지 않았지만, 2012년에 굴리Guli라는 새로운 화장품 브랜드를 출범했기 때문에, 그 돈 가운데 일부가 그쪽으로 들어갔을 가능성이 있다. 그래도 이 소송에서는 지브롤터의 유령 회사가 일단 전 세계 각지의 은행 계좌와 짝을 이루고 나면, 그때부터 부를 쌓는 무기로서 얼마나 유능한지를 확실히 드러내 주었다. 카리모바는 현재 우즈베키스탄에서 가택 연금 상태이다. 아버지가 병석에 눕자(결국 그는 2016년 사망했다), 그 딸도 수뇌부의 암투 속에서 숙청된 것이다. 그녀를 겨냥한 범죄 수사는 이제 스위스로까지 확산되어서, 현지 검사들은 8억 스위스프랑을 동결시켰고, 그녀의 돈을 세탁해 주었다고 간주되는 한 민영 은행을 수사 중이다. 문제의 은행은 1796년에 설립된 롬바드오디에^{Lombard Odier}로서 그 돈이 수상하다고 자발적으로 보고한 바도 있었지만, 그건 어디까지나 그녀에 대한 부패 수사가 시작되고 나서인 2012년의 일이었다.

하지만 이런 종류의 일은 단지 조세 피난처나 비밀주의 사법관할구역에서만 일어나는 것이 아니다. 1992년에 시티은행의 개인자산운용^{PB} 부문에서는 멕시코 대통령의 형제인 라울 살리나스에게 계좌를 개설해 주었는데, 이 과정에서 그의 경제적 배경이나 채용 기록이나 자산에 관한 모든 확인을 생략해 버렸다. 미국 상원의 의뢰로 수사관들이 철저히 해부한 한 가지 일화에서, 시티은행은 케이맨제도와 다른 여러 곳에 유령 회사를 설립해 런던과 스위스에 은행 계좌를 소유했다. 한 직원의 설명처럼 "이 고객은 자기 이름을 사용하는 것에 '극도로 민감'해서, 은행 내에서 자기 이름이 거론되는 것을 원치 않았기 때문이었다." 바로 그런 이유 때문에 살리나스는 내부적으로 "비밀 고객 2호"^{Confidential Client Number 2}, 즉 CC-2라고 일컬어졌다. 1994년 중반에 그 계좌에는 6,700만 달러가 들어 있었으며, 덕분에 시티은행은 4년 동안 수수료로 200만 달러 이상을 벌어들였다. 살리나스를 담당했던 은행원 에이미 엘리엇은 한 동료에게 이메일로 이런 설명을 내놓았다. "이 계좌는 우리 모두에게 신나도록 수지맞는 계좌로 변하고 있어. 나를 모양새 좋게 만들어 줘서 고마워."

그러다가 일이 잘못되고 말았다. 1995년 2월 28일에 멕시코 경찰이 살리나스를 살인죄로 체포했고, 런던과 스위스와 뉴욕에 있는 은행가들 사이에 무수한 전화 통화가 이루어졌다. 그런데 정작 은행가들의 관심사는 우리가 흔히 상상하는 것과는 전혀 달랐다. "체포 소식에 대한 민영 은행의 최초 반응은 법 집행기관에 협조하겠다는 것이 아니라, 도리어 살리나스의 계좌를 스위스로 옮겨 자산과 은행 기록의 발견을 더 어렵게 만들지 여부를 결정하려는 것이었다." 훗날 상원 조사에서 그때의 대화가 담긴 은행의 자동 녹음 테이프를 토대로 내린 결론이었다. 은행가들은 수년 전에 이미 작성되었어야 마땅한 고객 파일을 서둘러 채워 넣었으며, 그의 자금의 출처에 관한 세부 사항을 뒤늦게 집어 넣었다.

그해 11월에 살리나스의 아내가 스위스에서 체포되었고, 여러 은행에 있던 1억 3,200만 달러가 동결되었다. 훗날 스위스 법원에서는 그 돈을 멕시코에 반환했고, 멕시코 법원에서는 살리나스의 살인 혐의에 유죄를 선고했는데, 이미 그때는 이 사건이 그 나라의 역사상 가장 큰 정치 스캔들로 비화된 다음이었다. 하지만 그를 감옥에 보내려고 수사관들이 무리하지 않았나 하는 의구심이 널리 퍼졌고, 실제로 마무리가 깔끔하지는 못했다. 결국 살리나스는 2005년의 재심에서 살인 혐의에 대해 무죄를 선고받았다. 스위스의 검사들은 (여러 해에 걸친 작업에도 불구하고) 결국 그를 돈세탁 혐의로 기소하지 못했다. 멕시코 법원도 2014년에 그의 부패 혐의를 기각해 버렸다. 하지만 시티은행이 심지어 그 내부 기준에서 요구하는 확인조차도 제대로 수행하지 못했다는 사실만큼은 여전히 변함없다. 그렇다면 왜 미국의 가장 중요한 은행 가운데 한 곳이 그토록 많은 돈을 받는 대통령의 동생에 대해서 아무런 의심도 하지 않았던 걸까? 그 계좌를 관리하던 엘리엇의 말마따나, 그 정도는 사실 별로 중요한 것도 아니었기 때문이다.

"라울 살리나스의 계좌로 말하자면, 제가 관리하던 것들 중에서 가장 크지도, 가장 수익이 높지도, 가장 중요하지도 않았습니다." 그녀는 상원 조사관들에게 제출한 진술서에서 이렇게 썼다. "사실 그것은 가장 규모가 작은 계좌들 가운데 하나였고, 가장 덜 왕성한 계좌 가운데 하나였습니다. 우리 개인의 견지에서는 많은 금액 같지만, 민영 은행의 고객인 부유한 멕시코 사업가들의 견지에서는 이례적인 것도 아니었습니다."

이 말은 사실이었을 것이다. 하지만 영국 금융청FSA, Financial Services Authority이 수행한 개인자산운용에 관한 2011년 연구에서는 은행이 고객의 자금 출처에 대해서 마땅히 해야 하는 확인을 하지 못한 것에 대해 좀 더 불편한(그리고 좀 더 머니랜드다운) 설명이 암시된다. FSA는 이 보고서보다 딱 10년 전에 나이지리아의 도둑 정치가 사니 아바차의 돈을 영국 은행들이 기꺼이 받아들였던 사례를 통해 드러난 심각한 결점에 관한 유사한 내용의 보고서를 간행한 바 있었다. 하지만 은행들은 고위직 외국인들을(즉 그 업계의 전문 용어로 '정치적 주요 인사'Politically Exposed Persons, 즉 PEP를) 상대할 때마다 여전히 똑같은 실수를 반복했다. 은행들 가운데 꼬박 4분의 3은 계좌의 돈이 합법적으로 얻은 것인지를 제대로 확인하는 데 실패했다. 또한 절반은 고객의 부정적인 정보를 확인하는 데 실패했다. 또한 3분의 1은 고객에게 불리한 내용의 심각한 부정행위 혐의를 제대로 확인하지도 않고 무시했다.

"일부 은행은 범죄의 수익금을 다룬다는 차마 용인 불가능한 위험이 있을 때조차도, 매우 수익성 높은 사업 관계에서 돌아서거나 벗어나기를 마뜩잖아 하는 것처럼 보인다." FSA는 이렇게 결론을 내렸다. 쉬운 말로 다시 설명하자면, 충분히 부자인 고객을 위해서라면 은행은 법규도 기꺼이 어길 수 있다는 뜻이다. 그 보고서에서 (익명의) 한 가지 사례를 들자면, 어느 큰 은행이 석유가 풍부하지만 매우 부패한 국가 출신의 부유한 고객 한 명에게 계좌를 개설해 주었다. 그 나라의 정치 엘리트와 긴밀한 동맹 관계에 있는 고객이었지만, 은행은 그를 PEP로 간주하지 않았다. 다시 말해 그런 명칭에 필요한 더 엄격한 확인을 하지 않았다는 것이다. FSA가 돈세탁 보고 책임자에게 이 실수를 지적하자, 그 은행 직원은 그 고객에게 죄가 있다는 정보를 자기네 부서가 전혀 찾을 수가 없었다고 대답했다. "하지만 그 고객의 이름을 가지고 단순히 구글 검색만 해

보아도 맨 먼저 나오는 결과는, 그의 부패에 관한 심각하고 신빙성 있는 주장으로 가는 링크였다." 보고서는 간결하게 서술했다. 특유의 건조한 말투 사이마다 차마 믿을 수 없다는 듯한 그 작성자의 본심이 새어 나오는 듯하다.

또 다른 은행에서는 돈세탁 감시반 소속 직원이 정치적으로 저명한 가족과의 관계를 기꺼이 승인했는데, 그들로 말하자면 이미 국제적 제재를 당하고 있었으며, 정부 자금 수백만 달러의 횡령 혐의가 유력해 기소된 상태였다. "제가 보기에, 위험을 정당화할 만큼 충분한 사업이 있을 경우, 기꺼이 우리가 추진하자고 추천하는 바입니다." 그 은행원은 이렇게 썼다. 하지만 원래는 그렇게 하면 안 되는 것이었다.

이 모두가 뜻하는 바는 역시나 마찬가지다. 충분히 부유한 사람이라면 법규조차도 협상 가능하다는 것이다. 만약 케이맨제도 소재 은행에 계좌를 하나 여는 데 필요한 8,000달러의 수수료를 감당할 여력이 있다면, 내가 굳이 미국에 세금을 낼 걱정을 하지 않아도 된다는 뜻이다. 만약 부유한 외국 공무원의 가족이라면, 런던과 뉴욕의 민영 은행 모두가 내 돈을 다른 경쟁자에게 빼앗기지 않고 자기네가 차지하기 위해 원칙을 굽힌 역사를 지니고 있게 마련이었다. 만약 모두가 법률을 준수할 경우, 그렇게 하지 않는 은행가가 됨으로써 벌 수 있는 돈이 있게 마련인데, 과도하게 까다롭게 굴지 않는 사람에게는 이것이야말로 강력한 유인이 된다. 머니랜드의 역진 방지 톱니바퀴는 항상 부자를 위한 더 느슨하고 더 헐렁한 규제로 귀결된다. 그리고 고도로 똑똑한 은행가, 회계사, 변호사는 계속해서 자기네 고객이 돈을 흘려보낼 터널을 찾을 것이다.

슈퍼 부자의 움직임을 마치 들소 떼의 움직임처럼 지도로 작성하는 컨설팅 회사 웰스-X^Wealth-X 는 2016년에 3,000만 달러 이상의 자산을 보유한 사람이(즉 극한 고도 순수입자^ultra-high-net worth, 약자로 UHNW가) 전 세계에 22만 6,450명으로 전년보다 3.5퍼센트 증가했다고 집계했다. 모두 합쳐 이들의 부는 지난 12개월 동안 1.5퍼센트 늘어나 27조 달러가 되었으며, 이것은 대략 중국과 미국의 전체 생산량 합계에 버금가는 것이었다. 그리고 추가 성장에 대한 전망도 좋았다. "극한 부유층 전반에 걸쳐 실질적 성장 기대." 이 회사에서 간행하는 「2017년 세계 극한 부 보고서World Ultra Wealth Report 2017」에서는 이렇게 주장했다. "전 세계 극한 부 인구는 2021년에 이르러 29만 9,000명으로 늘어날 것으로 예상되는데, 이는 2016년 수준에서 7만 2,550명이 늘어나는 것이다. UHNW의 부는 35조 7,000만 달러로 늘어날 것으로 예상되는데, 이는 향후 5년 동안 새로 창출되는 부가 8조 7,000억 달러에 달할 것임을 암시한다." 만약 이런 예상이 실현된다면, 지구상의 UHNW는 불과 5년 만에 일본과 독일의 GDP에 버금가는 금액을 자기네 부의 자본에 더하게 될 것이다.

웰스-X는 그런 통찰을 바로 이런 부를 관리하는 전 세계 변호사, 은행가, 전문가 집단에게 판매한다. 더 많은 부가 있을수록 그들도 더 많은 보수를 받는다. 그들은 단순히 자산을 남부끄럽지 않게 만드는 데에서 시작해, 이제는 자산을 절약하고, 보호하고, 배가하고, 세계 어디에서든 필요로 하는 사람이 이용 가능하게 만드는 일까지 한다. 최초로 교묘하게 조직된 유로본드가 세계경제라는 거대한 유조선의 탱크에 구멍을 뚫음으로써 조세 회피자들과 도둑 정치가들이 한재산을 벌도록 허락했을 때부터 지금까지 세계는 참으로 먼 길을 지나온 것이다.

이것은 수지맞는 사업이고, 스위스와 런던과 뉴욕 맨해튼과 케이맨제도와 영국령 버진아일랜드와 기타 전 세계 여러 곳의 경제에서 상당 부분 기초이다. 자기네 고객의 부를 보전함에 있어서 그 효율성의 논리적 귀결은 왕조의 창조이다. 이 왕조는 한 가족의 일시적인 이득을 결코 사라지지 않게 보장해 주며, 오히려 확고부동하게 만들고, 이 구체적인 순간의 불평등은 영구적으로 지속된다.

미국의 학자 브룩 해링턴Brooke Harrington은 이러한 부 관리 산업에 관한 저서인 『국경 없는 자본Capital Without Borders』에서 그 실행자 여러 명을 인터뷰하고,

학술 대회에 참석하고, 전문 문헌을 연구했다. 이것은 진지하고도 신중한 저술이며, 그렇기 때문에 머니랜드의 조력자들에 관한 그 경고가 무척이나 당혹스러운 것인지도 모른다. "그들의 일은 현대 조세국가의 경제적 기초와 법적 권위를 급격히 잠식한다." 그녀는 이렇게 결론을 내린다. "신탁, 역외 회사, 재단을 이용해서 전문직들은 불평등이 영속되고 성장하도록 보장하며, 급기야 혁명이 아니고서는 역전이 어려울 정도까지 되는 것을 확고히 한다."

여기서 우리는 다시 우크라이나로 돌아가서, 그녀의 말뜻을 입증하는 구체적인 사례를 살펴보도록 하자.

7

암

2014년 2월 4일, 우크라이나의 빅토르 야누코비치 대통령이 암 연구소를 방문했다. 흰 가운 차림의 대통령은 화학요법으로 민머리가 된 어린 환자들에게 상냥한 미소를 지어 보이고, 부모들과 악수를 나누고, 하얀 선물 상자를 건네었다. 그 와중에 사진기사와 촬영기사가 최상의 각도를 찾기 위해서 이리저리 오갔다. 연구소장 이고르 슈체포틴은 전국에서 온 가장 심각한 병례들을 치료하는 이 시설의 여러 특징들을 소개했으며, 대통령은 치료와 진단을 향상시킬 새로운 장비를 지원하겠다고 약속했다. 방송 뉴스에서는 '세계 암의 날'을 기념한 지극히 일상적인 방문으로 간주했지만, 실제로는 선전 여행이었다. 즉 실제로는 돈만 알고 자기 이익에만 골몰하는 도둑 정치가였지만 겉으로는 착한 사람으로 보이려는 시도였으며, 실제로는 기나긴 정치 경력 내내 국민에게서 도둑질해 왔음에도 불구하고 마치 국민을 생각하는 사람으로 보이려는 시도였다.

최소한 의사들은 의구심을 가졌다. 대통령 경호상의 세부 사항 때문에, 또한 촬영진과 촬영 장비 때문에, 가뜩이나 바쁜 업무가 교란되었던 것이다. 경호원들은 이미 오전 7시에 연구소에 자리를 잡고서 들어오려는 사람을 모조리, 심지어 직원들까지도 확인했다. 건물 내에서는 천장 타일 위를 살펴보고, 탐지견을 동원하고, 혹시 누군가가 폭탄을 넣지 못하도록 휴지통까지도 치워 버렸다. 이 연구소는 키예프 교외의 6층짜리 짙은 회색 건물 세 개로 이루어져 있었고, 주위로는 울타리가 쳐져 있었다. 건물 외벽에는 타일이 붙어 있었고, 간혹 상처가 난 것처럼 타일이 떨어진 자리에는 벽돌의 모습이 드러났다. 건물을 지은 소련 노동자들은 그 벽 가운데 하나에 여러 가지 색깔의 벽돌로 (1968년이라는) 년도를 만들어 놓았는데, 정말 그때 이후로는 유지 관리가 엉망이었던 것처럼 보인다. 자문 마취전문의 콘스탄틴 시도렌코는 사무실이 있는 건물까지 가려면 정문에서 꽤 오래 걸어야 했기에, 대통령으로 인해 생긴 교란을 짜증스럽게 생각했다.

"그놈들은 우리가 구내에서 차를 몰고 다니지도 못하게 하더군요." 그가 내게 말했다. "제 앞에는 환자를 위한 식품을(그러니까 우유라든지 다른 여러 가지를) 배달하러 온 차가 있었는데, 그놈들은 그것조차도 못 들어가게 하더군요. 운전자가 아마 10분쯤은 경호원들에게 하소연을 했을 거예요. 물론 우리의 업무가 심각하게 마비된 것까지는 아니었지만, 환자들이라든지 직원들이라든지 또는 이 연구소를 걸어서 돌아다녀야만 했던 사람들에게는 심각한 불편을 초래했을 겁니다. 다른 무엇보다도 곳곳에 저격수가 배치되어 있었어요. 하루 종일요. 결국 그날 하루가 지난 뒤 사람들은 대통령을 훨씬 더 미워하게 되지 않았을까 싶어요."

그 당시에 야누코비치는 자기 경력을 위해 분투하고 있었다. 내각이 사퇴했고, 수만 명의 시위대가 키예프 중심가의 연기가 피어오르는 바리케이드 뒤에 진을 쳤고, 정치적 동지들도 그를 버리고 있었다. 하지만 걱정을 했다 한들 그는 그런 기미를 전혀 드러내지 않았다. "관심을 보여 주셔서 감사의 뜻을 표현하고 싶습니다." 슈체포틴이 활짝 웃으며 대통령에게 말했다. "이 연구소의 치료는 모두 무료로 이루어지고 있습니다."

하지만 이 말은 사실이 아니었고, (연구소에서 직접, 또는 텔레비전을 통해서) 그 모습을 지켜보던 사람들도 분명 그 사실을 대부분 알고 있었을 것이다. 우크라이나의 헌법은 무료 보건을 보장했지만, 실제로는 환자들이 거의 모든 것에 돈을 냈다. 아마도 이 연구소의 예산은 그 모든 필요를 충족시키기에 충분했을 테지만, 실제 의사들의 월급은 적었다. 게다가 의사들은 환자들에게 약값을 각자 부담하라고, 심지어 장비의 유지 관리를 위한 돈을 기부하라고 요청해야 했다. 이 연구소에서 치료받는 아이들을 돕는 자선단체 자포루카^{Zaporuka}를 운영하는 날씬한 금발 여성 나탈리야 오니프코도 그런 상황을 감내하는 방관자 가운데 하나였다. 키예프 이외의 지역에서 온 환자들은 가족과 함께 그녀가 운영하는 숙소에 묵을 수 있었고, 덕분에 수도에서 오래 머무르는 동안 어느 정도까지는 정상 생활을 영위했다. 그녀는 방문객과 매일 이야기를 나누었고, 방문객에게 대가가 요구된다는 사실을 너무나도 잘 알고 있었다. 평소에는 말을 신중하게 가리는 여성이었지만, 이 연구소의 모든 것이 훌륭하다고 말하면서 미소 짓는 대통령을 지켜보자 그녀는 화가 폭발하고 말았다. "돼지 같은 놈." 그녀는 페이스북에 이렇게 썼다. "모두에게 의료용 마스크를 벗으라고 강요했다. 심지어 그 어떤 바이러스로부터도 치명적인 위협을 당할 수 있는 일부 아이들에게도 말이다. 더러운 인간 하나와 아이들 50명의 목숨을 바꾸라니."

알고 보니 이 주장은 사실이 아니었지만(단지 아이들이 텔레비전에 좋은 모습으로 나오도록 부모들이 알아서 마스크를 벗겼을 뿐이었다) 어쨌거나 입소문이 되어 퍼져 나갔고, 그 나라의 가장 큰 뉴스 사이트에서도 대통령이 스스로를 광고하기 위해 아이들의 생명을 위험에 처하게 만들었다고 보도했다. 이것은 자기중심적이고 부도덕하다는 야누코비치의 국가적 이미지와 딱 맞아떨어졌고, 그 여정에 실제로 담겨 있을 법도 했던 선전 활동의 가치를 깡그리 뭉개는 데에 일조했다. 대통령의 권위는 더욱 잠식되었고, 그로부터 2주 뒤에 그는 우크라이나를 반대자들의 손에 남겨 두고 러시아로 도망쳤다. 이로써 (연구소의 소장인) 슈체포틴은 약간 곤혹스러운 입장에 처하게 되었다. 갈색 머리카락에 피부가 얼룩덜룩한 그는 졸지에 혁명 직전의 상황에서 가뜩이나 인기 없는 대통령을 위해 거짓말을 했다는 불운한 입장에 놓였기 때문이다.

혁명 며칠 후에 표식 없는 군복 차림의 러시아 병력이 크림반도를 점령했다. 우크라이나 군대는 화력과 기동력 모두에서 압도당하는 모습을 보여 주었고, 우크라이나의 애국자들은 불균형의 시정을 위해 모금에 나섰다. 슈체포틴은 연구소 직원들이 봉급 가운데 일부를 이 대의에 바칠 것이라고 공표했고, 이 발언은 상당한 언론의 관심을 끌었다. 직원 가운데 상당수는 이미 그렇게 하고 있었고, 또한 상당수는 상사가 자기네 돈을 가지고 새로운 정부로부터 호의를 얻으려 한다고 느꼈다. 그런 직원 가운데 하나는(안드레이 세미볼로스라는 젊은 외과 의사였는데) 혁명가들이 선호하던 매체인 페이스북을 통해 공개적으로 불만을 제기했다.

슈체포틴은 구소련 시대의 관습인 "전체 회의"에서 세미볼로스를 공개적으로 질책함으로써 보복을 가했고, 이를 보여 주기 위해 텔레비전 카메라까지 끌어들였다. 전체 회의란 누구나 무슨 말이든지 할 수 있는 공개 모임을 가리킨다. 하지만 참가자와 의제 모두가 상급자에 의해 통제되기 때문에 이것은 결국 하급자들을 모욕하고 조종하기 위한 수단일 뿐이었다. 마치 운동선수 같은 체구에 피부가 하얀 세미볼로스가 무표정하게 서 있는 동안, 동료들은 그가 연구소를 망신시켰으니 본인도 망신을 당해야 한다고 말했다. 처벌로서 세미볼로스는 동료들을 대신하여 당직 외과의사로 근무해야 했는데, 그렇게 되면 환자들로부터 기부금을 얻을 수 있는 직접 대면의 기회가 사라질 것이었다. 그런 대면이 없다면 매월 2,300흐리우냐[11]의(즉 그 당시 200달러에 불과했던) 공식 월급으로는 가족을 부양할 수가 없을 것이었기에, 이는 결국 그에게 사임하라고 강요하는 시도였다.

그 결과 (텔레비전을 사용하는 쪽과 소셜 미디어를 사용하는 쪽 사이에서, 또한 권력을 가진 쪽과 권력을 못 가진 쪽 사이에서) 전투가 뒤따르게 되었다. 이 사건은 단순히 국가 전체에서 벌어진 혁명을 반영했을 뿐만 아니라, 보건 분야에서 부패가 작동하는 방식을 비롯해 부패에 대해 뭔가 조치를 취하는 것이 매우 어려운 이유까지도 밝혀 주었다. 머지않아 암 연구소는 우크라이나의 축소판이 되었다.

우크라이나에서 암은 (심장·혈관 질환 다음으로) 두 번째로 높은 사망 원인인데, 그 원인은 높은 흡연률, 빈약한 기초 보건과 그로 인한 때늦은 진단, 그리고 체르노빌 핵 재난의 여파였다. 의사들은 이 나라가 그 질환과 싸우는 데 진전을 이루지 못한 것과 더불어, 가난한 삶의 조건과 매춘과 마약 복용 등으로 인해 확산되는 결핵, HIV/AIDS, 간염, 기타 질환 등의 유행병 통제에서도 역시나 진전을 내지 못한 것에 대해 오랫동안 우려해 왔다. 이전의 반부패 혁명 직후인 2008년에 대통령은 무엇이 잘못되었는지를 알아내라고 정부에 지시했고, 장관들은 정보기관인 SBU(우크라이나 보안국)에 이 문제를 살펴보라고 지시했다. SBU는 자기 요원 가운데 한 명에게 그 나라의 보건 상태에 관한 조사 결과를 작성하라고 지시했는데, 그 요원이 실제로 작성한 내용은 경악스러웠다. 그는 보건 시스템이 병든 인구의 필요를 채우는 데 전념하는 것이 아니라, 오히려 특권적인 내부자의 카스트를 위해 돈을 버는 데 골몰하고 있었다고 서술했다.

11. 우크라이나의 화폐 단위.

해당 요원은 본인의 말마따나 "비공개 인사"였지만, 이름을 밝히지 않는다는 조건하에서 나와의 인터뷰에 동의했다. 그는 자국 공무원들이 보건 시스템을 약탈하지 못하게 방지하는 데에서 우크라이나가 어느 정도까지 실패했는지를 몇 시간에 걸쳐 말해 주었다.

그의 말에 따르면, 소련 시대에는 정부가 의사들을 과소평가해서 봉급을 거의 안 주다시피 했다. 하지만 일반 시민들은 도리어 고마움을 느낀 나머지 의사들을 돕기 위해 사탕이나 술 같은 선물을 건네주었다. 이런 것들은 뇌물이 아니라 오히려 진심 어린 선물이었다. 처음에는 보상으로서 건넨 것이 아니라 오히려 감사의 표현이었지만, 나중에는 그게 당연시되고 말았다. 따라서 의사를 찾아갈 때에는 (비록 명목상으로는 보건이 무료였지만) 환자가 의사에게 줄 뭔가를 가져가게 마련이었다. 그런데 1991년에 소련이 붕괴한 이후로는 상황이 바뀌었다. 의사들도 서양의 동료들이 얼마나 많이 버는지를 알게 되었고, 또한 자신들 지위의 무게를 인식하게 되었던 것이다. 그들은 말 그대로 환자의 삶과 죽음을 좌우하는 힘을 가졌다. 만약 고참 의사가 휘하의 팀에 어떤 환자를 치료하지 말라고 지시한다면, 그 환자는 죽을 것이다.

"우리가 시장경제가 되자, 사탕이나 술은 더 이상 효과가 없어지고 말았습니다." 요원의 말이었다. "의사들이 돈을, 즉 실제 은행권을 원하자 환자들은 돈을 내기 시작했죠. 이제 우리가 가진 시스템은 의사들에게 매우 잘 맞아떨어졌습니다. 그들은 아무것도 바꾸고 싶어 하지 않았습니다. 고참 의사의 경우에는 병원을 갖고 있습니다. 좋지 않은 건물일 수도 있고 물이 새는 건물일 수도 있지만, 그래도 공짜로 얻은 병원이고 국가가 모든 것을 제공합니다. 하지만 그 의사가 버는 수익은 더 이상 어느 누구와도 나눌 필요가 없는 겁니다. 심지어 세금도 전혀 내지 않습니다. 그 의사는 병원을 운영해 2,000달러 내지 3,000달러를 벌어서 그 돈을 자기 주머니에 집어넣고, 그냥 떠나는 겁니다."

우크라이나에서는 보건 비용이 국유화되었기 때문에 관련 설비며 건물이며 기반 시설 모두를 국가가 감당한다. 하지만 그 수익은 사유화되었기 때문에 의사들은 자기가 번 돈을 모조리 갖는다. 고참 의사들에게는 좋은 일이지만, 국가에는 나쁜 일이다.

"제 생각에는 우크라이나에 부패가 전혀 없는 것 같습니다. 그 이유는 이렇습니다." 요원이 말했다. "부패는 건강한 국가에서나 일어나는 일입니다. 그리고 기껏해야 국가 전체의 10퍼센트 내지 15퍼센트에 불과합니다. 우크라이나처럼 부패가 국가의 99퍼센트를 차지한다면, 그건 이미 부패가 아닙니다. 이미 그 자체로 국가인 겁니다. 이 논리를 이해하시겠습니까? 총체적이라는 겁니다. 모든 층위에서 총체적이라는 겁니다. 심지어 해바라기 씨앗을 판매하는 나이 많은 할머니도 부패의 일부분인데, 왜냐하면 그곳을 지나가는 경찰관이 매번 5흐리우냐 내지 10흐리우냐씩 뜯어 가기 때문입니다. 할머니가 주고, 경찰관이 받고, 양쪽 모두 이걸 괜찮다고 생각하는데, 할머니의 경우에는 이제 누군가가 자기 뒤를 봐줄 것을 알기 때문입니다."

요원의 이야기는 길고도 복잡했다. 그는 창밖에 어둠이 깔릴 때까지도 이야기를 계속했고, 박쥐가 밤하늘을 맴돌 때까지도 이야기를 계속했다. 그가 하는 말의 기본 원리는 지금까지 도입된 모든 개혁이 악용되고 말았다는 것이었다. 뭔가 구멍이 있다고 확인되면 수익을 위해 사용되었다. 구멍이 없다면 의회가 나서서 구멍이 생길 때까지 수정했다. 우크라이나가 인슐린을 구매하기 위한 새로운 프로그램을 만들어서 당뇨병 환자 모두가 믿을 만한 치료를 받도록 보장하려 하자, 보건 분야의 수장들은 금광을 알아챘다. 이들은 자기네 명단에서 당뇨병 환자의 숫자를 부풀렸고, 자기네가 필요한 인슐린의 양을 위한 예산을 늘렸고, 남는 돈을 자기 주머니에 챙겨 넣었다.

다른 질병들로는 수익을 얻기가 더 어려웠다. 결핵TB, Tuberculosis에는 일정한 화학약품을 일정한 용량으로 처방해야 한다. 하지만 여기서도 돈을 버는 방법은 역시나 있었다. 보건 분야의 내부자들은 평균적인 환자가 실제보다 체중이 덜 나가는 것처럼 위장해서 1회 투약 때마다 화학약품의 용량을 줄였고, 그리하여 구매해야 하는 의약품의 양을 줄였다. 그러다 보니 약품을 투여해도 효과가 없었으며, 급기야 다약제 내성을 지닌 결핵 변종이 나타나서 지금 큰 위협이 되었다. "문제가 무엇이든지 상관없이, 마피아는 단 한 가지 답변만 갖고 있습니다. 더 많을수록 더 좋다는 겁니다." 요원의 말이다. "아픈 사람이 어린아이건, 할머니건, 성인 남자건 상관없습니다. 누가 관심이나 두겠습니까? 더 많을수록 더 좋다는 겁니다."

보건 사기극의 여러 다른 국면을 여러 다른 집단들이 전담하고 있었지만, 전반적으로는 똑같은 패턴이었다. 보건부 공무원이 민간 부문 회사들과 연합해서 예산 일부를 지배했는데, 그 용도가 약품·장비 공급이건, 건물 수리건, 새로운 입법의 통로를 통제하는 것이건 간에 매한가지였다. 사기극을 감시로부터 숨기기 위해 사업은 키프로스 소재 유령 회사를 통해 수행되었으며, 수십억 달러가 국외로 반출되었다. 2012년 반부패 활동가들은 똑같은 약품을 구입하는 자선 기관과 비교했을 때, 우크라이나 보건부가 HIV와 TB 의약품 구입에 150퍼센트 내지 300퍼센트를 과다 지출한다는 사실을 밝혀냈다. 바로 이 시기로 말하자면, 항레트로바이러스제를 필요로 하는 사람 모두에게 제공할 만한 돈조차 없었던 시기였다. 몇몇 유통 업체가 거래를 독점하다시피 했고, 유령 회사 배후에 숨은 상태에서 마치 투명해 보이지만 실제로는 협잡에 불과한 과정을 통해 서로 경쟁을 벌였다. 그 과정 전체를 고위 공무원들이 보호해 주었고, 관련자 모두가 한몫씩 얻었다.

시기적절한 페이스북 게시물로 대통령의 떠들썩한 선전 활동을 망쳤던 금발 여성 오니프코가 내게 한 말에 따르면, 이런 사기꾼들을 보호하기 위해 만든 법규와 예외의 수풀을 헤치고 나아가는 것은 오랜 시간 매달려야 하는 일인데, 왜냐하면 법규가 의도적으로 과도하게 복잡하기 때문이었다. 실제로 법규가 워낙 복잡해서 준수하는 것 자체가 한마디로 불가능하며, 바로 그것이 핵심이다. 사기극 관여자들은 하나같이 법규를 무시했으며, 이것이 곧 그들의 수익 기반이었다. 반면에 과도하게 복잡한 규제 탓에 외부자는 차마 관여할 수가 없었는데, 이는 특히 그런 규제의 주체가 곧 그로부터 수익을 얻는 부정직한 공무원들이었기 때문이다. "저는 지금까지 10년째, 거의 10년째 암을 상대하면서 정말이지 온갖 이야기를 들었어요. 하지만 제가 말하고 싶은 것은, 그 10년 동안 이곳에 계신 어머니들, 즉 여기 사시는 어머니들 가운데 누구도 그것에 대해서는 이야기하고 싶어 하지 않는다는 거예요." 그녀가 암 걸린 아이들의 가족을 위해 운영 중인 호스텔의 작은 사무실에 앉아서 한 말이었다. "부모라면 누구나 아이가 치료받기를 원하기 때문에 차마 말을 꺼내거나, 또는 나쁘게 행동하지는 못하는 거예요. 왜냐하면 언제라도 의사들이 그분들의 아이를 퇴원시킬 수 있으니까요."

힘의 불균형은 완전했다. 고참 의사들이 한재산을 버는 동안, 환자와 그 가족은 속수무책일 뿐이었다. 오니프코가 이렇게 말하는 동안, 호스텔 부엌에서는 어머니 여섯 명이(그중 일부는 아이까지 거느리고) 휴식을 취하고 있었다. 혹시 내게 이야기할 준비가 되었느냐고 오니프코가 묻자, 그들은 어떤 식으로건 신분을 밝히지 않는다는 조건하에서 동의했다. 처음에는 그들도 뇌물을 건넨다는 사실을 시인하기를 마뜩잖아하는 듯했고, 법률을 어긴다는 사실을 부끄러워하는 듯했다. 하지만 그런 마뜩잖음 때문에 말을 안 한 것은 아니었다. 오히려 자기네 시스템이 어떻게 돌아가는지를 미처 모르는 누군가가 있다는 사실이 놀라워서 그런 모양이었다.

"물론 우리도 불만을 제기할 수는 있지만, 그렇게 되면 우리를 치료해 주지 않을 거예요." 한 어머니가 어린 아들의 민머리를 쓰다듬으며 말했다. "지역 병원에 들어가려면 돈을 내야 하고, 연구소에 들어가려면 돈을 내야 하고, 수술을 받으려면 돈을 내야 하죠. 불만을 제기하면 우리를 내보낼 거예요. 자기네가 해 줄 수 있는 일이 없다면서요. 혹시 아이가 있으신가요? 예? 음, 그것 보세요. 아이를 희생시킬 수는 없으실 거예요, 안 그런가요?"

다른 어머니들도 맞다는 듯 고개를 끄덕이고는, 의사들이 뇌물을 요구했던 가장 터무니없는 사례를 이야기하느라 격렬한 경쟁을 벌이다시피 했다. 한 어머니의 말에 따르면, 한번은 의사가 종이 위에 "100"이라는 숫자를 쓰고 나서, 그 단위가 흐리우냐가 아니라 달러임을 상대방이 이해했는지 확인하기 위해서 손가락으로 위쪽을 가리키더라는 것이다. 또 한 어머니의 말에 따르면, 마취과 의사가 손가락으로 그렇게 하더라는 거였다.

"손가락 두 개는 200달러예요." 그녀가 말하자, 다른 여자들은 말도 안 된다는 듯 웃음을 터트렸다. "아, 맞아, 죄송해요. 1,000달러씩이지. 손가락 두 개는 2,000달러예요. 세 개는 3,000달러고요."

이런 식으로 한 바퀴 돌면서 이야기를 했다. 그런데 이 와중에 놀라우리만치 원망은 거의 나타나지 않았다. 부모들은 이를 체념하듯 받아들였는데, 자기들이 딱히 할 수 있는 일이 없음을 알았기 때문에, 즉 이런 상황이라도 자기들이 최대한 이용해야 한다는 사실을 알았기 때문에 그러는 모양이었다. 결국 오니프코가 끼어들었다.

"한편으로는 저도 이해가 돼요. 네, 그들은 뇌물을 받고 있고, 그거야말로 끔찍한 일이라는 걸요. 어떻게 이런 진단을 받은 아이한테서 뇌물을 받을 수가 있겠어요? 하지만 또 한편으로는 저도 이런 생각이 들어요. '좋아, 그들은 100유로씩 받지만, 그들도 살아야 하니까. 그들 역시 여행을 다니고 물건을 사야 하니까.' 제 말이 무슨 뜻인지 당신도 아실 거예요. 이건 시스템이에요. 모든 것이 연결되어 있다고요. 저는 우크라이나의 모든 병원이 똑같은 방식으로 돌아간다고 믿어 의심치 않아요." 그녀의 말이었다. 나중에 부엌을 벗어나자 오니프코의 평가는 아까보다 좀 더 신랄해졌다. "저는 부모들 앞에서 의사들을 비판하지 않으려고 나름대로 애썼던 거예요. 왜냐하면 그분들은 의사를 믿어야만 하니까요." 그녀의 말이었다. 그거야말로 좋은 요점이었다. 의사가 부패했다고 비판하는 것이야말로, 구름이 비를 내린다고 비판하는 것과도 마찬가지였다. 그건 단지 그들의 본성일 뿐이었다. 그러니 차라리 비를 감내하고 우산을 찾는 데 시간을 들이는 편이 더 나았다.

———————●———————

암 연구소의 자문 마취전문의 시도렌코는 자기가 별도의 수익을 챙긴다는 사실을 부정했다. 그는 하얀 가운에서 작은 정사각형 상자를 꺼내 치켜들었다. 그 안에는 산소 센서가 들어 있었는데, 그가 담당하는 집중치료실의 기계를 유지하기 위해서는 매년 센서가 열 개씩 필요했고, 금액으로는 4만 흐리우냐에 달했다. 그 센서가 없다면 그는 환자들이 숨을 제대로 쉬는지 알 수 없을 터이고, 자칫 환자가 죽을 수도 있었다. 지난 2년 동안 그는 새로운 센서를 구입할 돈을 전혀 받지 못했고, 환자를 살리기 위해서 필요한 고도의 전문 장비의 다른 대체 부품을 구입할 돈도 마찬가지로 전혀 받지 못했다.

이는 결국 그가 직접 돈을 구해야 한다는 뜻이었다. 때때로 그는 후원자를 찾아냈고 의사들 모두가 거들기도 했지만, 그렇다고 해서 필요한 금액을 모으지는 못했다. 의사들은 단적으로 충분히 많은 봉급을 받지 못했다. 이는 결국 환자들이 도울 수밖에 없다는 뜻이었다. "우리는 아무것도 요구하지 않습니다. 우리는 돈을 요구하지 않습니다. 하지만 환자들은 무슨 일이 벌어지는지 아는 경향이 있고, 시스템을 알게 마련입니다." 그의 말이었다. 그는 사무실 한쪽의 검은색 나무 무늬 포마이커를 입힌 키 큰 진열장으로 다가갔다. 그가 문을 하나 열더니 봉투 더미를 꺼냈는데, 워낙 양이 많아서 양손을 모두 써야만 들 수 있었다. 어떤 봉투는 1.5센티미터 정도로 두꺼웠고, 봉투마다 은행권이 들어 있었다. 그가 모은 돈이었고, 이를 이용해서 자기 부서를 운영하는 것이었다. 이 모두는 장부에 기록되지 않은 비공식 자금이었다. 이 부서가 뭐든지 공짜로 제공한다는 슈체포틴 소장의 주장이 무색해질 일이었다.

시도렌코가 각별히 좌절스럽게 생각하는 일은 하필이면 연구소에서 사야 할 장비를 선정하는 위원회에 참석해야 한다는 것이었다. 거기서 그는 체계적인 과다 지출을 목격했다. 심지어 인공호흡기 한 대를 실제 가치보다 13만 유로나 더 많이 주고 구입한 적도 있었다. 그는 현재 일어나는 일에 대한 단 하나의 설명만 볼 수 있었다. 즉 환자들이 각자의 치료를 위해 돈을 내야 하는 처지로 몰리는 상황에서, 이 연구소의 관리자들은 조달 과정의 부정한 통제를 이용해 자기들 주머니로 현금을 빼돌리고 있었다.

이 시스템의 작동 절차는 세계 최대의 복제 의약품 제조 업체인 테바제약 회사Teva Pharmeceutical를 상대로 미국 증권거래위원회SEC, Securities and Exchange Commission가 제기한 소송에 잘 나와 있다. 이스라엘에 본사를 둔 테바는 2016년 해외부패방지법에 근거한 민사 및 형사소송을 잠재우기 위해 5억 1,900만 달러를 지급했는데, 러시아와 우크라이나와 멕시코에서 국가 보건 시스템의 사업을 따내려 뇌물을 제공한(그리고 결국 부정 수익 2억 1,400만 달러를 얻은) 혐의로 고발당했기 때문이었다. SEC에 따르면 테바는 우크라이나의 한 공무원에게(이름이 나오지는 않았지만, 2002년부터 2011년까지 국립의학아카데미에 근무하면서 대통령 자문 위원으로 활동하고, 의약품에 지불하는 금액을 결정하는 모임의 대표를 맡은 인물이었다) 총액 20만 달러를 제공하고, 휴가 자금도 지원했다. "[그 공무원은] 코팍손Copaxone [12]과 인슐린이 우크라이나 시장에 진출하는 과정에서 우리를 많이 도와주었다. 우리의 계산 방법 가운데 하나는 매년 한 번씩 이스라엘로 오는 그의 여행에 자금을 제공하는 것이다." 테바의 내부 문건 가운데 하나에는 이렇게 나와 있다.

테바는 이런 지출을 영업 및 마케팅 비용이나 자문 비용으로 분류했으며,

---

12. 다발성경화증 치료제.

송장의 액수를 부풀리는 방법으로 우크라이나에서 돈을 받아 냈다. 결과적으로 우크라이나에서는 의사들의 봉급을, 또는 의료 시스템을 운영하는 데 필요한 다른 물품을 제공할 예산이 부족해지게 되었다. 그러자 의사들은 피라미드의 밑바닥에 해당하는 환자들로부터 자기네 봉급이며 유지 비용을 보충하지 않을 수 없는 입장이 되었다. 이 와중에 피라미드 꼭대기의 관리자들은 조달 과정을 통제함으로써 (테바로부터, 또는 우크라이나에서 자사 제품을 판매하고자 안달하는 다른 여러 보건 관련 회사로부터) 돈을 짜냈다. 이 피라미드는 국민들로부터 세금을 걷어 들이는 한 가지 방법이었는데, 관리자들은 굳이 돈을 일일이 받아내거나 환자를 상대하는 번거로움을 겪지 않아도 됐다. 그들은 그냥 예산에서 한 덩어리를 쏙 잘라 가지면 그만이었다. 어쩌면 (도둑 정치가들의 관점에서) 가장 영리한 측면은 의사들이 우크라이나에서 흐리우냐로 돈을 모으는 동안, 관리자들은 자기네 몫을 역외에서 달러로 얻는다는 점이었을 것이다. 도둑 정치 시스템은 자동적으로 그 수익을 머니랜드로 이전한다.

"어쩌면 우크라이나에서도 정직한 동시에 수익성 높게 일하는 것이 가능할 수도 있겠습니다만, 실제로는 그렇게 하기가 더 어려운 방식으로 시스템이 만들어져 있습니다. 사업을 하나 시작했을 경우, 나는 부가가치세 환급에 문제가 있는 반면 경쟁자들은 아무 문제가 없는 겁니다. 토지 권리가 필요할 경우, 나는 몇 년이 걸려야 얻는 반면 경쟁자들은 몇 주 만에 얻는 겁니다. 법정에서 권리를 보호받아야 하는데 내가 뇌물을 먹이지 않을 경우, 그것 역시 쟁점이 됩니다." 부패에 불만을 품은 고객들을 일상적으로 접한다는 키예프의 변호사 올레그 마르첸코의 말이다. "우크라이나에서는 정직하다 보면 비싼 대가를 치르고 맙니다. 제가 하고 싶은 말은 그겁니다."

역외의 움직이는 차단막 뒤에 워낙 많은 것이 숨어 있다 보니, 실제로 무슨 일이 벌어지는지를 알아내기도 어렵다. 마르첸코의 말에 따르면, 유럽의 대형 제약 회사는 우크라이나의 기존 유통 업체들이 부패했다는 사실을 우려한 나머지 인연을 끊고 새로운 협력 업체를 얻었다고 한다. 그런데 알고 보니 새로운 업체도 이전의 업체와 똑같은 사람이 소유한 것이었기에 마르첸코는 깜짝 놀랄 수밖에 없었다. 이런 재정비는 어디까지나 겉모습에 불과했으며, 실제로는 그 대기업에 대한 미국 연방 검찰의 추적을 피하기 위해 의도적으로 유령 회사들을 동원해 흐려 놓은 것뿐이었다.

서양의 투자자 한 명은 기꺼이 인터뷰에 응하는 대신 자기 신분을 밝히지 말아 달라고 부탁했다. 자칫 영국과 미국의 뇌물 단속 법률 위반이 될 수도 있기 때문이다. 그가 묘사한 상황에 따르면 우크라이나 같은 곳은 어떤 면에서는 정직한 사법관할구역보다는 더 편리한 면도 있지만(예를 들어 속도위반으로 걸렸을 때에도 경찰관에게 즉석에서 뇌물을 쓰는 경우가 그렇다고 했다), 동시에 예측불허이고 성가신 면도 있었다. 우선 내가 쓰는 뇌물보다 더 많은 뇌물을 경쟁자가 쓸 수도 있으므로, 공무원의 결정에 대해서는 그 무엇도 확실하게 장담할 수는 없었다. 또한 일단 한번 뇌물을 쓰면, 이후로는 점점 더 많이 요구받게 마련이었다. "경찰을 예로 들자면, 물론 그들과는 관계를 맺어야 합니다. 그들이 돈을 요구하면 반드시 줘야 하며, 그렇지 않으면 체포당하고 맙니다. 아니면 소방서에서 찾아와서 검사를 통과하지 못했다며 문을 닫게 만들 수도 있습니다. 이때의 비결은 저렴한 가격으로 협상하는 겁니다." 그의 말이다. "하지만 그토록 엉망이 아니라면, 저는 아예 이곳에 오지 않았을 겁니다. 오히려 이곳이 그토록 엉망이기 때문에, 그걸 감수하는 저 같은 사람은 버젓한 삶을 살아갈 수 있는 겁니다."

2008년 SBU 요원의 보고서의 핵심은 결국 지금까지 말한 모든 것이었다(다만 그 범위가 국가 전체에 걸치고, 이름과 숫자와 세부 내역이 밝혀져 있다는 점이 다를 뿐이었다). 그의 결론과 발견된 사실들은 워낙 논란의 여지가 컸기 때문에 보고서조차 두 가지로 작성했다. 하나는 대중 앞에 보여 주기 위한 삭제본이었다. 여전히 심각한 상태였지만, 구체적인 자료를 빼놓은 상태였다. 또 하나는 오로지 정부 관계자들 열람용이었으며, 처음부터 끝까지 모든 시스템을 열거하며 이름을 거론하고 구체적으로 지적했다. 이 요원은 그 보고서를 널리 배포하는 것은 자멸로 가는 길이라 생각했으며, 실제로도 그렇게 판명되었다. 정부 내의 누군가가 그 보고서를 구소련 시절의 반체제 인사이며 우크라이나 정신의학협회의 대표이자 의사인 세미욘 글루즈만에게 흘렸고, 글루즈만은 다시 그 내용을 언론에 흘렸다. "저는 대통령과 총리를 비판할 수 있어서 기쁩니다. 많은 일을 할 수 있어서 기쁩니다." 글루즈만의 말이다. "하지만 솔직히 말하자면, 저는 이걸 보고 겁이 났습니다. 제가 보기에 이 도둑놈들은 정치적 신념을 전혀 갖고 있지 않습니다. 그들이 믿는 것은 오로지 돈뿐입니다."

우크라이나 사람들은 자기네 공무원들의 악행에 익숙해져 있었지만, 제아무리 군건한 냉소주의자라도 사회에서 가장 절망적인 구성원들로부터 그토록 체계적으로 수익을 얻는다는 사실에는 그만 질색하고 말았다. 이 보고서에 이름이 거론된 누군가도 역시나 질색하고 말았던 모양이다. 2008년 10월 16일, 키예프 중심부 타타르스카거리에 세운 혼다 승용차에서 내리는 SBU 요원에게 누군가가 수류탄을 던졌다. 파편으로 그의 승용차는 너덜너덜해졌고, 거리를 따라 늘어선 벽과 승용차 모두에 상처가 생겼다. SBU 요원은 용케 살아남았지만, 이스라엘 소재 병원에서 대대적인 치료를 받아야 했다. "제약 업계 마피아가 암살을 명령했던 겁니다." 요원의 말이다. "하지만 수사는 결코 마무리되지 못했습니다. 그냥 중단되었고, 누군가가 그걸 위해 돈을 냈고, 그래서 결코 어떤 결과도 나오지 않았습니다. 오늘날까지도, 제 모든 연줄과 실력을 가지고도 저는 그 배후에 누가 있는지를 알지 못합니다. 아마 여전히 시스템을 운영하고 있는 조직들 가운데 하나의 이익을 위해서였을 겁니다."

보건 부문의 부패에 대한 분노는 반야누코비치 시위를 촉발한 분노의 한 축이었다. 2014년 2월에 그가 마침내 달아나 버리고 임시 정부가 수립되자, 혁명 세력의 핵심 인사인 올레그 무시가 보건장관이 되었다. 날씬하고 피부가 그

을렸으며 회색 턱수염을 기른 이 의사는 키예프 중심가에서 몇 달 동안 이어진 시위 내내 시위대 산하 의무대를 이끌었다. 그는 마피아 조직들에 막대한 돈을 벌어다 주며 교착상태에 빠진 개혁을 완수하고, 보건 부문에 적절한 자금을 제공하고, 우크라이나 서민에게 버젓한 치료를 확보하리라 작정하고 있었다. 상당히 야심만만한 계획이었지만, 어쩌면 그야말로 진정한 변화를 마침내 관철시킬 수 있는 부류의 외부자 같았다.

그와의 대화를 위한 시간을 잡기는 어려웠다. 오랫동안 일했고 휴식을 취하는 경우가 드물었기 때문이었다. 하지만 그는 때때로 저녁 늦게 도시 중심부의 의회 뒤에 있는 별도의 건물인 보건부에서 나를 만나 주곤 했다. 그는 자국의 부패 전체 스펙트럼에 관해서 답변을 늘어놓곤 했지만, 항상 다음과 같은 핵심으로 돌아왔다. 즉 보건부의 예산 가운데 3분의 1 이상은 도둑맞고 있었으며, 그래서 일반 시민은 의사들에게 현금을 지불하고 있었다는 사실 말이다. "이전 정부에서는 제약 업계와의 유착이 무척이나 유용했습니다. 예산을 직접 빼돌릴 수는 없었으니, 일단 예산을 받아갔다가 다시 돌려줄 중간책이 필요했던 거죠." 그는 2014년 여름에 나눈 한 차례의 대화에서 이렇게 설명했다. "과거에 보건부에 있었던 이처럼 시커멓고 음험한 음모를 소생시키고 싶어 하는 사람들이 있습니다. 하지만 저는 그렇게 되도록 허락하지 않을 겁니다."

그의 개혁 계획은 야심만만했다. 그는 지출을 완전히 투명하게 보여 주는 보건 시스템을 구상했다. 이 시스템에서 정부는 보건에 대한 독점권을 상실하고, 이를 일반 시민, 비정부 조직, 의사들 본인이 대신할 것이었다. 정부가 모든 돈을 지불하던(아니, 더 정확히 말하면 정부가 모든 돈을 지불해야 한다고 간주되었지만 실제로는 그 돈이 도둑맞던) 시스템을 대체하는 보험 시스템이 들어설 것이었으며, 거기서는 프랑스의 보험 시스템과 유사하게 다수의 이해관계자와 광범위한 감독이 존재할 것이었다. 또한 그는 암 연구소를 비롯한 주요 기관에 대한 수사에 착수했고, 값비싼 장비를 구입했지만 실제로 사용되지 않고 지하실에 보관되어 먼지만 쌓이는 경우처럼 예산 가운데 수백만 달러가 잘못 집행되었음을 알아냈다. 그는 암 연구소의 소장 슈체포틴을 직무에서 배제했지만 해임할 수는 없었다. 우크라이나의 고용법에 따르면 몸이 아픈 사람을 해임할 수가 없었는데, 마침 슈체포틴은 병원에 입원했기 때문이었다.

무시의 입장에서 곤란한 점이 있다면, 그가 병원을 개혁하려 한다고 해서 사람들이 잠시나마 병원을 필요로 하지 않을 수는 없다는 것이었다. 그가 보건 시스템의 운영 방식을 변화시키려 하는 중에도, 그 시스템은 계속해서 의약품을 배포하고, 사람들을 치료하고, 장비를 유지해야 했다. 그의 과제란 마치 비행기를 계속 날아가게 하는 상태에서 개조하는 격이었으며, 그것도 다른 승무원들의 지속적인 반대가 빗발치는 상황에서 그래야 하는 격이었다. 그가 임명된 지 몇 달 지나지 않아 의회에서는 그의 해임을 선동했고, 언론에서 부정적인 이야기가 나왔다. 그 혼자만의 힘으로는 보건 시스템을 개혁할 수 없다는 사실이 점점 분명해졌다. 보건부의 나머지 직원들도 이전 시스템에 워낙 깊이 관련되었기 때문에 장관과 함께 일할 준비가 되어 있지 않은 상태이거나, 또는 장관 스스로가 직원들과 함께 일할 준비가 되어 있지 않은 상태라고 할 만했다.

보건부에서 일한 지 7개월 만인 10월에 그는 의약품 구매 협의에 실패하고 말았다. 정부 내의 동지들조차도 그에게 등을 돌렸다. "그건 진짜 문제입니다." 그해 가을에 나와 함께 점심을 먹던 개혁 성향의 공무원 한 명은 이렇게 말했다. "당신이라면 누구를 고르시겠습니까? 애국자이지만 관리자로서는 빵점인 인물이겠습니까, 아니면 의문부호가 따라다니기는 하지만 유능한 관리자이겠습니까?"

그 공무원은 크로와상 샌드위치를 먹으며 그날의 의회 회의를 텔레비전 중계로 보고 있었다. "우리는 야누코비치와 그 심복들을 쫓아냈지만, 그들의 모든 음모를 대체하는 것은 또 다른 문제입니다. 모두가 개혁을 완수할 준비가 되어 있고 모든 것을 공개할 준비가 되어 있습니다만, 자기 자신에게 영향을 주는 것은 예외로 두려는 겁니다."

그해 10월에 총리는 무시를 직무에서 배제하고 신임 장관을 임명했다. 그러자 전직 혁명가는 이제 나와 이야기를 나눌 시간이 잔뜩 생기게 되었다. 그는 한때 시위자들의 본부로 사용되었던 키예프 중심부의 건물 가운데 한 곳에서 만나기로 약속했다. 여러 달이 지났는데도, 그곳에서는 한때 씻지도 못하고 활동에 전념하던 그들의 체취가 여전히 공중에 감돌았다. 그의 해임 이후 몇 주 동안 보건부에서는 그가 수행하기 거절했던 구매 대부분을 완료했다. "예전의 중개상이며 예전의 회사들 모두가 그 입찰을 따냈습니다. 그런데도 이걸 가지고 부패와의 전쟁이라는 겁니다." 그는 지친 미소를 지었다. "저는 7개월 동안 과거의 시스템을 붙들고 싸웠습니다. 하지만 제가 나오자마자, 그 과거의 시스템이 제자리로 돌아온 겁니다. 정부 내부에서 이 시스템과 싸우는 것은 불가능하다고 입증된 겁니다. 거기에 대해서 뭔가 조치를 취하기를 진정으로 원하는 사람이 워낙 적으니까요."

무시가 떠나고 나자, 슈체포틴도 수수께끼 같은 질환에서 회복되어 암 연구소로 일하러 돌아왔다. 내가 보낸 질문에도 그는 거듭해서 답변을 거부했고, 무시와 연구소의 다른 의사들이 내놓은 반대 주장에 대한 논의도 거부했다. "당신께서 제안하시는 주제에 대해서는 논의하고 싶지 않습니다. 제가 보기에 그건 당신이 진지한 인물은 아니라는 증거이기 때문입니다. 그건 황색 언론이나 하는 일이고, 저는 황색 언론과 인터뷰하지는 않을 겁니다." 우리의 유일한 대화에서 그는 이렇게 말하며 전화를 끊어 버렸다. 2014년 말 그의 사무실로 찾아가 인터뷰를 시도하자, 멀찍이서 나를 보자마자 반대 방향으로 서둘러 가 버렸다.

하지만 세르게이 카플린은 나보다 좀 더 운이 좋았던 모양이다. 우크라이나 의회의 구성원인 그는 〈인민 검찰People's Prosecutor〉이라는 텔레비전 프로그램을 진행하면서 부패 혐의로 고발된 공무원들을 찾아가 그 의혹에 대한 의견을 요구했다. 그는 촬영진을 대동하고 슈체포틴에게 찾아가서, 당신이 250만 달러 짜리 집과 5만 달러짜리 시계를 갖고 있는 게 사실이냐고 물어보았다. 슈체포틴은 이 주장을 부정했지만, 그 직전에 카플린은 상대방이 베르투^{Vertu}를 갖고 있음을 알아보았다. 영국에서 수작업으로 제작한 송수화기에, 하루 24시간 전 세계 어디에서나 무슨 일이든지 ("합법적인 일에 한해서") 해결해 주는 호출 버튼이 달린 호화판 전화기 브랜드 말이다. 비록 불법의 증거는 아니었지만, 일개 의사가 갖고 있기에는 확실히 눈길을 사로잡는 물건이었다. 어쩌면 이 프로그램이 만들어 낸 논란 때문에 결국 무시의 후임자인 보건장관이 마침내 슈체포틴을 내보내기로 작정했는지도 모른다. 2015년 2월에 암 연구소 소장으로서의 그의 계약은 연장되지 않았고, 장관은 새로운 종양전문의를 구한다는 공고를 냈다. 혁명 정부가 의사 한 명을 해고하는 데에 딱 1년이 걸린 셈이었다.

슈체포틴은 떠나면서 뒤끝을 남겼다. 우크라이나 공무원들에 따르면, 그는 계약 종료일로부터 나흘 뒤에 일터로 돌아와 수술을 하게 허락해 달라고 요구했으며, 이에 해당 환자의 가족들은 상당히 불편해했다. 하지만 그가 러시아의 매체에 내놓은 이야기에 따르면 상황은 아주 달랐다. 그가 수술을 진행하는 중에 (혁명 직후에 그를 가리켜 비애국적이라고 비난한 의사인) 세미볼로스와 다른 의사들이 수술실로 들어와서는, 환자의 건강이 위험할 수 있는데도 불구하고 떠나라고 했다는 것이다. 누구 말을 믿어야 할까? 보건부일까? 아니면 의사일까? 아니면 양쪽 모두 아닌 걸까? 결국 외부자로서는 실제로 무슨 일이 벌어지고 있는지 알기가 영 불가능한 셈이다. 암 연구소의 전투는 취약한 환자들을 뜯어먹는 부패한 소장에 진정으로 반대하는 것이었을까, 아니면 부패한 의사 집단의 음모로 인해 정직한 관리자가 반대를 당한 것이었을까? 슈체포틴에 관한 마지막 언론 보도는 그가 모스크바 인근에서 일자리를 제안받았다는 것, 그리고 세미볼로스가 키예프의 민영 시설로 자리를 옮겼다는 것이었다.

암 연구소에서의 슈체포틴의 마지막 날에 대한 언론의 시비 다툼과, 관련자 모두의 동기에 관한 언론의 의혹 제기는 당연지사인 것이, 부패의 가장 부식적인 효과는 신뢰를 잠식하는 그 방식이기 때문이다. 부패가 널리 퍼져 있을 때에는, 국가와 사회의 모든 측면을 돈이 감염시키기 때문에 누구를 믿어야 할지 알 수 없게 마련이다. 심지어 신문 기사조차도 돈을 받아먹었다고 비판당할 수 있고, 모든 정치인들도 부패했다고 일컬어질 수 있으며, 모든 법원 판결도 의문의 여지가 있다고 여겨질 수 있다. 올리가르히가 자기 이익을 위한 로비를 목적으로 자선단체를 세우고, 그러고 나면 다른 모든 비정부기구에 대해서 의구심이 야기된다. 심지어 의사조차도 뇌물을 받는다면 그들의 진단은 신뢰할 수 있을까? 혹시 환자에게 치료가 필요하다고 말하는 것조차도 의사에게 이익이 되기 때문은 아닐까? 만약 경찰이 부정하다면, 법원이 뇌물을 받는다면, 범죄자는 진정으로 범죄자인 것일까? 혹시 범죄자의 사업에 방해가 되는 정직한 사람들은 아닐까? 누구를 믿어야 할지 모르는 상황이 되면, 우리는 오로지 가까운 사람들만(즉 가장 오래된 친구라든지 친척들이라든지만) 신뢰하는 쪽으로 후퇴하게 되고, 그렇게 되면 부패를 번성시키는 사회 분열이 강화된다. 구성원들이 서로 근본적으로 믿지 못하는 사회에서는 번영하는 경제를, 또는 건강한 민주주의를 만들기란 불가능하다. 신뢰를 없애 버리고 나면, 우리에게는 훨씬 더 어둡고 훨씬 더 탐욕스러운 뭔가만 남게 된다.

8

방울뱀처럼
밉살맞은

프레더릭 포사이스의 1974년작 스릴러 『전쟁의 개들The Dogs of War』은 아프리카의 가공 국가 장가로Zangaro를 배경으로 한다. 그곳의 통치자인 편집증적 과대망상자 진 킴바는 자국 내에서 고등교육을 받은 사람을 모조리 죽이고 나머지 사람들에게 공포 정치를 자행한다. 포사이스의 등장인물 가운데 하나의 말을 빌리자면, 그 대통령은 "정신이 완전히 나갔으며 방울뱀처럼 밉살맞은" 인물이다. 장가로는 "부패하고, 악의적이고, 야만적이다. 근해에는 물고기가 풍부하지만 잡을 수가 없어서 … 지역 주민은 단백질 부족 상태이다. 그렇다고 해서 닭과 염소도 충분하지 않다."

대통령도 미처 모르고 있었지만, 이 나라에는 100억 달러 상당의 백금이 매장된 산이 하나 있었다. 그렇기 때문에 부정한 영국 사업가들이 킴바를 몰아 내고, 마찬가지로 밉살맞기는 하지만 좀 더 융통성 있는 꼭두각시를 대신 세우고자 쿠데타를 벌이기로 작정한다. 장가로는 워낙 혼돈 상태이기 때문에, 기껏 해야 고무보트 세 척에 나눠 탄 용병 열두 명으로 이루어진 특공대만 가지고도 대통령 궁전을 점령하고, 킴바를 죽이고, 오합지졸 군대를 패주시키고 정권을 장악할 수 있었다. 이 과정에서 용병 지휘관은 1970년대의 허술하지만 여전히 쓸모 있는 역외 세계를 헤치고 다니며, 스위스에 자기 돈을 숨기고 룩셈부르크를 거쳐 자기 회사를 조직한다. 『전쟁의 개들』은 생기 넘치고 재미있는 책이며, 어쩌면 포사이스의 최고작일 수도 있으며, 비록 소설이긴 해도 머니랜드의 초창기 모습을 생생하게 보여 준다. 하지만 아프리카에 대한 묘사는 현대의 감성으로는 뭔가 어색해 보이기도 한다. 아프리카의 가상 공화국에 대한 이 조잡한 패러디는 아무런 유사성도 없는 것이 확실하지 않을까?

기묘한 이야기지만, 사실은 유사성이 있다. 장가로는 1968년에 스페인에서 독립한 아프리카 서부의 작은 나라 적도기니와 매우 흡사하다. 포사이스는 한때 그 이웃 지역인 비아프라에서 벌어지는 충돌을 보도하는 와중에 적도기니에 머물면서 그곳의 정치 상황을 알아보았다. 그는 무기상과 용병과의 만남을 통해 쿠데타 일으키는 방법에 대한 조언을 들었다. 그의 책은 한 나라를 무너트리는 과정에 대한 완벽한 청사진인 터라, 출간된 지 40년이 넘었을 뿐만 아니라 저자가 한사코 부인함에도 불구하고, 사실은 그가 이 책에 묘사된 것과 같은 음모를 실행하려 계획한 집단의 일원이 아니었나, 그리고 그 계획이 결국 좌절되고 나서야 비로소 그 책을 쓴 것이 아니었나, 하는 추측이 여전히 돌고 있다. 포사이스가 그 책을 쓰는 동안 적도기니는 프란시스코 마시아스 응게마가 통치하고 있었는데, 그는 이 나라 최초의 (아울러 최후의) 자유선거에서 민족주의 진영 후보로 출마했었다. 사진을 보면 가느다란 줄무늬가 들어간 넥타이를 매고, 가슴 주머니에 펜을 하나 꽂아 놓은 모습이 모든 면에서 점잖은 정치가처럼 보이지만, 실제로는 모든 면에서 포사이스의 소설 속 킴바만큼이나 지독한 광인이었다.

그 나라에서 물고기를 못 잡는 이유는, 시민들이 도망치는 것을 막기 위해 그가 보트 이용을 금지했기 때문이었다. 그렇다고 해서 인구의 3분의 1이 외국으로 망명하는 것을 막지는 못했다. 그는 시민 수만 명을 살해하고, 집권 직후에 스스로를 종신 대통령으로 임명했으며, 종교를 금지하고, "마시아스 응게마 이외에 다른 신은 없다"는 구호를 공표했다.

급기야 그는 가족에게 달려들었고, 이에 조카인 테오도로 오비앙이 쿠데타를 일으켰다. 응게마는 사형선고를 무려 101회나 받았고, 1979년 모로코에서 데려온 총살 부대에 의해 처형되었다. 그때 이후로 줄곧 이 나라를 통치한 오비앙은 세계에서 가장 오래 재직 중인 비非왕족 국가수반이 되었다. 그는 2016년 4월에 새로운 임기를 시작했는데, 투표수 30만 표 가운데 무려 94퍼센트를 획득했다. 다른 후보자 중에 5,000표 이상 득표자는 없었다. "공금 부실, 고도의 부패, 그리고 (고문, 자의적 구금, 강요에 의한 실종, 시민사회 단체 및 야당 정치인에 대한 탄압, 불공평한 재판을 포함한) 기타 심각한 남용에 대한 신뢰할 만한 의혹이 지속되고 있다." 휴먼라이츠워치는 2017년의 검토서에서 이렇게 지적했다. 적도기니는 인권 단체 프리덤하우스의 연례 세계 순위에서 맨 밑바닥 10개국 가운데 하나이며, 국제투명성기구TI의 부패 인식 지수에는 차마 포함되지도 못했다. 판정이 가능할 만큼 충분히 많은 정보가 외부로 누출되지 않은 까닭이다.

스페인에서 독립하기 직전에 적도기니는 아프리카에서 가장 번영하는 국가 가운데 하나였다. 거의 보편적인 문해력을 갖췄고, 1인당 병상 숫자가 스페인보다 더 많았으며, 코코아와 커피 생산량도 풍부했다. 적도기니는 (워낙 많은 구식민지들에서 벌어진 것처럼) 자유의 달콤함이 변질될 수 있음을 보여 주는 사례이며, 한마디로 극단적이긴 하지만 슬프게도 완전히 이례적이지는 않은 사례이다.

구식민지는 저마다 다르게 상황이 다르게 마련이어서, 가난한 독재 정권으로 변모한 곳들도 저마다 그렇게 된 나름의 이유가 있다. 하지만 이 과정에 내재하는 것은 바로 식민지 그 자체의 본성이다. 그곳은 식민 종주국을 부유하게 만들기 위해서 창조되고 운영되었다. 따라서 식민지를 운영하러 파견된 공무원이 제아무리 정직하다 하더라도, 이들의 임무는 식민지에서 가치를 뽑아내 본국으로 보내는 것에 국한되었다. 예를 들어 국영 수출 기관들은 아프리카 전역에서 식민지의 농업 생산물 가격을 결정했다. 원래는 농민을 돕기 위해 만들어진(또는 그러기 위해 만들어졌다고 일컬어지는) 제도였지만, 머지않아 이 기관들은 농작물을 시장 가격 이하로 매입해서 농민의 돈을 수탈하고, 다시 해외에 판매함으로써 외국인을 부유하게 만드는 수단이 되었다. 1950년대와 1960년대에는 여러 나라가 식민지에서 독립하면서 각국 수도마다 휘날리는 국기가 바뀌었지만, 흔히 정부에 있는 사람들의 결정은 깜짝 놀랄 만큼 예전 그대로였다.

독립 이후에 새로운 정부는 수출 기관들을 그대로 유지했다. 명목상으로는 산업화를 위한 자본을 모으려는 것이었지만, 실제로는 단지 사기극을 계속하기 위해서였다. 이제는 잉여분이 과거 서구의 주인들 대신에 권력자의 지인들에게 돌아간다는 점만 다를 뿐이었다. 이는 새로운 정부가 어떻게 과거의 책략을 금세 터득했는지 보여 주는 여러 사례들 가운데 하나에 불과하다. "아프리카의 신생국가들은 희망의 순간에 태어났다. 그 순간의 정서적 어조를 다시 포착하기란 어렵다. 하지만 그 깊이, 그 완전함, 그리고 그것이 제공한 약속은 그 시대의 사건들에 어떤 식으로 영향을 받은 모두에게 흔적을 남겼다. 그것은 새로운 여명, 새로운 탄생, 새로운 자각이라고 일컬어졌다." 로버트 베이츠Robert Bates는 1981년의 저서 『열대 아프리카의 시장과 국가Markets and States in Tropical Africa』에서 이렇게 썼다. "그 시기의 꿈은 환멸에 밀려나고 말았다. … 공공 제도는 더 이상 집단적 비전을 형상화한 것이 아니라, 오히려 사회적으로 유해할 수 있는 사적 이익의 패턴을 강화할 뿐이다."

이것은 단지 아프리카만의 문제가 아니다. 제2차 세계대전 이후 영광스러운 근대국가의 여명 속에서 태어난 세계 곳곳의 나라들은 어마어마하게 잘못되고 말았다. 종종 관찰자들이 지적을 꺼리기는 하지만, 어쩌면 이와 똑같은 낙관주의, 또는 어리석음 때문에 나 같은 사람들은 1990년대의 러시아가 단지 몇 가지 성장통을 겪고 있었을 뿐이라고 생각했던 것 아니었을까. 또는 비판을 가했다가 자칫 인종차별적이라고 해석될 수도 있다는 두려움 때문에(실제로도 종종 그런 경우가 있었으니까) 그랬던 것 아니었을까. 외국에서는 탐욕과 잘못된 통치에 대해서 알고 있었지만, 그런 일에 관여한 개인들이 냉전 구도상 자기네가 선호하는 쪽을 지지하는 한에는 딱히 신경쓰지 않는 경우가 많았다. 동기가 무엇이든지 간에, 다른 나라들의 이런 침묵 때문에 신생 독립 식민지 상당수의 통치자들은 국민을 거리낌 없이 약탈할 수 있었다.

하지만 신나탐비 라자라트남은 이런 상황을 아무 말 없이 지나칠 준비가 되어 있지는 않은 사람이었다. 1965년에 싱가포르를 독립으로 이끈 집단의 일원이었던 그는 자국 공무원에게는 물론이고 각료에게도 정직을 고집한(심지어 독재적이고, 민주주의에 대해 조급증까지 지닌) 정부에서 관료로 일했고, 그 결과로 놀라운 경제적 성공을 관장했다. 라자라트남은 원래 변호사였지만, 제2차 세계대전 동안 런던에서 오도가도 못하는 동안 언론계에 발을 담았다. 그는 BBC에서 조지 오웰이 프로듀서로 있던 인도국印度局을 위해 글을 썼고, 전후에는 (그 제목부터 조지 오웰을 향한 경의가 드러나는) 「나 좋은 대로 쓰는 글 I Write as I Please」이라는 칼럼을 써서 동남아시아에서 영국 지배의 마지막 나날 동안 크나큰 영향력을 발휘했다. 1968년 11월 14일에 그는 25년 임기의 싱가포르 외무장관으로 재직한 지 3년 차였는데, 동료 구식민지들이 약탈당하는 방식에 대한 우려를 연설에서 표명했다. 그는 필리핀을 염두에 두고 있었을 수도 있다. 사치를 좋아하는 영부인 이멜다 마르코스가 이미 그때부터도 훗날 세계적으로 유명한 구두 컬렉션이 될 것들을 사 모으고 있었기 때문이었다. 하지만 싱가포르 외교 수장으로서 그는 누군가를 딱 꼬집어 말하지 않았으며, 자기가 이야기하는 곳은 "딱히 어디라고 할 것 없이 만연하다"면서 신중을 기했다.

그가 묘사한 내용은 도덕의 점진적 타락이었다. 독립 직후 몇 년 동안의 이상주의가 떨어져 나가고, 장관들과 공무원들이 거의 청교도적인 생활 방식에 대해서 품쳤던 자부심을 상실한 상황이었다. 그의 말에 따르면, 이제 정치인들은 단순히 각자의 공무원 월급으로는 감당할 수 없는 상당한 사치 속에서 살아가며, 그들의 부인들은 구매할 여력이 없어야 할 옷과 보석을 걸치고 공식 행사에 참석한다.

라자라트남의 주장에 따르면, 부정한 정치인이 계속해서 부유해지려면 반드시 점점 더 많이 훔쳐야 하며, 이렇게 되면 신민들은 격분하게 된다. 따라서 부정한 정치인은 점점 더 많은 공무원들의 지지를 돈으로 사야 하고, 그러기 위해서는 더 많은 돈이 필요하며, 결국 더 많은 도둑질이 필요해지고, 더 많은 대중의 분노를 야기하게 된다. "그는 반드시 국가권력 수단 모두를 장악해야 한다. 군대, 경찰, 기업가, 관료제까지도. 이후로 그가 약탈해야 한다면, 종신 비서부터 사환에 이르기까지 자신의 모든 부하들도 그 게임에 참여하도록 허용해야만 한다." 라자라트남의 말이다. "대부분의 개발도상국에서는 이런 종류의 약탈로 인한 풍요가 몇 년간 진행된 결과 경제적 무정부 상태, 정치적 불안정, 그리고 급기야 민주주의를 대체하는 민간 독재, 또는 군사독재가 나타난다."

라자라트남은 그 당시만 해도 지배적이었던 학술 이론, 즉 부패가 오히려 상업의 바퀴에 윤활 작용을 하고, 최소한의 간섭만으로 사업이 운영되도록 보장함으로써 경제 발전을 도울 수 있다는 이론을 일축했다. 오히려 그는 부패에는 이로운 것이 전혀 없다고 주장했다. "부패에 대해서, 그리고 성공적인 부패자에 대해서 방종한 사회는, 종종 주장되는 것처럼 인간 본성에 대한 예리한 이해로부터 영감을 얻은 자유주의적이고 세련된 사회가 아니다." 훗날 간행된 그의 연설 녹취록에는 이렇게 나와 있다. "오히려 정반대로, 그 사회는 사회학자가 그 이름도 걸맞게 '도둑 정치'라고 일컬은 것이다. 즉 부패자의, 부패자를 위한, 부패자에 의한 사회인 것이다."

그가 언급한 사회학자는 스타니슬라프 안드레스키Stanislav Andreski이다. 널리 여행을 다닌 이 폴란드인은 레딩대학에 사회학과를 창설하고 『아프리카의 곤경The African Predicament』을 저술했는데, 그 책은 마침 라자라트남의 연설보다 몇 달 전에 간행되었다. 그의 말에 따르면, 문제는 단지 식민지 정부의 수탈하는 본성에만 있는 것이 아니라, 국가들의 구조 그 자체에도 있었다. 이런 신생국가들 가운데 워낙 다수가 (지역 정치의 현실에 관한 고려도 없고, 지역 역사에 대한 지식도 없고, 그 주민이 공통의 실체에 소속감을 가지고 있는지 여부에 관한 궁금증도 없는) 유럽 강대국에 의해서 일방적으로 형성되었기 때문에, 상당수의 공무원이 부패를 멀리하는 데 필요한 애국심을 결여하고 있는 것은 놀라운 일도 아니었다. 이 공무원들은 자기 나라에 대한 유대가 아니라, 오히려 자기 가족과 종족에 대한 유대를 느꼈고, 그에 걸맞게 행동했다.

"정치적 이상이 잘 주입된 국가들에서는 부정직이라고 간주되는 것조차도, 친족의 유대가 강력한 동시에 국민성의 개념이 뭔가 매우 새롭고도 인위적인 상태로 남아 있는 사회에서는 오히려 도덕적으로 적절하다고 여겨질 수 있다." 안드레스키의 말이다. 그는 부패가 피라미드 형태로 구성되어 있음을 깨달은 최초의 사상가 가운데 하나였다. 통치자들은 꼭대기에서 막대한 금액을 수탈하는 한편, 공무원들은 바닥에서 생계유지를 위해 뇌물을 받는 형태였다. 시민으로부터 얻은 뇌물은 통치자가 훔쳐 가는 돈을 본질적으로 대체하며, 이는 결국 정부가 그 고용자 모두에게 부정한 부富의 수집을 위탁한 셈이 된다. 안드레스키는 피라미드에 참여한 하급 공무원들을 비난하지는 않았다. 부패한 행동을 억지로 하도록 고안된 시스템 안에서는, 그들 역시 자신들이 어떻게 행동하는지에 대해 다른 선택의 여지가 없었음을 인식했기 때문이다. 하지만 그는 부패가 온 나라에 만연한 경우에는 재난이 아닐 수 없다고, 또 공정하거나 건강한 발전에 대한 모든 전망에도 해악만 끼칠 뿐이라고 분명히 말했다.

"독직은 전체 경제를 왜곡한다. 중요한 결정이, 더욱 광범위한 공동체에 끼치는 결과와는 무관하게 숨은 동기에 의해 이루어진다." 그의 말이다. "도둑 정치의 핵심은 정부 기관의 기능이 법률과 규제에 의해서가 아니라, 수요와 공급의 메커니즘에 의해서 결정된다는 것이다. 도둑 정치 국가의 경우, 설령 그 경제가 명목상으로는 사회주의일지라도, 실제로는 이상하게도 자유방임주의 경제학의 일반화된 모형을 형성한다."

그의 말에 따르면, 아프리카의 정치적 현실의 가장 정확한 묘사는 교과서가 아니라 오히려 소설에서 나타나는 경우가 많다. 어느 정도는 신생 독립 정부의 정직성을 의심하는 행위 자체가 금기시되었기 때문이지만, 무엇보다 도둑 정치 국가에 대해 비판적인 글을 쓰다가는 자칫 추방당할 위험이 있기 때문이다. 그는 특정 소설가를 거론하지는 않았지만("자칫 그들이 말썽에 휘말리지 않도록" 신중을 기한 까닭이었다), 짐작컨대 그가 말하는 작가는 치누아 아체베Chinua Achebe인 듯하다. 이 나이지리아 작가는 1958년의 걸작 『모든것이 산산이 부서지다Things Fall Apart』를 통해 아프리카에서뿐만 아니라 세계에서 가장 중요한 작가 가운데 한 명으로 입지를 다졌다. 1960년에(즉 나이지리아가 독립한 바로 그 해에) 간행된 아체베의 두 번째 소설 『더 이상 평안은 없다No Longer At Ease』에는 구 식민지에서 정직한 정치 문화를 만들기가 얼마나 어려운지에 관한 최상의 통찰이 들어 있다. 이 소설의 주인공인 '오비'라는 청년은 '우무오피아'라는 도시에 사는 이웃들이 모아 준 장학금을 가지고 영국으로 유학을 떠난다.

그가 나이지리아로 돌아오자, 이웃들은 그가 공직에 나아가 자기네 이익을 봐주기를, 그리하여 그의 교육에 대한 자기네 투자가 보답받기를 원한다. 하지만 그는 다른 생각을 가지고 있어서, 법률이 요구하는 대로 모든 결정을 내리는 사심 없는 관료로서 행동하기를 원한다. 이 소설은 부정한 시스템 속에서 정직한 사람으로 살려는 그의 (결과적으로는 재난을 불러온) 시도를, 그리고 뇌물을 받아먹고 국가보다 자기 친구와 친척의 이익을 우선시하는 공무원과 경찰관과 기타 등등을 냉정하게 지켜본 그의 고찰을 상세히 서술한다. 어느 대목에서 그는 (뭔가 우쭐하는 태도로) 나이지리아를 올바른 길로 끌고 가기 위해 무엇이 필요할지를 숙고한다. "어디서부터 시작해야 할까? 대중으로부터? 대중을 교육시킨다? 거기에는 기회가 없다. 그러려면 여러 세기가 걸릴 것이다. 꼭대기에는 소수만 있다. 혹은 선견을 가진 한 명, 즉 계몽된 독재자가 있다. 오늘날 사람들은 말*을 두려워한다. 과연 어떤 종류의 민주주의가 그토록 많은 부패와 무지와 나란히 있을 수 있단 말인가?" 이것은 부패가 만들어 내는 딜레마에 관해 아름답게 집필된 사례 연구이다. 부정직한 시스템에서는 정직하게 행동함으로써 상황을 개선하려는 시도 자체가 무력할 뿐만 아니라, 또한 거의 확실하게 역효과를 낳는다. 즉 그런 행동은 동료들의 사업 이익을 위협하기 때문에 도리어 처벌받게 마련이다.

독립과 함께 나이지리아의 상황은 더 나빠졌다. 공무원들은 통계청이며 선관위에 자기네 권력을 행사해 인구를 실제보다 더 부풀려 놓았다. 이로써 그들은 놀라운 탐욕의 광란 속에서 더 많은 표를 주장하거나 더 많은 돈을 요구할 힘을 얻었던 것이다. 군부는 1966년에 쿠데타를 감행해 명목상으로는 정부에 정직성을 회복시키겠다고 했지만, 실제로는 부패가 가속화되었다. 현재 벌어지고 있는 일에 항의하려는 모든 시도는 기소나 괴롭힘으로 이어졌고, 아체베 본인도 비아프라 전쟁에 반대하여 목소리를 높인 후에 결국 미국으로 망명하고 말았다.

1983년(바로 이 해에 또 한 번의 군사 쿠데타가 일어났다)에 그는 「나이지리아의 문제 The Trouble with Nigeria」라는 에세이를 발표해서, 아랫사람들을 단속하는 데 필요한 정직한 정부의 모범을 만드는 데 실패한 자국의 (민간 및 군인) 지도자들을 혹평했다. 유가의 급상승으로 조국이 수십억 달러를 번 직후에 쓴 이 글에서 아체베는 그 주민들 모두의 삶을 개선하는 데에 충분했을 법한 그 많은 돈을 그냥 도둑맞았다고 한탄했다.

아내와 딸을 데리고 나이지리아의 응수카에서 오기디까지 승용차를 몰고 가다 겪은 일은 그가 말하는 모든 것의 은유가 되었다. 이들은 사이렌 소리를 듣고는 도로상의 다른 자동차와 마찬가지로 옆으로 비켜서서 경찰 호송대가 지나가게 해 주었다. 호송대는 지프 한 대, 승용차 한 대, 화물차 한 대로 이루어져 있었다. "경찰관 한 명이 화물차 한쪽에서 도로 위며 멈춰 선 차량을 향해 오줌을 갈기고 있었다." 그의 말이다. "여러분은 믿지 않을 것이고, 나 역시 그런 여러분을 비난할 수 없을 것이다. 비록 그의 바지 앞섶과 오줌 줄기와 방울을 똑똑히 보기는 했지만, 우리 주위 다른 여행자들의 경악스러운 반응으로 확인하지 않았으면 나 역시 믿지 않았을 것이다."

───────●───────

어떤 곳을 살펴보든지 간에 연구자들은 부패와 빈곤의 상관관계를 발견했다. 부패의 수준이 더 클수록 엘리트는 더 많은 돈을 벌었고, 이는 불평등을 초래하는 동시에 사회를 한데 엮어 주는 유대를 약화시킨다. 경제학자의 건조한 언어로 말하자면, 학교와 보건과 도로와 안전에 투자되는 돈은, 역외로 가져가서 타조 가죽 신발을 사는 데 사용하는 돈보다 더 높은 승수효과를 지닌다(즉 그렇게 돈을 쓸 때마다 경제에 되돌아오는 것이 더 많다). 더 잘 통치되는 국가는 더 높은 생활 수준, 더 나은 건강, 더 긴 기대 수명, 향상된 교육 결과, 더 잘 작동하는 경제를 보유한다.

라자라트남과 안드레스키는 부패라는 단어와 도둑 정치라는 단어를 함께 사용했는데, 두 단어가 서로 대체할 수 있다는 생각을 하지는 않았던 것으로 보인다. 부패는 안드레스키가 폴란드를 통해서 알게 된 단어였다. 그곳에서는 비공식적 사업 거래 도중 손에서 손으로 현금이 오가는 것을 "사회주의자의 악수"라고 일컬었다. 하지만 도둑 정치는 그보다 훨씬 더 막대한 양의 도둑질을 특징으로 하는 새로운 현상이었다. "그들 중 상당수는 단순히 막대한 금액을 재무부에서 자기 개인 계좌로 옮겨 놓았으며, 불법 수익의 주된 원천은 정부 계약에서 일부를 떼어먹는 관행이었다. 나이지리아에서는 10퍼센트를 떼어먹는 것이 일반적인데, 바로 그런 이유 때문에 정계에서 활동하는 사람을 가리켜 '10퍼센트인사'이라는 말이 종종 사용되었다." 안드레스키의 말이다.

그 정도로 많은 돈은 매트리스 아래 숨길 수도 없고, 손 안에 감춰서 악수를 하는 사이에 건네줄 수도 없게 마련이다. 막대한 금액을 처리하려면, 폴란드의 공무원들이 이용 불가능한 방식으로 그런 돈을 흔쾌히 받아들여 이리저리 움직일 수 있는 은행이 필요하다. 안드레스키는 자기가 이전까지의 부패 형태와는 질적으로 다른 뭔가를 목격하고 있음을 자각했다. 본인은 미처 깨닫지 못한 상태였지만, 그가 목격한 것은 세계화된 금융이 아프리카 경제에 미친 충격의 첫 번째 순간, 그리고 '훔치기-숨기기-소비하기'의 3단계로 이루어진 머니랜드로 가는 터널의 개통이었다. 현대 통신은 나이지리아에 역외를 도입했고, 이 나라는 그 충격으로부터 결코 회복되지 못했다.

"우리는 수백만 내지 수십억 달러에 관해 이야기하는 데 워낙 익숙해졌기 때문에, 더 이상 그런 숫자의 순수한 크기에 걸맞은 존중을 보내지 않게 되었습니다. 가끔은 저조차도 그리스도께서 세상에 오셨던 때로부터 기껏해야 100만 년도 안 지났다고 말해서 학생들이 소스라치곤 합니다." 아체베의 말이다. "나이지리아 사람들이 부패한 까닭은 오늘날 그들이 살아가는 시스템 자체가 부패를 손쉽고 수지맞게 해 주기 때문입니다. 부패가 어려워지고 불편해질 때에야 그들은 부패하기를 중지할 겁니다."

이런 상황이다 보니, 국제 개발 전문가들이 (이미 1970년대부터) 현재 일어나는 일에 대해 우려하기 시작한 것도 놀라울 일은 아니다. 미국 상원 국제관계 위원회의 의뢰로 기업 뇌물을 수사했으며, 아울러 네비스로 직접 찾아가는 것은 의미가 없다고 내게 조언했던 변호사 잭 블럼은 국제연합^{UN}의 반부패 협약을 기초하기 위한 컨설턴트로 고용된 적이 있었다. 블럼은 명료한 시야를 지닌 관찰자로서, 부패와 도둑 정치와 (잠시 후에 우리가 살펴보게 될) 역외 조력 탐욕에 관한 그의 분석은 매우 중요했다. 하지만 그는 UN의 정치적 수렁에 푹 빠져서 헤어나오지 못했다.

2017년 그는 애너폴리스의 한 카페에 앉아서 1975년 당시 20페이지짜리 초안을 작성해 외교관들에게 건네준 경위를 설명했다. "그들은 그걸 살펴보더니 웃기 시작했고, 우리더러 이걸 UN의 언어로 표현해야 한다고 말했습니다." 블럼은 뭔가 재미있는 일을 회고하는 듯한 어조였지만, 물론 과거의 그로선 그 상황이 전혀 재미있지 않았을 것이다. "예를 들어 아랍권에서는 시온주의를 부패로 간주하고 싶어 했습니다. 또 아프리카권에서는 인종차별주의를 부패로 간주하고 싶어 했고, 소비에트권에서는 자본주의를 부패로 간주하고 싶어 했습니다. 짐작이 가시겠지만, 이 협약 초안은 아무런 성과도 내지 못했습니다. 각자의 요구대로 표현을 수정하다 보니 분량은 20페이지가 아니라 무려 90여 페이지로 늘어났지만, 내용은 전적으로 쓸모없었습니다. 이후 한동안 UN 내부에서는 그 사태를 1976년의 재난이라고 일컫곤 했죠."

문제의 핵심은 부패가 정확히 무엇인지를 정의하는 데 있었다. 상당수의 정치인에게 그 말은 구체적인 의미를 지닌 개념이 아니라, 단지 적수를 향해 던지는 모욕에 불과하기 때문이다. 부패라는 단어에 대한 이처럼 유동적이며 구체적이지 않은 이해로 인해, 국제투명성기구^{TI}는 소말리아를 전 세계에서 가장 부패한 국가로 지목할 수 있는 반면, 이탈리아의 마피아 전문가 로베르토 사비아노는 영국을 전 세계에서 가장 부패한 국가로 지목하는 기이한 상황이 생기는 것이다. 전자의 판정은 뇌물 수수 장소를 기준으로 삼은 것이고, 후자의 판정은 뇌물 세탁 장소를 기준으로 삼은 것이다. TI와 사비아노 모두 일리는 있다. 양쪽 행위 모두가 의심의 여지 없이 부패이기 때문이다. 하지만 부패라는 용어가, 예컨대 억류된 선박을 풀어 달라고 해적을 설득하기 위한 몸값으로 돈을 지불하는 것에서부터 훗날 그 돈을 가지고 런던 나이츠브리지에 있는 아파트 한 채를 구입하는 것까지 다양한 활동을 망라하고 있다는 것이야말로, 이 용어가 워낙 광범위하기 때문에 거의 의미가 없을 지경이라는 점을 보여 준다.

세계에서 가장 가난한 국가들 가운데 상당수에서 무엇이 잘못되었는지를 분석하고자 할 때 '부패'처럼 부정확한 단어에 의존하다 보면 답답해 미칠 지경일 것이다. 예를 들어 키예프 소재 암 연구소의 종양학자들이 자기네 업무를 논의하는 과정에서, 구체적인 질환을 지목하는 데 사용하는 구체적인 용어가(예를 들어 림프종, 흑색종, 암종, 백혈병 등의 단어가) 없어 그냥 '암'이라는 단어 하나로 어찌어찌 설명해야 한다고 상상해 보라. 아니면 영국의 디너파티 참석자들이 날씨에 관해 심도 있는 논의를 하려는데, 하늘에서 떨어지는 물의 다양한 방식을 묘사하는 데 사용할 수 있는 유일한 용어가 오로지 '강수'降水 하나뿐이라고 상상해 보라. 두 경우 모두 관련 현상의 본질에 대해 그 어떤 종류의 정확한 분석을 시도하기란 거의 불가능할 것이다. 부패 문제에 대한 구체적이고 상세한 어휘가 결여돼 있다는 사실은 부패가 그토록 제대로 이해되지 못하는 이유 가운데 하나이다.

부패의 역학에 우리가 적절하게 관여하지 못하는 또 다른 이유는, 누군가가 정직하고 번영하는 민주주의 속에서 살아간다는 것이 지금 얼마나 드문 일인지, 즉 역사적 관점에서 얼마나 독특한지를 서구 사람들이 종종 깨닫지 못하기 때문이다. 서구의 정치사상 상당수는 '선진' 국가의 자유민주주의를 역사 발전의 자연스러운 결말로 내다보았기에 다른 사회들을 '개발도상'에 있다고 지칭했다. 마치 그 사회들이 종국에는 오늘날 우리가 살고 있는 종착역으로 인도

될 선로 위의 열차라도 되는 것처럼 말이다. 정치 이론가 프랜시스 후쿠야마는 (역사가 종말에 이르렀다는 발상을 포기하고) 2011년 발표한 저서 『정치 질서의 기원The Origins of Political Order』에서 이것은 세계를 바라보는 위험할 정도로 잘못된 방식이라고 주장했다. 서유럽과 미국과 기타 서구 여러 국가의 자유자본주의liberal capitalism는 극히 이례적일 뿐만 아니라, 여러 종류의 정부 가운데 단 하나에 불과하다. 그의 말에 따르면, 부패는 보통 완전히 다른 전통을 지닌 사회에 무지나 오만으로 서구식 국가 및 경제구조를 강제할 경우 대두한다.

"현재 아프리카의 기능 장애 가운데 상당수의 뿌리에는 서구인들이 식민지의 관습적인 재산권을, 그리고 그런 재산권이 친족 집단에 각인되었음을 이해하지 못한 잘못이 어느 정도 놓여 있다." 그의 말이다. "유럽인은 탐욕스러운 아프리카의 독재자들에게 의도적으로 권력을 부여해서 동료 부족민을 완전히 비전통적인 방식으로 압제할 수 있도록 만들었다. 이는 근대적인 재산권 시스템을 만들려는 유럽인의 열망에 따른 것이었다. 그리하여 이들은 독립 이후 신新세습 정부의 성장에 기여했다."

이는 결국 구식민지가 이중적 정부 형태를 얻었다는 뜻이다. 하나는 친족 기반 구조이며, 또 하나는 유럽식 국가 구조이다. 독립 이후의 통치자들은 특정 시기에 유용한 정부 형태, 이를테면 자기를 부유하게 만들어 주거나 자기 적을 처벌케 해 주는 정부 형태를 무엇이든지간에 사용할 수 있었고, 그리하여 자기들이 원하는 만큼 자주 왔다 갔다 하며 정부 형태를 바꾸었다.

상당수의 서구인에게, 또는 최소한 이메일 계정을 지닌 모든 서구인에게 이런 종류의 부패가 가장 두드러지게 드러난 예는 아마도 선금 사기극일 것이다. 이런 종류의 사기극은(앞서 소개한 할리 스트리트 29번지와 연관된 라스베이거스의 사기극에서 드러났듯이, 이때는 결코 실현되지 않는 막대한 보상에 대한 기대로 약간의 선금을 내놓으라는 요구가 나오게 마련이다) 이미 여러 세기 동안 통용되어 왔다. 하지만 팩스의 도래, 그리고 곧이어 이메일의 도래 이후에는 선금 사기극이 정말로 창궐하게 되었다.

나이지리아인은 오래전부터 이런 사기극의 달인이었는데, 해당 범죄를 규제하는 형법 조항을 따서 이를 '419'라고 지칭한다. 혹시 아직 419 사기극의 제안을 받아 본 적이 없는 사람들을 위해 그 내용을 설명하자면 이렇다. 어느 날 내 앞으로 이메일이 한 통 도착해서 읽어 보니, 누군가가 막대한 금액의 횡령 자금을 갖고 있는데, 그 돈을 나이지리아에서(또는 러시아에서, 또는 브라질에서, 또는 다른 어딘가에서. 참고로 내 이메일 스팸 폴더에 현재 들어 있는 것 중에는 이라크의 한 장군에게서 온 것도 있고, 심지어 FBI에서 온 것도 있다) 빼낼 수 있도록 도와 달라고 말한다. 아마도 이 분야의 원형에 해당하는 내용은 나이지리아 전직 대통령 사니 아바차의 미망인 메리암 아바차로 자칭하는 사람에게서 온 것이 아닐까. "저는 해외 보안 회사에 1,500만 달러를 예치하고 있는데, 그 회사의 이름은 우리가 통신을 개통할 때까지는 밝히지 않겠습니다. 안전을 위해 이 자금을 당신의 계좌로 받아 주시면 감사하겠습니다." 모험심 넘치는 나이지리아인들이 이런 이메일을 수백만 통이나 보내서 혹시 수신자 가운데 누군가가 걸려들었다 하면, 문제의 자금을 건네려면 지금 당장 필요하다며 소액의 선금을 요구했고, 그렇게 해서 돈이 들어오면 챙겨서 종적을 감추었다. 라고스에서는 사무용 건물 여러 채와 수많은 엑스트라까지 동원해서 정교하게 만든 사기극에 걸려든 서양인들이 그곳까지 날아와 막대한 금액을 건네고 나서야 자기네가 노리던 비밀 자금은 애초부터 없었다는 사실을 깨달았다는 전설도 떠돌았다. 419의 거물들은 한재산씩 벌었으며, 그보다 더 젊은 나이지리아인들도 잠재적 희생자들과 소통하는 일을 하면서 버젓한 생활을 영위했다.

물론 이런 사기극이 먹혀드는 까닭은 나이지리아가 (한 작가의 말마따나) "부패의 저수지"라는 이미지를 갖고 있기 때문이다. 예를 들어 스칸디나비아 어느 나라의 관료보다는 차라리 나이지리아의 관료가 그런 종류의 현금을 손에 넣었다고 믿는 편이 더 쉽다. 하지만 사기극이 그럴싸해 보이는 두 번째 이유가 있는데, 이 이유에 대해서는 인지나 검토가 훨씬 덜 이루어진다. 사기극이 먹혀들기 위해서는, 나이지리아인이 부정한 현금을 서양인에게 맡기는 것이 상당히 일상적이라는 사실을 피해자가 받아들여야만 한다. 지금껏 나이리지아의 부패에 대해서는 널리 논의된 바 있지만, 서구의 조력에 대해서는 그렇지 못했다. 419 사기극이 거둔 성공의 불가피한 결론이란, 나이지리아의 부패에 관해서 알고 있는 모든 사람은 (단지 무의식적으로라도) 그런 부패를 가능케 하는 서구의 조력에 대해서도 알고 있다는 것이다. 즉 그 나라에서 훔친 돈은 항상 스위스나 런던, 또는 이와 유사한 다른 어딘가에 도착하게 마련이라는 것이다. 또한 이것은 그 나라를 약탈한 것은 단지 나이지리아인만이 아니었다는 사실이 (비록 인지되지도 않았고 검토되지도 않았지만) 널리 받아들여져 왔다는 뜻이기도 하다. 즉 약탈자들은 서구의 전문가들과 적극적으로 공조했던 것이다(심지어 서구의 공무원들과도 공조한 셈이었다. 2000년대 초까지만 해도 서구 여러 국가에서는 자국민이 해외에 지급한 뇌물에 대해서조차 세액공제를 해 주었다).

단도직입적인 부패가 날개를 단 대목이 바로 여기서부터였다. 현대적인 도둑 정치란 단지 고정시켜 두지 않은 것은 뭐든지 훔치는 차원의 문제가 아니다. 이는 또한 그런 자산을 법률도 협상 가능하고 경찰도 따라올 수 없는, 경계 밖의 역외 세계에 마법처럼 빼돌리는 것으로 이루어져 있다. 도둑 정치가의 입장에서는 자기가 훔친 돈을 머니랜드에 넣어 둔다는 것은 그 돈을 도로 내놓을 걱정을 할 필요가 없다는 뜻이었다.

경제학자 로버트 클리트가드Robert Klitgaard는 1980년대에 2년 반 동안 적도 기니에서 경제 고문으로 일했다. 1990년에 간행한 회고록 『적도의 악당들Tropical Gangsters』에서 클리트가드는 매력적이고 느긋한 안내원이 되어, 그곳의 외딴 해안에서 시도한 자신의 파도타기 취미를, 또는 지역 회계사들에게 워싱턴 스타일의 활기를 부여하려는 시도로서 지역 음악가들과 벌인 즉흥연주를 묘사했다. 아울러 그는 마시아스의 고삐 풀린 통치로 인해 만신창이가 되고 외상을 입은 나라를 묘사했다("그런 것들을 측정하는 아프리카 연구자들은 마시아스를 우간다의 이디 아민보다 더 나쁘고, 중앙아프리카공화국의 보카사 황제보다 더 나쁘다고 평가했다"). 그가 살펴본 보고서에서는 지난 20년간 적도기니는 서민들의 소득 감소가 세계 어느 곳보다도 심했다.

일부 관료들은 안정적이고 번영하는 국가를 만들려고 진정으로 노력했지만, 정치인들은 그렇지 않았다. 그들은 돈으로 매수되기가 극도로 쉬웠고, 그 어떤 개혁안이나 개선안이라도 기회로 활용해 자기 돈을 챙겼다. 세계은행이 코코아 산업을 재건하려 시도하자, 장관들은 제일 좋은 농장들을 모두 "국유화"했다. 외국 기부자가 영양부족 인구에 계란을 제공하는 계획을 수립하자, 정치인들이 닭을 싹쓸이하는 바람에 농장이 문을 닫아야 했다.

클리트가드의 회고에서 반복되는 주제는 바로 여러 국제 개발 전문가와 외교관이 그곳 정부 장관들에게 던진 경멸이었다. 가브리엘라라는 세계은행/IMF 관료는 자기 협상 전술을 이렇게 설명했다. "그들에게 한 치도 양보할 수 없습니다. 조금이라도 양보하면 훔쳐 가 버리고 말거든요. 그들을 마치 어린아이처럼 대해야만 합니다. 매우 엄격하게 대해야만 하죠." 스페인의 한 외교관은 이보다 더 퉁명스럽게 표현했다. "이들은 갓 밀림에서 기어나온 상태, 갓 나무에서 내려온 상태에 불과합니다." 미국의 한 대사는 아무것도 개선되지 않는다면서 사실상 체념한 상태였다. "마치 수백 년 전으로 거슬러 올라간 것 같습니다. 아무리 이야기를 해도, 그 사람들은 당신 말이건 내 말이건 이해하지 못합니다."

실제로 적도기니의 통치자들은 자기들이 허락받은 것 이상으로 남의 말을 훨씬 더 잘 이해한 것으로 보인다. 그들은 단지 여러 다른 통치를 이용했을 뿐이었다. 심지어 클리트가드가 찾아오기 전에도, 석유 탐사 업체들은 그곳에서 최초로 근해 유전을 발견했으며, 더 북쪽에 있는 나이지리아 영해처럼 그곳에도 석유가 풍부하다는 추가적인 증거를 찾기 위해 해저를 훑어보았다. 1990년대

중반부터 상당한 양의 석유 생산이 시작되자 돈이 쏟아져 들어왔다. 《포브스》지에 따르면 오비앙 대통령은 6억 달러의 개인 재산을 모았고, 2006년에 세계에서 가장 부유한 왕과 독재자 가운데 8위에 올랐으며, 영국 여왕보다 무려 1억 달러나 더 돈이 많아졌다. 미국 대사가 말한 개념조차도 파악하지 못한다고 여겨진 사람으로서는 그리 나쁜 일이 아니었다.

그의 아들 테오도린도 나름대로 한재산을 장만했고, 그중 1억 1,000달러쯤을 미국으로 보냈다. 그는 1997년부터 워싱턴 D.C. 소재 릭스은행에 보유한 수십 개의 계좌에 수백만 달러를 예치했다. 훗날 상원 조사에서 밝혀진 바에 따르면, 그는 이 돈을 이용해서 극도로 비싼 부동산과 승용차와 사치품을 구입하는 열정과, 아울러 파티 개최와 여자 친구 즐겁게 해 주기 같은 열정에 탐닉했다. 미국 법무부의 내부 문서에 따르면, 테오도린은 자국의 목재와 기타 산업에 "혁명세"를 부과하면서, 현금으로 자기에게 직접 지불하거나 또는 자기가 조종하는 유령 회사에 지불하게 했다. 그는 미국 변호사, 은행가, 부동산 중개업자, 에스크로[13] 대리인을 고용해서 자기 돈을 이리저리 옮겼다. 혹시 전문직 고문 가운데 누군가가 그 돈의 출처를 물어보더라도, 그로선 문제없이 대체 인물을 찾을 수 있었다.

테오도린의 변호사 마이클 버거는 자기 의뢰인이 마세라티 한 대(13만 7,000달러), 페라리 한 대(33만 2,000달러), 페라리 또 한 대(28만 달러), 람보르기니 한 대(28만 8,000달러), 람보르기니 또 한 대(33만 달러)를 구입하고, 330만 달러짜리 수표를 발급하는 과정에서 신분을 감출 수 있도록 유령 회사를 설립했다. 한번은 누군가가 '점핑 부츠'를 차고서 거리를 뛰는 모습을 본 테오도린이 자기도 그걸 사고 싶다면서, 온라인으로 살 수 있게 버거에게 의뢰하여 유령 회사 이름으로 페이팔 계정을 하나 만들기도 했다. 버거는 수고비도 받았지만, 덩

---

13. 제3자가 매수인으로부터 대금을 보관하고 상품의 인도나 일의 완성을 확인한 후, 제3자가 판매자에게 대금을 지불하는 '제3자 기탁' 서비스.

달아 테오도린 계좌의 부가 혜택도 만끽했던 것으로 보인다. "플레이보이 맨션에서의 캔디 할로윈 파티에 초대해 주시고, VIP 대우를 받게 해 주셔서 무척 감사합니다. 정말 끝내주는 시간을 보냈습니다. 아름다운 여성도 여럿 만났고, 그걸 입증할 만한 사진과 이메일 주소와 전화번호도 얻었어요." 버거는 의뢰인에게 보낸 유난히 오글거리는 이메일에서 이렇게 말했다.

핵심은 서양인들이 단지 개발도상국의 부패의 수동적인 관찰자일 뿐만 아니라, 그런 부패의 적극적인 조력자이기도 하다는 점이다. 국제 개발 전문가들이 오비앙 가족을 향해 "갓 나무에서 내려왔다"고 조소한 때로부터 10년이 약간 지났을 뿐이지만, 이처럼 테오도린은 완전히 편안하게 역외의 미궁 속을 돌아다니고 있는데, 버거와 같은 부류의 사람들로부터 받은 도움이 아니었다면 불가능했을 것이다. 머니랜드로 들어가는 터널을 지키는 사람들은 바로 변호사와 회계사이며, 이들은 입장료를 지불할 수 있는 사람 누구에게나 그 문을 열어 주고 황금빛 문턱 너머의 내부로 안내할 수 있다.

여러 사례에서 이들은 자기네가 다루고 있는 돈이 훔친 것이라는 사실을 완전히 알고 있는 상태에서 행동했다. 1990년대에 시티은행은 개인자산운용 부문에 나이지리아와 가봉 등지의 도둑 정치가들의 계좌를 보유하고 있었다(이런 사실이 밝혀진 것에 대해서 상원의 지칠 줄 모르는 조사소위원회에 다시 한 번 감사할 일이다). 1997년 당시 나이지리아의 대통령이 (그것도 무려 419 사기극 전체에서 가장 전설적인 인물로서 불후의 명성을 획득한 여자와의 사이에서) 낳은 두 아들 이브라힘과 모하메드 아바차에 관한 이 은행의 고객 약력에는 이런 사실이 매우 공공연하게 나와 있다. "주요 산유국의 국가 수장으로서 부를 축적한 부친에게서 그 부를 물려받음." 1967년부터 2009년까지 가봉 대통령으로 재직한 오마르 봉고의 약력은 훨씬 더 간결했다. "부의 출처: 지위의 결과로 자수성가. 그의 조국은 산유국임." 규제 당국이 봉고의 계좌를 거쳐 간 수백만 달러의 출처에 대해 추가 자료를 요청하자, 한 은행 직원은 이렇게 썼다. "빌이나 저나 이 돈이 어디서 났느냐고 고객에게 물어보지는 않았습니다. 저는 단지 프랑스 정부/프랑스 석유 회사(Elf)가 그에게 '기부금'을 주었을 것이라고 추정하는 바입니다." 한 은행 직원은 "예절과 의전 차원에서" 봉고에게 이 돈이 어디서 난 것이냐고 물어보기가 내키지 않았다고 말했지만, 다른 직원들의 계산에 따르면 대통령은 가봉의 매년 국가 예산의 8.5퍼센트가량을 개인 용도로 받고 있었다. 그런데도 은행은 그런 사실을 절대적으로 문제없다고 여겼던 것이다. 봉고의 가족은 바레인, 조지섬, 런던, 룩셈부르크, 뉴욕, 파리, 스위스의 시티은행에 계좌를 보유하고 있으며, 때로는 바하마제도의 유령 회사 이름으로 계좌를 관리했다. 이 민영 은행은 이 계좌를 가리켜 (그리 놀랄 일도 아니지만) 자기네한테 "극도로 수지맞는 관계"라고 표현했다.

이런 서구의 전문가들은 역외로 워낙 많은 돈을 옮겨 놓았기에, 거기에 대해 신뢰할 만한 추산을 하기도 불가능하다. 2000년에 빈민 구호단체 옥스팜이 내놓은 기초적인 보고서에 따르면, 세계의 가장 가난한 국가들에서 매년 500억 달러씩이 착복되고 있다. 이 정도 금액이면 부유한 국가들이 가난한 국가들에 보내는 전체 원조 예산과 거의 맞먹었다. 테오도린 오비앙이 빠른 승용차와 헤픈 여성과 멋진 부동산에 막대한 돈을 쓰는 사이, 모국의 인구는 지속적인 가난에 사로잡혀 있었고, 전 세계에서 11번째로 HIV 감염자 비율이 높았으며, 뎅기열과 말라리아와 영양실조의 비율도 높았다.

어찌 보면 오비앙이 외국에서 법을 어긴 것이 명백해 보일 수도 있지만, 그건 처음 생각한 것보다 훨씬 더 복잡한 문제이다. 누군가가 자국에서 기소되지 않았고 심지어 조사받지도 않았다면, 과연 그를 범죄자라고 할 수 있는가? 이것은 형이상학적이거나 어쩌면 철학적인 질문이며, 법정에서 필요한 현실성으로부터 매우 동떨어져 있다. 분명히 이것은 누군가를 유죄라고 간주할 수 있는 근거가 아니다. 서양의 사법 체계는 어떤 사람이 유죄인 것으로 입증되기 전까지는 무죄라는 핵심 가정에 기초하는데, 이는 자칫 문제를 야기할 수 있다. 만약 누군가가 한 나라의 사법 체계를 조종할 수 있고, 그 조종 능력을 이용해 한 재산을 벌 수 있고, 공정한 재판을 받을 피고의 권리를 실현하는 데 능수능란한 고액 변호사가 있는 다른 어딘가로 그 재산을 몰래 가져올 수 있고, 자국 내 자신의 지배를 통해 그 재판에서 드러나는 증거를 조종하기까지 한다면, 과연 그 사람을 어떻게 기소할 수 있겠는가? 이 사실이 이해된다면, 우리는 머니랜드가 얼마나 잘 방어되는 장소인지를 이해하기 시작하는 셈이다.

1999년 IMF의 아프리카부는 '제도화된 부패와 도둑 정치 국가'라는 제목의 흥미로운 보고서를 내놓았는데, 여기서 바로 그 문제를 분석해 두었다. 역외 조력 부패의 이 현대적인 형태는 (이를 테면 뉴욕의 마피아 조직처럼) 정치 시스템에 이질적인 뭔가인 동시에 정치 시스템을 먹이로 삼는 뭔가라기보다는, 오히려 정치 시스템 그 자체의 핵심이라는 것이다. 즉 "무법 세계에서 자행되는 효율적인 약탈 행동의 자연스러운 결과"라는 것이다. 이 보고서의 저자는 부패의 피라미드라는 안드레스키의 발상을 거론한 다음, 이것은 인구 전체로부터 보호세를 추출하는 극단적으로 효율적인 방법이라고 서술했다. 만약 내가 모든 공무원들을 설득해서 나를 위해 일하게 만든다면(우선 이들에게 봉급을 적게 지급함으로써 이들이 뇌물을 받지 않을 수 없게 한다면), 결국 나 자신의 뇌물 요구를 효율적으로 외주화하는 동시에 그들을 인질로 삼을 수 있다. 언성을 높이는 사람 누구라도 나만큼 유죄이다. 그들도 역시나 뇌물을 받기 때문이다. 여기서 문제는 정부가 만사를 좌우하는 것이 아니라, 오히려 정부가 만사에 대해 공무원들에게 비공식 세금을 걷게 만든 다음 그 수익을 손이 닿을 수 없는 어딘가에 은닉하는 것이다. 그들은 역외 강도인 셈이다.

"부패라는 용어를 둘러싼 혼동은 정치적 합법성을 당연하게 간주하는, 그리하여 완전히 다른 목적과 구조에 근거한 다른 사회에 그 용어를 자유롭게 전가하는 현대사회로부터 비롯된다." 이 보고서는 이렇게 결론을 내린다. "지대를 추구하는 독재 정권의 입장에서 분석했을 때, '부패'는 우연적인 것이 아니라 시스템적인 것이다."

　그리고 이 시스템은 점점 더 그 국경을 벗어나고 있다. 그러지 말아야 할 이유는 없지 않은가. 어쨌거나 여행에 필요한 서류는 모두 구비되어 있는데 말이다.

9

여권을 판매하는
사람

런던 중심부의 사보이호텔 깊숙한 곳에는 흰색과 금색 벽이 있
는 커다란 방이 하나 있다. 아마도 19세기에 사보이호텔이 영국
최초의 호화판 호텔로 건립되었을 당시에만 해도 이 방은 무도
회나 만찬을 위한 용도였을 것이다. 하지만 지금은 회의를 위한
용도이며, 바로 그런 이유 때문에 2016년 11월 이곳에 줄줄이
탁자가 놓이고 수백 명의 사람들이 앉아 있었던 것이다. 대부분
사십 대였으며, 대부분 백인이었지만 때때로 아시아인이나 카리
브인의 얼굴이 섞여 있었다. 이들은 매우 부유한 고객만 골라 상
대하는 변호사와 기타 전문직으로, 자기네 업무의 한 가지 매우
특별한 국면에 대해 논의하고자 모였다.

불과 몇 분 전까지만 해도 이들은 떼 지어 복도와 계단을 지나 회의실 밖으로 나갔고, 서로 명함을 교환하며 새로운 연줄을 만들었다. 하지만 이제 말없이 무대만 바라보았다. 무대에는 날씬하고 등이 꼿꼿한 남자 하나가 그들을 마주 보고 있었다. 청중 가운데 남성 참석자는 거의 정장을 입었지만, 연사는 하늘색 블레이저와 갈색 면바지를 가볍게 걸치고는, 새하얀 셔츠는 목 부분에서 풀어 놓고 갈색과 청색의 손수건을 가슴 주머니에 꽂고 있었다. 머리카락은 은색이었고, 약간 번들거리게 해 주는 물질을 이용해 고수머리를 이마에서 뒤로 넘겨 주었다. 그의 이름은 크리스티안 켈린이었고, 그날 거기 모인 청중에게 이런 말을 하러 온 것이었다. '당신들은, 아울러 당신네 고객들은 두려워해야 마땅하다.'

그의 말에 따르면, 이들이 처한 문제는 바로 투명성이었다. 세계는 부유한 사람들이 자기 부의 세부 사항을 조세 당국에 반드시 제공해야만 하는 장소로 변모하고 있으며, 국경은 이미 오랫동안 자본에 그러했듯이 이제는 법 집행기관에도 침투 가능한 것이 되어 가고 있었다. 이로써 머니랜드로 통하는 터널이 단지 부자들에게만이 아니라 모두에게 열린 세계가 될 것이다. 이것이 바로 걱정스러운 생각이었다. 그는 이렇게 단정했다. 일단 관료들이 자기네 자산의 세부 사항을 알게 되면, 그 외에 다른 누군가도 그 사실을 알게 되지 않겠는가? 예를 들어 그 누군가가 범죄자, 테러리스트, 부패 공무원 같은 이들이라면? 그럴 가능성은 정말 무시무시했다.

"세계 전역에 걸쳐서 납치와 몸값이 증가할 것이며, 신분 도용도 더 많아지고, IT 시스템 해킹도 더 늘어날 것입니다. 베네수엘라부터 영국까지, 남아프리카부터 베트남까지, 이탈리아부터 멕시코까지, 개인 보안은 뜨거운 주제가 될 것입니다." 그는 독일계 스위스인 특유의 딱딱 끊어지는 말투로 말했다. 회의실은 조용했고, 청중은 귀를 기울였다. "저는 과연 그것이 정말 우리가 원하는 세계인지 의문입니다. 매우 불운하게도, 제 생각에는 우리에게 선택의 여지가 없는 것 같습니다. 따라서 부유한 개인과 가문은 스스로를 보호할 필요가 점점 늘어나게 될 겁니다."

강연의 도입부만 놓고 보면 켈린은 마치 무기 상인, 또는 용병대의 지휘관, 또는 매우 부유한 사람들의 집 안에 대피 시설을 구축하는 누군가처럼 보였다. 이렇게 돈 잘 버는 사람들이 잔뜩 모여서 그의 말에 귀를 기울이며 지키는 침묵을 달리 어떻게 설명할 것인가? 하지만 켈린은 무력이나 무기나 방탄문을 판매하는 사람이 아니었다. 그는 이보다 훨씬 더 가치 높은 뭔가를 파는 사람이었다. 바로 시민권이었다.

켈린은 이른바 "거주 및 시민권 계획 분야의 세계적인 선두 업체"로 자처하는(물론 충분히 그럴 만한 이유가 있었다) 헨리앤드파트너스^{Henry & Partners}의 대표였다. 일단 청중을 놀라게 해 두려운 침묵에 빠트린 다음, 그는 청중의 고객들에게 여권(그는 "투자 시민권"이라는 더 섬세한 표현을 선호했지만, 원칙적으로는 똑같은 이야기였다)을 팔 준비가 되어 있는 여러 사법관할구역들의 목록을 제시하며 마음을 진정시켜 주었다. 우선 몰타로 시작했는데, 그의 말에 따르면 이곳은 지금까지 그 프로그램으로 20억 유로 이상을 벌어들였다. 거기서부터 우리는 키프로스, 몬테네그로, 남아메리카(아직은 구체적으로 거론할 수는 없지만, 그곳의 한 나라가 새로운 계획을 시작하려고 확실히 준비 중이라고 했다)와 카리브해 여러 국가를 거쳤다. 강연의 한 대목이 끝날 때마다, 그는 잠시 이야기를 멈추고 "채널 고정하세요"라는 말을 특이하게도 높은 어조로 반복했다. 처음에 그가 이 말을 했을 때에는 회의장에서 킥킥대는 웃음이 살짝 흘러나왔다. 두 번째로 이 말을 하자 이번에는 큰 웃음이 터져 나왔다. 마지막으로 했을 때에는 청중도 기다리고 있었다. 결국 박장대소와 함께 박수 소리가 터져 나왔다.

나는 헨리에서 무려 10년간 매년 개최한 행사인 '세계 거주 및 시민권 회의'에 참석하러 이곳에 왔다. 강연자 중에는 BBC의 유명 언론인, 전직 영국 내각 장관, 철학자 알랭 드 보통을 비롯해서 변호사, 학자, 회계사, 카리브해 5개국의 총리, 몰타 대통령, 최소한 2명 이상의 대사, 그리고 기타 대여섯 군데 국가의 대표가 있었는데, 하나같이 부유한 사람들을 설득해서 다른 나라가 아니라 자기네 나라에 투자를 부탁하려고 온 것이었다. 헨리는 자기네 고객들을(즉 여권을 구입하는 사람들을) "세계 시민"이라고 부르기를 좋아했다. 그러면서 매년 '세계시민상'을 시상했는데, 그 선정단에는 무려 요르단 왕비도 포함되어 있었다. 2015년의 수상자는 지중해에서 항해 불가능한 선박을 타고 온 이민자들을 구조하는 조직의 창립자인 해럴드 호프너였다. 이듬해 수상자는 남아프리카의 자선사업가 이미티아즈 술리만 박사였다.

약간 독선적인 면이 없지 않았지만 분위기는 고상한 편이었는데, 아마도 참석자들은 그걸 좋아하는 것처럼 보였다. 켈린이 강연을 마치자, 투명성의 위협에 관해 아직 남아 있는 우려도 역시나 떨어져 나갔다. 만사가 괜찮을 것이었다. 고객들은 풍부한 선택지를 갖고 있었으며, 앞으로도 훨씬 더 풍부하게 갖게 될 것이다. 이제부터 부유한 사람은 누구나 국경 안에 갇혀 있을 필요가 없었다.

"강대국들이 전쟁을 벌이고 있는 상황에서 자기 자신의 미래를 계획할 능력이 없다는 것이야말로 매우 걱정스럽고도 매우 불안한 일이죠." 이 회의에 참석했던 러시아의 저명한 변호사 드미트리 아파나시예프가 내게 말했다. "그리고 바로 그것은 우리 고객들이 각자의 개인적이고 사적인 삶에서 분투하고 있는 단 하나의 근본적인 위험입니다." 그의 말에 따르면, 크림반도 합병 이후 러시아와 러시아인에게 부과된 제재 때문에 그의 고객들은 크나큰 우려를 품었으며, 그중 상당수는 블라디미르 푸틴의 대외 정책에 볼모로 잡히지 않을 필요가 있음을 깨달았다. 아파나시예프가 말하는 방식만 놓고 보면, 추가 여권은 그의 고객들을 위한 보험의 일종이었다. 그들은 크렘린의 다음 행보를 결코 확신하지 못했기 때문이다. 금고 안에 제2의 여권을 넣어 둔다는 것은 단순히 생각해도 이치에 닿는 일이었다. 그렇게 되면 언제라도 만사를 팽개쳐 버리고, 비행기에 올라타서 빠져나올 수 있는 선택지가 있는 셈이었다. 내 돈은 이미 역외에 있으므로, 일단 새로운 여권만 있으면 나 스스로도 사실상 역외에 있는 셈이 되어서, 고국의 법 집행기관의 손이 닿지 않는 곳에 있는 격이었다. "선별적기소[14]에 대한 두려움이 있습니다. 나의 역외 자산이 발각되면 그들이 나를, 또는 내 아내를, 또는 성인이 된 내 자녀를 뒤쫓을 거라는 두려움이죠." 아파나시예프의 말이다. "사람들은 졸지에 가족의 안전과 불법행위 가운데 양자택일이라는 터무니없이 어려운 입장에 서게 됩니다. 그러면 사람들은 대부분 떠나는 것으로 이 스트레스를 해결하지요."

헨리는 항상 이런 우려를 사업에 이용하고 있으며, 특정 뉴스의 헤드라인 때문에 제2의 여권에 대한 수요의 급증이 있었다고 주장하는 악의적인 언론 자료를 정기적으로 내놓는다. 예를 들어 2016년 미국 대통령 선거 직후에 이 업체는 "트럼프에 대한 두려움 때문에 부유한 미국인들이 대안 시민권을 찾고 있다"고 주장했다. 또 영국이 EU를 떠나기로 표결한 이후에는 헨리의 사내 잡지에서 영국 시민권의 "아르헨티나화[ᴮ]"에 대해 경고하면서, 어쩌면 지금이야말로 영국인이 EU의 권리를 유지하기 위해 몰타나 키프로스로부터 여행 서류를 발급받는 것을 고려할 때라고 주장했다.

사보이호텔의 커다란 회의실을 지나면 위층의 전시 공간이 나오는데, 여기에는 비자와 여권을 판매하는 국가별 부스가 설치되어 있었다. EU 국가들은 호화판 부동산 개발을 홍보하고("예외적이다 싶을 정도로 훌륭한 바닷가 생활, 배타성, 희귀성, 투자의 안전을 위해서, 원ᴼᴺᴱ[15]은 키프로스에서 가장 수요가 많은 주소입니다") 자국 사법 체계의 탁월함을 선전했다. 부스마다 요트, 식당, 바닷가에서 손을 잡고 미소를 짓는 중년 부부 등의 사진이 수록된 소책자를 매력적인 젊은

---

14. 범죄의 성질과 내용이 비슷한 여러 사람 가운데 일부만을 선별하여 기소하고 나머지 사람들은 수사에 착수하지 않거나 기소유예 처분 등을 하는 것.

15. 키프로스에서 2020년에 완공 예정인 고급 아파트의 이름이다.

여성들이 건네주었다.

부스 가운데 상당수는 시민권이 아니라 거주권을 광고하고 있었다. 캐나다와 미국과 영국을 위시한 부유한 국가들은 1980년대부터 부유한 사람들에게 특별 비자를 판매해 왔다. 하지만 사람들은 그보다 여권을 선전하는 부스 주위에 모여들었다. 이들의 홍보 자료도 훨씬 더 매력적이었다. 예를 들어 카리브해의 섬나라 세인트루시아는 최근에 출범한 여권 프로그램을 선전하는("시민권에는 보상이 따릅니다") 소책자에서 푸른 바다, 초록 언덕, 그리고 구매자의 요트까지 배달되는 신선한 과일을 약속했다. 나도 요트가 하나 있었으면 싶은 마음이었다.

여권마다 드는 비용도 제각각이었고, 그로 인해 얻는 이득도 제각각이었다. 헨리에서 그 판단에 도움이 되는 시민권 목록을 간행했는데, 거기에는 여권당 비자 없이 갈 수 있는 나라들의 숫자가 나와 있었다. 그 숫자로만 보면 독일이 최고이고 아프가니스탄이 최저였다. 이 모두에 대해서는 역시나 도움이 되는 헨리의 중개업자로부터 설명이 뒤따르는데, 그런 일을 담당하는 사람들이 이미 수십 명이나 그곳에 대기하고 있었다.

몇 시간 뒤에 회의는 압도적으로 변했다. 시민권으로 말하자면, 대부분의 사람들이 자기 정체성에서 본래적인 것이라고 간주하는 뭔가였다. 즉 처음부터 타고난다고 간주되는, 또는 최소한 조상들로부터 물려받다고 간주되는 뭔가였다. 그러니 여권과 비자를 마치 1등석 비행기표라도 되는 양 판매한다는 것은 마치 내 가족이 될 수 있는 권리를 판매하는 것과도 약간 비슷했다. 하지만 그것은 단지 감정적인 이야기일 뿐이다. 일단 감정을 배제한 상태에서 그 질문을 냉정히 검토해 보면, 이것이야말로 단지 역외의 또 다른 표현임을 깨닫게 된다. 국가들이 자국의 주권을 이용해서 세율 후려치기로 경쟁하듯이, 부유한 시민을 끌어들이는 데에서도 후려치기로 경쟁하는 셈이었다. 어쨌거나 지금은 21세기였으니까.

구멍이 있는 곳에는 어디든지 머니랜드가 있게 마련이었으며, 세계에서 가장 부유한 사람들이 나머지 모두에게는 부정되는 특권과 가능성에 접근하게 만들어 주는 전문가들이 있게 마련이었다. 어떤 면에서 헨리의 회의에서 선전되는 시민권과 거주권은 마치 머니랜드의 여권처럼 작용했지만, 여권 판매 산업은 이런 식으로 시작되지 않았다. 사실 이것은 애초부터 산업으로 시작된 것이 아니었다.

이것은 1984년에, 그러니까 그 당시만 해도 신생 독립국이었던 세인트키츠네비스 연방에 있는 새로운 법안에 들어 있었던, 아주 불법까지는 아닌 발상으로부터 시작된 것이었다. 바로 여기, 즉 세인트키츠의 허름한 수도 바스테르에서 처음 굴러가기 시작한 바퀴 덕분에, 훗날 켈린이 가장 부유한 사람들에게 여권을 판매하게 되었던 것이다. 그런 일이 가능해진 과정 자체는 참으로 기묘한 이야기이고, 조사하기도 무척이나 까다로운 것으로 드러났다. 아마 여러분도 좋아하리라 생각한다.

세인트키츠네비스 연방의 섬들은 모두 합쳐 5만 명이 넘는 인구를 보유하고 있으며, 지도 위에 그려 놓은 모습을 보면 마치 테니스공을 피해 북서쪽으로 헤엄쳐 가는 물고기를 닮았다. 이 책에서도 앞서 살펴보았던 네비스가 곧 테니스공에 해당하며, 두 섬 중에서 더 작은 곳이다. 물고기에 해당하는 세인트키츠는 인구 대부분이 거주하는 곳이며, 수도인 바스테르도 바로 이곳에 있다. 주민이 1만 3,000명에 불과한 바스테르는 워낙 작은 도시여서 여러 관청 건물 사이를 오가기가 극도로 쉽다. 오히려 그 관청 건물에서 기꺼이 대화를 나눌 만한 누군가를 찾기가 더 어려운 편이다.

세계 여권 판매 산업의 역사적 기원을 파헤치려는 내 시도는 세인트키츠에서 이 사업을 실제로 담당하는 정부 기관인 투자시민권국에서 시작되었다. 하지만 거기 있는 어느 누구도 나와 이야기할 준비가 되어 있지는 않았기에, 나는 총독 사무실로 찾아가 보았지만 거기서도 나와 이야기하려는 사람은 아무도 없었다. 다음으로는 총리 사무실로 찾아가 보았지만, 거기서는 나를 국가안보부로 보냈고, 국가안보부의 접수원은 나를 국무장관에게 보냈으며, 국무장관은 내 전화를 세 번이나 거절한 뒤에야 비로소 공보실의 발렌시아 그랜트와 이야기를 나눠 보라고 답변했는데, 문제의 그 인물로 말하자면 이미 내가 세 번이나 보낸 이메일에도 답장하지 않은 장본인이었다. 마침내 나는 전화로 그녀와 연결되었는데, 그때쯤 되자 그랜트는 아예 이야기하기를 거절했다. "분명히 말씀드리고 싶은 것은, 사람들이 언론인과 이야기하기를 꺼린다는 겁니다. 이 프로그램을 개선하기 위해서 많은 일이, 정말 끔찍하게 많은 일이 있다 보니, 시궁창 언론인 때문에 일이 잘못되는 것을 원치 않는 겁니다." (하지만 오랜 세월에 걸쳐서 이 프로그램이 얼마나 더러운 것들을 많이 끌어 모았는지를 생각해 보면, 졸지에 시궁창 언론인이라고 일컬어지는 것도 살짝 짜증스러웠다.)

이쯤 되자 혹시 내가 뭔가를 발견하고 싶다면 어디까지나 혼자 힘으로 그렇게 해야 한다는 사실이 명백해졌고, 이는 결국 내가 기록 보관소로 가야 한다는 뜻이었다. 기록 보관소를 찾아가자 그곳 책임자인 빅토리아 오플래허티는 놀라우리만치 너저분한 사무실에 널려 있는 서류와 책 더미에 파묻혀 있었다. 복도에는 서류가 가득 담긴 커다란 상자 열댓 개가 놓여 있었고, 그 옆에는 커다란 초록색 가스통이 놓여 있었다. 이것만 해도 마치 혼돈처럼 보일 수 있지만, 그녀가 기록 보관소의 커다란 초록색 방화문을 열어서 보여 준 광경에 비하자면 아무것도 아니었다.

창문도 없는 방 안에는 오래된 책 특유의 짙은 바닐라 냄새가 가득했다. 그 안에는 회색 철제 조립식 선반 시스템이 줄줄이 놓여 있었으며, 스프링 제본 서류들이며, 내용물이 삐져나온 황갈색 서류철이며, 상자형 서류함이며, 가죽 제본 서적이며 기타 등등이 가득 들어차 있었다. 선반과 문 사이의 바닥에는 종이가 가득한 상자들이 더 많았고, 서류함의 길고도 얇은 서랍에는 카세트테이프가 가득했다. 오플래허티는 (내가 만난 그곳 정부 직원들과는 뚜렷이 대조적으로) 놀라우리만치 협조적이었다. 하지만 그런 도움조차도 나로선 이제껏 한 번도 본 적이 없었던, 아울러 그녀의 재직 기간보다 더 오래전부터 그랬음이 분명했던 심각한 만성적 무질서 때문에 한계가 있었다. 그녀의 설명에 따르면, 투자여권법이 제정되었던 당시의 의회 의사록은 전혀 없었다. 서류함에는 당시의 녹음 자료가 있으므로 원한다면 들을 수도 있었지만, 대신에 그걸 들을 오디오 장비는 기록 보관소에 없기 때문에 내가 직접 가져와야 했다. 나는 테이프 재생기를 사러 갔는데, 바로 그 대목에서 녹음 자료가 없다는 사실이 발견되었다. 사실은 테이프 자체가 전혀 없었다. 애초에 정말 있었다 하더라도 지금은 사라졌다는 것이었다. 결국 의회의 논의에 관한 기록은 전혀 없는 것이었고, 따라서 이 작은 나라가 여권 판매 사업을 개척하게 된 정확한 이유를 알 길도 전혀 없는 것이었다.

오플래허티는 근처의 자동차 부품 판매점에 가 보라고 권했다. 리처드 케인즈라는 84세 남성이 그곳 주인인데, 세인트키츠네비스가 독립을 달성했을 때 정부에서 근무했다는 것이었다. 다시 말해 그는 그 당시의 내각 논의에 참여했을 것이라는 뜻이었다. 그때부터 그는 본인과 관련된 서류를 갖고 있었으며, 기록 보관소에 넘기라는 그녀의 애원에도 아랑곳하지 않았다고 했다. 어쩌면 그가 그 서류를 내게 보여 줄 수 있을지도 모른다.

케인즈의 가게 뒤편에는 조립식 선반이 훨씬 더 많이 있었는데, 한쪽에는 타이어와 전구가, 다른 한쪽에는 차량 관련 각종 물품이 놓여 있었다. 낡은 회색 서류함에 달린 서랍 세 개에는 모두 "극비"라는 표찰이 붙어 있었는데, 바로 그 안에 그의 과거 정부 시절 문서가 들어 있었다. 그는 손짓으로 그쪽을 가리키며, 내게 너무 어질러 놓지 말라는 주문을 했다. 서류는 딱히 어떤 순서대로 정리되어 있지는 않았으며, 그냥 노란색과 분홍색의 판지 서류철에 담아서 끈으로 묶어 놓은 상태였다. 그런데 막상 훑어보고 나니, 이 문서들은 완전한 상태가 아님이 분명해졌다. 케인즈가 보유한 내각 회의 기록은 바로 그 새로운 법률이 논의되던 각별히 중대한 시기에(즉 1983년부터 1984년까지) 큰 공백이 있었다. 그 문제에 관한 유일한 언급은 1983년 11월 16일의 한 회의 기록뿐이었는데, 이때 장관들은 여권 한 개당 구매자에게 5만 달러 더하기 "상당 금액의 요금"을 물려야 마땅하다는 데에 합의했다.

"사업을 하기 위해 이곳에 오고 싶어 하는 사람들이 있어서, 우리는 그들을 독려하는 방법을 찾아야 한다고 느꼈습니다." 케인즈에게 혹시 관련 사실을 기억할 수 있는지 물어보자 이런 대답이 나왔다. 얼마나 많은 여권을 팔았느냐고 묻자, 그는 이렇게 말했다. "숫자까지 기억할 수는 없습니다. 아주 많지는 않았음이 분명합니다만, 그래도 덕분에 변화가 일어났습니다. 우선 다른 방법으로는 얻을 수 없었던(그건 두말하면 잔소리겠죠) 수입이 생겼던 것이죠. 또 한편으로는 여권 구매자들이 정부 승인을 얻으려는 목적으로나마 우리나라에서 실제로 어떤 사업을 하기는 했다는 것입니다. 그야말로 원원 상황이었죠."

그렇다면 여권을 구입한 그 사업가들은 과연 누구였을까? 그들은 어떤 사업을 하고 있었을까? 그들을 이곳으로 끌어들여서 생긴 수익은 누가 얻었을까? 케인즈는 이런 질문 가운데 어느 것에 대해서도 답변을 갖고 있지 않았다. 다만 그는 정부 기록 보관소 어딘가에 비록 실제 녹취본까지는 아니지만, 그래도 내각과 의회 관련 서류가 완벽하게 보관되어 있다고 주장했다. 그리하여 나는 다시 빅토리아 오플래허티를 찾아갔고, 그녀는 법무부에 확인 전화를 걸었다. 그리고 잠시 귀를 기울여 몇 가지를 물어보더니, 수화기를 내려놓았다. 법무부에서 해당 문서를 갖고는 있지만, 나는 볼 수 없다는 것이었다.

"아뇨, 극비 문서라서 그런 것은 아니래요. 단지 그게 들어 있는 방 자체에도 서류가 잔뜩 쌓여 있고, 그 방으로 가는 복도에도 서류가 잔뜩 쌓여 있다는 거예요. 한마디로 그곳에 들어갈 수가 없다는 거죠." 그녀는 아쉬운 듯 미소를 지으며 말했다. 하지만 자기가 나를 위해 실마리를 갖고 있음을 밝혔다. 우리는 다시 방화문을 지나 안으로 들어가서 커다란 서류철 두 개를 갖고 나왔는데, 그 안에는 1983년부터 1984년까지 발행된 정부 공식 신문이 모아져 있었다. 비록 장관들과 의원들의 직접 발언을 찾을 수는 없어도, 최소한 그 당시 언론인들이 묘사한 그들의 발언에 관한 보도는 볼 수 있었다.

1980년대 초 세인트키츠네비스 정계에서는 노동당과 민중행동운동PAM, People's Action Movement이라는 두 정당 간에 경쟁이 벌어지고 있었다. 양쪽의 정책적 차이는 그리 크지 않았고 실제 통치에서도 큰 차이가 있는 경우는 드물었지만, 이들 각 주도 세력 간의 인신공격은 상당히 심했다. 각 정당은 자체 신문을 발행했고, 양쪽 신문은 거의 모든 주요 쟁점에 대해서 상반되는 견해를 표명했다. 하지만 양쪽 모두를 읽어 보니, 세인트키츠가 자국의 시민권을 판매하기로 작정한 이유를 약간은 알 수 있었다. 독립을 쟁취한 1983년에 집권 여당이었던 PAM은 자국이 세계에 존재감을 드러내는 방법을 규정한 입법안을 밀어붙이면서 그 내용을 자체 신문《데모크라트The Democrat》에 상세히 설명했는데, 정작 그 내용은 온통 경쟁자인 노동당과 그 당수 피츠로이 브라이언트에 대한 공격으로 이루어져 있었다. 예를 들어 "장님들의 나라에서는(즉 노동당에서는) 외눈박이가(즉 브라이언트가) 왕이게 마련이다. … 브라이언트는 또한 극도로 독선적이고 자만한 인물이다. 그가 도대체 무엇에 대해 그토록 자만한지는 판단하기가 어렵다."

브라이언트와 그의 동료들은《레이버스포크스먼The Labour Spokesman》의 칼럼에서 반격을 가했으며, PAM의 경쟁자들이 세인트키츠를 외국인에게 팔아넘기려 한다고, 사욕을 위해 자국의 새로 얻은 독립을 잠식하려 한다고 거듭 주장했다. 그러다 보니 야당에서는 PAM의 시민권법에, 특히 정부의 여권 판매를 허락하는 조항인 3조 5항에 화력을 집중했다. "내각은 자기네 멋대로 세인트키츠

네비스의 여권을 세계 각지에 팔아넘기고 있다. 불과 몇 달러를 낼 용의가 있다면, 그 어떤 범죄자, 마약 밀매자, 살인자, 절도범, 반역자에게도 말이다." 이 신문은 1984년 2월 22일 1면에서 이렇게 주장했는데, 바로 그날 해당 법안이 논의되고 의회의 승인을 얻었다.

그로부터 사흘 뒤, 브라이언트는 '판매 중: 세인트키츠와 국민 모두'라는 제목의 사설에서 여권의 정책이야말로 세인트키츠인의 생득권을 부정하려고 도모하는 일련의 부패한 사유화 거래 중에서도 가장 최근의 것이라고 주장했다. "정부 장관들은 자기 나라의 법률을 피해 도피하는 국제 범죄 조직을 도운 대가로 수백만 달러를 벌어들일 것이다. … 세인트키츠와 뉴욕과 그 밖의 다른 장소에 살고 있는 PAM의 유력자들 가운데 일부는 세인트키츠 시민권과 세인트키츠 여권을 지하 시장에 팔아서 수백만 달러를 벌어들일 것이다."

같은 날 《데모크라트》는 법안의 통과에 관해 자체 보도를 내놓았고, 이를 이용해 PAM이 세인트키츠 사람들로부터 뭔가를 박탈하고 있다는 주장을 부인했으며, 내친 김에 노동당 경쟁자들의 부패에 대한 역비난을 덧붙였다. "바로 그 노동당이 외국인을 위한 여권을 이미 대량으로 인쇄하고 숨겨 두었다는 사실을 깨닫게 되면 … 정말 믿을 수 없는 상황이다." 신문은 이런 주장과 함께, 이른바 야당이 판매를 위해 준비한 위조 여권이라고 여겨지는 것의 사진을 옆면에 실어 놓았다.

전체적으로 보자면 이 신문 내용은 내가 궁금해하는 사안에 대해 빛보다는 그저 열기만 더 던져 주었을 뿐이었지만, 그래도 부패한 정치인들이 외국 범죄자들에게 여권을 판매함으로써 구매자가 본국 법률을 회피하도록 도와준다는 확고한 믿음이 (정치적 맞수 양쪽 모두에) 있었음을 암시하기는 했다. 이런 걱정스러운 전망에도 불구하고 이 프로그램은 대부분 그 섬 외부에서는 주목받지 않은 상태로 진행되었다. 다만 홍콩의 중국인들에게 세인트키츠의 시민권이 판매되었을 때에 짧게나마 관심이 급증한 것만이 예외였는데, 그들 가운데 상당수는 1997년에 그 식민지를 베이징 치하로 반환하려는 영국의 계획을 우려했던 것이다. 그때에는 세인트키츠만 관여한 것이 아니었다. 여권 판매라는 발상을 덩달아 채택한 몇 군데 작은 나라들도(예를 들어 세인트키츠 인근의 도미니카라든지 통가라든지 다른 두 군데 국가도) 홍콩 시장에 눈독을 들였다. 1991년에 《사우스차이나모닝포스트》의 보도에 따르면, 한 민간 회사가 세인트키츠네비스 여권을 1인당 5만 500달러, 5인 가족당 9만 6,500달러에 판매하는데, 불과 6일이면 관련 서류를 받아볼 수 있다고 했다. "세인트키츠네비스 정부는 충분한 재산이 있고, 건강하며, 법을 준수하는 사람이라면 누구나 고려할 채비가 되어 있습니다." 여권 판매에 관여한 사업가는 이렇게 말했다고 나와 있었다.

홍콩 신문에 실린 광고에서는 굳이 세인트키츠를 방문하지 않아도 여행 서류를 얻을 수 있다고 명시했지만, 이 프로그램은 그리 많은 고객을 끌어들이지는 못했던 것처럼 보인다. "정말 부끄러울 정도로 지원자가 거의 없었습니다." PAM 소속 총리 케네디 시먼스는 그로부터 1년 뒤에 같은 신문에 이렇게 말했다. 그 당시에 여권을 하나 판매한 드와이어 아스타판이라는 변호사가 있었는데, 세인트키츠에서는 베테랑 방송 출연자이기도 했다. 나는 2016년 말에 관광객들은 대개 외면하지만 지역 주민들 사이에서는 인기가 높은 해변인 프라이어스베이의 한 술집에서 그를 만나 이야기를 나누었다.

파란색 배경에 도마뱀 문양이 인쇄된 반팔 소매 셔츠를 입은 그는 한때 그랬던 것처럼 속속들이 카리브해의 정치인다운 모습이었다. 1980년대로 거슬러 올라가서, 그는 소련과의 무역을 과세 당국에는 비밀로 유지하기를 원하던 어느 이탈리아 사람에게 여권을 판매한 적이 있었다. "그는 다른 주소, 다른 사법 관할구역을 갖고 싶어 했습니다." 아스타판이 내게 한 말이다. "그건 조세 기피였지만, 완벽하게 용인할 만한 일이었습니다. 조세 포탈이 좋은 일은 아닙니다만, 그래도 불법적이거나 비윤리적인 일을 범하지 않는 한도 내에서 세금을 덜 낼 수 있는 방법이니까요."

그의 말에 따르면, 여권 판매 프로젝트의 배후에 있는 진짜 조종자는 바로 PAM의 창립자 가운데 하나인 윌리엄 "빌리" 허버트였다. 그의 경력은 부패한 정치인들이 여권 판매로부터 수익을 챙길 수도 있다는 우려의 타당함을 입증한다. 하지만 그가 어떻게 그런 일을 했는지를 이해하려면, 우선 시간을 약간 거슬러 올라가서, 과연 영국인이 자기네 제국을 포기하는 과정에서 어떻게 (잘못) 했는지를 알아야만 한다.

영국의 카리브해 식민지들 가운데 상당수는 독립이 비교적 쉬웠다. 왜냐하면 (예를 들어 가이아나나 자메이카처럼) 일단 넓고, 인구가 충분하고, 지리적으로도 일관성이 있었기 때문이었다. 반면에 더 작은 섬들 수십 군데는 (예를 들어 네비스처럼) 인구가 적다 보니 독립국가로서 힘겨울 것이 명백했다. 처음에 영국은 카리브해의 속령^{屬領} 모두를 하나의 단위로 엮으려 했지만, 수도를 어디로 할 것인지를 놓고 더 큰 섬들 사이에 벌어진 의견 불일치 때문에 실패했다. 그러자 영국은 더 작은 섬들을 더 큰 섬들과 합쳐서 더 성장 가능한 단위로 만들려고 시도했다. 하지만 일부 섬들은 이런 패턴에 손쉽게 맞아떨어지지 않았는데, 그중에서도 특히 앵귈라가 그러했다. 이곳은 네덜란드령 신트마르턴(프랑스령 생마르탱)과는 인접했던 반면, 영국령으로부터는 짜증스러울 정도로 멀리 떨어져 있었던 것이다. 인구가 겨우 1만 5,000여 명에 불과한 이 섬은 실제로 그 자체로 독립할 수도 없었으며, 그렇기 때문에 런던의 공무원들은 이 섬을 무려 100킬로미터쯤 동떨어진 세인트키츠네비스에 덧붙여서 꼴불견 삼두 연방을 만들기로 결정했던 것이다.

하지만 그 당시 세인트키츠섬을 통치하던 노동당은 설탕 노조와 연대하고 있었고, 또한 연방을 지배하고 있었다. 세인트키츠의 인구가 다른 두 섬을 합친 인구보다 더 많았기 때문이었다. 1960년대 초에 빌리 허버트는 런던에서 법학 박사 학위를 취득하고 돌아와서, 노동당 정부에서 일하고 싶다고 제안했다가 거부당했다. 그러자 그는 몇몇 친구와 함께 신생 정당 PAM을 만들고 1966년에 최초로 선거에 도전해서 44퍼센트를 득표한 노동당 다음으로 35퍼센트를 득표했지만, 실제 의석수는 노동당이 7석이고 PAM은 2석에 불과했다. 결국 노동당은 네비스나 앵귈라에서는 의석을 전혀, 또는 (일부 보도에 따르면) 표를 전혀 얻지 못했음에도 정부를 구성한 셈이었다. 앵귈라 사람들은 자국이 또다시 식민지가 된 것이나 마찬가지라고 보았고, 이후로 세인트키츠와는 아무것도 함께하고 싶어 하지 않았다.

앵귈라는 저항했고, 정부의 경찰관을 포위한 다음 배에 태워 세인트키츠로 보내고 독립을 선언했다. 노동당 정부는 과잉 반응을 보이며 PAM 지도자들을 체포하고 재판에 넘겼다(이들은 결국 방면되었지만, 이 사건은 이후 양당 간의 적의를 어느 정도 설명해 준다). 영국은 군대와 경찰을 보내 질서를 회복했다. 이들은 소란을 예상하며 도착했지만, 오히려 열띤 환영을 받았기 때문에 결국 전체 일화가 일종의 소극으로 끝나고 말았다. (1969년에 《데일리익스프레스》가 게재한 베테랑 만화가 자일스의 만평에서는 헬멧과 제복 차림의 남성 경찰관들이 그 지역의 미녀들과 함께 야자나무 아래 누워 노닥거리는 모습이 묘사되었다. 경찰관 가운데 한 명은 내륙을 바라보고 있는데, 거기서는 해군 헬리콥터 한 대가 핸드백과 코트를 입은 여성들을 실어 오는 중이다. "앵귈라에서의 특수 임무에 자원했을 때에만 해도, 상부에서 우리 마누라들까지 딸려 보낼 거라는 이야기는 없었는데." 그는 짜증스러운 듯 동료에게 이렇게 말한다.)

영국에서는 농담에 불과했을지도 모르지만, 지역 주민들에게는 심각한 문제였다. 앵귈라와 세인트키츠는 결코 화해하지 못했다. 이처럼 거의 똑같은 사법 체계를 지녔지만 서로 별개인 두 가지 사법관할구역의 존재는 머니랜드가 사랑해 마지않는 구멍들 가운데 하나였다. 그리고 빌리 허버트는 바로 이 구멍을 이용해서 경력을 쌓았다. 그는 바스테르의 정부에 있는 친구 및 동료와 함께 한편으로 국제연합UN 주재 세인트키츠네비스의 대사, 또 한편으로 앵귈라의 역외 변호사 겸 금융인이라는 이중 경력을 만끽했다. 덕분에 그는 외교관 면책특권을 얻었고, 이를 이용할 기회도 풍부하게 얻었으며, 여권을 판매할 고객도 풍부하게 얻었다. "그는 제법 유명했습니다." 드와이어 아스타판은 냉소적으로 말했다. "심지어 영국 경찰에서도 관심 인물로 분류했으니까요."

앵귈라의 베테랑 변호사 돈 미첼은 허버트를 잘 알았고, 무려 수십 년 동안 함께 일한 바 있었다. 그의 말에 따르면, 1970년대와 1980년대에 앵귈라는 자유무역항이라는 기묘하면서도 어쩌면 독특한 지위를 갖고 있었는데, 세인트키츠의 법률 가운데 다수를 철회하면서도 굳이 다른 법률로 대체하려 들지는 않은 우유부단함 때문에 생겨난 결과였다. 무슨 뜻인가 하면, 세계의 나머지 국가 대부분이 사법관할구역을 넘나드는 현금의 자유로운 움직임을 막아서는 자본 규제를 하고 있었던 반면, 앵귈라에서는 완전한 자유가 가능했다는 것이다. "앵귈라의 은행은 번영을 누렸습니다. 서인도제도의 사업가들은 물론이고 영국인과 미국인과 스위스인까지도 현금이 가득한 가방을 들고 날아와서 예치했거든요." 그의 회고다. "법 자체가 없었습니다. 돈세탁이나 테러 자금 지원에 관해서 논의할 수 있는 근대적 사고 자체도 없었고요. 그저 고객과 은행가 사이에 사적으로 이루어지는 단순한 은행 거래만 있었을 뿐이었습니다."

미첼은 허버트와 함께 그 섬의 여섯 군데 변호사 사무실 가운데 두 군데를 운영했는데, 자기네가 부정했다기보다는 오히려 순진했다고, 그래서 현금이 어디에서 오는 건지를 진지하게 생각하지도 않고 받아들였던 거라고 주장했다. "그 당시에는 징세관을 속이는 것이야말로 거의 시민의 의무처럼 되어 있었고, 진짜 범죄로 간주된 적은 결코 없었습니다." 미첼의 말이다. "사람들이 제 앞에 들이미는 것은 뭐든지 처리해 주었는데, 나중에 가서야 그게 훔친 돈이라는 사실을, 또는 온갖 사기성 메커니즘을 통해 불법적으로 얻은 돈이라는 사실을 알게 되었던 거죠." 미첼의 설명에 따르면, 허버트는 바로 그 일에서 지저분한 역할을 담당했다.

케네스 리조크도 그의 고객 가운데 하나였다. 미군으로 베트남에서 복무했던 리조크는 1970년대 말 마약 밀매업자를 위해 돈세탁을 해 주었는데, 그 당시에는 코카인 붐이 일어나서 세탁할 돈도 상당히 많았다. 그는 2012년에 간행한 회고록 『세탁꾼The Laundry Man』에서 그런 이야기를 내놓았지만, 막상 거기서는 허버트의 이름을 다르게 바꿔 놓는 바람에 이전까지는 어느 누구도 여권 산업의 탄생과 이 주목할 만한 세인트키츠 변호사를 서로 연결시키지 못했다. 리조크는 환한 미소를 지으며 힘차게 악수하는 호감 가는 얼굴의 남자였다. 나는 2017년에 플로리다주 키비스케인 소재 스타벅스에서 그를 만나 빌리 허버트와 함께했던 시절의 이야기를 직접 들었다.

리조크의 설명에 따르면, 허버트의 주 무기는 앵귈라의 비밀관계조례였다. 이 법률에 따르면 심지어 어떤 회사를 누가 소유하고 있느냐고 물어보는 것조차도 범죄로 규정되기 때문에, 영국령 회사들이 제공하는 비밀주의의 배후를 해외 법 집행기관이 엿보는 것 자체가 불가능했다. 그것은 리조크의 고객들에게 유용한 법률이었으며, 허버트의 변호사 활동에도 매우 유리한 법률이었다.

"급기야 그는 더러운 돈을 처리하고 싶어 하는 모든 사람에게는 일종의 등대가 되었습니다." 리조크의 말이다. "처음에 저는 추천장을 가지고서 그곳에 갔습니다. 말하자면 똑같은 비밀결사의 조직원임을 확인하는 비밀 악수법 같은 것인데, 그런 추천장이 없으면 변호사들은 자기네가 범죄 활동을 하고 있다고 다른 변호사들에게 털어놓지 않거든요. 그래서 저는 그 비밀 악수법으로 거기 가서 법인을 여러 개 만들었습니다. 그러고는 그를 뒤따라 길 건너편 캐러비언상업은행에 갔는데, 그는 그 은행의 10퍼센트를 보유한 주주였습니다. 그는 거기서 법인 계좌를 여러 개 개설하고, 돈을 옮기라고 하더군요. 제가 한 일이 바로 그거였습니다. 저는 고객들을 데리고 전용기로 그곳까지 날아가서 수백만 달러를 옮겼습니다."

허버트가 앵귈라 정부의 수장과 함께 소유한 은행에 돈을 넣어 두고 나면, 리조크는 정교한 수단을 이용해 그 돈을 다시 북아메리카로 가져왔고, 거기서 다시 파나마로 보냈다가, 대만으로 보냈다가, 런던의 시티로 보냈다가, 마이애미나 캐나다로 보냈으며, 이러고 나면 마약 밀매업자인 그의 고객들은 마치 합법적인 것처럼 보이는 돈을 가지고 쇼핑센터나 아파트 건물을 구입했다. "그는 극도로 성공을 거두었고, 매우 열심이고, 매우 집중했습니다." 리조크의 말이다. "그는 정말 끄떡없었습니다. UN 주재 대사였고, 그 나라에서는 헨리 키신저에 해당하는 인물이었기 때문에 아무도 건드릴 수 없었지요."

바로 이 대목에서 여권이 등장한다. 마약 밀매업자들은 혹시 경찰의 추적을 당할까 봐 걱정했기 때문에, 새로운 신분증과 새로운 서류를 원했다. 리조크는 콜롬비아의 악명 높은 메데인 카르텔과 함께 일하는 조르주라는 이름의 프랑스 코카인 밀매업자를 대리한 바 있었다. 한번은 조르주가 파나마에 갔다가 그 카르텔 조직원들의 사진이 가득한 봉투를 하나 들고 돌아왔다. "그가 이렇게 말하더군요. '이 친구들에게 세인트키츠의 경제 여권을 구해 주고, 나한테도 하나 구해 주게나.'" 리조크의 말이다. "그로부터 얼마 되지 않아서, 그러니까 제가 여권을 얻기 위한 절차를 이미 시작한 상태에서, 그리고 에스크로를 통해 돈을 이미 받은 상태에서 그 조직 전체가 박살 났고, 조르주는 중국으로 도망쳤습니다. … 빈 여권이었지요. 사람들은 빈 여권을 판매했습니다."

빌리 허버트는 급기야 무리를 하고 말았다. FBI에 따르면, 한번은 그가 보스턴의 대마초 밀매 조직을 위해 앵귈라의 유령 회사를 통해 돈을 세탁해 주었는데, 그 조직에서는 그 수익금을 가지고 영국에 저항하는 IRA에 공급할 무기를 구입했던 것이다. 이건 정도가 지나쳤다. 약간의 마약은 봐줄 수 있었지만, 총기 밀매는 선을 넘어 버린 행위였다. 급기야 1986년에 영국과 미국의 합동 경찰 작전으로 허버트의 앵귈라 소재 사무실이 급습을 당했으며(그리고 결과적으로는 리조크도 감옥에 가게 되었으며) 보스턴의 밀매업자들도 몇 달 뒤에 체포되었다.

허버트는 그로부터 며칠 뒤에 대사 직책에서 물러났지만, 외교관 면책특권 덕분에 그 어떤 범죄 혐의로도 기소되지는 않았다. 하지만 그는 7년 뒤에 가족과 함께 일상적인 일요일 보트 여행을 떠났다가 실종되고 말았다. 여러 차례 허버트와 함께 보트를 타 보았던 시먼스는 이것이 안전 장비에 대한 그의 전적인 무관심으로 인해 벌어진 단순 사고라고 주장했다. 하지만 그럼에도 불구하고 IRA를 경찰에 노출시킨 대가로 그의 보트가 부비트랩에 당했다는 음모론이 끈질기게 따라다니고 있다(또 다른 음모론에 따르면 그는 어느 수영장에 파묻혔으며, 그의 보트는 단지 시선을 끌려는 의도로 침몰된 것이라고 한다. 또 다른 음모론에 따르면 그는 죽은 게 아니라 사고를 가장했을 뿐이며, 그즈음에 본격적으로 대두한 놀라우리만치 지저분한 카리브해의 조세 피난처 벨리즈로 이주했을 뿐이라고 한다).

"그들은 바로 이 해변으로 돌아올 예정이었습니다." 아스타판은 프라이어 스베이의 가파르게 쌓인 모래밭에 꾸준히 밀려오는 잔잔한 파도를 바라보며 말했다.

그날따라 날씨가 좋았고, 산들바람이 불고 있었다. 딱 사람들을 카리브해로 유혹하는 종류의 온기였다. 카리브해산※ 맥주 두 병이 우리 사이의 탁자에 놓여 있었고, 그 옆에는 빈 병이 두 개 있었다. 하지만 허버트가 사라진 그날의 날씨는 지금과 전혀 달라서, 안개가 끼고 바람이 불었으며 파도에도 하얀 거품이 일었다고 한다. 수색 및 구조 조치를 어렵게 만드는 종류의 상황이었다. "그들은 결코 돌아오지 못했습니다. 1994년 아버지날에 말입니다. 영국 경찰청에서 파견 나온 사람들이 수사를 실시했죠." 아스타판의 말이다. 영국 경찰의 보고서에서 밝혀진 내용은 거의 없었으며, 다만 아무도 영국 경찰청 소속 요원과 이야기를 나누고 싶어 하지 않는다는 점만 명확히 드러났을 뿐이었다. 이 습관은 세인트키츠의 공공 생활에 각인되어 있었는데, 아마도 그럴 만한 충분한 이유가 있는 듯했다. 단적으로 허버트가 실종된 지 5개월 뒤, 그 섬의 경찰서장은 영국 경찰들을 만나러 가는 도중에 총에 맞아 사망했다.

허버트 같은 부류의 사람들이 세인트키츠의 여권 프로그램에 관여하고 있었던 까닭에, 이 프로그램은 1980년대와 1990년대 내내 범죄 지하 세계의 그늘에서 벗어나 존중을 받지 못하고 말았다. 이 프로그램은 정부에 약간의 돈을 벌어 주었을지는 모르지만, 그게 정확히 얼마였는지는 아무도 몰랐고, 그렇다고 해서 국가 재정에 중대한 기여분까지 되었던 것 같지는 않아 보인다. 2015년에 총리 티모시 해리스는(비록 본인은 노동당 분파 소속이었지만, 그가 구성한 정부에는 PAM이 포함되어 있었다) 2005년 이전까지 판매된 여권의 수량이 정확히 얼마인지는 정부도 알지 못한다고 말했다. 그러면서 이를 알아내려는 그 어떤 시도도 "번거로운 일"이 될 것이라고 말했는데, 이미 정부 기록 보관소의 상태를 확인한 나로서는 충분히 믿을 만한 이야기였다.

문제의 여권 프로그램은 부패하고도 대개는 간과되는, 한 국가의 지저분하면서도 거의 기억되지 않는 성문법으로 계속 남아 있을 수도 있었지만, 설탕 가격이라는 의외의 변수가 등장했다. 2005년에 유럽연합EU은 브라질과 태국과 오스트레일리아가 이 문제와 관련해 내놓은 항소에 굴복했는데, 쉽게 말해 유럽연합이 자기네 농민을 위해 설탕 가격을 인위적으로 유지하는 바람에 세계 시장을 침체시키고 있다는 주장이었다. 이것은 유럽인들이 서명한 무역 협정에 반하는 조치라고 그들은 말했다. 결국 브뤼셀은 보조금을 줄이기로 합의했고, 이것은 다수의 유럽 농민들에게 나쁜 소식이었다.

20여 개의 작은 나라들에는 이것이 훨씬 더 나쁜 소식이었다. 대부분 영국이나 프랑스와 연계된 구식민지로서, 유럽 시장에 접근하는 혜택을 오랫동안 누려 왔기 때문이었다. 세인트키츠산産 설탕은 더 이상 유럽의 보조금 정책을 공유하지 못하게 되었다. 이 나라의 가장 중요한 산업이 곧바로 몰락하면서, 다른 어딘가에서 세입을 얻어야 할 필요가 급박해졌다.

그 당시에는 세계에서 여권을 판매하는 국가가 딱 세 군데뿐이었다. 오스트리아, 도미니카, 세인트키츠네비스였다. 오스트리아의 프로그램은 항상 규모가 작고, 비용이 비싸고, 주문 생산 방식이었다. 반면에 도미니카는 (세인트키츠와 유사하게 몇몇 내부자의 유익을 위해) 구매를 원하는 사람 누구에게나 저렴한 가격에 여권을 판매한다는 평판을 얻고 있었다.

헨리앤드파트너스의 크리스티안 켈린은 뭔가 다른 것을 찾고 있었다. 그는 규모를 확대할 수 있는 모델을 원했다. 여권을 위신 있는 상품으로, 즉 범죄자들보다는 오히려 머니랜드인에게 호소력을 발휘할 수 있는 금융 도구로 변모시켜 줄 수 있는 뭔가를 원했다. 세인트키츠 정부가 국가 파산이라는 임박한 전망에 직면한 사이, 그는 기회를 포착했다. "그 당시에 세인트키츠에서는 … 매우 번거로운 절차를 거쳤습니다. 때로는 3개월, 또 때로는 2년이 걸렸고, 그야말로 예측불허였는데, 적절한 통제가 전혀 없었기 때문이지요. 매우 느슨했습니다." 그는 런던 서부의 호화로운 호텔에서 차를 마시며 내게 이렇게 말했다. 그 내내 바이올린 연주자가 프랭키발리앤더포시즌스Frankie Vallie and the Four Seasons의 곡을 연주하고 있었다. "우리는 구조를 혁신하고, 이 업무를 제대로 운영할 중심 단위를 만들고, 이 업무를 정부 장관들의 손에서 빼앗아 올 필요가 있다고 그들에게 말했습니다. 제가 분명히 말하고 싶은 것은 그 당시 총리가 핵심을 간파했으며, 그리하여 비교적 쉽게 결정을 내렸다는 겁니다."

그 당시에 세인트키츠의 여권을 사려는 사람은 국채를 구입하거나, 현지 부동산 개발에 투자해야만 했다. 켈린은 여기에 세 번째 선택지를 제안했다. 즉 정부에 직접 돈을 내는 것이었다. 그러면 정부는 그 돈을 투명하게 운영되는 설탕산업다각화재단SIDF, Sugar Industry Diversification Foundation에 예치하고, 이 기관은 마치 국가 신탁 자금처럼 운영되는 것이었다. 정부는 약간의 돈을 얻을 것이고, 투자자는 좋은 일을 했다고 느낄 것이고, 세계 공동체는 그 돈이 유용되지 않는다는 사실에 만족할 것이고, 투자자는 완전히 새로운 여행 서류에 접근할 수 있을 것이다. 다른 나라들의 보안 우려를 불식시키고자, 그는 민간 부문의 회사들을 끌어들여 모든 지원자에 대해 신원 조사를 하자고 제안했다.

"2007년 이전만 해도 실사實査는 전혀 없었습니다. 그냥 인터폴에만 확인하면 끝이었죠." 켈린은 내게 이렇게 말했다. "진지한 지원자들을 끌어들이려면, 그 프로그램 자체부터 진지해야 했습니다. 그만큼 간단한 일입니다. 프로그램이 더 진지할수록 더 성공하는 것이지요." 정부는 헨리의 제안에 모두 동의했으며, 이 프로그램은 이후 10년간 매출이 매년 평균 두 배씩 늘어나며 마치 로켓처럼 치솟았다.

2005년에 세인트키츠의 여권 판매는 6건에 불과했다. 2006년에는 19건, 2007년에는 75건, 2008년에는 202건, 2009년에는 229건, 2010년에는 664건, 2011년에는 1,098건, 2012년에는 1,758건, 2013년에는 2,014건이었다. 이후로는 판매량이 안정되어서 2014년에는 2,329건이었고, 2015년에는 2,296건이었다(하지만 신청자 본인만 셈했고 여권을 받은 부양가족은 포함되지 않은 숫자이므로, 실제 숫자는 훨씬 더 클 것이다). 켈린과 헨리가 관여하기 바로 전해에만 해도 판매 실적이 1년에 6건이었던 반면, 10년 뒤에는 매년 2,000건 이상이 이 프로그램으로 판매되고 있었다.

헨리는 뭔가 완전히 새로운 것을 창조한 셈이었고, 켈린의 개입은 그로부터 50년 전에 런던의 시티에서 유로본드가 발명된 것에 버금갈 정도로 그 방면에서 선견지명이 있었다. 즉 그는 여권을 쉽게 판매할 수 있는 상품으로 만들었던 것이다. 세인트키츠네비스 경제시민권프로그램ECP, Economic Citizenship Programme은 세계의 작동 방식을 바꿔 놓았고, 헨리에 명성과 재산 모두를 쌓아 주었다. 이 프로그램을 통해 세인트키츠 시민이 한 명 늘어날 때마다 이 업체는 2만 달러씩 벌었기 때문이다.

"ECP의 강력한 자금 유입은 세인트키츠네비스의 경제 회복을 지원했고, 핵심 거시경제 수지를 개선했으며, 은행의 유동성을 증대시켰다." IMF의 분석가 세

명은 머니랜드의 이 새로운 반복 효과에 대한 2015년의 보고서에서 이렇게 썼다. "2013년에 국고 수지는 크게 개선되어서 GDP는 약 12퍼센트의 흑자를 기록했으며, 전체 지출 규모가 GDP의 약 2퍼센트나 증가했어도 끄떡없었다."

이 돈 덕분에 바스테르 남동쪽의 관광객이 많이 찾는 지역에는(세인트키츠를 여전히 물고기 모양으로 상상해 본다면, 그놈의 허리 부분에 해당하는 지역이다) 경사면 전체에 주택이 들어섰고, 호텔 몇 군데와 골프장 하나도 들어섰다. 물고기의 꼬리 끝자락에 해당하는 곳에 건설된 완전히 새로운 고립지도 이로부터 자금지원을 받았는데, 이전까지만 해도 그 섬에서 사람이 살지 않았던 지역에 호화판 관광지를 만들고 '크리스토프하버'라고 명명했던 것이다. 이 개발에 사용된 부지는 1,000헥타르로 세인트키츠의 전체 면적의 약 6퍼센트에 달했다. 나는 영업 담당 중역의 안내로 그 프로젝트를 둘러보았다. 그는 완벽하게 미국적인 새하얀 치아와 꿀 같은 황금빛 피부를 갖고 있었으며, 커다란 검정색 SUV를 운전했다. 얼마 전까지만 해도 이 여정은 비포장도로를 달려야 해서 시련이 아닐 수 없었을 터이지만, 지금은 이 섬의 등뼈를 따라 이어지는 완전히 새로운 도로가 개통되어서 무척이나 손쉬웠다.

세인트키츠의 식물을 보면 물이 있는 곳에서는 놀라우리만치 초록빛이었지만, 물이 없는 곳에서는 왜소하기 짝이 없었다. 그런데 이곳은 바로 식물이 왜소한 지역이어서, 도로가 구불구불 이어진 주위의 풍경은 거의 시칠리아와도 비슷해 보였다. 그러다가 내리막길로 접어들자 리조트가 드러났는데, 정말로 장관이었다. 한때는 이 섬의 이쪽 끄트머리에 크고 둥근 소금 호수가 하나 있었지만, 개발업자들이 그곳과 바다를 막아선 좁은 육지를 도려내고 퍼올려서 대형 요트용 선착장을 지어 놓았다. 내가 방문했을 때에는 아직 완공되지도 않은 항구였지만, 콘크리트 경사면에는 이미 요트 한 대가 정박되어 있었다. 어찌나 큰 요트인지 시간이 좀 지나고 나서야 비로소 그 선미에 헬리콥터 한 대가 놓여 있다는 사실을 깨달았다. 길이 66미터의 그 요트 배니시호^號는 ('사라지다'Vanish는 뜻이다 보니 뭔가 좀 어울리지 않는 이름이었는데) 12명의 승객과 17명의 선원이 탑승한 상태에서 엔진에 추가적인 연료 보충 없이도 런던부터 케이프타운까지 갈 수 있었다. 2016년에 네덜란드의 조선소에서 진수된 이 요트에는 헬리콥터 착륙대가 두 개나 설치되어 있었다.

"이게 진정한 배라고요, 형씨." 영업 담당 중역이 말했다. "나야 이게 누구의 소유인지 알고 있지만, 당신께 말씀드리지는 않을 겁니다. 그들의 연줄 가운데 일부는 당신도 알고 있을 겁니다. 하지만 세계의 부유한 사람 대부분과 마찬가지로, 정작 그들 본인에 대해서는 당신도 실제로 들어 보신 적이 없을 겁니다. 세계에서 가장 부유한 사람들은 사실 유명 인사가 아니고, 오히려 대기업이나 가족 사업에 관여하고 있는 금융인이니까요. 그들은 남의 눈을 피하려 골몰하는데 그게 우리의 전문 분야인 거죠."

요트 항구에 있는 정박지는 크기에 따라서 개당 180만 달러부터 280만 달러까지에 판매되었다. 소금 호수에서 퍼낸 진흙으로 만든 곶과 반도에는 상쾌한 햇빛 아래 보기 좋은 빌라들이 서 있었다. 그중에서도 가장 비싼 건축 부지는 800만 달러였지만, 평균 가격은 100만 달러를 약간 넘는 정도였다(물론 건축 비용으로는 100만 내지 300만 달러가 별도로 들 것이었다). 우리는 차를 몰고 마을로 들어가서 더 좋은 부동산 몇 군데를 구경한 다음 클럽에 들렀다. 이엉지붕 위로 야자수가 우뚝 솟아 있었고, 인피니티풀이 새하얀 해변과 크고 파란 바다를 굽어보고 있었다. 이 개발 지역에는 바닷가가 여섯 군데 있었다. 파크하이야트호텔은 거의 완공 단계였다. 골프장 한 곳은 아직 계획 단계였다. 느긋한 모습의 바닷가 술집은 교묘하게도 한때 이 섬의 설탕 가공 공장을 뒤덮었던 낡고 주름진 패널로 겉을 놓고 있었다. 그럴싸한 모습이었다.

세인트키츠 투자 시민권 프로그램의 운영 방식 때문에, 40만 달러 이상을 부동산에 투자한 사람은 여권을 얻을 수 있었다. 이곳의 부지 가운데 상당수는 여권을 얻으려는 사람들에게 판매되었지만, 모두가 그런 것은 아니었다. 크리스토프하버의 개발업자인 경력이 풍부한 미국인 버디 다비는 동포 고객들 사이에서 좋은 평판을 얻고 있었다. 고객 가운데 상당수는 여권에 대한 열망보다는 이 프로젝트의 유쾌한 성격에 더 매력을 느끼는가 하면, 미국에서 세인트키츠까지 가기가 용이하다는 사실에 더 끌린다. 하지만 미국 이외의 국가들에서 온 고객들에게는 여권이 핵심 동기였다. "러시아 사람들은 그걸 필요로 하지요. 중동 사람들도 그걸 필요로 하고요." 내 안내인은 이렇게 말했다. "아시아 시장에서는 네 명이 있었습니다. 하나는 일본, 또 하나는 대만, 나머지 둘은 중국이지요. 저것 좀 보세요. 저 집이 조금 더 낫지요. 무려 100제곱미터니까요." 그는 유리 초소에 앉아서 도로를 바라보는 경비원에게 미소를 지으며 손을 흔들었다. "이게 바로 사람들이 원하는 거죠. 경비원이 있는 주택 단지 말입니다. 아주 훌륭하죠."

그곳을 떠나면서 나는 개발 소개 소책자를 챙겼다. 내가 구경한 곳은 전체 면적의 3분의 1이 간신히 될까 말까 한 정도였지만, 그 야심의 규모는 여전히 놀라울 지경이었다. 이것은 어쩌면 여권 판매라는 발상의 원래 계획자들이 (만약 그들이 정직했다고 치면) 자기네 발상을 통해 달성하기를 바랐을 법한 종류의 변형 프로젝트였다. 그 법률이 통과된 1984년에 세인트키츠네비스는 설탕에만 의존한 가난한 국가였고, 브라질과 기타 국가의 더 효율적인 산업과 경쟁하느라 분투하고 있었다. 이제 그 소책자에는 관광객이 파도타기를 하고, 요트가 질주하고, 엔진 요트가 번쩍이고, 날씬한 금발 미녀가 새하얀 모래밭을 맨발로 거닐고, 사람들이 노을 속에 앉아서 칵테일을 마시며 행복하게 대화를 나누는 모습이 나와 있었다.

그런데 그 소책자에는 한 가지 불편한 국면이 있었는데, 조금만 들여다보고 있으면 그 사실이 확연해진다. 그 모두에서 흑인은 딱 두 명뿐이라는 사실이었다. 그중 한 명은 제복 차림의 남성 경비원이었고, 또 한 명은 음료 쟁반을 나르는 여성 종업원이었다. 이 사실은 내가 승용차를 타고 그곳을 구경할 때 본

광경과도 결부되었다. 크리스토프하버에서 본 지역 주민은 어디까지나 경비원, 건설 노동자, 운전기사 같은 피고용인뿐이었다. 이 프로젝트를 건축하는 돈이 비록 세인트키츠에 기여하는 바가 있고, 정부의 예산을 지원한다 치더라도, 그 과정에서 이 섬의 전통적인 삶과는 아무 관계도 없는, 그리고 이 섬의 다른 동료 시민들과는 아무 연고도 없는 외국인을 데려오고 있는 것이었다.

아닌 게 아니라, 1984년에 여권 판매 프로그램의 반대자들이 경고했던 내용도 바로 이것이었다. "시먼스 정부의 뚜렷한 의도는 솔트폰드('소금 호수') 반도 전체를 외국인에게 팔아넘기겠다는 것이다." 법안이 통과된 지 사흘 뒤인 1984년 2월에 브라이언트는 노동당 신문의 칼럼에서 이렇게 경고했다. "새로운 소유주들이 그 반도에 별개의 백인 국가를 세우고, 세인트키츠 토착민은 오로지 피고용인이나 택시 기사 자격으로만 거기 들어갈 가능성 따위는 정부의 관심사가 전혀 아니다."

그렇다면 이 여권들을 구입한, 그리하여 세인트키츠가 설탕 산업 붕괴라는 문제를 극복하게 도와준, 하지만 이와 동시에 과거에만 해도 동질적이었던 섬에 외국인 소유의 고립지를 건설한 사람들은 도대체 누굴까? "투자 여권이 배포된 국가는 전 세계 대륙 127개국에 달하며, 그중에서도 아시아와 유럽 대륙에서 가장 인기가 높았습니다." 해리스 총리는 2015년에 이렇게 말했다. 아울러 그중 한 나라는 1만 777명의 신청자 중에서 2,272명이 여권을 얻었다면서, 그 나라가 어디인지를 말하거나 추가 정보를 밝힐 준비는 아직 되지 않았다고 덧붙였다. 이와 유사한 여권 판매 프로그램을 보유한 다른 섬들은 이보다 더 투명한 편이었다. 앤티가바부다는 신청자 모두에게 여권을 발급해 주었다. 도미니카는 신청자의 이름을 공표하는 노력까지 했다(물론 그 명단은 정부 간행물 판매처에서만 구할 수 있는 관보에만 게재되며, 심지어 거기 실리는 명단도 완전한 것은 아니다 보니, 투명성을 위한 그런 노력도 어디까지나 부분적인 것에 지나지 않는다). 세인트키츠는 이런 수준의 세부 사항을 전혀 제공하지 않았지만, 실제 그곳에서 밝힌 내용으로 미루어 보면 그 프로그램 역시 위에 말한 다른 두 카리브해의 이웃 나라들과 다소간 똑같은 고객층을 지닌 것으로 보인다. 즉 중국과 중동과 구소련 사람들이 4분의 1씩을 차지하고, 나머지 국가 사람들이 마지막 4분의 1을 차지하는 것이다.

암호 화폐 세계에서 성공을 거두며 '비트코인 예수'라는 별명을 얻기도 했던 로저 버는 나를 만나 미국 여권을 세인트키츠 여권으로 바꾸기로 한 자신의 결정에 관해서 기꺼이 대화를 나누었다. 그는 비트코인닷컴이라는 자신의 웹사이트를 통해 한재산을 마련했는데, 이제는 미국에 소득 신고를 할 필요가 없어졌기 때문에, 자기도 10퍼센트 내지 15퍼센트 더 생산성이 높아졌다고 생각했다. 하지만 그는 정확히 말해서 전형적인 신청자는 아니었다. 그가 어떤 식으로건 여권을 신봉하지는 않았다는 것이 부분적인 이유였으며("지구라는 건 우주에 있는 커다란 바위인 겁니다. 예를 들어 만약 내가 그 바위의 어느 한 부분에서 우연히 태어났다고 해서, 그 바위의 다른 부분에 갈 수가 없겠습니까? 제가 보기에는 그건 뭔가 터무니없어 보였습니다") 자기가 중국이나 중동이나 구소련에서 태어나지는 않았다는 것이 주된 이유였다.

오히려 더 전형적인 인물은 카말 셰하다였는데, 나는 도미니카에 건설 중인 새로운 개발 현장에서 그를 만난 바 있었다. 하지만 둘이서 이야기를 나눌 수 있었던 시간은 세인트키츠 소재 매리어트호텔의 카지노에서 그가 바르셀로나의 축구 경기를 보며 럼 칵테일을 마실 때뿐이었다. 셰하다는 팔레스타인 출신의 토목공학자였고, 대용 여권이 없었던 관계로 평생 곤란을 겪은 바 있었다. 그는 가자에서 태어났는데, 1948년 5월의 이스라엘의 건국 선언 직후에 그의 부모가 예루살렘에서 그곳으로 피신했기 때문이었다. 그의 형들 세 명은 모두 예루살렘에서 태어났지만, 정작 셰하다는 그곳으로 돌아갈 수가 없었다.

셰하다는 어린 시절에 가족과 함께 리비아로 이주했고, 이후 그곳에서 성장하고 대학에 들어갔다. 하지만 1969년 9월에 국왕에 대항하는 쿠데타를 일으켜 정권을 장악한 무아마르 가다피 대통령에게 불충하다고 여겨진 친구를 둔 까닭에 해외로 도망칠 수밖에 없었다. 그는 결국 영국에 정착해서 석사 학위를 취득했고, 현대식 건물 가운데 다수의 지붕에 사용하는 경량 건설 기법인 입체 골조 분야의 전문가가 되었다. 마침 두바이에서 공항을 신축하게 되어서 그에게 도움을 요청했다.

"그곳에 누이가 있어서 사흘 일정을 생각하고 갔는데, 결국 거기 눌러앉은 지 38년이 되었습니다." 셰하다의 말이다. "그런데도 38년이 지난 지금까지도 당국에서는 언제라도 제 거주권을 취소시킬 수 있습니다. 제 아들은 거기서 태어났습니다만, 스물한 살이 되니까 당국에서 그 녀석의 비자를 취소해 버리더군요. 이제는 나이가 찼고, 성인이 되었으니, 새로운 비자를 만들어야 하는 거였죠."

하지만 새로 구매한 여권 덕분에 이런 짜증스러운 상황은 해결되고 말았다. 그의 큰딸은 이제 도미니카 여권을 갖고 있고, 다른 자녀는 세인트키츠의 여권을 갖고 있어서, 일반적인 팔레스타인 사람이라면 꿈에서나 그려 볼 수 있는 이점을 지닌 셈이 되었다. 즉 이들은 영연방 국가와 유럽연합 국가 대부분을 아무 말썽 없이 여행할 수 있었다. "팔레스타인 여권을 갖고 있으면 심지어 아랍 국가들에도 들어갈 수가 없습니다." 그의 말이다. "불평등은 사방에, 전 세계에 있습니다. 팔레스타인 사람 가운데 99퍼센트는 여권을 구매할 여력이 없습니다. … 하지만 저는 기분이 나쁘지는 않습니다. 제가 돈을 갖고 있고 여권을 구입했다는 사실은 결국 제가 여기에서 일해 더 많은 돈을 벌어서 그 사람들을 위해 쓸 수 있다는 뜻이 되니까요. 저는 가자에 사는 학생 스물다섯 명을 후원하고 있거든요."

이것이 바로 머니랜드의 힘이다. 즉 그곳의 부유한 시민이라면 다른 동료 시민들이 어딜 가든지 따라붙게 마련인 유서 깊은 불의조차도 거뜬히 헤쳐 나갈 수 있고, 자유와 편의의 삶을 누릴 수 있는 것이다. 이제는 가난한 나라 출신의 부유한 사람들 수백만 명이 세계의 불평등한 비자 시스템 개선이라는 복잡하고 느린 과정을 회피하고, 대신에 즉각적인 이동 능력을 구매하는 셈이었다. 다른 국가들이 이처럼 수지맞는 사업에 뛰어들 궁리를 했다는 것도 놀라운 일은 아니다. 1992년에 도미니카가 뛰어들었고, 더 최근에는 앤티가바부다, 세인트루시아, 그레나다도 뛰어들었다. 유럽에서는 오스트리아의 계획이 여전히 소규모에 비밀주의로 남아 있는 반면, 몰타와 키프로스는 더 커다란 계획을 출범해서 러시아와 중동과 기타 지역 출신자들로부터 수억 유로를 벌어들이고 있다. 여권을 찾는 부유한 사람들이 워낙 많기 때문에 이 분야는 여전히 판매자 우위 시장으로 남아 있다. 그런데 바로 이 대목에서부터 세인트키츠가 잘못되고 말았다. 즉 탐욕스러워지고 말았던 것이다.

켈린은 헨리가 7년 만에 세인트키츠와의 공조를 중단한 이유에 대해 논의를 거절했지만, 그 섬의 소식통에 따르면 정치인들이 SIDF(설탕산업다각화재단)의 돈을 탐내기 시작해서, 그 주위에 구축한 안전장치가 와해되기 시작했기 때문이었다.

2014년에 미국 정부 산하 금융범죄단속네트워크FinCEN, Financial Crimes Enforcement Network는 세인트키츠의 여권이 금융 범죄를 용이하게 만드는 데 사용되고 있다고, 그리고 바스테르에서는 애초부터 지원 자격이 없다고 단언한 이란 민족주의자들이 실제로는 여권을 발급받고 있다고 경고했다. "이처럼 느슨한 통제의 결과, 제2의 시민권을 이용해서 제재를 회피하려고 의도하는 개인을 비롯한 불법 행위자들이 비교적 용이하게 여권을 얻을 수 있다." FinCEN의 주장이다. 그해 3월에 미국 재무부는 세인트키츠 시민권을 취득한 이란인 한 명을 제재했다. 2013년에 또 다른 이란인 알리제라 모가담이 세인트키츠 여권을 가지고 캐나다에 입국하자, 캐나다 정부는 세인트키츠 국적자들에게 무비자 여행을 취소했으며, 이로써 이 프로그램의 위신에는 물론이고 세인트키츠 일반 국민의 이익에도 큰 손상이 불가피했다.

이런 스캔들은 계속해서 일어나고 있다. 말레이시아의 1MDB(원말레이시아개발유한회사) 국부 펀드에서 5억 4,000만 달러를 편취한 혐의로 미국 정부의 추적을 받고 있는 조 로우도 세인트키츠의 여권을 갖고 있다. 세인트키츠 여권 보유자가 캐나다 맥길대학 보건센터에서 2,250만 달러를 편취한 사건도 있었는데, 캐나다 경찰에서는 이것은 자국의 부패 사건 중에서 최대 규모라고 단정했다(하지만 혐의자는 재판을 받기도 전에 사망했다). 2016년에는 세인트키츠 정부가 고객들로부터 횡령한 자금을 가지고 시민권을 구입한 미국 변호사 부부의 여권을 무효화했다. 같은 해에 《뉴욕타임스》는 파키스탄에서 벌어진 수억 달러 규모의 온라인 사기극을 보도했는데, 그 주모자는 세인트키츠의 시민권을 획득한 상태였다.

이처럼 반복되는 스캔들 때문에 세인트키츠 정부는 결국 무너지고 말았으며, 그리하여 2015년에 티모시 해리스가 총리가 되면서 세인트키츠의 여권 구매자들의 신분에 관해서 오늘날 우리가 알고 있는 약간의 정보를 밝혔던 것이었다. 그의 정부는 여권 판매 프로그램을 재출범했으며, 떠나간 헨리를 대체하는 새로운 공조자를 찾아내고, 새로운 법규도 장착했다. 하지만 바로 그 단계에서 세인트키츠는 더 이상 그 분야의 유일무이한 주역이 아니었다. 이제는 헨리가 앤티가며 몰타며 기타 여러 나라와 공조하고 있었다. 여권은 일용품이 되어 버렸다. 실제로 여권을 구입한다는 것도 오늘날에는 약간 지루한 일이 되어 버리고 말았다. 시장에는 이보다 훨씬 더 흥미로운 제품이 있기 때문이었다.

10

"외교관 면책특권!"

크리스티나 에스트라다는 은퇴한 슈퍼 모델이었고, 2012년 2월 21일에 50세가 되었다. 남편인 사우디의 억만장자 왈리드 알주팔리는 작고 개인적인 파티를 열어 주겠다고 약속하며 그녀를 아부다비로 불렀다. 하지만 사실 그는 훨씬 더 큰 뭔가를 계획 중이었다. 그는 전용 제트기를 이용해 런던, 제네바, 제다, 베이루트에서 친구 200명을 데려온 다음, 엠티쿼터 사막의 가장자리에 있는 초호화 호텔 리조트에 이들을 데려다 놓고, 사흘에 걸쳐 아라비안나이트를 테마로 한 만찬을 대접하고 4륜 오토바이 타기, 낙타 타기, 활쏘기 같은 다양한 놀이를 제공했다.

이 생일 파티 이야기는 영국의 심심풀이용 유명 인사 주간

지 《헬로!》에 게재되었다. 이 잡지에 나온 사진을 보면 에스트라다가 사막의 언덕에서 흘러내리는 치렁치렁한 예복 차림으로 포즈를 취하고 있는데, 부풀어 오르는 모래 물결은 그녀 몸의 곡선과 공명하고 있으며, 반투명의 천 너머로 보이는 몸은 맨발 차림이다. 사진에서 그녀는 손목에 매를 한 마리 앉히고, 긴 다리에 청바지와 롱부츠를 신은 채 풍성한 검은색 머리카락을 뒤로 헝클어트리고 있다. 하얀 예복에 수놓은 조끼를 입은 현지인 매잡이가 지켜보다가 여차하면 안전을 위해 끼어들 태세지만, 그녀는 완벽하게 긴장을 풀고 있는 것처럼 보인다.

여성 손님들은 날씬하고 번쩍번쩍하며 값비싼 옷을 입은 반면, 남성 손님들은 땅딸막하고 번드르르하고 그을려 있다. 겨우 두 장의 사진에만 나오는 알주팔리는 옷깃에 보석이 장식된 크림색 야회복에 넥타이를 갖추었고, 그의 아내는 욕조만 한 크기의 케이크를 썰고 있다.

이 사건을 보도한 잡지의 취재기자는 영국의 사교계 인사 타마라 벡위스이므로("나는 크리스티나와 15년쯤 서로 알고 지낸 사이이고, 나는 그녀와 왈리드를 매우 좋은 친구로서 의지한다. … 두 사람은 결혼 선물로 나와 조르조에게 베네치아에서 웅장한 가면무도회를 열어 주었다. 두 사람이 그곳에 15세기 저택을 한 채 갖고 있기 때문이다") 엄밀히 말해서 본격적인 언론 취재는 아니다. 하지만 그녀의 기사는 여전히 거부^{巨富}의 결혼 생활에 관한 매혹적인, 그리고 의외로 달콤한 맛보기를 제공해 준다. "남편이 저를 위해 이런 일을 해 주다니, 정말 믿을 수 없어요." 에스트라다는 벡위스에게 말했다. "저는 사흘 내내 노래를 부르고 춤을 추었어요. 워낙 에너지가 넘쳤고 워낙 행복했거든요." 아마도 그녀는 크리스마스 때부터 남편이 뭔가 꾸미고 있다는 사실을 알았겠지만, 그는 자세한 내용을 전혀 밝히지 않았다. "남편은 그날이 큰 생일이라고 느꼈어요. 삶이 우리에게 많은 변화와 많은 장^場을 제공했기 때문에, 축하할 필요가 있다고 본 거죠."

인터뷰에서 에스트라다는 평소 영국 서리주^州에(즉 여왕의 윈저대공원에 인

접한 부지에 있는 1억 파운드짜리 집에) 살면서 방학 때나 딸과 함께 스위스 크슈타트, 이탈리아 베네치아, 또는 사우디 제다에 간다고 말했다. 따라서 자기 친구들 모두가 한자리에 모인 모습을 볼 기회를 갖게 되어서 좋았다고 말했다. "그이는 대부분의 남자들과 마찬가지로 제가 얼마나 대단한지, 얼마나 예뻐 보이는지를 매일같이 말해 주지는 않아요." 그녀는 남편에 관해서 이렇게 말했다. "하지만 그이는 실수에 대해서는 절대적으로 너그러우며, 종종 제가 좋아할 것 같다고 생각되는 집을 사다 줘요. 제 생각에는 우리도 다른 많은 부부처럼 잘 맞는 것 같아요. 그래서 비록 우리가 서로를 지지하기는 하지만, 또한 각자의 독립을 유지하고 있어요."

이 인터뷰와 사진은 파티가 열린 지 한 달 뒤인 3월 23일에 잡지에 게재되었는데, 이미 그 시점에 알주팔리는 다른 여자와 재혼한 다음이었다. 그는 파티가 끝나고 겨우 이틀 뒤에 레바논 출신 모델 루자인 아다다와 결혼했는데, 새 아내의 나이는 옛 아내의 나이의 딱 절반이었다. 남편이 내내 다른 여자에게 몰래 구애하고 있었다는 사실을 깨닫고 나면, 문제의 파티 계획도 그렇게 낭만적으로 보이지는 않게 된다.

알주팔리와 새 신부는 그해 11월에 베네치아에서 자기네 결합을 축하했다. 이 행사에서 아다다는 칼 라거펠트가 만든 흰색 드레스를 입었는데, 그 가격만 30만 달러에 달한다고 전한다. 신랑은 수수한 검은색 정장에 검은색 넥타이를 맸다. 두 사람이 통로를 따라 행진할 때 신부 들러리 몇 명이 드레스 옷자락을 붙들어 주었고, 하객들은 휴대전화로 그 모습을 촬영했다.

피로연에서 신랑은 군대식 제복을 입고 가슴팍에 온통 훈장을 달아서, 마치 집권 40주년을 맞이한 남아메리카의 어느 독재자 같은 모습이었다. 신부는 로코코식 공단과 꽃무늬 아플리케 가운에, 크리스털을 엮어 넣은 자홍색 러플자락 치마에, 진주 자수 보디스를 걸친 모습이 날씬하고 우아했다. 커다란 깃털 머리장식으로 그 앙상블을 마무리한 그녀는 놀라우리만치 아름다워 보였다.

언론의 추산에 따르면 신부의 목걸이 가격만 300만 달러에 달했다.

알주팔리라면 충분히 그걸 살 만했다. 훗날의 법원 판결에 따르면, 그의 부는 정말 측정 불가능한 수준이었다. "그 정도의 부와 배경을 가진 사람이라면 누구나 그러하듯이, 그는 세계를 넘나들고 또다시 넘나들었다. 주로 전용 제트기를 타고 그렇게 했고, 정교한 금융 구조를 통해서 본인이, 또는 누군가가 대리로 여러 국가에 소유한 부동산에 머물렀다." 그의 가족은 사우디아라비아에서 방대한 기반 시설 프로젝트를 운영했으며, 그의 아버지는 일렉트로룩스, 메르세데스, IBM, 지멘스를 비롯한 여러 서양 기업과 동업 관계를 유지하면서 재산을 모았다. 왈리드는 1994년에 가족 회사 E. A. 주팔리앤드브러더스의 회장 직위를 물려받았다. 윈저 인근의 1억 파운드짜리 저택 말고도 나이츠브리지에 교회를 개조한 건물을 하나 소유했고, 데번주^州에 시골 휴양지를 하나 소유했으며, 사우디아라비아와 스위스와 그 밖의 여러 나라에도 부동산을 보유했다. 2005년의 자선 경매에서 그는 사진 두 점을 구입하면서 거의 50만 달러를 지출했다. 하나는 타마라 멜론의 누드였고, 또 하나는 케이트 모스의 누드였다.

사우디아라비아 출신의 무슬림인 알주팔리는 아내를 네 명까지 얻을 수 있었지만, 에스트라다는 이를 감내할 준비가 되어 있지 않았다. 2013년에 그녀는 이혼을 요구했지만, 남편이 새로 얻은 아내와 헤어지겠다고 약속하자 다시 화해했다. 그녀는 끝내 이혼 서류를 공식 제출하지 않았는데, 이것이 실수였다.

2013년 12월에 알주팔리는 대서양 너머 세인트루시아로 가서 그곳 정부 관계자들과 이틀 동안 이야기를 나누었다. 그로부터 4개월 뒤에 세인트루시아는 그를 자국의 국제해사기구^{IMO, International Maritime Organization} 주재 대사로 임명했다. 런던에 본부를 둔 이 국제연합 산하 단체는 전 세계 해운의 무사 안전을 책임지는 곳이었다. 따라서 IMO는 중요한 조직이었지만, 그렇다고 해서 1979년에 영국으로부터 독립한 인구 18만 명 정도의 국가 세인트루시아가 각별히 진지하게 대할 만한 곳은 아니었다. 이전까지만 해도 런던 주재 세인트루시아

대사가 기존의 공식 임무에 더해서 그 일까지 담당했을 정도였으니, 크게 부담이 되는 일은 아니었다. 알주팔리는 비자 때문에 1년에 180일밖에 런던에 체류할 수 없었고, 해양 관련 전문성도 전혀 없었지만, 이런 사실 가운데 어느 것도 그의 새로운 지위에 방해가 되지는 않았다.

2014년 8월에 세인트루시아는 영국 외무부에 알주팔리가 자국의 신임 IMO 대사이며, 따라서 영국 내 외교관들의 공식 명단인 런던 외교관 인명록에 포함되어야 한다고 통보했다. 바로 그것이 그가 기다려 온 목표였던 것으로 보였다. 다음 달이 되자 그는 '탈라크'talaq를 선언했는데, 이것은 "나는 당신과 이혼한다"라는 말을 세 번 반복함으로써 남편이 아내와 이혼할 수 있는 이슬람교의 절차를 말한다. 그로부터 한 달 뒤 알주팔리는 에스트라다에게 자기가 그렇게 했다는 사실을 통보했다. 시기적절한 일이었다. 11월에 그가 헤어지겠다고 아내에게 약속했던, 하지만 실제로는 런던으로 데려가 월턴 스트리트 소재 4,100만 파운드짜리 부동산에 살게 했던 레바논 출신 모델이 첫아이인 딸을 낳았기 때문이다.

12월에 에스트라다의 변호사들은 이들 부부의 가족 자산 분배를 놓고 시작된 전투, 그것도 십중팔구 비용이 많이 들 것으로 예상되는 전투를 개시하며 알주팔리와 접촉했다. 그러자 그는 정말 뜻밖의 답변을 내놓았다. 자기는 현직 외국 대사이기 때문에 영국 법률로는 자기를 건드릴 수 없으니, 그녀도 이미 받은 것으로 만족하라는 이야기였다. 알주팔리는 여권이나 비자보다 훨씬 더 귀중한 자산을 구입했던 것이다. 그 자산이란 바로 법률로부터의 안전이었다. 그는 머니랜드에서 가장 안전한 부분으로 들어가는 터널을 또 하나 발견했다.

"나로선 외교관 면책특권이라는 강력한 제도를 이보다 더 비겁하게 남용한 사례를 차마 떠올리기도 힘들 정도이다." 그로부터 몇 달 뒤에 영연방변호사협회의 전직 회장인 영국의 저명한 사무변호사 마크 스티븐스는 이렇게 썼다. "국제 공동체는 부유한 사기꾼들과 도둑놈들이(즉 훗날의 버니 매도프 같은 작자들이나, 또는 훗날의 마약왕 엘 차포 같은 범죄자들이나, 심지어 테러리즘의 후원자들까지도) 단순히 어느 가난한 국가의 외교관 여권을 가졌다는 이유로 합법적인 사법 체계를 회피할 가능성을 받아들일 준비가 정말로 되어 있는가?"

이런 문제를 제기하는 것까지는 좋았지만, 정작 뭔가 조치를 취할 수 있는 방법을 생각해 내기는 훨씬 더 힘들었다. 외교관의 기소 면책특권은 국제 질서의 근간이기 때문이다. 그것 덕분에 대사와 그 동료들은 임지의 정부로부터 표적이 되지 않은 상태로 자유롭게 일하리라 확신할 수 있었다. 물론 이게 항상 좋은 것은 아니라는 사실은 1989년의 형사 버디물 〈리셀 웨폰 2 Lethal Weapon 2〉에서 잘 묘사된 바 있었다. 이 영화에서 아파르트헤이트 시대의 남아프리카 외교관은 자신의 대규모 밀수 행위를 적발한 형사 대니 글로버를 대놓고 비웃는다. "외교관 면책특권!" 남아프리카인은 자신의 신분증명서를 치켜들고 이렇게 말한다. 영화에서 글로버는 상대방의 머리에 총을 쏘아서 외교관 지위를 독단적으로 '취소해' 버리지만, 현실에서라면 그냥 놓아 줄 수밖에 없었을 것이다. 한 나라에서 다른 나라의 대표자를 추방할 수는 있지만, 그 외에 다른 방식으로 건드릴 수는 없다. 자칫 건드렸다가는 다른 어디선가 자국 외교관들도 보복을 당할 위험이 있기 때문이다. 알주팔리가 악용한 기본 원리는 세인트루시아가 마음에 드는 사람 누구라도 외교관으로 지명할 수 있다는 것이었다. 그것은 그 나라의 자주권이기 때문이다. 그리고 영국은 이를 존중해야만 했다. 조약의 의무 사항이기 때문이다.

에스트라다의 변호사들은 이 대사의 외교관 면책특권을 철회하는 방안을 고려해 보라고 세인트루시아에 요청했는데, 실제로 친한 나라들 사이에서는 자국 외교관이 교통사고나 폭행 같은 비정치적 범죄를 저질렀을 경우에 그렇게 하는 경향이 있었다. 하지만 2015년 11월에 세인트루시아의 케니 앤서니 총리는 이 제안을 거부했다. "세인트루시아 정부는 이것은 민사 문제이므로 본 정부는 관여하기를 원치 않는다는 입장을 그의 전처의 변호사들에게 표명했다."

공식 성명은 이렇게 밝혔다. 아울러 알주팔리가 대사로서 수행하는 업무가 만족스럽다면서, 조만간 그가 그 섬에 의학 연구 시설을 세울 계획이라고 밝혔다. 8월과 9월 내내 간호사며 의사와의 취업 면담이 이어졌고, 전 세계 당뇨병 연구 센터가 2016년 초에 출범할 예정이었다. "세인트루시아 정부는 주팔리 박사의 임명 이전에 모든 실사가 이루어졌다고, 아울러 정부는 그가 외교 임무를 수행하는 데에 현저히 적합하다는 사실에 만족한다고 확언했다."

그다음 달에는 영국 정부가 똑같은 요청을 보냈는데, 이번에는 이 섬의 정부로서도 더 심각하게 받아들일 만한 내용이었다. 세인트루시아가 부유한 여성의 변호사들의 요청을 무시하는 것은 충분히 가능했지만, 런던에서 온 편지까지 무시하는 것은 또 다른 문제였다. 세인트루이스는 영연방 국가였다. 영국 여왕은 여전히 그곳의 국가수반이었으며, 여왕의 초상화가 그곳의 화폐를 장식하고 있었다. 세인트루시아는 최근 수년간 영국의 원조로 수백만 달러의 혜택을 입고 있었다. 하지만 그것도 아무 상관이 없었다. 신년 연설에서 앤서니는 작정하고 이렇게 밝혔다. "쉬운 결정은 아니었습니다만, 이와 관련된 압력을 고려하면 설령 혼자가 될지언정 우리가 옳다고 믿는 바를 행하도록 항상 노력해야 할 것입니다." 그는 이렇게 말했다. "아울러 저는 타협을 하려는 사람들, 즉 우리 정부와 우리 정부의 평판을 먹칠하고 공격하려는 사람들의 동기가 무엇이든지 간에 만천하에 폭로되리라고 확신하는 바입니다."

2016년 1월에 알주팔리가 외교관 지위 때문에 이혼 합의금을 아내에게 주지 않아도 되는지 여부를 놓고 법원 공판이 개시되었다. 에스트라다는 법정변호사 네 명을 고용했는데, 그중 두 명은 일반 변호사보다 지위가 높은 왕실고문변호사 지위를 보유한 엘리트였다. 알주팔리는 이혼 전문 법률 회사인 미시콘 드레야를 고용했는데, 거기서 나온 법정변호사 세 명 가운데 두 명도 역시나 왕실고문변호사 직위에 있었다. 법원에서는 닷새에 걸쳐 외교관 면책특권의 성격에 관한 주장을 심리했으며, 아울러 이들 부부 관계의 성격에 관한 주장도 심리했다. 이 과정에서 첫째로 알주팔리가 IMO 회의에 단 한 번도 참석하지 않았고, 둘째로 그가 암으로 죽어 가고 있다는 사실이 밝혀지기도 했다. 법원 판결문에서 알주팔리는 H(남편의 약자)로 지칭되고, 에스트라다는 W(아내의 약자)로 지칭되었다.

"임명 이후에 H가 자기 직책에 따르는 '어떠한' 종류의 '어떠한' 의무도 수행하지 않았다는 사실이 명백하다." 헤이든 판사는 판결문에서 이렇게 설명했다(강조 표시는 판사가 직접 한 것이다). "H는 그 어떤 진정한 의미에서도 자신의 직책에 종사하지 않았으며, 이와 관련된 그 어떤 책임도 이행하지 않았다. 이것은 전적으로 거짓된 구성이며 … 이러한 결론은 '야바위'의 고전적인 정의에 딱 맞아떨어지는 것으로 보인다."

에스트라다는 법정에 있는 동안 상당한 언론의 관심을 끌었으며(《데일리메일》에서는 "과연 그녀는 역사상 가장 매력적인 이혼녀인가?"라고 썼다), 알주팔리에 대한 그녀의 소송을 인정한 판사의 판결은 더 많은 관심을 끌었다(《선》은 아랍의 '족장'Sheikh이 당한 '강탈'shakedown을 비꼬아 "셰이크다운!"Sheikhdown이라고 썼다). 하지만 〈리셀 웨폰 2〉에서 대니 글로버가 행한 50야드 헤드샷에 버금가는 법적 판단을 내림과 동시에 알주팔리의 외교관 지위를 취소한 린 헤이든 판사의 판결은 도리어 영국 정부를 당혹스럽게 만들었다. 외무부는 '중재자' 자격으로 항소 공판에 직접 끼어들었고, 이 과정에서 왕실고문변호사 또 한 명과 법정변호사 두 명이 더 끼어들었다. 항소 심리는 한 달 조금 넘게 걸렸는데, 여기서 정부는 판사들을 향해 동료의 이전 판결을 뒤집으라고 간청했다. 기본적인 문제는 이러했다. 만약 영국 법원이 해외 외교관의 지위를 야바위라고 선언할 경우, 해외 법원도 영국 외교관에게 똑같이 할 수 있다는 것이었다. "외교관 및 상주 대표부에 대한 신임 허가가 확실한 것으로 간주되지 않을 경우, 대외 관계의 수행은 … 심각하게 저해될 것입니다." 정부 측 변호사들은 이렇게 주장했다.

영국의 입장은 이러했다. 비록 알주팔리의 외교관 지위가 야바위인 것이 사실이며, 에스트라다가 그 결과로 인한 불의로 고통을 받는 것이 사실이라 하더라도, 영국의 국제적 역할을 고려할 때에 그런 야바위와 불의는 그대로 유지될 수밖에 없었다. 항소 법원의 판사도 판결문에서 이런 사실에 동의했다. 즉 세인트루시아가 알주팔리를 자국 외교관이라고 간주한다면, 그는 실제로 그렇다는 것이었다. 주권이 회복된 셈이었다.

하지만 알주팔리는 아직 안심할 수 없었다. 킹 판사에게는 의외의 카드가 있었기 때문이었는데, 이것을 이용한다면 전세를 완전히 역전시킬 수도 있었다. 법률상의 약간 애매한 부분 때문에, 외교관의 완전한 면책특권은 오로지 직위를 맡아서 임지에 도착해야만 부여가 가능했다. 만약 그가 이미 자신의 역할을 수행할 국가의 영구 거주자인 경우, 면책특권은 어디까지나 그의 공식 임무 수행 중에 이루어진 행동에만 적용되었다. 절차상의 문제일 뿐이지만, 그래도 어마어마하게 유용한 카드이긴 했다. 전처가 공평한 이혼 합의금을 얻지 못하게 막으려는 시도는 국제해사기구 주재 대사로서 알주팔리의 역할의 일부가 아니라는 것이 명백했으며, (비록 그가 영국에 영구 거주하는 것은 아니었지만) 그의 결혼 생활 중의 자택이 예나 지금이나 런던에, 또는 그 인근에 있었다는 것도 명백했다. 법원은 알주팔리가 자녀를 영국에서 양육하고 있다는 사실을 고려할 때, 그는 2014년 이전부터 이곳의 거주민이었으므로 면책특권이 없다고 판결했다. 따라서 에스트라다는 영국의 법률에서 모든 아내에게 허락하는 것처럼 남편의 자산을 요구할 수 있다는 것이었다. 근소한 차이로 정의가 실현되었다.

(덧붙이자면, 세인트루시아에 설립 예정이었던 당뇨병 연구 센터에 관해서는 2016년 이후로 아무런 소식이 없다. 아마도 항소와 함께 사라진 것으로 보인다.)

바로 이 대목에서, 즉 항소에서 패배한 직후에야 우리는 비로소 알주팔리 본인의 의견을 처음 듣게 되었다. 변호사들이 대신 발표한 성명에서, 그는 전처가 "자신의 평판에 먹칠하려" 시도하는 것이 안타깝다고 말했다. 자기는 에스트라다에게 매월 용돈으로 7만 파운드를 지급했으며, 둘 사이에 태어난 딸의 학비도 지급했고, 서리주에 있는 침실 열 개짜리 저택의 유지비도 지급했다고 말했다. 아울러 그녀에게 비벌리힐스 소재 1,200만 달러짜리 부동산도 사 주었고, 그녀의 구미에 맞게 바꾸느라 추가로 300만 달러를 지출했다고도 말했다.

하지만 에스트라다에게는 그것으로도 만족스럽지 않았던 모양이다. 이혼 합의금에 대한 논의에서 그녀는 남편을 향한 경제적 요구를 밝혔다. 그 내역에는 다른 무엇보다도 매년 핸드백 구입비로 11만 6,000파운드, 윔블던 테니스 대회와 애스콧 경마 대회 관람비로 4만 6,000파운드, 의상비로 100만 파운드가 (그중 8만 3,000파운드는 칵테일 드레스 비용이었다) 포함되어 있었다. 매년 10월에 파리에서 갖는 휴가에만 회당 매번 24만 7,000파운드가 들고, 얼굴 크림 네 병에 9,400파운드가 든다고 나왔다. "나는 크리스티나 에스트라다예요. 세계 최고의 모델이라고요. 나는 그렇게 살아왔어요. 그렇게 사는 데 익숙하다고요." 그녀의 말이었다.

결국 그녀는 현금과 자산으로 7,500만 파운드를 받아서, 영국 역사상 가장 많은 이혼 합의금을 받게 되었다. 비록 알주팔리는 2016년 7월에 사망해서 전처의 합의금 수령 노력을 더 복잡하게 만들었지만, 결국 정의는 실현되었다.

그런데 어느 정도까지만 실현되었다고 봐야 할 수도 있다. 알주팔리는 궁극적으로 아무도 건드릴 수 없는 머니랜드의 지위를 얻기 위한 마지막 장애물을 뛰어넘다가 그만 고꾸라지고 말았다. 하지만 그렇게 하는 과정에서 그는 자기 뒤를 따라오는 모두에게 그 마지막 장애물이 무엇인지를 똑똑히 보여 준 셈이었다. 알주팔리의 실수는 이미 영국에 살면서 그곳 주재 대사 직위를 얻으려고 한 것이었다. 만약 지금 런던으로, 또는 뉴욕으로, 또는 마이애미로, 또는 서양의 다른 주요 도시로 이주하려는 억만장자가 있다면, 일단 그곳에 가기 전에 현금에 굶주린 나머지 누구나 기꺼이 외교관으로 삼아 줄 만한 나라를 찾기만 하면 그만이다. 그 한 가지 간단한 주의만 기울인다면, 그는 아무런 곤란도 겪지 않을 것이다. 어느 누구도 감히 그를 건드릴 수 없을 것이다. 단순히 이혼으로부터 벗어날 수 있는 것만이 아니다. 그 어떤 범죄에 대해서도 기소로부터 자유로울 수 있다.

이 스캔들은 세인트루시아의 총리 케니 앤서니의 몰락에 도움을 준 요인 가운데 하나였고, 그는 2016년 6월의 선거에서 야당 지도자 앨런 채스타네트에게 패배했다. 몇 달 뒤에 나는 세인트루시아의 수도 캐스트리스의 해변에 있는 쾌적하고 작은 식당 콜핏에서 채스타네트와 차를 마시면서, 혹시 그의 정부도 그와 똑같은 종류의 사기극을 진행하려고 고려하는지를 물어보았다.

"이렇게 말씀드릴 수 있겠습니다. 그건 중단되었다고요." 모기가 우리 주위를 윙윙거리는 가운데 그가 이렇게 약속했다. "우리는 외교관 여권을 발급합니다만, 그건 어디까지나 거기 걸맞은 일을 하게 될 명예 영사나 외교관을 위한 것뿐입니다. 그 인간은 아무 회의에도 참석하지 않았고, 국제해사기구와는 아무 관련이 없었지요. 그래서 저로선 우리가 누굴 뽑든지 간에 자격 심사를 견딜 수 있는 사람이 될 거라고 생각하고 싶습니다."

물론 듣기 좋은 소식이었다. 하지만 이 세계에는 200여 개 가까운 나라들이 있고, 그중 상당수는 심지어 세인트루시아보다도 더 현금이 아쉬운 형편이므로, 그중 상당수는 수백만 파운드를 내놓는 누군가에게 외교관 신분증을 기꺼이 발급해 줄 것이었다. 사실 이미 그런 일들이 이루어지고 있었다. 2013년의 보도에 따르면, 카자흐스탄의 올리가르히 무크타르 아블라조프의 아내는 중앙아프리카공화국 외교관 여권을 가지고 이탈리아에서 살고 있었다고 한다. 나이지리아의 전직 석유장관 디에자니 앨리슨마두에케는 2015년에 런던에서 체포되었을 당시 도미니카의 외교관 신임장을 갖고 있었다고 한다. 중국의 억만장자 샤오지엔화도 2017년 1월에 홍콩에서 납치될 때 앤티가바부다의 외교관 여권을 갖고 있었다.

머니랜드에 관해서 우리가 확실히 알고 있는 한 가지가 있다면, 그건 바로 그곳이 계속해서 변모하고, 계속해서 확장하고, 계속해서 새로운 터널을 통해 부를 받아들인다는 것이다. 외교관 면책특권의 이러한 거래는 훗날 세계의 작동 방식과 치안 유지 방식에 비범한 영향을 초래할 어떤 사업의 시작에 불과했을 뿐이었다. 외교관 여권 산업에 본격적으로 불이 붙고 나면, 세인트키츠 정부의 일반 여권 판매는 오히려 새 발의 피처럼 보일 수도 있을 것이다. 그리고 이것은 걱정스러운 생각이 아닐 수 없다. 만약 세계에서 가장 부유한 사람들이 범죄를 저질렀을 때에도 각국 정부가 이를 단속하지 못한다면, 그 임무는 언론인과 운동가의 몫으로 남게 된다. 머니랜드의 문지기들은 이미 그 문제를 생각해 두었기에, 이미 거기에 걸맞은 행보를 취하고 있다.

11

'쓰기 불가능하게'
만들기

2014년에 블라디미르 푸틴이 크림반도를 병합하고 우크라이나 동부에 대한 키예프의 지배권을 잠식한 직후, 서양 강대국들은 두 나라 출신의 공무원과 사업가에 대한 제재 조치를 시작했다. 우크라이나의 영토적 완결성을 잠식한다고 간주되는 사람, 또는 그 나라의 자산을 훔치기 위해 권력을 남용한 사람의 은행 계좌와 부동산은 미국과 유럽연합, 오스트레일리아, 일본 및 그보다 더 작은 동맹국들에서 모두 동결되었다.

제재 대상 목록에 올라온 개인과 기업 가운데 상당수는 유명한 편이었다. 예를 들어 체첸공화국의 흉악한 통치자 람잔 카디로프는 자신의 순종 경주마가 서양의 유명한 대회에 출전 금지되고, 획득한 상금도 동결되었다는 사실에 약간 언짢아했다. 다른 개인들은 자기네 자산을 머니랜드에 은폐하여, 유령 회사나 익명 은행 계좌를 통해 소유함으로써 추적 과정을 매우 어렵게 만들어 놓았다. 하지만 끈질긴 수사관들에게는 이용 가능한 한 가지 수법이 있었다. 올리가르히들에게는 자녀가 있다는 사실이었다. 실제 사람은 흔적을 남기게 마련이었다. 부유하고 젊은 데다가 소셜 미디어 사용까지 좋아하는 사람이라면 특히나 말이다. 그들의 자녀를 찾으면 돈도 찾을 수 있는 셈이었다.

2014년의 어느 날 저녁, 나는 딱 그런 (이미 성인인) 자녀 한 쌍을 찾아냈는데, 이들의 소셜 미디어 사용 습관 덕분에 나는 그 아버지의 돈을 역추적할 수 있었다. 이들 자녀가 온라인에 게시한 사진과 글을 통해서, 나는 그 아버지의 자산, 그 아버지의 실제 위치, 그리고 그 아버지가 사용하고 있는 금융 수법에 관한 통찰을 얻었다. 그것은 머니랜드가 제공하는 구조를 남용한 사기꾼 한 명이 '국가 절도 대사기극'이라 불러도 무방할 법한 일로부터 무사히 빠져나갈 수 있었던 것에 대한 이례적인 사례 연구였다.

이후 2년 동안에 걸쳐서 나는 널리 여행을 다니며 그 이야기의 모든 국면을 확인하면서 완전하게 이해하려고 노력했다. 나는 그의 주요 자산이 근거한 도시를 방문했고, 그에게 회사 지분을 빼앗긴 주주들 가운데 두 명을 추적했다. 이어서 옛 주주들의 이야기를 확증해 주는 회사의 서류를 발견했고, 혹시 그 내용을 잘못 이해하지 않았는지 확인하려 그 회사 관계자들과 이야기를 나누었다. 곧이어 훔친 자산에 대한 그의 소유권을 흐려 놓는 유령 회사들이 자리한 사법관할구역 가운데 두 곳을 방문했고, 서양의 제재 대상 명단에 자기가 올라간 것에 대한 반응으로 그가 자기 부동산을 머니랜드 속으로 더 깊이 파묻었음을 보여 주는 회사의 서류를 (뜻밖의 누출 덕분에) 입수했다. 나는 그의 변호사를 괴롭혔고, 사무실과 자택 모두에서 그렇게 한 끝에, 그 출처를 확인받았다.

문제의 인물은 나와의 대화를 거절했지만, 관련 증거는 전적으로 설득력

이 있었다. 즉 그는 매우 수익성 높은 회사 하나를 훔쳐서 역외에 은닉했고, 서양의 여러 법률 회사에 있는 기꺼운 공모자들이 여러 조세 피난처의 느슨한 사법 체계와 사업 파트너를 제공해 준 덕분에 무사히 빠져나왔다.

그는 소련 붕괴 직후에 자녀를 서양의 한 나라로 보냈으며, 따라서 이들은 자기네 동포들이 결코 누릴 수 없는 수준의 좋은 학교에서 탁월한 교육을 받았다. 아버지는 성인이 된 자녀를 자기 법인 지주회사의 꼭두각시로 사용했고, 명목상 주주로 등록했지만, 정작 이들은 18세에 불과했고 관련 사업 경험도 없었다. 자녀 중에서 첫째는 가족 회사에 관심이 없는 대신 사교계 인사로서의 경력을 추구해서, 일련의 유명한 미국인을 고용해 자기네를 따라다니도록 했다. 하지만 이 프로그램에 상당한 비용을 지출한 것이 분명한데도 불구하고 명성은 따라오지 않았는데, 아마도 재능이 결여되었기 때문이었을 것이다. 구독자가 소수인 유명 인사 근황 전문 유튜브 채널에 올라온 몇 가지 인터뷰로 미루어 짐작하건대, 그 아이는 심지어 가장 기본적인 종류의 카리스마조차도 결여하고 있었다.

자녀 중에서 둘째의 경력은 오히려 아버지의 마음에 더 들 법했다. 왜냐하면 이 아이는 가족의 제국을 유럽 전역, 심지어 중동까지 확장해 상업 부동산, 연예, 금융 및 교통 분야로 다각화하는 여러 회사의 대표가 되었기 때문이었다. 유명한 유럽인 투자자와의 협업을 통해서(물론 여러분은 그 투자자의 이름을 모르겠지만, 적어도 그의 회사는 알고 있을 것이다) 둘째는 가족 사업의 제국을 빠른 속도로 확장했으며, 이는 그가 판매의 추세와 건설의 속도에 대해 소셜 미디어에 올린 허풍으로도 입증된다.

내가 이 이야기에 무척 흥분한 이유는 바로 그것은 머니랜드로 가는 경로, 곧 '훔치기-숨기기-소비하기'를 놀랍게도 통째로 요약하고 있기 때문이다. 그 이야기는 한 올리가르히가 어떤 재산을 훔치는 것으로 시작된다. 그런 다음에 그는 여러 사법관할구역에 있는 복잡한 법인 구조물을 통해서 이 재산을 흐려

놓았으며, 이후 서양에서 이 재산을 마치 합법적으로 획득한 것인 양 소비했는데, 그 대상 중에는 일반 독자의 관심을 사로잡을 만큼 충분히 저명한 인사도 포함되어 있었다. 이것은 법적 책략과 전략이 오로지 그걸 구매할 여력이 있을 만큼 부유한 사람들에게만 이용 가능하다는 것을 보여 주는 전형적인 사례이며, 여기에는 그 자녀가 성장한 유럽 국가의 거주권을 구매하는 것까지도 포함된다.

그 아버지가 서양의 제재 대상 목록에 올랐을 때(혁명 이후 여러 달과 여러 해에 걸쳐서 이 명단은 몇 번쯤 갱신되었다) 그의 자산은 동결되었다고 간주되었지만, 실제로는 그런 일이 일어나지 않았다. 흐려 놓기 장치가 워낙 성공적이었기 때문에, 법 집행기관조차도 그가 신속하게 확장되는 사업 제국을 소유했다는 사실을 알아채지 못했으며, 심지어 그런 게 있다는 사실도 몰랐다. 이것이야말로 기사 한 편을 통해 세상을 움직일 수 있을 법한 기회처럼 보였다. 이와 같은 이야기를 하는 언론인은 무척이나 신나게 마련이므로, 나는 그 내용을 기꺼이 출판하겠다는 간행물을 하나 찾아내자 기쁘기 짝이 없었다.

그런데 내가 쓴 기사가 간행되어 2년에 걸친 작업의 보람을 얻기 며칠 전에, 무척이나 반갑지 않은 이메일이 도착했다. "편집자로선 비록 변호사가 제안하는 대로 문장 일부분을 합당하게 변경한다 하더라도, 그 글을 지금 상황에서 간행하기에는 법적 위험이 너무 크다고 간주됩니다." 여기서 "지금 상황에서"라는 말은 불필요한 첨언이었다. 결국 그 이메일은 내가 쓴 기사가 죽었다는 뜻이었다.

물론 나는 다른 정기간행물에 제출할 자유가 있었기에, 이전에 함께 일해 보았던, 그리고 내 작업의 품질을 신뢰할 것이 분명한 편집자들에게 줄줄이 연락을 취했다. 하지만 슬프게도 변호사가 죽여 버린 기사에 새로운 편집자가 관심을 갖게 만든다는 일은, 마치 주인을 물어 죽인 개에게 누군가 관심을 갖게 만들려고 시도하는 것과도 비슷했다. 나는 공손하고 동정적인 거절 답장을 연이어 받았고, 마침내 포기하고 말았다. 내가 쓴 기사는 실제로 죽어 버렸다. 문제의 올리가르히는 결국 무사히 빠져나갔다. 그는 물론이고 그의 가족도 영국과는 거의 아무런 관련도 없었지만, 자칫 영국 법원에서 그들로부터 소송을 당할 수도 있다는 점이 문제였다. 바로 그런 단순한 두려움 때문에, 우크라이나를 잠식하는 데에 책임이 있는 사람들을 제재하려는 서양의 시도가 역외 금융과 머니랜드의 여러 가지 도구로 인해 무력화되고 있음을 밝혀낸 나의 기사를 정기간행물이(그것도 상당히 위신이 있는 업체가) 거절한 것이었다. 이는 조지프 헬러가 『캐치 22Catch-22』에서 서술했음 직한 종류의(이를테면 그가 제2차 세계대전 중의 미군이 아니라 오히려 오늘날의 세계화된 경제를 소재로 삼았다고 치면 그랬음직한 종류의) 사람 미치게 만드는 아이러니가 아닐 수 없었다. 즉 '캐치 22'[16]의 존재가 그러하듯이, 머니랜드의 본성 그 자체가 머니랜드의 본성을 폭로하지 못하도록 막아 버리는 것이다.

내가 위에서 관련 이야기를 하면서 구체적인 사항을(예를 들어 자녀의 성별이라든지, 훔친 회사의 위치 같은 것을) 모조리 제외하고 그저 일반명사만 이용할 수밖에 없었던 이유도 그래서이다. 내가 명예훼손 혐의를 피하려는 목적에 맞게 글을 썼다면, 이 글을 읽고서는 그 누구도, 심지어 이 분야의 전문가라 하더라도 그 일에 관여한 부패한 올리가르히가 누구인지 알아볼 수 없을 것이다. 이에 대해서 나는 심심한 사죄를 드리는 바이다. 내가 뭔가 비밀을 알고 있다고 남들한테 말해 놓고서, 정작 그 내용이 뭔지 말하기를 거절하는 것은 예의에 어긋나기는 하지만, 나 역시 졸지에 고소당해 파산하고 싶지는 않다. 그리고 이것은 머니랜드의 방어 메커니즘 가운데 한 국면이면서도 실상은 거의 주목받지 못하는 것이기도 한데, 어느 정도는 우리가 그 문제는 이미 해결되었다고 생각

---

16. 소설에서 '캐치 22'는 군사적 규칙으로서, 순환 논리적인 구조를 통해 병사들이 전투 임무로부터 빠져나가는 것 등을 원천적으로 금지한다. 예를 들어 스스로를 미쳤다고 논리적으로 설명할 수 있는 사람은 미친 것이 아니므로 전투에 나가야 한다는 식이다.

하기 때문이다. 그것은 바로 '명예훼손 관광'이다.

2013년에 의회가 명예훼손 관련 법규를 바꾸면서부터, 영국은 자국과 거의 아무런 유대가 없는 부유한 외국인이 영국에서 간행되지도 않은 기사를 작성한 외국 언론인을 고소하도록 허락하는 나라로서 악명이 높아지게 되었다. 물론 이전에도 러시아의 보리스 베레조프스키 같은 억만장자나(그는 1997년에 《포브스》를 영국 법원에 고소했지만, 정작 전 세계에 배포된 그 잡지 78만 5,000부 가운데 영국에서 판매되는 것은 고작 2,000부에 불과했다) 사우디 시민 마안 알사네아는 영국과는 최소한의 연계만 가진 상태에서도 이 나라를 이용해서 명예훼손 사건에 대한 합의를 보았다. 특히나 극단적이었던 한 가지 사례에서는 튀니지의 한 사업가가 아랍어 텔레비전 방송 알아라비야를 고소해서 이겼다. 영국 법원에서 이 사건의 사법관할권을 인정한 까닭은 위성 방송 패키지를 통해 영국에서도 그 채널을 볼 수 있다는 이유였지만, 사실은 영국인 가운데 그 채널을 보는 사람이 거의 없다고 해야 할 증거가 오히려 수두룩한 판이었다.

2013년의 법 개정으로 인해 원고는 간행물로부터 해악을 입었다는 사실을 입증할 의무와 함께 영국과의 관계를 보여 줄 의무가 생겼고, 그러고 나야만 자기가 입은 손상에 대해서 승소할 가능성이 생겼다. 하지만 이 개정은 명예훼손법의 전체 구조가 지닌 한 가지 중대한 문제를 해결하는 데에는 실패했다. 그 문제란 바로 터무니없는 소송의 경우에는 방어 쪽에 있는 간행물보다 공격 쪽에 있는 머니랜드인이 항상 더 많은 돈을 갖고 있다는 사실이었다. 과도한 열의를 지닌 법원 때문에 간행물이 검열을 당하는 것이 아니라, 어림짐작의 법적 검토를 통해서 간행물이 스스로 검열을 가하는 것이었다. 간행물은 법원에서 패소할까 봐 겁내는 것이 아니라, 법원까지 가기도 전에 파산할 수도 있는 위험을 겁내는 것이었다. 얼마나 많은 이야기들이(즉 내가 위에 언급한 것과 같은 기사들이) 잠재적인 법적 절차에 대한 우려 때문에 결국 게재되지 못했는지 알아내기는 불가능할 지경이지만, 내가 아는 다른 여러 언론인들도 이에 버금가는 경험을 했다고 밝혔다. 사실 나도 이런 경험은 처음이 아니었다.

한번은 우크라이나 혁명 직후에 한 텔레비전 방송 제작사에서 내게 부패에 관한 영화를 작업해 달라고 요청했는데, 그 나라의 평범한 사람들이 고통을 받는 동안 엘리트가 혜택을 입는 방식을 폭로하는 내용이 될 예정이었다. 이 영화는 니나 아스타포로바야첸코라는 여자, 그리고 희귀한 형태의 혈우병을 앓는 딸 노나에게 초점을 맞추었다. 혈우병은 혈액 내에 중요한 화학 성분이 결여된 탓에 혈액이 마땅히 응고되어야 하는 방식으로 응고되지 않는 것을 뜻한다. 따라서 코피가 나거나 베이거나 멍들면 대단히 취약해질 뿐 아니라, 관절이나 두뇌에 출혈이 발생하기가 쉬워서, 건강에 장기적인 악영향을 끼친다. 이것은 고약한 유전 질환으로서 과거에는 거의 확실히 치명적이었다. 다행히도 지금은 응혈 인자를 주사함으로써 관리하기가 쉬워졌기 때문에, 효율적인 보건 시스템을 지닌 선진국에 사는 사람에게는 전혀 중요한 문제가 아니게 되었다. 하지만 안타깝게도 우크라이나는 그런 나라가 아니었다.

촬영 당시 노나는 개구장이 같은 성격에 카메라에 나오고 싶어 하는 열의를 가진 일곱 살 소녀였다. 니나는 모두가 원하는 그런 종류의 어머니로서, 가장 끔찍한 상황 속에서도 간신히 자기 딸을 살려 내면서 동시에 유머 감각을 유지하고 있었다. 우크라이나의 병원으로부터 돈을 빨아들이는 부패 때문에, 노나에게 필요한(아울러 그 나라의 헌법에서 보장한 권리인) 응혈 인자는 아예 구할 수가 없었고, 니나도 부득이하게 암시장과 친구들의 신세를 지게 되었다.

"우리는 우크라이나를 사랑합니다. 하지만 어째서인지 우크라이나는 우리를 사랑하지 않아요." 그녀는 노나의 이마에 늘어진 검은 머리카락을 쓸어서 넘기며 우리에게 말했다.

이 영화에서 니나와의 인터뷰며 노나의 그네 타는 모습 사이에는, 우크라이나의 사업가 겸 전직 장관 미콜라 즐로체프스키의 소유인 은행 계좌와 관련해서 런던에서 벌어진 공판에 대한 이야기가 들어갔다. 이 영화의 배후에 놓인

의도는 깡그리 약탈된 나라를 복구하는 과정의 복잡성을 보여 주려는 것이었다. 즐로체프스키에 관한 부차적 줄거리는 비교적 사소했고, 어느 대목에서도 우리는 그가 유죄라고 말하지 않았으며, 단지 딸을 살리려는 어머니의 정서적 무게와의 대조 역할만 했을 뿐이었다. 공판이 질질 끌면서 정의 실현은 늦어지고, 변호사는 돈을 벌고, 평범한 사람들은 계속해서 고통을 겪었다.

이 영화에는 (예를 들어 TED, 선댄스, 바이스Vice 등의) 큰 지지자들이 있었으며, 2016년 5월에 영국 정부에서 주관하는 반부패 정상 회의 개최 전날에 최초 상영될 예정이었다. 상영일은 월요일 저녁이었고, 상영 장소는 언론인 사이에서 인기가 좋은 회원제 모임인 프론트라인클럽이었다. 우리는 관심을 약간 부추기기 위해 며칠 전에 예고편을 배포했다. 솔직히 말해서 상당히 신이 나 있었다. 이것은 감동적인 영화였고, 몇 가지 좋은 핵심을 지적했고, 최대한의 관심과 충격을 얻기에 딱 알맞은 시기를 맞이한 상황이었다. 우리는 이 영화에 '피묻은 돈'이라는 제목을 붙였다.

그러다가 런던의 법률 회사 피터스앤드피터스에서 프론트라인클럽의 운영자 본 스미스 앞으로 보낸 편지가 도착했다. 거기에는 "명예훼손 관련 사전 절차: 요구서"라고 나와 있었고, 남부끄러움을 피하려고 안달하는 부유한 사람들의 변호사들이 언론인들에게 보내는 편지의 기준에 비추어 보아도 지나치게 강경한 어조였다. 변호사들은 자기네가 실제로 영화를 본 적은 없다고 시인하면서도, "'우리의 의뢰인들이 대규모 돈세탁 혐의에서 유죄다', '타인의 생명을 희생시키면서 자산을 획득했다'는 등의 거짓되고 명예훼손적인 주장을 담고 있는 것으로 보인다"고 주장했다. 그러면서 만약 영화 상영을 강행할 경우에는 즐로체프스키로서도 손해에 대한 고발을 할 수밖에 없을 것이라고 스미스와 클럽에 경고했다.

"우리와 명예훼손 전문 변호사 모두가 우리의 의뢰인에게 조언한 바대로, 만약 귀하께서 영화를 공개하시면 우리도 상당한 손해에 대한 배상과 아울러 추가적인 간행을 금지하는 명령을 얻고자 고등법원에 명예훼손 소송을 제기할 자격이 생길 것입니다." 그 편지는 이렇게 마무리되었다.

영화는 변호사들이 생각한 내용과는 전혀 딴판이었고, 제목의 '피 묻은'이라는 표현은 (변호사의 편지에서 간주된 것처럼) 그 의뢰인의 손에 피가 묻어 있다고 주장하기 위해서가 아니라, 단지 노나의 혈우병을 가리키려는 의도였을 뿐이었다. 하지만 스미스는 그 편지에 심각하게 당황했으며, 충분히 그럴 만한 이유가 있었다. 비록 즐로체프스키는 영국에서 방어해야 할 평판을 전혀 지니지 않은 사람이었고, 2013년에 개정된 명예훼손법에서도 그의 주장을 승인할 수 없어야 마땅했겠지만, 그래도 법정 다툼을 하려면 돈이 너무 많이 들 것이다. 프론트라인클럽은 비非상업 단체였으며, 비록 자유 언론을 그 사명 가운데 일부로 삼고 있었지만, 그렇다고 해서 억만장자와의 기나긴 법적 다툼에 돌입할 만한 금전적 여유까지는 없었다. 클럽이 결국 이길 수도 있었지만, 그런 승리는 상처뿐인 영광보다 오히려 더 나쁜 상황이 될 것이다. 판결문이 나오기도 훨씬 전에 이 클럽은 자금이 다 떨어질 것이고, 문을 닫을 수밖에 없을 것이다. 결국 영화 상영은 취소되었는데, 알고 보니 그 편지에 다른 사람들도 모두 상당히 겁을 집어먹은 터였다. 이 영화는 이후 결코 상영되지 못했다. 니나와 노나가 무척이나 오랜 시간에 걸쳐 우리에게 말해 준 이야기는 결국 공개되지 못했다. 그 대신 영화 상영이 취소된 바로 그 월요일에 나는 강연장을 꽉 채운 관중 앞에서 우리가 결국 상영할 수 없었던 영화에 관해서 이야기해야 하는 현실의 악몽을 감내할 수밖에 없었다.

하지만 내가 이 정도로 실망했다고 치면, 2014년 3월에 자기가 가장 최근에 제출한 원고에 대해서 (자신의 전작을 무려 일곱 권이나 간행한) 케임브리지대학출판부CUP, Cambridge University Press가 보낸 편지를 받은 카렌 다위샤 교수는 어떤 기분이었을지 상상해 보시라. 그녀는 블라디미르 푸틴과 조직범죄의 연계에 관해 학술적으로 엄격하면서도 매혹적인 연구서를 집필했다. 이 원고는 상트페테르부르크시 행정부 시절 푸틴의 임기 초창기 이전까지도 거슬러 올라가서, 공산주의 정권 직후의 세월 동안 러시아를 나눠 먹었던 마피아 조직과 그를 철저하게 연결시켰다. 이 책이 각별히 중요했던 까닭은, 거기서 언급된 내부자 가운데 상당수가 (딱 그 시기에) 내가 이 장의 서두에서 언급했던 올리가르히와 똑같은 제재 대상 목록에 올라 있었기 때문이다.

그럼에도 불구하고 CUP는 이 책을 간행하지 않기로 결정했다. "이 결정은 귀하의 연구의 품질이나 귀하의 학술적 신빙성과는 무관합니다." 저자가 《이코노미스트》에 제공한 편지 사본에 따르면, 출판사의 대표 발행인 존 해슬럼은 이렇게 써 보냈다. "단지 우리의 제한된 자원에 비추어 우리의 위험 감내 능력에 의문이 들었기 때문입니다."

해슬럼의 설명에 따르면, 영국의 명예훼손법에서는 저술가와 출판인에게 그들이 하는 말의 진실성을 입증하라고 요구하지만, 정작 그렇게 하기란 극도로 어려우며, 바로 이것은 영국 법원이 세계의 부자들에게 그토록 선호되는 이유 가운데 하나였다. 그는 (문제의 올리가르히를 다룬 내 기사에 대한 변호사의 법적 검토 의견에서 나온 것과 거의 똑같은 말로) 푸틴과 그 측근들은 결코 범죄 혐의에 대해 유죄판결을 받은 적이 없었기 때문에, 그 주장이 진실인지 아닌지를 단언하기가 불가능하다고 지적했다. 이것은 머니랜드를 뒷받침하는 활동들에 대해 연구하고 집필하고자 할 때 가장 짜증스러운 국면이었다. 다위샤가 설명한 범죄 가운데 어느 것에 대해서도 푸틴이 유죄 선고를 받지 않은 이유는 그가 정직하기 때문이 아니라, 오히려 러시아의 사법 체계가 부패했고 정치적 통제를 받기 때문이었다. 러시아 법원이 푸틴의 범죄를 유죄로 판결하지 않는 이유는, 결국 시카고 법원이 알 카포네를 단죄하지 않는 것과 마찬가지였다. 그럼에도 불구하고 이런 사람들 가운데 상당수에 관해서는 유죄 선고가 내려지기 전까지 아무것도 쓸 수 없었으며, 일단 유죄 선고가 내려지고 나면 이들은 이미 정치적 위신이 추락해서 더 이상은 범죄를 저지를 만한 지위에 있지 않게 마련이었다.

"우리는 이른바 푸틴이 범죄적 올리가르히들로 이루어진 가까운 세력을 마음대로 조종할 수 있으며, 지금까지의 경력 내내 그 세력을 육성해 왔다는 이 책의 전제에서 암시된 사람들이 자칫 소송을 제기할 수도 있으며, 그들로선 충분히 그럴 만한 재력을 갖고 있으므로 위험이 높다고 보았습니다." 해슬럼은 이렇게 말하고 나서, 진정으로 사기가 꺾이는 법적 비용 부담에 관해서 털어놓았다. "설령 출판부가 궁극적으로 그런 소송에서 방어에 성공한다 하더라도, 우리의 비상업적이고 학술적인 사명을 고려할 경우, 그로 인한 차질과 비용은 우리가 감당할 수 있는 것 이상일 겁니다."

미국 국적이었던 다위샤는 자기 책을 대신 간행해 줄 미국 출판사를 물색했고, 결국 2014년 9월에 사이먼앤드슈스터에서 『푸틴의 도둑 정치: 누가 러시아를 소유했는가?Putin's Kleptocracy: Who Owns Russia?』라는 책으로 간행해서 그 내용에 걸맞게 탁월한 서평을 받아 냈다. 하지만 그녀가 CUP에 보낸 답장은 여기서 인용할 만한 가치가 있다. 왜냐하면 부유한 외국인들이 자기 재산의 기원에 관한 논의를 막아 버리기 위해 영국 사법 체계를 남용하는 것에 대한 우려가 가득하기 때문이다. 다위샤는 러시아의 내부자들이 (부유한 외국인들과 마찬가지로) 영국의 부동산에 막대하게 투자하고, 영국의 법원에서 자기네 법적 분쟁을 해결하고, 영국의 학교에 자기 자녀를 보내 공부시키지만, 정작 영국 국민은 그들의 돈이 어디에서 온 것인지를 알지 못하게 금지당했다고 지적했다. "진짜 쟁점은 아무리 애를 쓰더라도 이 책은 그 주제 자체 때문에 출판이 불가능하리라는 불편한 결론입니다." 그녀의 말이었다. "결국 우리로선 영국 명예훼손법이 실제로 '현대화'되고 철저하게 검증되기를 바랄 수밖에 없겠군요. 그래야만 CUP가 정말 '모든 종류의 책들'을 간행하려 노력하는 출판사라는 사실이 널리 알려져서 수많은 저자들이 원고를 들고 몰려올 테니까요. 물론 지금의 CUP는 혹시라도 부패한 러시아 올리가르히들을 자극해서 가뜩이나 잘못된 영국의 명예훼손 관련 제도를 더욱 웃음거리로 만들지는 않을 법한 종류의 책만 골라서 내는 출판사이지만 말이에요."

이 위협의 본질상 그 위협의 내용은 대중에게 알려지지 않는다. 당연히 우리는 사람들이 간행하도록 허락받지 못한 내용을 읽을 수가 없게 마련이며, 사람들은 종종 오로지 자기 자신이 관여된 문제만을 자각하게 마련이다. 국제투명성기구 영국 지부TI-UK의 총괄지부장 로버트 배링턴도 그런 사례 가운데 한 명이다. 그의 진두지휘하에서 TI-UK는 훨씬 더 대담한 행보를 취했고, 영국의 부동산과 영국의 비자와 기타 등등에 더러운 돈이 침투하는 것에 관한 획기적인 보고서를 간행했다. 이것은 2015년 초에 한 법률 회사의 편지를 초래한 여러 보고서 가운데 하나였다.

"하루는 여기 있는 제 책상 앞에 앉아 있자니, 이 편지를 가지고 사람이 하나 찾아왔더군요. 솔직히 마치 말馬에게 배를 걷어차인 듯한, 마치 그 모든 체계가 무너지고 있는 듯한 기분이 들었습니다. 설령 우리가 이긴다 치더라도, 우리로선 그 비용을 감당할 수 없을 테니까요." 그가 내게 한 말이다. 혹시 그 변호사들의 의뢰인이었다는 그 부유한 사람의 이름을 말해 줄 수 있으려나? "제 생각에, 우리의 합의 조건에 따라서 저는 그럴 수가 없을 것 같습니다. 이 정도면 그런 조치가 TI 같은 단체에 끼치는 냉각 효과가 어느 정도인지 감이 잡히실 겁니다."

국제투명성기구는 세계 각지에 지부를 두고 있는데, 배링턴의 말에 따르면 심지어 해외의 동료들조차도 영국의 명예훼손 고소에서 안전하지 못하다고 한다. 한 지부는 런던에서 보고서를 발표하고 싶어 했는데, 그렇게 해야만 국제적인 공명을 일으킬 것이라고 생각하는 동시에 언론의 관심도 더 끌고 싶었기 때문이었다. 하지만 한 올리가르히의 법률 회사가 어찌어찌 그 사실을 알아내는 바람에 이 계획은 중단되었으며, 이들은 결국 제네바로 가서 보고서를 발표하게 되었다. "그런데 그 매우 공격적인 법률 회사는 우리가 그 보고서를 웹사이트에 올려놓은 것만 가지고도 우리를 고소할 수 있다고 통보하더군요." 배링턴의 말이다. "그건 정말로 문제입니다. 그들은 깡패인데도, 무려 런던의 법률 회사를 이용해서 자기네 대신 깡패 짓을 시키는 거였습니다. 그들은 오랜 세월 동안 구축한 자기네 평판을 보호하고 싶어 하고, 아주 나쁜 짓을 하고 있는 사람들에게 긍정적인 광택을 발라 주지요."

이는 대개 영국만의 문제로 남아 있다. 미국의 간행물은 미국 헌법의 자유 언론 조항에 의해 보호되며, 이처럼 터무니없는 명예훼손 소송은 애초부터 저지된다. 실제로 2008년에 뉴욕주에서는 헌법 수정조항 1조에 상응하는 자유 언론 보호가 결여된 외국 사법관할구역의 명예훼손 판결을 미국 영토에서는 유효하지 못하게 만드는 법률을 통과시켰다. 이는 자신이 테러리스트에게 자금을 지원한다는 의혹을 제기하며 비난했던 언론인들을 무려 36회에 걸쳐서 영국 법원에 고소하거나, 또는 고소하겠다고 위협했던 사우디의 사업가 칼리드 빈 마흐푸즈에 대한 직접적인 대응이었다(영국 법원은 미국의 작가 레이철 에렌펠드의 2003년 저서 『사악함에 돈을 대다 Funding Evil』가 영국에서 23부가 팔렸다는 이유로 사법관할권을 인정했다). 이 법률은 그 당시에 환영을 받았지만, 그렇다고 해서 고소 위험에 대한 두려움 때문에 이루어지는 선제적 자기 검열을 방지할 수 있으리라 할 만큼의 보호를 제공하지는 못했다. 전 세계적으로 배포되며 특히 영국 독자가 많은 미국의 주요 간행물 편집자에게 내가 직접 들은 바에 따르면, 거기서도 과도한 비용과 불쾌한 상황을 회피하기 위해 영국 명예훼손법을 기본적으로 준수했다.

미국 간행물 역시 명예훼손 소송에 드는 비용을 자각하고 있으며, 설령 특종의 기회를 걷어차는 한이 있더라도 그렇게 했다. 내가 올리가르히와 그 씀씀이 헤픈 자녀에 관한 기사를 미국의 한 간행물에 제안했을 때, 그곳의 변호사는 내가 영국에서 이미 들었던 것과 똑같은 답변을 편집자에게 내놓았다. "여기서 두드러진 쟁점은 이겁니다. 그런 올리가르히라면 혹시라도 모욕감을 느낀 나머지 당신과 올리버 모두를 괴롭히는 데에도 상당한 돈을 쓰려 들지 않을까요? 우리의 경험에 따르면 실제로도 그렇습니다." 변호사는 편집자에게 보낸 조언에 이렇게 썼다. "그 기사의 내용으로부터 추론할 수 있는 바에 따르면, 그 올리가르히는 매우 영리한 사람이므로 보복 방법 가운데 하나로서 자기가 영향력을 발휘하는 지역에서는 당신의 향후 활동을 저해할 수도 있을 겁니다." 열의가 넘치던 편집자였지만 결국 나와 내 기사를 마지못해 포기하고 말았다.

이런 상황이 걱정스러운 까닭은 단지 독자인 여러분이 이 세상에서 벌어지는 일을 제대로 모르게 되어서뿐만이 아니다(물론 그것도 충분히 걱정스러운 일이긴 하지만 말이다). 이것은 또한 언론 보도가 범죄 수사의 지속적인 출처이기 때문에 문제이다. 세계 전역의 경찰관들은 수상한 행동을 알려 주는 언론을 필요로 하기 때문에, 언론인이 침묵해 버리면 결과적으로 법 집행기관이 필요로 하는 정보를 얻지 못하게 된다. 이럴 경우에 또 다른 불운한 되먹임의 순환 고리가 생기게 된다. 언론인은 아직 범죄에 대해 유죄판결을 받지 않은 부유하고 소송 좋아하는 인물의 악행을 비난하기 위해서 분투한다. 그런데 정작 언론인이 그 사실에 관해서 쓸 수 없다면, 경찰관도 뭔가 잘못이 벌어지고 있다는 사실을 모르게 마련이고, 결국 문제의 인물도 범죄에 대해서 유죄판결을 받지 않게 된다. 사설 수사기관 역시 누군가의 배경을 확인해 달라는 요청을 받으면 언론에 의존하므로(예를 들어 그 인물이 몰타 같은 곳에서 여권을 신청했다든지 하는 경우) 이런 은근한 검열 시스템은 그들의 업무에도 지장을 준다.

영국에는 이런 순환 고리를 유지하는 홍보 대행사와 법률 회사와 컨설턴트 회사로 이루어진 전체 산업이 있으며, 이는 부유한 외국인들에게 좋은 평판을 만들어 줌으로써 영국 법원이 제공할 수 있는 보호의 역장^{力場}을 선사한다. 이 업계 종사자 한 명은 2016년에 런던 중심부의 한 술집에서 나를 만나기로 했다. 그곳은 시티의 근로자들이 긴 오전 내내 화면을 들여다보고 나서 찾아와 반주 곁들인 점심 식사를 하는 곳이었는데, 내가 맥주를 계속 사는 한 그는 자기

업무의 비밀을 밝히기로 약속했다. 이 종사자는 자기 신분을 절대 밝히지 말아 달라고, 아울러 자기 고객과 예전 고객에 관해서도 절대 언급하지 말아 달라고 부탁했는데, 그가 지금까지 대신 일해 주었던 사람들에 관한 진술이 시작되자마자 그런 요구는 전적으로 이해할 수 있었다.

그의 말에 따르면, 부유한 외국인들이 영국에서 자기 평판을 세탁하기를 원할 경우에는 거쳐 갈 수 있도록 아예 정해진 길이 있었다. 우선 그들은 부동산을 구입하는데, 중요한 사람들을 위해 대대적인 만찬을 개최할 수 있을 정도로 크고 인상적인 곳이어야 한다. 그런 다음에는 홍보 대행사를 고용하는데, 이를 통해서 억만장자의 자선 재단에 이름을 올릴 준비가 기꺼이 되어 있는 유순한 하원의원이나 상원의원, 또는 양쪽 모두에 해당하는 의회 구성원들과 접촉할 수 있다. 이때 재단은 런던의 인기 있는 이벤트 공간에서(특히 화랑이 이상적이다) 출범식을 가지며, 뭔가 논쟁적이지 않은 일을 하겠다고 약속한다. 예를 들어 아동 교육이라든지, 문화의 이해 증진이라든지, 스포츠 시설에 접근하기 힘든 사람들을 위한 지원이라든지가 그렇다. 자국과 연계된 모든 정당의 의원 모임에 자금을 지원하는 것도 한 가지 선택지인데, 이로써 영국 정치인들을 자국의 수도로 데려갈 수 있는 가능성이 생겨난다. 즉 영국 타블로이드 언론의 엉큼한 시선에서 벗어난 곳에서 이들에게 노고에 걸맞은 진미를 대접할 수 있는 것이다.

물론 이것만으로는 충분하지 않다. 억만장자는 모종의 연줄을 수립할 필요가 있으며, 여전히 모국에서 사업에 종사하고 있는 사람의 경우에는 특히나 그렇다. 만약 그가 가스 회사를 소유하고 있다면, 홍보 고문은 에너지 안보를 세게 밀어붙일 것이며, 그 자신이야말로 서양이 필요로 하는 필수 자원의 독립적인 제공자라고 선전할 것이다. 만약 그가 농업에 관심이 있다면, 정말 쉬운 일이다. 식량 안보는 그 어떤 나라에나 중차대하며, 저렴하고 품질 좋은 식량의 지속적인 원천을 제공하는 것은 필수 불가결했다. 만들 수 있는 연줄이야 항상

253

있게 마련이었고, 일단 연줄을 만들어 놓으면 유명한 전직 정치인들을 초청하는 회의를 개최할 수 있었다. 잘만 하면 하위 왕족이 뭔가 적절하게 이름 붙인 조직의 대표를 맡아 줄 수도 있었다. 영국에는 하위 왕족이 많았으며, 그중 상당수는 놀라우리만치 현금이 부족했다.

이상적인 경우, 억만장자가 자기 이름을 어떤 기관에 넣고 싶어 하거나, 또는 충분히 그럴 만한 어떤 기관과 매우 밀접한 관계를 맺고 싶어 할 수도 있다. 그런 기관의 종류는 억만장자의 개인 취향에 따라 정해졌다. 축구 구단은 워낙 인기가 있었고, 영향력 있는 친구들을 접대할 만한 좋은 오락장이었다. 대학에 기부금을 내는 것도 인기가 있었다. 옥스퍼드와 케임브리지와 런던의 여러 대학은 미국의 경쟁자들에 비해 현금이 적다는 사실을 자각했기 때문에, 금액이 충분히 큰 경우에는 기부자의 돈의 출처에 대한 경고를 꾸준하게도 기꺼이 무시해 왔다. 이런 종류의 대규모 자선 활동은 진짜 A급 인물들(예를 들어 고위 왕족이나 내각 장관들)이 가득한 파티장으로 들어가는 문을 열어 주었다. 어쩌면 억만장자가 이런 사람들 가운데 일부를 초청해서 자기네 대형 요트에 머물도록 할 수 있지 않을까? 일단 호의를 베풀고 나면, 그로 인해 억만장자가 선택한 제2의 고향에 진정으로 녹아들게 하는, 의무의 유용한 네트워크가 생겨나는 것이었다.

"거기에는 두 가지 목표가 있습니다. 첫째는 그를 너무나도 유명해서 차마 죽일 수 없는 사람으로 만드는 것이지요. 그는 아마도 어딘가 상당히 살벌한 동네에서 살다 왔을 겁니다, 그렇죠? 어딘가 거친 곳에서 왔기 때문에, 그곳 정부에서 그를 뒤쫓고 있을 겁니다. 그런 일은 실제로 있으니까요. 하지만 그가 만약 유명한 자선사업가라면 달라지죠." 이 대목에서 그는 (이미 맥주를 세 잔째 마시면서) "자선사업가"라는 단어에 따옴표를 가리키는 손동작을 덧붙였다. "말하자면 그러고 나면 그의 주위에 뭔가 보호의 분위기가, 곧 방패가 덧붙게 됩니다. 영국 정부와 어울리는 누군가를 감히 쓰러트리고 싶어 하는 독재자는 이 세상에 많지 않으니까요. 그렇죠? 그게 바로 첫 번째 목표입니다. 즉 누가 그를 '죽이기 불가능하게' 만드는 것이지요. 두 번째 목표는 누가 그에 관해서 '쓰기 불가능하게' 만드는 겁니다. 만약 당신이 우리 고객 가운데 한 명에 관해서 쓰려고 한다면, 농담이 아니라 우리는 당신을 해결사에게 넘길 겁니다."

그렇다면 고소당할 두려움도 무시해 버리고, 아랑곳없이 간행을 시도하는 누군가가 있다면 어떻게 될까? 펀드매니저 출신 활동가 빌 브라우더가 우리에게 그런 사례를 보여 주기는 했지만, 이때에도 안심할 수는 없었다.

미국 출신의 부유한 영국 시민 브라우더는 1990년대 중반에 러시아로 이주했다. 그곳이야말로 자기가 재산을 모을 세계 최고의 장소라고 확신한 까닭이었다. 그의 예상은 사실로 입증되었다. 2000년대 초 모스크바에서 서로 알고 지낸 사람 모두에게 브라우더는 세 가지로 유명한 정력적인 펀드매니저였다. 첫째는 항상 언론인에게 시간을 내주는 것이었고, 둘째는 러시아 회사들의 확고부동한 부패를 비난하는 것이었으며, 셋째는 푸틴 대통령의 이력을 옹호하는 것이었다. 그의 접근법에서 처음 두 가지 측면에 대한 정당화는 단도직입적이다 못해 오히려 우아하기까지 했다. 만약 회사들이 부패를 없애기만 한다면 훨씬 더 가치가 높아질 것이고, 그의 펀드의 주식도 가격이 올라가서 수익을 올릴 것이다. 언론인에게 시간을 내주는 까닭은, 자신의 주장을 최대한 널리 퍼트리기를 원했기 때문이었다. 그런데 그가 왜 항상 그토록 열심히 푸틴을 옹호했는지를 이해하기는 약간 어려웠는데, 푸틴이 조작된 사법 절차를 통해 정적들을 감옥에 가두기 시작한 이후에는 특히나 그러했다. 어쩌면 브라우더로선 푸틴이 본인의 주장만큼 법치에 헌신하는 사람은 아니라는 사실을 이해하기까지 다른 대부분의 사람들보다 약간 더 시간이 걸려서였을 수도 있었다("순진하게도 나는 푸틴이 국익을 위해 행동하고 있으며, 진정으로 러시아를 깨끗이 하려 노력한다고 생각했다." 그는 2015년에 간행한 회고록 『붉은 공지Red Notice』에서 이런 식으로 설명했다).

그러다가 2005년에 브라우더는 러시아 입국이 금지되었다. 그럼에도 불구하고 그의 펀드가 가스프롬 주식의 거래 자유화(그 이전까지만 해도 거래가 규제되었다)로부터 많은 수익을 거두는 것을 멈출 수는 없었지만, 이는 문제가 다가오고 있다는 분명한 징조였기 때문에 그는 서둘러 돈을 빼냈다. 부패한 경찰관들로 이루어진 집단이 한때 브라우더가 거래했던 (이제는 빈껍데기가 되어 버린) 회사들을 차지하더니, 장부를 조작해서 그가 이미 납부한 2억 3,000만 달러의 세금을 환급받아 그 수익금을 착복했다. 따지고 보면 그 돈은 그에게서 훔친 것이 아니라 러시아의 정부 예산에서 훔친 것이었으므로, 그냥 무시하고 넘어갈 수도 있었다. 하지만 브라우더는 그런 일을 무시할 만한 종류의 사람이 아니었다. 그로부터 조사를 의뢰받은 법률 회사에서는 세르게이 마그니츠키라는 회계 감사관에게 임무를 맡겼다.

마그니츠키는 이 사기극의 전모를 철저하게 밝혀냈다. 그러자 러시아 경찰은 도리어 그를 체포하고 구금했으며, 심지어 의료 조치조차도 금지시킨 끝에 2009년 11월 16일에 사망하게 만들었다. 이것은 러시아 경찰의 권력 남용 사례였으며, 브라우더는 남은 반평생을 정의에 대한 탐색을 가슴속에 품고 살게 되었다. 그는 이 범죄자들이 서양으로 여행하지 못하게 금지해 달라는 운동을 끝없이 전개했으며(아울러 성공을 거두어서, 캐나다와 미국에서는 정확히 그러한 목적을 위해 '마그니츠키법※'이라는 것이 생겼고), 자기가 과거에 투자 펀드를 위해 동원했던 온갖 홍보 기술을 이용해서 그 범죄를 대중의 의식에 지속적으로 각인시켰다.

그의 노력 중에는 그 범죄의 성격을 설명하는 내용의 영화 여러 편을 인터넷으로 배포한 것도 있었다. 이들 영화는 다른 누구보다도 파벨 카르포프를 비난했는데, 그 범죄 당시에 모스크바 경찰의 수사관이었던 그는 훗날 내무부의 수사 위원회로 자리를 옮겼다. 이들 영화에 따르면 카르포프는 러시아 정부의 예산을 착복하고 마그니츠키를 가두어 죽게 만든 핵심 인물이었다.

2012년에 카르포프는 홍보 대행사에 의뢰해 자신이 상당한 손해를 보았다고 주장하며, 올스왕이라는 법률 회사를 통해 런던에서 소송 절차를 개시했다. 브라우더의 반응은 전형적으로 호전적이었다. 변호사들을 통해 올스왕에 보낸 답변에서 그는 "이 문제에 관해서, 아울러 그가 헤픈 생활 방식을(그리고 값비싼 법적 대리인을) 유지하기 위해 사용하는 자금의 출처에 관해서 당신네 고객과 대결할 수 있는 기회를" 환영한다고 말했다. 그리하여 이 사건은 고등법원에서 공판이 진행되었으며, 2013년 7월에 심리가 있었는데, 이때 양쪽의 대리인으로는 각각 두 명의 법정변호사가 나섰으며, 각각 한 명씩의 왕실고문변호사가 들어 있었다.

이것은 부유한 사업가에게도 값비싼 경험이었을 것이며, 평범한 러시아의 경찰관에게는 더더욱 그러했을 것이다. 법원은 카르포프의 자금 출처를 조사했지만, 이 사건 때문에 친구로부터 돈을 빌렸다는 그의 주장을 만족스럽다고 선언했다. 하지만 정작 법원은 카르포프의 고소를 기각했으며, 그가 영국과 아무 연고가 없기 때문에 판사도 아무런 사법관할권을 갖고 있지 못하다고 판결했다. 이것은 '명예훼손 관광'에 반대하는 기념비적인 판례였고, 훗날 언론계 변호사들에게 종종 인용되었다.

하지만 그 이후의 조치는 그리 잘 언급되지 않는다. 이것은 영국 법원이 부패를 조사하려는 사람들을 침묵하도록 괴롭히는 데 악용되는 터무니없는 명예훼손 소송을 방지할 것이라는 신호가 되기는커녕, 오히려 카렌 다위샤의 책에 대해서 CUP(케임브리지대학출판부)가 드러냈던, 또는 우크라이나에 관한 내 영화에 대해서 프론트라인클럽이 드러냈던 바로 그런 우려에 대한 확증이나 다름없었다. 브라우더에 대한 고소를 기각당한 카르포프는 이 전직 펀드매니저의 재판 비용을 물어내라는 명령을 받게 되었다. 금액은 85만 파운드였는데, 막상 에스크로 계좌에 예치한 금액은 일부분에 불과했다. 카르포프는 비용을 지불하지 않고 그냥 사라져 버렸으며, 브라우더는 결국 나머지 66만 파운드를 지불할 수밖에 없었다.

영국의 사법 체계는 카르포프에게서 돈을 받아 내려고 노력했다. 한 판사는 2016년 9월에 그에게 징역 3개월을 선고했다. 2017년 5월에는 그에게 체포 영장이 발부되었다. 하지만 그 러시아인이 자국에 머물러 있는 상태에서는 아무 걱정이 없었다. 러시아의 제도는 일관적으로 마그니츠키를 괴롭힌 이들을 두둔했지, 그가 밝혀낸 범죄의 장본인들을 처벌하지는 않았다. 오히려 러시아 법원은 궐석재판에서 브라우더에게 유죄를 선고했으며, 2013년에는 마그니츠키에 대해서도 조세 포탈 혐의로 유죄를 선고했다. 심지어 그는 이미 사망해서 (일반적인 법 기준 모두에 근거했을 때) 아예 지상의 사법관할구역 밖에 있었는데도 불구하고 말이다. 한마디로 브라우더가 러시아에서 정의를 실현할 가능성이라든지, 자기 돈을 돌려받을 가능성은 전혀 없었다. 이와는 정반대로 그는 거의 끝도 없는 법적 공격에 직면하게 되었다.

"제가 만약 이 사건 이전에 상당한 개인 재산을 벌어 놓지 않았더라면, 이런 것들로부터 결코 저 스스로를 방어할 수는 없었을 겁니다." 브라우더는 2017년에 런던 중심가에 있는 자기 사무실의 회의실에서 이렇게 말했다. "우리가 지불 명령을 얻어 냈을 때 그가 사라져 버리자, 우리로선 아무 조치도 취할 수가 없었습니다. 영국에서는 법정모욕죄로 그에 대한 체포 영장이 발부되었지만, 국제 영장은 아닙니다. 그나마도 아주 대단한 체포 영장은 아니고, 단지 사람들이 법원을 경멸하지 않도록 하기 위한 시늉에 불과했습니다."

이것은 카르포프와 기타 러시아 공무원들이 브라우더를 상대로 싸워 온 전 세계적인 법적 공격의 최전선 가운데 단 한 곳에 불과하다. 이 모든 것에도 불구하고 브라우더는 어찌어찌해서인지 가스프롬의 잘못된 운영에 관해서만 불평하던 지난 2003년과 마찬가지로 원기 왕성한 사람으로 남아 있다.

"좀 더 폭넓게 들여다본다면, 그들은 당사자주의 사법 체계, 민주주의 체계, 언론의 자유 체계 같은 우리 체계의 모든 힘을 가급적 온갖 방식으로 남용하려고 시도합니다. 자유민주주의에서 틈새가 있는 곳이라면 어디서나 그 틈새를 남용하려 할 것입니다." 그의 말이다. 돈은 국경을 넘나들지만 법은 그러지 못하는 까닭에, 머니랜드는 자기 스스로를 보호하는 것이다.

브라우더처럼 66만 파운드의 손실도 거뜬히 감내할 수 있고, 거기 더해서 여러 군데 사법관할구역에서 진행되는 여러 건의 법적 절차에 지속적으로 들어가는 비용도 거뜬히 감내할 수 있는 활동가와 언론사는 극소수에 불과하다. 따라서 이들은 간행하는 내용에 대해서 주의하는 편을 선택하며, 심지어 그 주장의 진실성을 확신하는 경우에도 그렇게 한다. 바로 그런 이유 때문에 런던의 명예훼손 전문가에게서 온 편지는, 영국과의 연고가 있거나 없거나 간에 자기 자금의 기원에 대한 논의를 막아 버리기를 도모하는 모두에게 유용한 도구로 남아 있는 것이다. 내가 런던의 술집에서 설명으로 들은 그 업계는 자기 임무를 실제로 매우 잘하고 있었다.

12

암흑 물질

터널을 지나 머니랜드로 사라지는 돈이 매년 얼마나 되는지에
대해서는 여러 가지 추산이 나와 있다. 국제통화기금^{IMF}은 전 세
계에서 벌어들이는 돈 1달러당 2센트 내지 5센트씩이 불법적이
라고 추산하는데, 그렇게 놓고 보면 매년 최대 2조 6,000억 달러
씩이 된다. 세계금융건전성기구^{Global Financial Integrity}의 분석가들은
2013년 전 세계 불법 금융 흐름의 총액을 1조 1,000억 달러에 달
한다고 추산했는데, 그 총액은 급속히 늘어나고 있다. 하지만 사
실 이 숫자들은 단지 추측에 불과하며, 이는 그 숫자에 달라붙어
있는 0의 개수만 봐도 알 수 있다(예를 들어 1조 1,000억 달러를 모
두 숫자로 쓰면 1,100,000,000,000달러가 된다). 심지어 이런 숫자조

차도 상황의 전체 규모를 제대로 포착하지는 못하고 있다.

머니랜드에 들어 있는 돈은 단순히 마약으로 번 돈, 훔친 돈, 혹은 뇌물로 받은 돈만이 아니다. 만약 그렇다고 치면 이 문제를 해결하기는 더 쉬웠을 것이다. 그 모든 '나쁘고 사악한' 돈은 세금이나 규제를 회피하고 적발을 피해 해외에 은닉한 '나쁘고 야비한' 돈과 함께 세탁된 것이다. 아울러 러시아나 중국이나 베네수엘라 같은 경제에서 흘러나온 돈도 섞여 있는데, 이것은 어떤 악행의 산물은 아니고 단지 자기 집에 두었다가는 정부가 빼앗아 갈 수도 있다고 두려워한 사람들의 소유일 뿐이다. 이런 '도피 자본'은 지금 우리가 이야기하는 현금의 양에 완전히 새로운 차원을 더해 준다. 한 추산에 따르면 2007년부터 2017년까지 2조 5,000억 달러가량이 중국에서 해외로 도피했는데, 정부가 수립한 점점 더 번거로운 자본 통제에도 불구하고 그러한 것이었다.

이런 도피 자본은 종종 숨어 버리게 마련이고, 오로지 정부 총계에서 통계학자들이 총액을 맞추기 위해서 숫자 열에 덧붙이는 항목인 이른바 '오차 및 누락'E&O, Errors & Omissions에서만 눈에 띄게 마련이다. 도이체방크Deutsche Bank의 분석가들은 영국의 투자 총계를 살펴보다가 이 사실을 발견했고, E&O 숫자가 시간이 흐르면서 한결같이 양수임을 깨달았다. 만약 이것이 진정으로 무작위적인 통계상의 가공물이라면, E&O는 양수가 되는 만큼 종종 음수도 되었어야 했을 것이다. 하지만 그렇게 되지 않았다는 사실은 뭔가 수상한 일이 진행 중이라는 뜻이었다.

2015년에 간행된 이 보고서는(제목은 '암흑 물질'이었는데, 이처럼 큰 문제와 직면했을 때에는 어느 누구도 감히 천문학적 비유를 거부할 수 없었기 때문이다) 영국과 뉴질랜드와 스웨덴을 살펴본 끝에 공식적인 탐지를 회피한 막대한 돈의 움직임을 포착했다. 영국의 경우에는 1970년대 중반부터 약 1,330억 파운드가 경제에 유입됐는데, 그중 960억 파운드는 지난 10년 동안 아무도 눈치채지 못하는 사이에 들어온 것이었다(이 속도는 점점 빨라져서 현재의 유입량은 무려 '매월' 총액 10억 파운드쯤에 달한다). 이 총액 가운데 약 절반은 러시아의 돈이 차지하는 것으로 보이고, 나머지는 전 세계 다른 곳들이 출처인 것으로 보인다. 그나마도 추측에 불과한 것이, 분석가들이 의존하고 있는 불일치는 어디까지나 훨씬 더 높은 합법적 자본 흐름에 가려질 수도 있기 때문이다. 한편 스웨덴은 오히려 정반대의 문제를 겪고 있었다. 왜냐하면 스웨덴에서는 정부가 자본 통제를 포기하는 한편 부유한 국민은 자국의 높은 세금에 대한 노출을 줄이려 하면서, 1980년대 말부터 지금까지 무려 1조 5,000억 스웨덴 크로나(약 1,800억 달러)가 국외로 새어 나갔기 때문이다("이는 다시 말해 스웨덴의 국내 통계학자들이 스웨덴의 해외 자산을 100퍼센트 과소평가했다는 뜻이다." 보고서에는 이렇게 나온다).

선진국 경제에 들락날락하는 자본 흐름의 정확한 수치를 찾기가 이처럼 매우 힘들다고 치면, 전 세계 총액을 추산하기는 훨씬 더 어려울 수밖에 없다. 아무래도 재원이 잘 갖춰지지 못한 통계 기관들이 내놓은 수치에 의존할 필요가 있는 동시에, 심지어 자국 통계학자들에게도 자기네 금융 시스템의 내부 작동 방식을 밝히길 꺼리는 조세 피난처의 침묵을 어떻게든 우회할 필요가 있기 때문이다.

머니랜드에서 훔친 돈을 찾아내고 몰수해서 진짜 주인에게 돌려주려 노력하는 변호사들은 마치 어두운 수조에서 뱀장어를 잡으려고 시도하는 낚시꾼과도 비슷하다. 이들은 그 안에 잡을 수 있는 뱀장어가 몇 마리나 되는지도 모르고, 심지어 애초부터 자기네가 올바른 수조에서 낚시를 하고 있는지 여부도 모른다.

머니랜드인 중에서도 가장 지독했던 인물들을 상대로 벌인 전투에서는 약간이나마 성공도 없지 않았다. 스위스가 나이지리아에 8억 달러를 반환했던 것인데, 원래는 사니 아바차와 그 일가가 훔쳐 간 것이었다. 스위스는 또 마르코스 정권의 붕괴 이후에는 필리핀에도 6억 달러를 반환했다. 하지만 심지어 여기서도 밝은 희망에는 먹구름이 끼어 있었다. 2014년에 유럽의 소국 리히텐슈타인이 스위스의 선례를 따라서 아바차의 아들이 훔친 2억 2,700만 달러를 반환했다(사니 아바차 전 대통령의 사망으로부터 거의 20년이 지난 뒤의 일이었으며, 그나마도 나이지리아 측에서 아바차 일가에게 은닉 자금의 본국 환수를 저지하는 유럽 내 소송[17] 여러 건을 철회하면 기소를 면제해 주겠다고 약속한 다음의 일이었다). 그런데 1년 뒤에도 나이지리아는 그 돈을 받는 데 실패하고 말았는데, 아무래도 다시 한 번 누군가가 훔쳐서 곧바로 (애초에 그 돈의 출처였던) 역외의 미궁에 은닉하지 않았나 하는 우려가 이어졌다.

적도기니의 통치자들을 겨냥한 미국의 소송 역시 나이지리아의 전직 통치자들을 겨냥해 유럽에서 벌어진 소송만큼이나 답답한 것이 아닐 수 없었다. 미국 법무부는 (다른 무엇보다도) 팝 음악 관련 기념품으로 이루어진 방대한 컬렉션을 축적한 오비앙 가족의 소유 자산에 대해 민사소송을 제기했다. 급기야 이는 「미국 정부 대對 "배드" 순회공연 당시 사용된 크리스털 장식 흰 장갑 1점 및 기타 마이클 잭슨 기념 물품」이라는 장황한 제목의 법정 사건을 불러일으켰다. 정부가 몰수하려 한 재산에는 저 '팝의 황제'가 〈스릴러〉 비디오에서 입었던 재킷 1점, 네버랜드 목장에서 가져온 실물 크기의 조각상 여러 점, 걸프스트림 제트기, 말리부 소재 저택, 여러 대의 슈퍼카가 포함되어서 가치 총액이 7,000억 달러에 달했다. 한 판사는 법무부의 첫 번째 고소를 각하하면서, 테오도로 오비앙이 법을 어겼다는 사실을 그 변호사들이 입증하는 데 실패했다고 이유를 밝혔지만, 대신에 법무부가 다시 한 번 시도할 수 있게는 허락했고(이번 사건의 제목은 「미국 정부 대對 마이클 잭슨이 서명한 〈스릴러〉 재킷 1점 및 기타 마이클 잭슨 기념 물품」이었다), 결국 오비앙 가족은 3,000만 달러에 합의를 봐야 했다. 그래도 이들은 걸프스트림 제트기를 계속 소유할 수 있었으며, 문제의 장갑도 국외로 밀반출하는 데 성공했던 것으로 보인다.

17.   나이지리아는 자금이 은닉된 스위스 은행을 상대로 범죄 자금 환수 소송을 걸어서 일부 환수했는데, 아바차 가족이 스위스에서 은닉 자금 환수 금지 소송을 걸어서 승소한 바 있다.

이것은 승리였지만, 어디까지나 부분적인 승리였다. 오비앙은 10만 달러도 되지 않는 연봉과 호화판 생활 방식 사이의 이례적인 불일치에도 불구하고 유죄 선고를 받지 않았는데, 그 모국의 공무원들이 미국 변호사들에게 협조하지 않았던 것이 상당한 이유를 차지했다. 미국 공무원들은 압류한 돈을 처리할 방법을 따로 생각해야 했는데, 왜냐하면 방금 압류한 돈의 출처인 적도기니 정부에 다시 돌려줄 수는 없었기 때문이었다. 결국 법무부에서는 그 돈 대부분을 적도기니 국민의 유익을 위해 사용되도록 자선 재단에 기부하기로 결정했다. 그때가 2014년이었다. 하지만 이 결정을 정확히 어떻게 실행할 계획인지에 대해서는 아무런 최신 정보가 나오지 않고 있다.

이는 스위스 법원이 카자흐스탄 대통령 누르술탄 나자르바예프가 관리하는 은행 계좌에서 8,400만 달러를 동결시킨 이후 출범한 방안에 근거한 계획으로 보인다. 10년 동안의 논쟁 끝에 양국은 그 돈을 카자흐스탄의 일반 시민의 유익을 위해 사용할 수 있도록 자선 재단에 넘겨주기로 합의했다. 이 재단은 백신 보급, 교육, 사회복지, 학술 등의 분야에 자금을 지원했는데, 비록 놀라우리만치 성공적인 프로그램으로 입증되기는 했지만 이를 똑같이 따라 하기에는 상당히 어려웠다. 그 이유 중 하나는 카자흐스탄이 구소련의 기준에서 보자면 크게 독재적이지도 않았고, 지나치게 부패가 심하지도 않았던 편이어서, 정부에게 휘둘리지 않는 개인이나 조직에게 돈을 건네는 것이 충분히 가능했기 때문이었다. 그리고 나머지 이유는 8,400만 달러가(심지어 누적 이자 1,200만 달러를 더한다 치더라도) 그렇게 큰 나라에서는 큰돈이 아니어서, 별다른 말썽 없이 적절한 대의에 사용될 수 있었기 때문이었다. 하지만 우즈베키스탄과 나이지리아와 관련된 자산 회수 사례에서는 훨씬 더 많은 돈이 나왔으며, 양국 모두가 훨씬 더 부패했기 때문에 적절한 수취자를 찾기가 훨씬 더 어려웠다.

영국의 변호사 하워드 샤프는 한때 저지섬에서 검사로 재직한 바 있었다. 이 섬은 뒤늦게야 부패와의 전쟁의 필요성을 깨달았고, 급기야 놀랍게도 성공을 거두었다. 그는 2016년 2월에 케냐 최고위급 부패 사건을 기소했다. 부패한 공무원들이 저지섬의 윈드워드트레이딩 유한회사^{Windward Trading Limited}라는 회사를 이용해 자국 회사들에서 갈취한 뇌물을 은닉한 사건이었다. 자산 몰수를 완료하고 나서, 샤프는 케냐의 전직 에너지 장관 크리산투스 오케모를 비롯한 피의자들을 송환하려 했다. 이 과정에서 그는 말썽을 겪게 되었는데, 선동적인 몇몇 영국 정치인들이 이 조치를 가리켜 본질적으로 구식민지에 구종주국의 법령을 다시 부과하려는 것이라고 비난했기 때문이다.

"저는 때때로 케냐의 법정에도, 즉 피의자 송환 공판 담당 판사의 법정에도 가 있었는데, 그들은(또는 다른 누군가는) 청년 여러 명을 법정에 들여보내서 제게 폭력을 행사하려 위협을 가하기도 했습니다. 그 와중에 저는 백인 식민주의자니 뭐니 하는 욕설을 듣곤 했습니다." 샤프가 내게 한 말이다. 케냐의 공무원들은 그 돈이 마땅히 있어야 할 곳에(즉 서구에) 있을 뿐이라고 생각하는 듯했다. 그들은 그 돈에 대한 통제권을 케냐의 정부 예산에 돌려줄 생각이 없었으며(만약 그렇게 된다면 결국 다른 누군가가 대신 차지할 것이었기 때문이다), 따라서 그가 자산 회수 소송에서 성공하기를 오히려 원치 않았다. 샤프는 나이지리아와 브라질의 공무원들로부터도 이와 유사한 방해를 경험한 적 있다고 말했다. "그것은 이런 부패 사건에서 만나게 되는 반복적인 패턴입니다. 보통 희생자는 돈을 돌려받고 싶어 하지 않으며, 그 일에 책임이 있는 누군가를 제가 기소하는 데 성공하는 것을 저지하기 위해서라면 무슨 일이든지 시도할 것이고, 만사에 대해서 상당히 까탈스럽게 굴 겁니다."

여하간 머니랜드로 흘러들어간 돈은 찾아내기도 어렵고, 몰수하기도 힘들며, 원래 소유주에게 돌려주기도 극도로 번거로운 일이다. 위에 열거한 사례들에도 불구하고, 스위스와 영국과 미국 같은 나라들이 그렇게 하는 과정에서 끔찍한(아울러 다른 국가들은 이보다도 더 나쁜) 기록을 갖고 있는 이유도 그래서일 것이다. 세계은행의 통계에 따르면 가장 부유한 국가들은 2012년까지 6년에 걸쳐 겨우 4억 2,350만 달러를 반환하는 데 그쳤다. 심지어 훔쳐다가 머니랜드에 은닉한 돈의 액수에 대한 최소한의 추정치(즉 매년 200억 달러)가 정확하다고 치면, 결국 훔친 돈 1달러당 0.5센트 미만이 회수되어 원래 소유주에게 반환되었다는 뜻이 된다. 만약 훔친 돈의 액수가 세계금융건전성기구가 추산한 금액만큼 많다고 치면, 반환률은 훔친 돈 1,000달러당 1센트도 안 된다.

2016년에 내가 만난 FBI 국제부패반 주임특별수사관 카렌 그리너웨이는 자기가 수사한 초창기의 사례 한 가지를 설명해 주었다. 외국 공무원 한 명이 자국의 국고에서 돈을 훔쳤는데, 그 방법은 상상을 초월할 정도로 지저분했다고 한다. "그 사람이 자기 자신에게 수표를 써 주었던 바로 그 나라에서 제가 증거를 빼낼 방법이 도무지 없었던 거죠. 사실 그 사람은 증거를 날려 버렸어요. 말 그대로요." 그녀의 말이었다. "그건 서류상의 범죄였어요. 서류를 날려 버렸으니, 완전히 당한 쪽은 저였지 뭐예요." 그녀는 웃음을 터트렸다.

머니랜드의 거의 모든 불편한 국면들과 마찬가지로, 일단 역외로 사라진 자산의 회수가 이처럼 거의 불가능하다는 사실은, 돈이 원하는 곳 어디로라도 여행할 수 있는 반면 법 집행은 국경에서 멈춰 설 수밖에 없다는 기본 법칙에 의해 촉진되었다.

"그건 버튼만 하나 누르면 송금을 허락해 주는 이 전체 금융 시스템의 결과물인 거죠." 그리너웨이의 말이다. "범죄의 시작은 결국 뇌물 수수인 거예요. 아니면 범죄의 시작은 한 국가의 공무원이 뭔가를 조달하는 과정에서 범한 사기극이죠(그 뭔가가 뭐든지 간에요). 따라서 이런 사건들을 처리하는 데에서 애초부터의 난점 가운데 하나는 어쨌거나 우리가 반드시 증거에 접근해야 한다는 것인데, 그러려면 협조적인 동조자가 있거나, 또는 그걸 얻는 다른 방법이 있어야만 하죠."

이에 대한 해법은 지금보다 더 큰 국제적 협조, 즉 수상한 송금의 흐름에 관한 정보를 마치 돈의 흐름처럼 신속하고 용이하게 법 집행기관에 전달하는 것이다. 그리고 이것은 빅토르 야누코비치를 몰아낸 우크라이나 혁명 직후에 수십 군데 서구 국가들에서 온 정치인들이 런던에서 회의를 열어, 어떻게 하면 과거의 내부자들이 훔친 돈을 더 효율적으로 찾아내 평범한 우크라이나인들의 유익을 위해서 최대한 빨리 돌려줄 수 있을 것인가를 논의했던 이유이기도 하다.

미국과 영국은 물론이고 버뮤다, 모나코, 맨섬 같은 가장 작은 조세 피난처를 비롯한 수십 개 국가에서도 이 정상 회의에 대표단을 파견했다. 개최 장소는 영국이었지만, 미국과 공동 주최했다는 사실은 이 정상 회의의 심각성을 보여 주었다. 세계의 주요 경제 강대국 두 곳이 나머지 세계를 부추겨서 청소를 하고자 힘을 합친 셈이었다.

"이제 우리는 전 세계적으로 부패를 포함한 각종 범죄 활동 수익금의 국가간 흐름이 매년 최대 1조 6,000억 달러에 달하는 것으로 추산된다는 사실을 알고 있습니다." 미국의 법무장관 에릭 홀더는 세계 곳곳을 돌아다니는 더러운 돈의 양에 대한 추산의 목록에 새로운 항목을 더하면서 이렇게 말했다. "부패는 종종 돌파구를 여는 범죄 역할을 해서, 돈세탁과 초국적 조직범죄는 물론이고 몇몇 경우에는 심지어 테러리즘으로 나아가는 길을 닦아 놓습니다. 부패가 민주주의와 합법적인 자치의 근본 약속을 잠식한다는 말은 결코 과장이 아닙니다. 부패는 귀중한 자원을 정작 필요로 하는 사람으로부터 빼앗아 갑니다. 부패는 금융시장에서의 발전과 안보와 안정과 믿음을 위협합니다. 그리고 부패는 바람직한 현대사회의 기반, 즉 법의 지배를 심하게 약화시킵니다."

정상 회의는 이틀간 지속되었으며, 참석자들은 명함을 교환하면서 이번에는 상황이 달라질 것이라는 데에 전반적으로 동의했다. 과거에는 자산 회수 과정이 너무 오래 걸렸다는 것이다. 마지막 날 오후에 이들은 반가운 소식을 들었다. 그 당시 영국 법무장관이었던 왕실고문변호사 도미니크 그리브가 다음과 같이 극적인 선언을 했다. '영국은 이미 이 싸움에 합류했다. 마침 수상하다고

지목된 송금이 하나 있어서, 영국 정부가 관련 계좌를 동결시키고 돈세탁 수사를 시작했다.'

"이번 주에 영국의 중대비리수사국SFO, Serious Fraud Office은 야누코비치 정권과 연관된 부패 혐의를 수사하고 있으며, 약 2,300만 달러 상당의 자산을 압류하라는 법원 명령을 받았다고 발표했습니다." 그리브는 그 자리에 모인 대표단에게 말했다. "불법적인 금융 흐름의 감지와 착복 자산 회수의 수준이 여전히 낮게 남아 있는 한, 효과적인 부패 저지는 없을 것입니다."

설령 동결된 2,300만 달러가 실제로 우크라이나의 부패와 연계되었다 하더라도, 기껏해야 야누코비치와 그 측근들이 착복했다고 고발된 총액의 일부분에 불과할 것이다. 새로운 정권은 지난 3년 동안 자국의 손실을 1,000억 달러로 추산했다(역시나 여기서도 0이 상당히 많다). 하지만 이 건은 메시지를 보내려는 의도였다. 즉 우크라이나가 잃어버린 것을 되찾을 수 있음을, 그리고 약탈자들을 처벌될 것임을 보장하는 서양의 결의에 관한 메시지를 보내려는 의도였다. 이 쾌활하게도 구체적인 숫자 2,300만 달러는 정상 회의로부터 나온 헤드라인을 점령했으며, 서양의 통치자들이 마침내 세계 나머지 국가를 도와서 부패와 싸우고 있다는 구체적인 증거로 거론되었다.

"메시지는 분명합니다." 내무장관 테레사 메이는 이렇게 말했다. "우리는 세계 각지의 부패한 정권이나 개인이 자기 범죄의 수익금을 움직이고, 숨겨 두고, 그걸로 또 수익을 올리기를 더 어렵게 만들고 있다는 겁니다."

영국 정부가 2,300만 달러의 동결을 이처럼 선전한 데에는 두 가지 이유가 있었다. 첫째, 이것은 궁극적으로 우크라이나 재건에 도움을 주게 될 수십억 달러의 1차분이었다. 만약 그 금액을 몰수해서 반환할 수 있다면, 아마도 런던, 라트비아, 룩셈부르크, 리히텐슈타인, 기타 모든 곳에 은닉된 수억 달러도 마찬가지로 그럴 수 있을 것이다. 둘째, 정권 내부자에 대한 성공적인 기소는 결국 전세계의 도둑 정치가들에게 다음과 같은 메시지를 보낼 것이다. '당신들의 돈은 더 이상 런던에서 안전하지 않다.' 하지만 결과적으로는 이와 정반대인 메시지를 보낸 격이 되고 말았다.

문제의 2,300만 달러는 BNP 파리바은행 계좌에 들어 있었으며, 그 계좌는 미콜라 즐로체프스키라는 우크라이나 정치인이 관리하는 두 군데 회사의 소유였다. 머리를 삭발한 덩치 큰 남자 즐로체프스키는 박시한 정장을 입었고, 셔츠 맨 윗단추를 잠그기 싫어했으며, 무려 20년 동안 우크라이나의 공직 생활의 붙박이 인사였다. 우크라이나 주간지 《포커스》에 따르면, 2013년에 그는 우크라이나의 부자 순위에서 1억 4,600만 달러로 86위를 차지했다. 하지만 이 잡지는 그의 재산을 거의 확실히 과소평가했다.

2010년에 야누코비치가 대통령 선거에서 승리하자 즐로체프스키는 천연 자원장관이 되었다. 이 지위 덕분에 그는 우크라이나에서 운영되는 모든 에너지 회사를 감독하게 되었는데, 그중에는 그 나라에서 가장 큰 독립 가스 회사 부리스마Burisma도 있었다. 이렇게 되면 즐로체프스키 본인이 이미 부리스마를 좌우하고 있었기 때문에 이해 충돌의 가능성이 뚜렷했다. 하지만 우크라이나에서 그런 사실을 아는 사람이 거의 없어서 이에 대한 공개 항의도 없었다. 즐로체프스키 역시 야누코비치 행정부의 고위 공무원들이 남의 눈을 피해 통제하던 자산들의 조세 피난처로 선호되던 키프로스를 경유해서 사업체를 소유하고 있었다.

이 사건은 피터스앤드피터스가 명예훼손 공판을 들먹이며 프론트라인클럽을 위협해서 결국 상영이 불발되었던 영화에서도 다루어진 바 있었다. 즐로체프스키의 변호사들이 보낸 편지에서는 자기네 의뢰인이 공직에 있을 때에 내린 결정으로부터 개인적 이득을 본 것은 전혀 없다고 주장했다. "즐로체프스키 씨는 공복으로서 자신의 역할을 수행하며 법률의 문구와 정신을 따랐으며, 본인의 사업 거래와 공직 수행 모두에서 항상 지고한 도덕적 및 윤리적 기준을 지켰습니다." 편지에는 이렇게 나왔다. "우리의 의뢰인께서는 확고부동하며 냉소적인 비방 캠페인 및 허위 정보 유포 계획의 희생자입니다." 그리고 이런 내용으로 이어졌다. "즐로체프스키의 부는 부패나 범죄 행위의 결과물이 아닙니다. 그는 공직을 맡기 전부터 이미 부를 이룩했습니다."

즐로체프스키가 2010년 이전부터 부자였다는 것은 사실이지만, 실상 그의 공직 생활은 2010년부터 시작되지 않았다. 부리스마의 웹사이트를 보면 명확히 드러나는 사실이지만, 그 회사의 실적이 가장 좋았던 시기는 그 소유주의 정치 경력의 정점에 해당하는 시기와 꾸준히 일치한다. 즉 야누코비치가 총리였던 시절인 2003년부터 2005년까지 즐로체프스키는 천연자원국가위원회 의장을 지냈고, 이 시기에 그의 통제하에 있었던 회사들은 석유 탐사 허가를 얻었다. 그러다가 야누코비치가 부정선거 논란으로 몰락하자, 새로운 정부는 즐로체프스키의 회사에서 석유 탐사권을 박탈했다(급기야 그는 이 권리를 계속 갖기 위해 정부를 상대로 소송을 제기해야 했다). 그러다가 2010년에 야누코비치가 대통령으로 당선되자 즐로체프스키는 장관이 되었으며, 다시 한 번 좋은 시절이 돌아왔다. 부리스마는 9건의 생산 허가를 취득했으며, 연간 생산량은 무려 7배로 늘어났다. 혁명 이후에 즐로체프스키는 행정부를 떠났다.

2015년 1월의 판결문에 따르면, 런던에서 동결된 계좌에 들어 있던 2,300만 달러는 즐로체프스키가 영국령 버진아일랜드의 유령 회사를 통해서 소유했던 석유 보관 시설의 매각으로 얻은 수익금이었다. 이 돈은 라트비아를 거쳐 런던에 도착했는데, 최소한의 규제만 이루어지는 그 동유럽 국가의 은행들은 구소련에서 나온 돈을 반기는 것으로 유명했다.

2014년 4월 14일에 중대비리수사국SFO의 요청으로 런던에서 열린 특별 공판에서 즐로체프스키의 계좌가 동결되었다. 더 나중에 설명된 것처럼 SFO는 "피고가 우크라이나에서 범죄 행위에 관여했으며, BNP의 계좌는 그런 범죄 행위의 수익금이라고 믿을 만한 타당한 근거가 있다"고 주장했다. 2014년 4월의 공판에서 SFO 수사관 리처드 굴드가 내놓은 주장에 따르면, 우크라이나에서 정치인 겸 사업가라는 이중적 위치로 미루어 즐로체프스키는 "중요한 공직을 차지하고 있는 사람으로서 본인에 대한 대중의 신뢰를 남용하는 수준에 달하는, 직접적인 이해 충돌 상황에서의 의도적이고 부정직한 남용을 저질렀으리라는 명백한 추론이 제기되었다."

나아가 SFO는 "그가 여전히 현직 장관일 때 설립된 역외 지주회사들의 복잡한 패턴은 사실상 그의 유익한 부리스마 소유권을 숨기기 위한 것"이며, 또한 부리스마라는 회사 그 자체도 본래부터 수상하다고 주장했다.

2014년 5월까지 굴드는 즐로체프스키의 돈과 연관된 BNP 파리바은행의 전자 문서 6,170건을 확보했고, 특별 수사진을 구성해서 이를 검토했다. 이어서 우크라이나에서 나온 증거가 필요했기 때문에, 키예프 소재 검찰청 국제부의 책임자인 비탈리 카스코에게 편지를 보냈다.

여윈 체구에 뾰족한 턱과 검은 머리카락이 풍성한 남자 카스코는 혁명 이후에야 비로소 검찰에 초빙되었으며, 런던 정상 회의에서 도움을 약속했던 서양 모든 국가들과의 협상의 책임을 맡고 있었다. 그는 자기 동료들도 2,300만 달러의 회수가 지니는 중요성을 알고 있을 것이라고, 따라서 SFO를 돕기 위해서 무슨 일이든지 할 것이라고 희망했다. 2016년에 내게 한 말에 따르면, 그는 영국의 요청을 번역해서 자기 상관에게 보내고 결과를 기다렸다. "수사는 시작되었습니다. 하지만 우리가 수사관들을 아무리 닦달해도 효과가 없었습니다." 카스코의 말이다. 심지어 즐로체프스키의 변호사들이 런던 법원의 2,300만 달러 동결에 소송을 제기하겠다고 말했을 때조차도, 우크라이나 검찰은 SFO가 동결 명령을 유지하는 데 필요한 증거를 여전히 보내지 못하고 있었다. "처음에는 영국에서, 나중에는 미국에서까지 도대체 수사가 어떻게 돌아가고 있는 거냐고 묻는 편지를 보내왔습니다." 카스코의 회고다.

런던 정상 회의가 국제 공조의 새로운 시대를 선도할 것이라는 의견에 의구심을 제기한 냉소주의자들도 제법 있었지만, 대개는 이런 식의 지연이 영국령 버진아일랜드 같은 조세 피난처에서 비롯될 것이라고 상상했을 뿐이고, 정작 이 사건을 진행함으로써 유익을 얻게 될 국가 그 자체에서 비롯될 것이라고는 차마 상상하지 못했다. 이 사건을 지연시키는 쪽이 우크라이나였고, 도리어 영국과 미국의 외교관들이 나서서 우크라이나에 수사하라고 애원한다는 사실은 황당무계하기 짝이 없었지만, 기능 부전 상태인 우크라이나는 실제로 그런 지경까지 가 있었다. 결국 굴드가 처음 편지를 쓴 지 6개월 만에, 카스코는 검찰청의 상관을 찾아가서 뭔가 조치를 취하라고 요구했다.

"저는 이 사건을 제대로 수사하고 싶다고, 영국에 이야기하고 싶다고, 저쪽에서 원하는 것을 갖게 하고 싶다고 말했습니다." 카스코의 말이다. "그러자 그가 이렇게 말하더군요. '자네가 원한다면 어디 진행해 보게.'" 이 정도 승인이라도 충분하다고 생각한 카스코는 곧바로 수사진을 꾸렸고, 퇴근과 주말 모두를 반납해 가면서 수사관들을 재촉한 끝에 "피고의 자산은 공직에 있을 때에 저지른 범죄 행위의 산물"이라는 SFO의 주장을 지지할 만하다고 생각되는 증거 기록을 모았다. 이들은 이 기록을 SFO로 보냈고, 2014년 12월에 즐로체프스키가 우크라이나에서 범죄 혐의를 받고 있다는 사실을 공식 발표했다.

오로지 카스코 덕분에 SFO는 우크라이나에서 그나마 쓸 만한 문서를 받은 셈이었다. "저는 영국에 물어봤습니다. '저희가 더 해 드릴 일이 있을까요?'" 카스코의 회고다. "그랬더니 이렇게 대답하더군요. '괜찮습니다. 이 정도면 법원에서 동결 명령을 얻기에 충분한 수준 이상입니다.'"

하지만 이들의 확신은 빗나가고 말았다. 2015년 1월 런던 중앙형사재판소의 니콜라스 블레이크 판사는 SFO의 주장을 기각했다. "이 사건은 여전히 추측과 의심의 문제로 남아 있다." 그는 판결문에서 이렇게 썼다. 자산을 몰수한다고 치면, 검사는 동결된 자금이 구체적인 범죄와 관련되어 있음을 입증해야만 했다. 하지만 이 사건에서 SFO는 그런 사실을 입증하지 못했다고 판사는 판결했다. 이것이야말로 영국 법 집행기관에는 굴욕적인 역전이었으며, 수사 책임자 굴드는 결국 다른 기관으로 옮겨 가고 말았다(2015년 7월 굴드는 나와 만났을 때에도 "개인적으로 실망했다"고 회고했지만, 더 이상은 발언을 거부했다). 결국 판사는 2,300만 달러를 동결에서 해제하고 즐로체프스키에게 돌려주었다.

영국 정부는 문제의 자금을 압류한 원래 결정을 요란하게 선전해 놓은 상황이었지만, 이런 역전까지는 차마 공개하지 못했다. 그 이유를 이해하기란 어렵지 않다. 이것은 새로운 시대를 예고해야 할 사례에서의 남부끄러운 퇴보였기 때문이다. 2015년 5월에 내가 SFO에 연락해 보았더니, 그곳 대변인은 이렇게 답변했다. "우리는 이 규제 명령을 유지하는 데 필요한 증거를 우크라이나 당국으로부터 얻지 못했다는 사실에 실망했습니다." 하지만 아직 수사가 진행 중이라면서 더 이상의 언급은 거부했다. 나는 자산 동결에 관한 저 극적인 선언을 직접 내놓았던 장본인 도미니크 그리브와 접촉했다. 그는 여전히 하원의원이었지만 더 이상은 정부에 있지 않았으며, 그 일과 관련해서는 아무것도 기억나지 않는다고 답변했다.

즐로체프스키의 변호사들이 내놓은 설명에 따르면, 판사는 "우리의 의뢰인이 그 어떤 범죄 행위로부터도 유익을 취했다는 주장에 타당한 근거가 없다고 명료하게 판결을 내린" 것이었다. 부리스마의 변호사들은 이 판결을 자기네 고객의 정당화에 대한 증거로 거듭해서 들먹이고 있다. 이러다 보니 2,300만 달러를 동결 상태로 유지할 만한 충분한 근거가 있음을 입증하지도 못한 상태에서, 우크라이나의 자산을 회수해서 돌려주려는 결의의 사례로서 이 구체적인 사건을 이용하려던 영국 정부의 결정 그 자체에 대해서까지도 의문이 제기되는 판이다.

카스코는 문제의 판결문을 읽고 나서 의문을 품게 되었지만, 이건 오히려 약간 성격이 다른 문제였다. 공판 도중에 그 대부호의 변호사들은 자기네 의뢰인을 겨냥한 기소를 반박했을 뿐만 아니라, 그의 무죄에 관한 증거까지 만들어 냈는데, 그 증거는 가장 의외의 출처에서 나왔다. 2014년 12월 2일자로 작성된

블레이크 판사의 21페이지짜리 판결문에는 우크라이나 검찰청 누군가의 명의로 날아온 편지 한 통이 여섯 번이나 언급되어 있었는데, 그 내용에서는 즐로체프스키가 그 어떤 범죄에 대해서도 혐의를 받고 있지 않다고 강조하고 있었다.

카스코는 참으로 희한한 일이라고 생각했다. 검찰 고위직 모두는 그가 딱 그 시기에 즐로체프스키에 대한 열띤 수사를 주도하고 있다는 것을 알고 있었는데, 도대체 누가 아무런 수사도 진행되고 있지 않다고 말하는 편지를 써 보낼 수 있었던 것일까? 그 편지는 판결에 중요했던 것으로 보였다. 판결에서는 즐로체프스키가 "횡령이라든지 심지어 다른 어떤 위반에 대해서도, 하다못해 탐사 및 생산 허가의 교부에서 부적절한 영향력을 행사하는 것과 관련된 위반에 대해서도 혐의자로 결코 거론되지 않았다"고 단언했으니 말이다.

카스코가 목도한 것처럼, 그의 동료들은 제발 즐로체프스키를 수사해 달라는 간청에도 일체 도와주지 않았다. 하지만 그 대부호를 돕기 위해 편지를 쓰는 문제라면, 그의 동료들도 기꺼이 그렇게 했을 것만 같았다. 카스코에 따르면, 우크라이나 검찰의 고위 인사가 자기 부하를 돕는 대신 오히려 즐로체프스키를 돕는 편지를 쓴 데에는 세 가지 가능한 이유가 있었다. 첫째는 무능했기 때문에, 둘째는 부패했기 때문에, 셋째는 무능한 동시에 부패했기 때문에. 피터스앤드피터스는 그 편지에 관한 내 구체적인 질문에 답변하지 않았지만("귀하의 질문에 함축된 주장은 … 사실이 아니며 전적으로 근거가 없습니다"), 그 어떤 설명을 내놓는다 하더라도 이 사건은 국경을 넘어 공조하려는 국가 간의 노력에서 중대한 결함을 부각시킨다. 심지어 영국이 외국 공무원의 재산을 실제로 동결한다 치더라도, 결국에는 재원도 부족하고 훈련도 부족하며 수십 년째 제도적인 부패의 전통을 지닌 외국 동료들이 보내는 증거에 의존해야 하게 마련이다. 그러다 보니 우크라이나 검찰의 비행인지 무능인지 때문에, 영국에서 진행 중인 재판이 방해받고 만 셈이었다. 그 결과만 놓고 보면 마치 영국에서 진행 중인 재판을 영국 기관인 SFO가 방해한 것과도 크게 다르지 않았다.

이 스캔들 이후 우크라이나는 법 집행기관의 정비를 위해 조지아계 인물 데이비드 사크바렐리제를 초빙해서 검찰 제1차장으로 삼았다. 하지만 진행 과정은 느리기만 했다. 실제로도 너무 느린 나머지 우크라이나 주재 미국 대사 제프리 파야트가 확실히 비#외교적인 방식으로 그 속도를 높이려 작정하기에 이르렀다. 2015년 9월에 우크라이나 남부의 도시 오데사에서 연설하던 그는 검사들이 2,300만 달러에 대한 "압류를 뒷받침하는 문서를 보내 달라는 요청을 영국으로부터 받아" 놓고서도 "그 대신 그와 관련된 사건이 전혀 없다고 단언하는 내용의 편지를 즐로체프스키의 변호사들에게 보냈다"고 비판했다. "그 편지를 작성함으로써 그 사건을 뒤집어 버린 책임이 있는 자들은 최소한 즉시 파면되어야 합니다." 미국 대사 파야트의 말이었다.

이 주장이 포함된 길고도 비판적인 연설에서 그는 우크라이나 법 집행기관에 대한 개혁이 미비하다고 지적했다. 우크라이나의 국가 재정은 거의 전적으로 IMF에 의존하고 있는데, 이 기구를 가장 크게 좌우하는 목소리는 미국에서 나왔다. 따라서 파야트는 보통 대사가 아니라, 무려 우크라이나 정부의 돈줄을 쥔 나라의 대표였다. 그는 우크라이나를 향해 이렇게 통보하는 셈이었다. '미국이 짜증을 느끼고 있으니, 어서 당신네 검찰청을 정리하시오.' 하지만 이런 통보도 먹혀들지 않았다. 다른 검사들이 도리어 카스코 휘하의 수사관 두 명과 다른 기관의 동료들에 대해 형사소송을 개시했던 것이다. "슬프게도 우리가 밝혀낸 보호비 갈취는 … 단지 빙산의 일각인 것으로 드러났다." 사크바렐리제는 2015년 10월 페이스북에 이렇게 적었다.

그 당시는 혁명으로부터 무려 2년이 지난 다음이어서, 우크라이나 국민 상당수가 환멸을 느끼고 있었다. 2014년 5월에는 미국 부통령 조 바이든의 아들 헌터가 즐로체프스키의 회사 부리스마의 이사로 한때 재직했었다는 뉴스가 나오면서, 미국의 신용도 적잖이 타격을 받았다. 백악관은 이 사건이 헌터 바이든의 사적인 문제일 뿐이며 그 아버지의 업무와는 무관하다고 일축했지만, 내가 우크라이나에서 만난 사람들 가운데 어느 누구도 그런 식으로 해석하지는 않았다. 헌터 바이든은 그 이전까지만 해도 우크라이나와는 아무런 경험이 없었고, 그리 두각을 나타내지도 못한 일개 사내 변호사일 뿐이었다. 그런데 우크라이나의 대부호가 왜 하필 그를 고용했겠는가?

헌터 바이든은 내가 보낸 질문에 답변하지 않았지만, 2015년 12월의《월스트리트저널》인터뷰에서는 자기가 부리스마에 합류한 이유를 "에너지 안보를 진전시키기 위해 일하는 기업의 지배 및 투명성 강화를 위해서"였다고 설명했다. 물론 많은 사람들이 고개를 끄덕일 만한 해명은 아니었다.《워싱턴포스트》는 특히나 비판적이었다. "부통령의 아들이 우크라이나의 석유 회사 이사에 임명되었다는 것은 좋게 표현해 뒷배이고, 나쁘게 표현해 범죄이다." 헌터 바이든의 임명 직후에 이 신문은 이렇게 주장했다. "미국의 소프트파워를 이토록 위험에 처하게 할 정도라면 도대체 얼마나 많은 봉급을 받아야 하는지 궁금할 수밖에 없다. 우리로선 상당히 많으리라 상상해야 맞을 것이다."

2016년 9월에 키예프 법원은 즐로체프스키에 대한 체포 영장을 취소하면서, 검찰 수사에 아무런 진척이 없는 것을 이유로 들었다. 같은 달 라트비아의 언론에서는 돈세탁에 대한 자국의 경찰 수사를 우크라이나가 도와주지 않았기 때문에, 동결되었던 5,000억 유로를 우크라이나로 반환하지 못하고 라트비아의 국고에 귀속시켰다고 보도했다.

해외에서 자산이 동결된 우크라이나의 전직 공무원은 즐로체프스키 혼자만이 아니었다. 우크라이나 신생 정부에 대한 서양의 지원의 일부로서, 유럽 여러 국가들은 야누코비치를 비롯해 다른 수십 명의 자산을 압류했었다. 자산 동결은 우크라이나 검찰이 수사와 기소에 필요한 시간을 벌어 줌으로써, 관련자들이 각자 선호하는 조세 피난처에 자산을 묻어 버리지 못하게 방지하기 위해서였다. 현금과 부동산으로 약 3억 달러에 달하는 그 자산만 있어도 상당히 많은 의약품을 구매하고 상당히 많은 도로를 건설할 수 있었다.

2017년에 의회의 한 위원회에 제출한 보고서에서 영국 SFO가 밝힌 바에 따르면, 역외 사법관할구역이 설치한 장애물은 부유한 머니랜드인에 대한 소송의 실패의 핵심 이유였다. "1급 피고들은 매우 교묘한 데다가 국제적으로 움직입니다. 그들은 자신들에게 유리한 환경을 지닌 사법관할구역을 잘 알고 있을 가능성이 크며, 그런 까닭에 자산을 추적하기도, 확인하기도, 회수하기도 매우 어려워지고(일부 경우에는 불가능해지고) 맙니다." SFO의 말이다. "그런 피고들은 모든 범죄로부터 얻은 자신들의 이익을 숨기는 데 쓰는 금융 상품과 기타 도구를 교묘하게 이용할 가능성이 큽니다."

런던 정상 회의의 협력 정신은 이후 일찌감치 사라져 버렸으며, 유럽연합의 제재 대상 명단에 올라 있던 내부자들은 하나씩 둘씩 빠져나갔다. 우크라이나 검찰은 (무능 때문인지, 부패 때문인지, 아니면 양쪽 모두 때문인지에 발목을 잡힌 상태로) 구정권의 주요 인사들에 대한 형사 고발을 제기하는 데에 실패하고 말았다. 반면에 내부자들이 고용한 영국과 프랑스 변호사들은 동결된 자산을 풀어주기 위해 열심히 싸워서 놀라운 성공을 거두었다. 부유한 머니랜드인이 하나둘씩 제재 대상 명단에서 빠져나가서 자기 자산에 대한 통제권을 회복할 때마다, 우크라이나 국민은 심지어 그 돈에 대한 통제권의 탈환을 주장할 수 있는 기회조차도 잃어버리게 되었다.

나아가 자기네 의뢰인들이 겪은 불편에 대한 손해배상을 요구할 것이라는 변호사들의 약속으로 미루어 보건대, 어쩌면 내부자들은 지금보다 더 부유해질 수도 있다. "이런 제재의 부과로 인해 우리 의뢰인은 상당한 불안과 명성의 침해를 당했으며, 사업적 관심에도 파국적인 영향을 받았습니다. 우리 의뢰인은 오늘의 판결을 환영하는 바이며, 이 제재 조치로 인한 손해에 대한 배상을 적극적으로 추진해 나갈 의향입니다." 법률 회사 거슨Gherson에서는 2017년 초에 제재 대상 목록에서 벗어난 우크라이나 사업가 유리 이바뉴시첸코를 대신하여 이렇게 말했다.

우크라이나의 혁명가들에게는 사기가 꺾이는 시간이었겠지만, 카슬로는 이미 자리를 떠난 다음이었다. 그는 2016년 2월에 사임하면서 검찰청이 "부패의 온상" 노릇을 한다는 비난을 남겼다. 사크바렐리제는 한 달 뒤에 해직되면서 "검사 윤리 규정을 크게 위반했다"는 비난을 받았다. 개혁파 전체가 나타났다 사라지는 와중에도 누구 하나 감옥에 가지 않았고, 올리가르히 가운데 누구의 해외 재산도 회수되지는 못했다. 카슬로가 내게 한 말에 따르면, 자기 사건을 상관들이 잠식하는 와중에 무기력하게 기다리고만 있는 것이 무의미하다는 생각 때문에 사임했다고 한다. "저는 마치 영국 여왕처럼 가만히 서서 지켜보고 싶지만은 않았습니다." 그의 말이다. "검찰의 가장 큰 문제는 부패였습니다. 사크바렐리제와 저는 부패에 맞서 싸웠습니다만, 검찰은 오히려 우리를 내쫓았습니다."

세계 강대국들이 한자리에 모여서 그 통치자들에게 약탈당한 국가의 혁명 정권을 도와주기로 결심했다가, 그 일이 예상보다 훨씬 더 힘들다는 사실을 발견하게 된 것은 이번이 처음도 아니었다. 2010년에 시작된 아랍의 봄 이후에도 신생 정부들이 경험을 공유하도록 자산 회수를 위한 포럼이 개최되었다. 그리하여 2012년, 2013년, 2014년, 2015년에 연이어 모임이 열렸다. 그러고 나자 참가자들도 우크라이나를 도우려던 사람들과 똑같은 깨달음에 이르고 말았던 모양인지, 포럼은 조용히 사라지고 말았다. 2012년에만 해도 이 노력이 상당히 좋은 결과로 이어져, 영국 정부의 도움으로 리비아의 수사진이 무아마르 가다피의 아들 소유였던 1,000만 파운드짜리 주택의 소유권을 회수했었다. "리비아가 이 저택을 되찾은 것은 불처벌 관행과의 싸움에서 단지 첫걸음에 불과하지만, 모든 여정은 첫걸음으로 시작되게 마련입니다." 한때 세계은행의 도난자산 회수StAR 운동의 사무총장을 역임한 조지타운대학 교수 마크 블라시크의 말이다. 사실 이 첫걸음은 결국 그 여정의 마지막 걸음이기도 했다. 그때 이후로는 추가적인 사례가 나오지 않았던 까닭이었다.

자산 회수는 어려운 일이다. 머니랜드는 그 부를 손쉽게 포기하지 않으며, 돈은 차마 셀 수 없을 정도로 빨리 쌓이며 계속해서 세계를 돌아다니고 국경을 넘나든다. 그걸 감시해야 할 사람들보다 한 걸음, 두 걸음, 세 걸음, 백만 걸음 더 앞서 나간다. 정의는 계속해서 국경을 넘지 못하며, 그런 일이 일어날 때 처벌받지 않고 빠져나가는 사람은 단지 도둑만이 아니다.

13

"핵의 죽음이
당신의 문을 두드려 댄다"

2006년 11월 3일 심야에 구급차 요원들이 런던 머스웰 힐의 인적 드문 주택가 오시어 크레센트에 있는 어느 집을 찾았다. 구급차의 일지에 따르면 상당히 빨리 출동해서, 오전 1시 49분에 신고를 받고 불과 7분 뒤에 오시어 크레센트에 도착했다고 나와 있다. 이 하지만 이 속도는 긴박성의 징후였던 것으로 보이지는 않는다. 오히려 출동이 일상적이었던 조용한 밤중이었기 때문이었을 것이다.

"환자는 자기가 식중독이라고 생각함. 어제 저녁을 먹은 지 두 시간이 지나고부터 토하기 시작했고, 오늘부터는 설사를 시작했다고 함." 구급차 요원 줄리아 콜은 출동 기록에 이렇게 적었다(이 장에서는 이해를 돕기 위해서 의료 용어의 약자를 모두 풀어 썼다). 환자의 이름은 에드윈 카터였고, 나이는 43세였으며, 아내와 함께 있었다. 출동 기록의 마지막 메모는 아마도 카터 부인의 우려를 반영한 것으로 보인다. "걱정이 되시면 999로 연락…" 하지만 이 문장의 나머지 부분은 판독이 불가능하다.

다음 날 오후에 다시 한 번 999로 연락이 와서, 이번에는 또 다른 구급 요원들이 오시어 크레센트 140번지를 찾았다. 이 구급 요원들은 카터 씨의 증상이 너무 오랫동안 진행되고 있다고 느낀 것이 분명했다. 이들은 환자를 싣고 8킬로미터 떨어진 바네트병원Barnet Hospital으로 갔고, 의사는 환자를 보고 위염과 탈수증이라는 사전 진단을 내렸다. 휘갈겨 쓴 종이 맨 아래에는 카터의 삶에서 의사가 얻어낸 몇 가지 세부 사항이 덧붙여져 있었다. "과거 진료 이력: 전무全無. 자유 문필업. 아내와 아들과 함께 거주." 의사는 카터의 탈수증에 대해서 충분히 우려한 까닭에 그를 입원시켰지만, 그렇다고 해서 이 환자가 거기 오래 머물 것이라고 기대하지 않았음이 분명했다. 그는 C급 환자였다. 즉 환자 상태의 심각성에 따른 이 병원 나름의 순위에서 가장 낮은 수준으로 분류되었다.

과연 의사들이 카터 씨에 대해서 좀 더 걱정해야만 했을까? 환자의 외적 상태만이 전부는 아니라는 징후가 분명히 있었다. 예를 들어 그가 머스웰 힐에 영구적으로 거주하는 사람이라고 치면, 왜 구급차 요원들에게 자기 주치의가 "러시아에" 있다고 말했던 걸까? 게다가 첫 번째 구급차가 그의 집에 도착했을 때 콜이 물어보았던 것처럼, 왜 그토록 전형적인 영국인의 이름을 갖고 있는데도 불구하고 그의 억양은 매우 러시아인 같았던 걸까? 하지만 이런 것들은 나중에야 포착된 사소한 세부 사항에 불과했다. 의사라면 누구나 하는 말이지만, 새로 도착한 환자를 상대할 때의 기본 주문은 '흔한 것이 흔하다'이게 마련이었다. 만약 근처에서 말발굽 자국이 보인다면, 흔히 보는 말일 뿐이지 아프리카 초원의 얼룩말은 아닐 것이다. 만약 다른 곳은 건강해 보이는 사람이 토하고 설사하는 경우라면, 그건 흔히 보는 위염일 뿐이지 외국 정부의 최고위층에서 지시한 암살은 아닐 것이다.

다음 날 아침, 카터는 위장을 괴롭히는 병원균을 모조리 퇴치할 수 있는 항생제인 시프로플록사신을 복용했다. 이것은 바로 경험적 판단이라고 불리는 조치였다. 의사들은 문제의 원인이 무엇인지 아직 몰랐지만, 그가 일종의 식중독을 앓고 있다고 이유 있는 추측을 하고서 거기 맞춰 치료했다. 하지만 의사들도 상황이 약간 변칙적이라는 사실을 깨달았다. 카터 부부는 똑같은 음식을 먹었지만, 오로지 남편만 심한 증상을 나타냈던 것이다. 부인은 완벽하게 건강했다. 이건 결국 배탈의 원인이 세균이라기보다는 오히려 바이러스일 가능성이 있다는, 따라서 항생제도 효과가 없을 가능성이 있다는 뜻이었다. 하지만 성급히 치료법을 바꾸기보다는 안전을 도모하는 편이 더 나았다.

11월 5일은 일요일이어서 영국의 병원 어디에나 근무 중인 직원이 적었기 때문에, 카터는 다시 48시간 동안 의사를 만나지 못했다. 월요일 오전에 그를 찾아온 의사들은 기뻐했다. 예후가 좋았기 때문이었다. "식사 음료 가능. 내일 귀가." 그의 진료 기록에는 이렇게 나와 있었다. "보내기"(to take away)의 약자인 TTA도 적혀 있었는데, 결국 의사들이 퇴원 수속을 밟도록 이 환자의 진료 기록을 보낼 준비가 되었다는 뜻이었다. 진료 기록에는 가장 최근의 피검사 결과도 나와 있었다. 혈소판과 백혈구는 수치가 낮았지만, 아주 걱정스러운 정도까지는 아니었다. 의사들도 그 생각을 했을 가능성이 있지만, 설사 때문에 배에서 염증이 생기면서 장 속으로 약간 출혈이 일어났다고 치면, 실험실에서 건너온 저 숫자도 충분히 설명될 것이었다.

의사는 곧 탐정이다. 항상 여러 가지 가능성을 제외하고, 자기들이 들여다보는 잠재적인 이유의 숫자를 좁히려 애쓴다. 배제하고, 배제하고, 또 배제한다. 매일 새로운 정보가 들어오지만, 이 사례에서는 다음 날도 별 차이가 없었다. 카터의 진료 기록에 나온 첫 번째 언급은 그가 저녁때쯤 떠날 수 있으리라는 것이었다. 하지만 나중에는 나쁜 소식이 들어왔다. 그의 대변 검사에서 (흔히 약자로 '씨디프'^{Cdiff}라고 쓰는) 클로스트리듐 디피실리균^{Clostridium difficile}이 발견되었던 것이다. 씨디프는 항생제를 복용한 환자를 괴롭히는 고약하고도 기회주의적인 병원균인데, 의약품 때문에 우리를 아프게 하는 세균과 함께 유익한 세균까지도 쓸려 나가기 때문에 결과적으로 이놈이 우쭐거리는 것이었다. 카터는 분명히 좀 더 오래 입원해야 할 것 같았다. 의사는 이런 사실을 환자와 그 아내에게 설명했지만, 그녀는 오히려 자기 나름대로의 이론을 내세웠다.

"환자와 그 부인은 고의에 의한 환자의 감염(독극물 중독?)을 우려함." 진료 기록에는 이렇게 적혀 있었다. "그럴 가능성은 없다고 안심시킴." 페이지 맨 아래에는 쾌활하고 낙관적으로 "내일 밤 귀가"라고 적혀 있었다. 비록 카터 여사는 누군가가 남편을 의도적으로 해치려 했다고 우려했지만, 의사들은 이 환자가 괜찮을 것이라고 확신했다. 카터의 치료를 책임지는 선임 의사 딘 크리어 박사가 훗날 쓴 것처럼 독극물 중독에 관한 이런 언급은 단 한 번에 그치지 않았다. 카터 여사가 독에 관해서 물어보았을 때 두 번째 대화가 있었지만, 정작 의사는 진료 기록에 적어 넣을 정도로 충분히 중요하다고 간주하지는 않았다.

"저는 이것을 이례적인 질문이라 생각했고, 우리가 설사와 구토는 물론이고 씨디프도 흔히 접한다고, 아울러 고의에 의한 감염 및 독극물 중독의 가능성은 없어 보인다고 설명했습니다." 그의 말이다. "부인의 설명에 따르면 남편은 평소에 극도로 튼튼하고 건강해서 병을, 하다못해 병 비슷한 것조차도 앓지 않았기 때문에 불안한 것이고, 또 남편이 (저도 정확한 단어는 잊어버렸습니다만) 위험한 사람들을 알고 있으며, 남편의 친구들 가운데 하나가 위험한 사람들에 의해 독살당했기 때문에 불안하다는 거였습니다. 저는 카터 여사에게 며칠만 더 입원해 계시라고, 아직 우리의 유효성 진단이 남아 있다고, 환자는 조만간 신속한 향상이 기대된다고 말했습니다."

다시 한 번 상황이 전적으로 정상이 되었다. 의사라면 누구나 하는 말이지만, 비록 환자의 말에 귀를 기울이는 것도 중요하지만, 환자가 때때로 고안하는 기묘한 이론에 신경을 쓰지 않는 것도 역시나 중요하다. 흔한 것이 흔하게 마련이니까. 위염은 흔한 것이었다. 조금만 더 있으면 카터 씨는 점차 나아질 것이지만, 어떤 상태는 회복에 시간이 걸렸다. 그렇게 며칠이 지나자, 비록 의사들도 그가 어떻게 잘못되었는지는 확신하지 못했지만, 그가 점차 나아지고 있음은 확신할 수 있었다.

11월 11일에 다시 주말이 시작되었다. 카터가 바네트병원에서 보내는 두 번째 주말이었고, 담당 의료진은 간단한 과제만 갖고 있었다. "혈액을 검사하고 환자를 퇴원시킬 것." 이 일은 워낙 단순 명료했기 때문에 그곳에서도 가장 경력이 짧은 인턴, 즉 의과대학을 졸업한 지 겨우 3개월 내지 4개월밖에 되지 않은 예비 등록 수련의가 담당하게 되었다. 워낙 일상적인 일이었지만 인턴은 매우 불안한 발견을 했다. 카터의 백혈구 수치가 0.3으로 뚝 떨어졌는데, 원래는 수치가 4 이하로 떨어지면 안 되는 것이었다. "위의 상황으로 미루어 환자는 퇴원할 수 없고, 일요일 근무자들에게 넘겨서 검토할 것이다." 인턴은 이렇게 썼다. 이로써 카터가 곧 집에 돌아갈 수 있으리라는 낙관론은 끝나 버렸다. 의사 가운데 한 명이 더 나중에 한 말마따나, 적혈구 수치가 그만큼 낮다는 것은 "심각하게, 정말 심각하게 비정상이었기" 때문이다. 뭔가가 잘못되었는데, 의사들도 그게 뭔지 몰랐다.

건강한 남자였던 카터는 병원에 도착했을 때부터 위염 증세를 보였기 때문에 의사들은 항생제를 투여했다. 그런데 이 약은 도움이 되지 않았을 뿐만 아니라, 심지어 그의 상황을 훨씬 더 악화시켜서 급기야 씨디프 양성 결과가 나오고 말았다. 하지만 두 번째 진단도 의사들의 이해를 진정으로 도와주지 못하기는 마찬가지였다. 혹시 그는 서로 다른, 서로 무관한 두 가지 연속적인 질환, 즉 처음에는 바이러스성 위염, 다음에는 항생제로 인한 감염을 겪고 있었지만, 실제로는 두 가지가 똑같은 증상이었던 것일까? 참 기묘한 일이었지만, 그렇다고 해서 아예 불가능한 일은 아니었다. 하지만 진짜 그렇다고 치면 왜 카터의 백혈구 수치가 거의 탐지 불가능한 수준까지 떨어졌단 말인가? 의학 탐정들은 계속해서 여러 가지 가능성들을 배제하려고 애썼다. 백혈구를 해치는 원인은 무엇일까? 이들은 카터의 혈액 일부를 가지고 HIV 검사를 했지만 결과는 음성이었다. 거기서도 아무 진전이 없었다. 그런데 뭔가 이상한 것이 있었다. 그의 점막이 충혈된 것이었다. 의사들은 그 원인을 아구창鵝口瘡이라고 추정했는데, 이 균류 감염증은 약화된 면역계에 그런 현상을 일으킬 수 있었다.

11월 13일은 상황이 나빴다. "부인을 만났다. 처음부터 매우 화를 내고 공격적이었지만, 일단 설명을 듣고 나자 진정되었다. 환자의 설사는 바이러스성 질병의 합병증일 가능성이 있다고 설명하자 … 부인은 환자가 음식을 먹지 못하고 토하기만 한다고 걱정했다. 환자가 먹고 마시기를 더 잘하게 될 거라고 설명했다." 의사들은 카터의 혈액에서 벌어지는 일을 이해하기 위해서 혈액학 전문가를 불렀다. 이제 그들이 걱정하는 대상은 백혈구만이 아니었다. 혈소판 수치도 21로 떨어져 있었는데, 이쯤 되면 혈액이 워낙 묽어진 나머지 자동적으로 출혈이 일어나더라도 몸이 스스로 막을 수 없게 되는 수준에 해당했다.

그날 늦게야 혈액학자가 찾아와서 카터 씨를 진찰하고는, 구급차를 타고 처음 도착했을 때 응급실 의사들이 물어본 것보다 좀 더 자세히 그의 삶에 관해서 물어보았다. 진료 기록에 그가 "전직 KGB"였다는 갑작스럽고도 의외였던 사실이 적혀 있게 된 이유도 그래서였다. 이것은 더 이상 의학 수수께끼가 아니라 범죄 수수께끼였다. 왜 전직 소련 스파이가 머스웰 힐에서 병이 났을까? 왜 갑자기 그의 머리카락이 뭉텅이로 빠져나왔을까? "제가 남편의 머리카락을 손으로 쓰다듬었더니 장갑에 잔뜩 묻어 나왔습니다." 카터 여사는 나중에 이렇게 설명했다. "그제야 저는 남편의 어깨며, 베개며, 사방에도 마찬가지라는 걸 깨달았습니다. 제가 물어보았습니다. '이게 뭐죠? 제 남편에게 무슨 일이 일어난 건지 누가 좀 말씀해 주실 수 있어요?'"

혈액학자 앤드리스 버키스 박사는 다른 무엇보다도 카터의 외모를 보고

깜짝 놀랐다. 이 의사는 화학요법을 받았거나, 또는 골수 이식 수술이 필요한 혈액 암인 백혈병 환자를 자주 다뤄 본 사람이었다. 그는 마치 카터가 기존의 골수를 싹 제거하고 교체하기 전, 방사선 치료를 받은 사람처럼 보인다고 생각했다. 혹시 카터의 아내가 줄곧 했던 말대로 일종의 독극물이 관여된 것일까? 그는 환자의 혈액 샘플을 또 다른 런던의 병원 가이스^{Guy's}에 있는 독성 물질 전문가 동료에게 보냈다. 곧이어 방사선과에도 이 환자가 어찌어찌 방사선을 쐬었을 가능성이 있는지 확인을 부탁했다. 11월 15일에 방사선과 의사들이 방사능 측정기인 가이거 계수기를 가져왔다. 그 결과는 진료 기록에 다음과 같이 나와 있다. "환자로부터는 방사능 방출이 전무함." 하지만 가이거 계수기를 통해서는 환자가 한 가지 형태의 방사능에 중독되었음을 알아낼 수만 있었다. 즉 베타 방사선이라고 일컬어지는 고에너지 전자 말이다. 진료 기록 작성자는 "만약 환자가 감마선을 쐬었다고 한다면 전혀 감지되지 않았을" 것이라고 덧붙였다.

진료 기록 작성자가 미처 언급하지 않은 또 다른 사실이 있었으니, 만약 문제의 방사능이 보통 알파 입자라고 부르는 노출된 헬륨 핵이었다면, 역시나 가이거 계수기로도 전혀 감지되지 않았으리라는 점이었다. 알파 입자는 애초에 중독된 사람의 피부를 뚫고 나올 수가 없으므로, 몸 밖에서 감지되지 못하기 때문이었다. 하지만 그것은 무의미한 검사일 것이다. 역사상 어느 누구도 일부러 알파 방사선에 중독되었다는 기록은 없다. 흔한 것이 흔하게 마련이었다. 말발굽 자국이 보이면 말을 생각하게 마련이지, 외계에서 온 말발굽 달린 괴물을 생각하지는 않게 마련이었다.

가이스 병원의 검사 결과는 다음 날 저녁에 도착했는데, 예상보다 더 높은 수준의 중금속 탈륨이 드러났다. 이것은 익히 알려진 독극물이었으며, 그의 모발 상실의 이유를 설명해 주었다. 그렇다면 이것이 문제의 원인일 수 있을까? "환자는 11월 1일에 어느 모임에 참석했는데, 그때 중독된 것으로 보인다." 카터의 진료 기록에는 이렇게 나와 있다. 아울러 의사가 탈륨 중독에 대한 표준 치료제인 감청紺青, Prussian Blue을 카터에게 처방했다고 나와 있다. 하지만 의사들은 이 진단에 만족하지 못했던 것이 분명하다. 그 결과와는 맞지 않는 증상이 있기도 했고, 또 카터의 탈륨 수준이 너무 낮아서 그를 죽일 수 없었기 때문이었다. "(탈륨의 경우, 방사성이 아닌 한에는 보통 골수를 손상시키지 않으므로) 한 가지 독극물 이상일 가능성이 있음." 진료 기록 맨 아래에는 이렇게 적혀 있었다. "환자는 러시아가 방사성 탈륨을 사용한다고 믿고 있음." 이미 카터의 백혈구 수치는 0이었다. 그의 골수는 완전히 파괴된 것이었다. "환자는 자기가 죽게 될지 알고 싶어 함." 의사의 말이었다.

이 단계에 이르자 의사들도 카터의 본명이 알렉산드르 리트비넨코임을 알게 되었을 것이 분명하다. 그는 러시아 출신의 망명자로, 정치인과 사업가의 암살을 담당하는(즉 영화 본Bourne 시리즈에서 트레드스톤 계획에 상응하는 러시아의 프로그램인) FSB 산하 부서의 내부 활동을 폭로한 이후에 조국에서 도망친 바 있었다. 그는 2000년에 영국에 도착하자마자 마치 증인 보호 계획에 포함된 사람처럼 가명을 사용하기 시작했지만, 완전히 종적을 감춰 버린다는 논리적인 다음 단계까지 밟지는 않았다. 6년 동안 영국에 숨어 살면서 그는 크렘린의 비행에 관해 많은 글을 쓰고, 푸틴의 향후 행동에 관한 자기 나름의 이론에 귀를 기울이는 사람 누구에게나 이야기했다. 런던에서 그의 후원자 겸 보호자는 장난기 있는 올리가르히 겸 망명자 보리스 베레조프스키로서 상당히 만만찮은 홍보 기계를 소유하고 있었다. 이제 중독이 확증되자마자 그 기계가 돌아가기 시작했다. 11월 19일 일요일자 신문에는 전직 FSB 요원이 런던에서의 모임에 참석했다가 중독되었다는 선정적인 뉴스가 가득 실렸다. 그즈음 리트비넨코는 바네트병원에서 혈액학 전문인 유니버시티칼리지병원UCH, University College Hospital으로 옮겼다. 병원 문밖에는 기자들이 모여들어서 최신 소식을 들으려고 안달했다.

환자의 상태는 점점 나빠지기만 했다. 그날 오후에는 UCH의 집중치료실로 들어갔다. 하지만 그의 진료 기록에는 당황한 기색이 거의 없다시피 한데, 의사들이 자기 환자에게 무슨 일이 일어난 것인지를 이해하기 위해서 지칠 줄 모르는 노력을 지속했기 때문이었다. 하지만 환자가 탈륨과는 맞지 않는 증상을 보이고 있다는 사실에 대해서는 여전히 어리둥절한 상태였다. 탈륨이라면 그의 신경 작용을 중지시켰을 터인데, 실제로는 다른 증상을 확인하기가 불가능했다. 리트비넨코는 평소에도 체중이 76킬로그램으로 여윈 편이었지만, 병이 나고 3주가 지나자 거기에서 14킬로그램이 빠졌다.

한편으로는 답변을 찾기 위해, 또 한편으로는 자기네 환자가 마치 방사선을 쏜 것처럼 보인다는 사실에 놀란 까닭에, 의사들은 그의 소변 샘플을 원자력무기기구AWE, Atomic Weapons Establishment에 보냈다. 영국의 핵무기 설계와 제조와 관리를 담당하는 이 기관이라면 방사능 중독의 보기 드문 징후를 찾아내기에 최적일 것이었다. 그 결과는 11월 22일에 나왔다. 리트비넨코의 소변에서는 폴로늄 동위원소 중 하나가 높은 수치를 보였다. 과학자들은 두 번째 샘플을 조사했고, 결국 첫 번째 발견이 확증되었다. 그는 폴로늄-210에 중독되었던 것이다. 그리하여 그는 역사상 최초의 의도적인 알파 방사선 중독의 희생자로 확인되었다.

비록 3주나 걸리기는 했지만, 이 끈질긴 의사들은 결국 환자를 괴롭히는 원인을 찾아냈다. 단서는 줄곧 나와 있었다. 점막 충혈은 아구창 때문이 아니라, 신속하게 분열하는 세포가 조직에서 떨어지면서 생긴 것이었다. 구토와 설사는 위염 때문이 아니라 저 끔찍한 침입자를 배출하려는 신체의 노력이었다. 백혈구 수치 급락은 HIV 때문이 아니라 폴로늄이 골수에 모여서 주위의 모든 세포를 죽이면서 생긴 결과였다. 의사들은 이 증상들 각각에 대해 일반적인 설명을 찾아내기는 했지만, 이 증상들 모두를 설명해 주는 한 가지 증상을 찾아내지는 못했다. 흔한 것은 흔하게 마련이었지만, 아주 가끔은 이제껏 어느 누구도 본 적이 없는 것을 맞닥뜨리게 되는 법이다.

하지만 안타깝게도 이 모든 의학 탐정 노릇은 무의미해지고 말았다. 폴로늄-210은 아마도 지구상에서 가장 치명적인 물질일 것이다. 먼지보다 더 작은 100만 분의 1그램으로도 사람을 죽일 수 있었다. 이 금속의 매년 생산량은 약 100그램으로 영국인 모두를 죽일 수 있으며, 그러고도 남은 양으로 프랑스인 대부분을 죽일 수 있을 정도다. 이 물질이 방출하는 알파 입자는 마치 원자 화살과도 같다. 주위의 모든 것에 치명적인 힘으로 강타해서 세포를 파괴하고, DNA를 산산조각 내고, 신체 기능을 꺼트린다. 리트비넨코는 워낙 신체가 건강했기 때문에 그토록 오래 버틸 수 있었던 것이다. 하지만 그는 죽을 운명이었다. 폴로늄이 들어간 차를 몇 모금 마신 바로 그 순간부터 그는 죽은 것이나 다름없었다. 독극물의 정체가 확인된 지 불과 몇 시간 뒤인 11월 23일에 그의 몸은 싸움을 포기했다. 그는 납으로 된 관에 묻혔다.

국민건강보험 소속 의학 탐정들이 떠나자, 이번에는 런던 경찰청 소속 수사관들이 이 사건을 맡게 되었다. 의사들의 명민한 진단과 더불어 전문가들의 최상급 과학 덕분에 리트비넨코의 의료진은 어떤 독극물이 사용되었는지를 알아낼 수 있었다. 역설적이게도, 일단 그가 죽고 나자 암살 무기는 수사관들의 협력자가 되었는데, 왜냐하면 그 무기가 닿은 곳이라든지 그 무기가 있었던 곳에 접촉한 사람들 모두에게 알파 입자 방출의 흔적이 곳곳에 남았기 때문이었다. 경찰관들은 리트비넨코 주위 사람 모두의 사무실, 승용차, 호텔방, 의복을 검사했고, 이 과정에서 러시아인 두 명에 대해서 의심의 여지 없이 강력한 혐의를 두게 되었다. 바로 11월 1일에 런던 중심가의 호텔 술집에서 그와 만났던 러시아인 안드레이 루고보이와 드미트리 코브툰이었다.

그들이 간 곳 어디에나, 그리고 그들이 접촉한 것 어디에나, 즉 비행기 좌석, 수연통, 곰 인형, 쓰레기통, 심지어 그 독극물 자체를 담은 찻주전자까지도 그 유령 같은 폴로늄 흔적이 남아 있어서, 마치 두 사람은 손닿는 것이라면 뭐든지 방사능을 띄도록 만드는 원자 시대의 미다스 왕들이 된 것 같았다. 하지만 주요 용의자로서 이들의 지위는 단지 새로운 수수께끼를 만들었을 뿐이었다. 루고보이는 기업 보호 사업을 전문으로 하는 사설 보안 회사의 소유주인 금발의 러시아인이었다. 그는 리트벤코와 1990년대부터 친구 사이였으며, 두 사람이 함께 베레조프스키와 연대해서 실사 프로젝트에서 협력한 바 있었다. 반면 코브툰은 본래 포르노 배우가 되고 싶었지만 술 문제와 게으름으로 좌절한 시력 나쁜 백수건달로, 주로 독일 식당에서 설거지를 하는 경력을 집중적으로 쌓아 왔다.

두 사람 모두 모스크바에서 훈련된 암살자라기보다는, 그저 무능한 아마추어에 불과했다. 심지어 리트비넨코를 죽이기 위해 한 번도 아니고 무려 세 번이나 시도했다. 첫 번째 시도는 10월 중순에 있었는데, 그때 희생자는 폴로늄-210을 아주 소량 섭취했기에 어느 정도 시간이 지나면 결국 사망했을 것이다. 두 번째 시도는 완전 실패였다. 루고보이가 호텔의 자기 방 화장실에서 독극물 용기를 넘어뜨린 다음 수건으로 대충 닦고 나서 객실 청소원이 알아서 처리하도록 그냥 남겨 두었던 것이다. 무려 세 번째 시도에 가서야 두 사람은 리트비넨코가 독극물 담긴 차를 조금이나마 마시도록 유도함으로써 목표 달성에 성공했다. 둘 중 누구도 자기네가 폴로늄-210을 취급하고 있다는 것을 몰랐던 것 같다. 그렇지 않고서야 그 독극물을 마치 싸구려 애프터셰이브 로션마냥 함부로 흘리고 다녔을 리는 없었을 것이다. 하지만 그보다 먼저 다른 누군가가 틀림없이 그 독극물을 그들에게 주었을 것이고, 다른 누군가가 틀림없이 리트비넨코를 죽이라고 그들을 파견했을 것이다. 도대체 그게 누구일까?

리트비넨코 본인은 베레조프스키의 홍보 담당자들이 대필한 임종 성명서에서 푸틴을 지목했다. 더 나중의 논평가들도 실제로 그가 크렘린의 분노를 자아냈을 법한 죄목을 여러 가지 찾아냈다. 우선 리트비넨코는 푸틴이 사랑하는 FSB를 배신했다. 또한 외국에 망명했다. 또한 푸틴이 아동성애자라고, 대통령 선거 승리를 위해 테러리스트 공격을 조작했다고 주장해서 러시아를 남부끄럽게 만들었다. 하지만 이 모든 이유가 지닌 난점은 오로지 나중에 가서야 이치에 맞았다는 점이었다. 리트비넨코의 견해는 정작 그가 사망한 뒤에야 영향력을 발휘했다. 살아 있었을 때에만 해도 음모론자로 폄하된 것 정도가 그나마 주목을 받은 경우였다. 2000년대 초에 나는 체첸공화국에서 벌어진 전쟁에 관한 전업 전문가로 일했는데, 마침 리트비넨코도 그 주제에 관해서 책을 한 권 썼다. 나는 체첸공화국에 관한 주요 저술을 모조리 찾아 읽었지만, 굳이 그 책까지 볼 생각은 아예 하지 않았다. 내가 아는 다른 사람들도 마찬가지였다. 리트비넨코는 한마디로 영향력이 없었다.

게다가 만약 그런 주장을 내놓는 사람들을 푸틴이 죽이기 시작할 작정이었다면, 무명의 전직 FSB 암살자보다는 차라리 베레조프스키부터 시작했을 것이었다(실제로 루고보이는 리트비넨코에게 독극물을 투여한 때로부터 몇 시간 사이에 그를 만난 바 있었다). 그렇다면 왜 하필 리트비넨코가 선택된 것이었을까? 이것이야말로 수수께끼였으며, 그야말로 풀리지 않을 것처럼 보였다.

영국 정부는 이 문제에 대해서 알고 있는 바를 밝히는 데 전혀 관심이 없었음이 분명했는데, 일단은 이 과정에서 푸틴을 남부끄럽게 만들어서 양국 관계를 저해할 가능성이 있었기 때문이었다. "이 사건은 분명히 우리와 러시아 사이에 긴장을 야기하고 있습니다. 러시아는 우리에게 너무나도 중요하기 때문에 절대 사이가 멀어져서는 안 됩니다." 2006년 12월 3일자 《선데이타임스》는 익명의 내각 장관의 발언을 이렇게 인용했는데, 리트비넨코는 그로부터 나흘 뒤 비로소 땅에 묻혔다. 하지만 리트비넨코의 아내 마리나는 바네트병원의 의사들에게 단호했던 것처럼 영국 정부에 대해서도 단호했다. 그녀는 남편의 살해에 관해 수사를 요구했고, 심지어 베레조프스키가 법적 비용 지불을 중단한 이후로도 여러 해 동안 계속 그렇게 했다. 영국 정부는 2014년에 그녀의 정의를 부정하려던 시도를 마침내 포기했다. 크림반도 병합 이후로는 어쨌거나 푸틴과의 관계에서 굳이 보전해야 할 것이 없어져 버렸으니까.

나는 런던 왕립재판소 73호 법정에서 벌어진 심리 때 방청석에 앉아 있었는데, 거기서 밝혀진 이야기만 놓고 보면 리트비넨코의 살인 이야기를 굳이 머니랜드에 관한 책에 포함시킨 이유가 자연히 드러날 것이다. 이것이야말로 가장 폭력적인 머니랜드인들이 스스로를 지키기 위해서 사용하는 방법의 한 가지 (극단적이면서도) 걱정스러운 사례이기 때문이다. 다른 모든 머니랜드인과 마찬가지로, 이들은 세계화된 금융 흐름과 지역적인 사법 시스템 사이의 긴장을 이용해서 자기네가 착복한 돈의 소유권을 확보했다. 하지만 이들은 이런 불일치에서 한걸음 더 나아간다. 즉 자신들의 금융 사기극에 관한 정보가 조금이라도 새어 나가지 않도록 막기 위해서 외국의 내부 고발자에게 암살자를 보낸 다음, 자국의 사법 시스템을 이용해서 그 암살자를 보호하는 것이다. 내부 고발자가 없다면 기소는 전혀 불가능하기 때문이다. 만약 어떤 머니랜드인이 자기에게 불리할 잠재적인 증인도 죽일 만큼 무자비하게 굴 수만 있다면, 그의 재산도 평생 안전할 것이다.

그날의 심리에서는 리트비넨코가 영국에 오면서부터 5년간 받아 온 생활비를 최근 베레조프스키가 줄이기 시작했다는, 그리하여 전직 KGB 요원도 생계를 유지할 새로운 방법을 찾아보았다는 이야기가 나왔다. 그는 우연히 실사 사업을 접하게 되었는데, 이것은 여권 판매 프로젝트라든지, 또는 사업 경쟁자라든지, 또는 동업 예정자의 의뢰로 기업과 개인에 관한 정보를 모으는 사설 정보업이었다. 리트비넨코는 최신 정보 수집에 필요한 현직 인맥이 없었지만, 그래도 푸틴이 부패를 겨냥했던 1990년대부터 그 측근들의 이력에 관해서는 잘 알고 있었다. 그는 여기에다 미국에 사는 전직 KGB 친구에게 받은 정보를 조합해서 크렘린의 내부자들에 관한 상세한 보고서를 작성했다.

리트비넨코는 루고보이가 모스크바의 내부 정보를 제공할 것이라는 기대로 동업을 시작했지만 그 결과에 실망하고 말았다. 그의 보고서는 매번 인터넷에서 긁어 온 문장 몇 개에 불과했다. 이런 보고서가 어떤 모습이어야 하는지를 증명하기 위해, 리트비넨코는 빅토르 이바노프라는 크렘린 내부자에 관한 자신의 조사 내용을 루고보이에게 보여 주었다. 이바노프는 푸틴이 KGB에 있던 시절부터 함께 일했으며, 리트비넨코와 그의 동료 유리 슈베츠의 말에 따르면 전적으로 부패한 인물이었다. 두 사람은 이바노프가 러시아의 가장 악명 높은 범죄 조직 가운데 일부와 긴밀히 협력했으며, 푸틴의 보호하에 상트페테르부르크에서 코카인 밀매 사업을 벌였다고 했다. "이바노프를 다루는 최선의 방법은 그가 가까이 다가오지 못하도록 멀찍이 거리를 유지하는 것이다. 왜냐하면 가까운 사이가 되면 그쪽에서 먼저 원한을 품게 될 것이고, 심기가 불편해진 이바노프야말로 최악의 적이 될 수 있기 때문이다." 심리에서 증거로 제출된 그 보고서에는 이렇게 나와 있었다. 역시나 슈베츠의 증언에 따르면, 그 보고서 때문에 이바노프가 시도하던 사업 거래가 수포로 돌아가면서 저 크렘린 내부자가 "1,000억 달러 내지 1,500억 달러의" 손실을 보았다고 한다.

리트비넨코가 이 보고서를 비밀로 간직하라면서 루고보이에게 보낸 것은 2006년 9월의 일이었다. 첫 번째 독살 시도는 그로부터 3주가 지나기 전에 있었고, 리트비넨코는 불과 2개월도 지나지 않아 죽고 말았다. 이런 타이밍의 일치는 너무 뚜렷하기 때문에 차마 무시할 수가 없다. 이 암살은 리트비넨코가 내부 고발자로서 계속해서 중요한 역할을 하지 못하게 하려고, 그리하여 러시아 도둑 정치의 비밀을 밝히지 못하게 하려고 지시되었을 가능성이 극도로 높아 보인다. 그해 말 영국 경찰이 루고보이와 코브툰을 면담하러 모스크바를 찾았을 때 벌어진 기묘한 사건을 보면 이런 해석은 더욱 강화된다. 영국 경찰의 입장에서 보자면 이 여정은 대체적으로 아무런 성과가 없었는데, 무엇보다도 러시아 공무원들이 이들의 움직임을 제한한 까닭이었다. 이들이 루고보이를 만났을 때조차도 영국 경찰은 딱 한 명만 면담이 허락되었고, 그나마도 면담 내용을 기록하거나 직접 질문을 던지는 것은 허락되지 않았다. 영국 경찰 두 명이 귀국할 때가 되자, 러시아 측은 테이프 녹음기가 오작동해서 면담 녹음이 전혀 되지 않았다고 해명했는데, 당연히 극도로 짜증스러운 일이었다.

물론 러시아에서 면담 녹취록을 제공하면서 그게 대화의 전체 기록이라고 주장했지만, 실제로 면담에 참가했던 영국 경찰관은 그때 밝혀진 한 가지 중요한 사실이 거기 누락되어 있음을 알아챘다. 면담에서 루고보이는 스페인에 있는 러시아 범죄자들에 관해 리트비넨코와 나눈 대화를 회고했었다. 리트비넨코는 자기가 스페인 정보기관의 돈세탁 수사와 범죄자 기소를 어떻게 돕고 있는지 말했던 것으로 보인다. 하지만 면담의 공식 녹취록에는 그런 내용이 들어 있지 않았다. 러시아의 더러운 돈이 스페인의 부동산 매입에 사용된다는 사실을 영국인에게 알리고 싶지 않았던 누군가가 모스크바에서 힘 있는 지위에 있음이 분명했다. 이 모두는 한 덩어리였다. 어떤 매우 부유한 러시아인들이 머니랜드에 은닉한 돈을 계속 거기 두고 싶어 하며, 이들은 그 돈에 대해 조금이라도 위협을 제기하는 누군가를 무력화시키는 극단적인 방법까지 사용할 의향이 있었다. 이들은 자기네를 대신하여 그 돈을 지켜 준 암살자들을 보호해 주기로 작정했던 것이다.

2007년에 루고보이는 푸틴의 순종적인 야당 소속 의원으로서 러시아 의회에 한자리를 얻음으로써 합법적인 기소 면책특권을 얻게 되었다. 리트비넨코의 살해와 관련된 공판 중에, 크렘린은 루고보이에게 "조국에 봉사한 공적"을 인정해서 훈장을 수여했는데, 보통은 "국가 안보의 보전을 위해 … 조국의 방위에 크게 기여한" 사람들에게 수여되는 훈장이었다. 한편 런던에서의 심리는 상당히 오래 지속되었기 때문에, 매일 그곳에 출근하다시피 하는 사람들끼리 서로 친해지게 되었다. 법원 경비원은 내게 별명을 지어 주었고, 우리 모두는 살인의 세부 사항에 익숙해지게 되어서 휴정 때마다 그 내용을 가지고 토론을 벌였다. 이들은 어느 한쪽을 대변하는 변호사들이 아니라 법원 공무원들이었지만, 루고보이가 받은 훈장에 관한 사실이 밝혀지자 심지어 이들의 얼굴에도 충격이 뚜렷했다. 로버트 오언 판사의 안색도 분홍색에서 벽돌처럼 빨간색으로 변하고 말았다. 마치 이것만으로는 크렘린이 서양의 법 집행기관을 조롱한다는 신호로 보기에 부족하다는 듯, 심리에서는 루고보이가 베레조프스키에게 보낸 티셔츠에 적혀 있던 문구가 무엇인지가 밝혀졌다. "폴로늄-210 … 핵의 죽음이 당신의 문을 두드려 댄다" 베레조프스키는 그로부터 3년 뒤에 사망했다.

이 공판에 대한 보고서를 작성한 오언은 러시아의 크렘린 엘리트가 군이 루고보이와 코브툰을 보내서 리트비넨코를 살해한 이유가 불분명하다고 보았지만(물론 그 명령이 크렘린에서 나왔다는 사실에 대해서는 그 역시 거의 의심하지 않았다), 나는 심리를 매일같이 앉아서 지켜보면서 그 이유를 점점 더 확신하게 되었다. 리트비넨코는 돈의 흔적을 폭로하겠다고 위협했던 것이다. 그는 제거될 필요가 있었던 것이다.

실제로 리트비넨코 사건은 푸틴이 권좌에 오른 이후 영국과 다른 여러 곳에서 발생한 일련의 수상쩍은 러시아 관련 사망 사건들 가운데 단 한 건에 불과했다. 그중에는 워싱턴의 호텔 방에서 사망한 전직 정부 장관 미하일 레신의 사건도 포함된다. 정부는 사고사라고 발표했지만, 애초에 그가 워싱턴에서 무엇을 하고 있었는지는 설명되지 않은 채로 남아 있었다. 건강했던 러시아 사업가 알렉산드르 페레필리치니도 2012년에 영국 서리주에서 조깅을 하러 나왔다가 갑자기 쓰러져서 사망했다. 당시에 그는 자국의 은행에 들어 있는 러시아의 더러운 돈을 추적하던 스위스 공무원들을 돕고 있었다. 영국의 스파이 혐의로 유죄 선고를 받았다가, 2010년의 스파이 맞교환 이후 영국에서 살던 전 러시아 공작원 세르게이 스크리팔은 소련이 개발한 신경 물질에 중독되어 2018년 3월에 솔즈베리에서 사망했고, 러시아에 살다가 아버지를 만나러 온 딸 율리아 스크리팔도 마찬가지 신세가 되었다.

이 사건들과 다른 여러 사건들에서는 모스크바에서 온 암살자들이 크렘린의 비밀을 폭로하지 못하도록 전직 내부자들을 공격한 것이 아닌가 하는 의심이 제기된 바 있었다. 그리고 이 사건들 가운데 어떤 것에 대해서도 러시아 정부는 범죄 수사를 원하는 사람들에게 진정한 도움을 제공한 바 없었다.

바로 이 대목에서 머니랜드는 가장 불편한 모습으로 드러나게 된다. 부유한 서양 여러 나라에서는 세계가 자기네 방향으로 나아가고 있다는, 발전을 통해 세계 나머지도 자유주의, 자본주의, 민주주의로 점차 변모할 것이라는 안일한 느낌이 지속적으로 있었다. 하지만 리트비넨코 사건은 이런 기대와 전혀 다른 뭔가를 드러내 준다. 서양의 애틋한 기대와는 딴판으로 러시아가 법치에 의해 통치되는 것은 크렘린 엘리트의 이익에 부합하지 않는다. 대신에 크렘린의 내부자들은 자기들이(오로지 '자기들만'이) 러시아에서 막대한 재산을 벌어들여 안전하게 서양으로 반출할 수 있다는 사실로부터 이익을 얻는다. 혼돈과 부실 관리는 이들이 재산을 더 벌어들일 수 있을 뿐만 아니라, 이들이 스스로와 친구들을 보복으로부터 보호할 수 있는 수단을 제공한다. 자기네를 위협하는 사람을 죽일 수도 있고, 그 암살자를 서양의 경찰이 감히 넘어올 수 없는 국경 안에 영구히 보호할 수도 있다. 이것 역시 또 다른 되먹임의 순환 고리이다. 머니랜드인이 얻은 수익 덕분에, 머니랜드의 유지야말로 이들에게는 지속적인 이득이 되는 것이다. 만약 머니랜드를 유지하기 위해서 세계에서 가장 치명적인 화학물질을 담은 유리병을 가진 아마추어 암살자를 런던으로 보내야 한다면, 반드시 그렇게 해야만 했다. 이들은 역외의 도적 떼인 셈이다.

물론 이 세상에는 폴로늄-210(상업적인 양을 생산하는 국가는 러시아가 유일하다)에 접근할 수 있는 정치인이 실제 있다 치더라도 극소수에 불과하지만, 머니랜드인은 특수한 독극물이 없어도 사람을 죽일 수 있다. 단지 창밖으로 밀어 떨어트리거나, 아니면 달려오는 기차 앞에 밀어 쓰러트리기만 해도 충분히 효율적으로 증인을 침묵시킬 수 있다.

이의 제기자들은 항상 해외로 도망치고, 정부는 항상 이들을 추적해 왔다. 런던에 살았던 칼 마르크스라든지, 제네바에 살았던 블라디미르 레닌을 생각해 보라. 하지만 그런 이의 제기자들은 프로이센, 러시아, 그 밖의 국가의 기초를 위협하는 각자의 사상 때문에 공적公敵이 되었던 것뿐이다. 반면에 머니랜드의 이의 제기자들은 각자의 사상 때문이 아니라 각자의 비밀 때문에 사냥당하는 것이다. 이들은 돈이 어떻게 움직이는지를 안다. 머니랜드가 더 많이 견고해지고, 이들의 비밀이 더 귀중해지면서, 그런 살해는 더 흔해질 것이다. 결코 리트비넨코 사건처럼 끔찍하지는 않겠지만, 비밀을 폭로하기 전에 저지한다는 살해 논리는 사라지지 않을 것이다.

이는 결국 제아무리 그 출처가 의심스럽다 하더라도, 머니랜드에 은닉된 현금은 안전하다는 뜻이다. 여기서 다음 질문이 떠오른다. 머니랜드인은 그 현금을 가지고 무엇을 하는가? 다음에는 바로 이 문제를 살펴보도록 하자.

Chapter /

14

돈이 좋다고
말해요

〈드레스가 좋다고 말해요 Say Yes to the Dress〉는 2007년에 처음 미국에서 인기를 끈 TV 프로그램인데, 혹시 아직까지도 못 본 사람이 있다면 그 사람만 손해다. 여기서는 여성 여러 명이(에피소드당 세 명이 기본이다) 뉴욕 클라인펠트웨딩숍을 방문해서 각자의 웨딩드레스를 구입한다. 어떤 면에서 이것은 완벽한 리얼리티 텔레비전 형식이다. 끝도 없이 반복적인 시나리오에 여러 가지 인종, 연령, 체형, 계급, 배경, 성별의 여성을 끼워 맞추며 드라마도 보장한다. 거의 항상 해피엔딩이기도 하다. 신부는 흰색으로 치장해서 멋져 보인다. 이 프로그램은 여러 가지 스핀오프 버전을 낳으면서 (이전까지는 웨스트 20번 스트리트에 있는 대단치도 않은 가게였던) 클라인펠트웨딩숍을 눈썰미 있는 예비 신부들이 찾아가는 세계에서 가장 유명한 웨딩드레스 제작 업체로 만들어 주었다.

시즌 13이 끝날 무렵인 2015년 5월 22일자 방송에서 시청자는 각별한 재미를 만끽했다. '브이아이프니나'V. I. Pnina 라는 제목의 이 에피소드에서는 이스라엘의 디자이너 프니나 토르나이Pnina Tornai가 무제한적인 예산을 가진 "브이아이피"VIP 신부를 위해 특별한 드레스를 만들고, 부티크의 다른 부문은 그날 하루 문을 닫는다. 어깨까지 내려오는 탈색 금발에 두툼한 입술을 가진 토르나이는 이 프로그램에 나오기 시작하기 전까지만 해도 거의 알려진 바가 없었지만, 텔레비전에 딱 어울리는 분명한 스타일 때문인지 이후로는 대단한 유명 인사가 되었다. 혹시 그녀의 작품에 친숙하지 못한 독자를 위해 설명하자면, 토르나이가 만든 옷을 세련되다고 말하는 것은 마치 도널드 트럼프의 인테리어 디자인을 세련되다고 말하는 것과도 비슷하다. 그녀는 결코 뭔가를 삼가는 법이 없다. 주특기는 깊이 파인 네크라인에, 크리스털 조각으로 장식하고, 베일과 액세서리를 얹고, 반짝이는 재료를 뒤덮은 반투명 드레스이다. "저는 반짝이에 목숨을 걸어요. 하지만 반짝이는 값이 비싸죠. 예산이 무한대인 신부는 제 꿈이에요. 가격을 불문하고 드레스를 완벽하게 만드는 데에만 집중할 수 있으니까요." 토르나이는 〈브이아이프니나〉 촬영 중 카메라에 대고 이렇게 말했다.

이 에피소드는 평소처럼 준비에 분주한 모습으로 시작되는데, 그 중심은 부티크 지배인 앨리 맥가운이다. 그녀는 긴 머리카락에, 붉은 립스틱에, 약간 까칠한 분위기를 지녔는데, 항상 눈을 치켜뜨고 이마에 주름이 잡힌 모습이 까칠함을 부각시킨다. "앙골라 내각의 장관 따님이 곧 도착하실 거예요. 신부님과 그 가족 분이 프니나한테서 구입한 드레스 아홉 벌의 가봉을 위해 비행기를 타고 이곳으로 날아오시는 거죠." 맥가운은 차마 숨도 쉬지 않고 주절거린다.

그녀가 말한 고객은 나울릴라 디오구였다. 커다란 쉐보레 SUV를 타고 도착했는데, 머리카락이 얼굴을 가리고, 붉은 테 안경 뒤에서 눈을 크게 뜨고 있다. 그녀는 부드러운 억양에 쾌활한 어조로 아름다운 영어를 구사한다. "프나나 토르나이의 드레스를 입는 것은 항상 저의 꿈이었어요. 이 드레스는 정말 멋지고, 크리스털이 많이 달려서 정말 마음에 들어요. 저는 공주처럼, 여왕처럼 보이고 싶어요." 디오구는 카메라를 향해 이렇게 말하면서 기쁨을 감추지 않았다. "저는 하객 800명을 모아 놓고 성대한 결혼식을 올릴 거예요. 지금까지 제가 본 다른 어떤 결혼식보다 더 크고 더 나은 결혼식을 올리고 싶어요."

이 목표를 이루기 위해서 그녀는 여러 벌의 드레스가 필요할 것이다. 그중 첫 번째는 혼인 서약서에 서명하는 예식에서 입을 것이었다. 이 행사는 가족들만 참석하는 수수한 자리가 되겠지만, 신부는 그래도 똑같이 멋져 보이고 싶어서, 마치 흰 서리처럼 보이는 보석 박힌 끈이 달린 꽉 조이는 드레스를 3만 달러에 구입했다. 특수한 실크 망사 원단으로 만든 이 드레스는 등이 깊이 파여 있으며, 수천 개의 스와로브스키 크리스털로 장식되어 있다. 이 드레스를 고객의 요구대로 맞춤 제작하는 데에 5,500달러가 추가로 들어갔고(이 가격은 화면에 표시되기 때문에 시청자도 계산할 수 있었다), "버드케이지 베일"birdcage veil에 500달러가 추가로 들어갔다.

"이런, 세상에." 디오구는 거울에 비친 자기 모습을 보고 이렇게 말했다. "제가 너무 아름다워요."

그녀에게는 결혼식 본 행사를 위해서 또 한 벌의 의상이 필요할 것이 분명했다. 이번에는 길이가 2미터는 될 것 같은 치마를 포함한 야회복이었다. 토르나이는 이런 드레스 한 벌을 만들려면 무려 300시간이 소요된다고 설명하고 나서, 완성품의 품질을 확인하기 위해 재봉사들이 사용하는 확대경의 크기를 보여 주려고 양손을 25센티미터 너비로 쫙 벌려 보였다. 디오구의 어머니와 친구들은 탈의실에서 나온 신부의 모습을 보며 감탄했다. 코르셋에는 토르나이의 가장 유명한 특징, 즉 반투명 천으로 된 끈이 가슴 사이에서부터 거의 배꼽 있는 데까지 늘어진 그 특유의 디자인이 들어 있었다.

그러다가 한 가지 의외의 사실이 밝혀졌다. 크게 부푼 치마를 머리 위로 들어 올리자, (그 속에서) 몸에 딱 맞는 머메이드 드레스가 나타났고, 발치의 하늘하늘한 천 뭉치는 마치 부글거리는 거품처럼 보였다. "나울릴라는 사실상 자국의 왕족이거든요. 그래서 저도 평범한 드레스를 만들 수는 없었기에, 피로연에 입고 나올 이 깜짝 등장 치마를 만들었죠." 토르나이는 카메라 앞에서 설명한 다음, 신부의 등 뒤로 2미터나 바닥에 늘어지게 될 베일을 내놓았다. "이런 베일을 만드는 데에는 최소한 사흘이 걸려요. 레이스는 프랑스에서 주문 제작한 거고, 스와로브스키 크리스털 수백 개를 수작업으로 장식한 거예요. 이런 물건은 세상에 하나뿐이에요."

베일의 가격은 500달러였다.

"정말 행복해요." 디오구가 말했다. "말할 수 없을 정도로요."

이 에피소드의 마지막 장식은 클라인펠트웨딩숍의 패션 디렉터이며 〈드레스가 좋다고 말해요〉에서 눈에 띄는 스타인 랜디 페놀리가 제공했다. 화려하리만치 과장된 태도의 페놀리가 끼어들어서 신부들에게 조언을 내놓는 한편, 이 프로그램에 필요한 '카메라 앞 해설'을 내놓았다. 〈브이아이프니나〉에서 디오구의 배역에 관한 그의 요약은 평소보다도 훨씬 더 신이 나 있었다. "나울릴라는 클라인펠트 역사상 다른 어떤 신부보다 더 많은 돈을 소비했고, 프니나 토르나이의 오리지널 드레스 아홉 벌, 깜짝 등장 치마 한 벌, 고객 맞춤형 제품과 액세서리까지 구매해서 그 총액은 무려 20만 달러에 달합니다."

이 에피소드가 미국에서 방영되었을 때에는 평소와 같은 반응이었고, 시청자들은 부자들이 일을 완벽하게 만들고 싶을 때에 어느 정도까지 나아가는지를 보며 감탄했으며, 대개는 나울릴라와 그 동료인 무제한적인 예산의 신부들이 얼마나 예쁘게 보이는지를 이야기했다.

그러다가 이 에피소드가 앙골라에서도 방영되었다.

서아프리카의 국가 앙골라는 1975년에 포르투갈에서 독립했으며, 사실상 그때부터 각별히 지독한 내전으로 접어들었는데, 냉전 시대의 양쪽 진영으로부터 간섭이 이루어지며 사태가 악화되었다. 원래 마오주의 UNITA(앙골라완전독립민족동맹)는 남아프리카와 미국의 지원을 받았고, 마르크스레닌주의 MPLA(앙골라해방인민운동)는 소련과 쿠바의 지원을 받았다. 이 나라는 해안과 근해에 석유 매장량이 상당했고, 다이아몬드 매장지도 넓게 펼쳐져 있어서 강대국의 관심뿐만 아니라 각국 기업과 무역업자의 관심도 높을 수밖에 없었다. 1990년대에는 소련의 대리인이 우세한 세력이 되었다(하지만 싸움은 2002년이 되어서야 비로소 끝났다). 그런데 서양의 석유 회사들은 이런 사실에도 아랑곳하지 않고, 마치 아무 일도 없었던 것처럼 일을 계속해 나갔다.

MPLA의 지도자 조제 에두아르두 두스 산투스는 1979년에 대통령이 되었으며, 2017년에 권좌에서 내려올 때까지 (적도기니의 오비앙 다음으로) 아프리카에서 두 번째로 오래 재직한 지도자였다. 비록 본인은 소련에서 훈련을 받았고, 정부 역시 명목상으로는 사회주의를 표방했지만, 그렇다고 해서 그의 최측근들이 극도로 부자가 되는 일을 막지는 못했다. 두스 산투스의 딸 이사벨은 아프리카에서 가장 부유한 여성으로, 《포브스》지에서는 30억 달러 이상의 재산을 가진 것으로 추산했다. 그녀는 영국 여권을 가졌고, 런던 서부에 방대한 부동산 제국을 보유했으며 통신, 언론, 소매, 서비스, 금융 회사의 주요 주주이기도 했다. 2016년에 아버지의 지명으로 그녀는 앙골라 경제의 척추에 해당하는 국영 석유 회사 소낭골^{Sonangol}의 회장이 되었다. 하지만 아버지가 권좌에서 내려오면서 딸도 그 지위를 잃고 말았다.

앙골라의 석유 사업에서 얻은 수익은 널리 공유되지 않았다. 수도 루안다는 외국인이 살기에 세계에서 가장 비싼 도시로 꼽히는 반면, 앙골라 국민은 3명 중에 2명꼴로 하루 2달러 미만의 금액으로 살아갔다. 국제통화기금^{IMF}에 따르면 2007년부터 2010년 사이에 국가 예산에서 약 320억 달러가 사라져 버렸다(IMF는 이 사건을 "국영 석유 회사가 수행한 부정 회계 작전"의 결과로 보았다).

영국과 미국의 수사관들은 소낭골의 공무원들에게 뇌물을 제공한 혐의로 서방 회사들을 거듭 기소했으며, 2017년에 미국 에너지 기업 핼리버턴Halliburton은 3,000만 달러를 내고 미국에서 해외부패방지법 위반으로 제기된 소송에 대한 합의를 보았다. 2002년에 앙골라의 중앙은행 총재는 정부 자금 5,000만 달러를 미국에 있는 자기 소유 계좌로 이체하려 했다. 서양의 은행가들이 이 요구를 거절했는데도 그는 다시 시도했다. 앙골라는 한마디로 현대의 초국적 도둑 정치의 거의 완벽한 사례 연구 대상이었다.

글로벌위트니스의 초창기 보고서 가운데 일부는 앙골라의 부패와 분쟁 사이의 연계를 자세히 설명해 놓았다. UNITA는 "피의 다이아몬드"로부터 수익을 얻고, MPLA는 석유 산업을 지배한다는 내용이었다. 이 NGO의 ('미숙한 각성'이라는 제목의) 1999년 조사 보고서는 세계적인 에너지 회사들이 정부를 돈으로 매수함으로써 그 나라의 약탈과 그 국민의 비참에 공모하는 과정을 서술했다. "부패는 국가수반으로부터 시작하며, 그 주위에는 여러 정치인들과 사업 연고자들이 둘러서 있다." 보고서에는 이렇게 나온다. "의약품에 대한 접근에서부터 교과서의 공급에 이르기까지, 앙골라의 시스템 모든 부문에 부패가 만연하다." 이 NGO의 자료에 따르면, 1998년의 평화 회담이 결렬된 이후에 재개된 내전 직전에 두스 산투스는 영국령 버진아일랜드에 등록한 회사 하나를 조종해서 군대에 식품을 공급하는 7억 2,000만 달러짜리 계약을 "따냈다"고 전한다. "군대가 식품을 더 많이 소비할수록, 이 회사에 관련된 사람들은 더 많이 수익을 얻었다."

그 나라에서는 한때 하루 석유 생산량이 75만 배럴에 달했는데, 그 정도면 미국의 석유 수입량의 7퍼센트에 해당했다. 하지만 그렇게 버는 돈은 오로지 엘리트를 부자로 만들고, 분쟁을 조장하며, 일반 국민의 삶을 끔찍하게 만드는 데만 사용되었을 뿐이다. 이 나라 일반 주민의 수명은 겨우 42세였다. 인구의 82.5퍼센트는 가난을 겪고 있었다. 어린이 가운데 4분의 1은 5세 이전에 사망했다. 어린이 영양실조는 무려 25년 동안 최고 비율을 기록했다.

앙골라 정부는 이전까지만 해도 글로벌위트니스를 오히려 인정하는 편이었는데, 이 NGO는 그보다 한 해 전에 간행된 보고서에서 경쟁자인 UNITA가 다이아몬드 거래로부터 작전 비용을 마련하고 있다는 사실을 상세히 설명했기 때문이었다. 따라서 현 정부인 MPLA의 입장에서 「미숙한 각성」은 배신처럼 보였다. 경찰은 여러 신문사에 전화를 걸어 그 보고서에 대한 언급을 모두 없애버리라고 요구했으며, 두스 산투스의 대변인은 이 NGO를 법원에 고발하겠다고 발표했다(하지만 변호사들로부터 강경한 어조의 편지가 몇 번 날아오자 이런 노력은 꼬리를 감췄다).

루안다에서는 한 베테랑 정치인이 라디오에 출연해 이 NGO의 작업을 가리켜 자국 정부와 두스 산투스가 스스로를 방어할 능력을 박탈하려는 반(反)앙골라 캠페인의 일환이라고 비난하면서, 자국 공무원들은 정직하다고 주장했다. 그 정치인의 이름은 보르니투 드 소우자였다. 그는 1980년대부터 MPLA의 정치국에 소속되어 있었으며, 그 당시에는 의회에서 자기네 분파를 이끌고 있었다. 본래 변호사였던 그는 새로운 헌법의 작성자이기도 했다. 의회를 떠난 후에는 지역 행정부 장관을 역임했고, 따라서 선거인 명부 취합에 대한 책임을 맡게 되었다. 이것은 어느 나라에서나 중요하고도 영향력 있는 직책이었다.

보르니투 드 소우자가 바로 나울릴라 디오구의 아버지였고, 〈드레스가 좋다고 말해요〉의 해당 에피소드 맨 처음에 맥가운이 그토록 안절부절하며 말했던 "앙골라 내각의 장관"이었다.

「브아이프니나」가 방영된 이후, 토르나이는 디오구와 새신랑이 꽃가루 세례 속에서 예식장 통로를 걸어가는 모습을 찍은 사진을 인스타그램에 올렸다. 구슬이 반짝거리는 코르셋과 베일 차림의 신부는 왼손에 백합 부케를 들고 있었다. 앙골라의 웹사이트 클럽 K는 이 에피소드에 관한 뉴스 보도를 하면서, 디오구가 루안다에서 새로운 부티크를 개업한 프니나 토르나이의 브랜드 대사로 임명되었다고 추가 정보를 덧붙였다. 이 보도는 의도적으로 중립적인 척했지만, 그 아래 달린 댓글들은 그렇지 않았다. "도대체 이 나라가 어디로 가고 있는 걸까? 어떤 사람은 저런 부를 과시할 수 있는 반면, 다른 사람은 쌀과 생선만 먹고 살잖아. 하느님께서 이 나라를 잘못된 사람들에게 맡겼어." "인구 90퍼센트가 물도 전기도 없고, 내일 뭘 먹어야 할지도 모르고, 사방에 쓰레기와 시궁창과 고통이 가득해. 그런데 극소수의 사람은 국민의 복지에 관해서는 관심도 없이 비인간적으로 살아가고 있어!!!"

드 소우자는 격분했다. 그는 페이스북을 통해 자기가 받는 비판 가운데 상당수를 조롱했으며, 퇴진하라는 요구에 대해서도 마찬가지로 대했다. "사람들은 앙골라를 뉴욕과 나란히 '세계' 패션 무대에 올려놓은, 앙골라의 위신을 증대시킨, 해외 여행에 돈을 쓰지 않아도 되게끔 앙골라의 신부들에게 최고 품질의 선택지를 제공한 국제적으로 유명한 스타일리스트를 우리나라에 데려왔다는 긍정적인 측면을 굳이 바라보려 하지도 않는다." 그의 말이다. 이것은 설득력 있는 논증이 아니었는데, 앙골라 국민의 3분의 2는 극심한 가난 속에 살아가고 있었기 때문이다. 만약 클라인펠트웨딩숍에서 그의 딸이 선택한 것과 같은 드레스를 평범한 앙골라 국민이 구입하려면 거의 9,000년 가까이 돈을 모아야 하니, 굳이 그걸 사러 외국에 가거나 말거나는 문제도 아니었다. 드 소우자는 이에 굴하지 않고 자신이 받는 정부의 공식 급여는 자기 딸의 결혼식 비용을 감당하기에 충분한 수준 이상이며, 또한 그 반대를 주장하는 것은 치욕이라고 주장했다. "사임해야 할 사람이 있다면, 그토록 크고도 인위적인 거짓말을 기만적으로 간행한 바로 그 사람들이다." 그의 말이다.

보르니투 드 소우자가 얼마나 많은 돈을 버는지는 확인되지 않았지만, 2014년에 대통령의 월급은 약 6,000달러였다. 그렇다면 그 장관이 설령 자기 상관만큼 월급을 받는다 치더라도, 딸의 드레스를 사려면 무려 2년 반 넘게 돈을 모아야만 했을 것이다. 이에 더해 뉴욕까지 가는 비행기표와 숙박비를 부담해야 하고, 루안다에서 하객 800명이 참석한 결혼식을 개최해야 했다. 그 총액이 얼마든지 간에, 차라리 좀 더 생산적인 쪽으로 사용되었어야 한다는 결론을 내리지 않기란 어렵다. 딸의 웨딩드레스에 사용한 20만 달러 정도의 금액만 가지고는 그 나라의 보건 문제를 해결하기 역부족이겠지만, 대신에 매년 166명에게 항레트로바이러스제를 제공할 수 있으며, 이것만 해도 출발치고 썩 나쁜 편은 아니다.

(첨언하자면 이 스캔들조차도 드 소우자의 경력에는 아무런 해악도 끼치지 못했다. 2017년에 두스 산투스가 권좌에서 내려오자, 그가 부통령이 되었다.)

드 소우자가 그 돈을 정직하게 벌었을 수도 있고, 디오구가 스스로 성공적이고 비밀스러운 사업 경력을 지녔을 수도 있고, 또 다른 후원자를 발견했을 수도 있지만(나는 그녀의 페이스북에 의견을 요청했지만 아무런 답변도 듣지 못했다), 가장 이례적인 점은 왜 방송사의 어느 누구도 이에 대해서 질문하려는 생각을 해보지 않았느냐는 것이다. 〈드레스가 좋다고 말해요〉의 제작사인 TLC와 클라인 펠트웨딩숍 모두는 디오구의 자금 출처를 확인해 보았느냐는 내 질문에 답변하지 않았다. 토르나이의 사업 본부장 미칼 코언은 자기네 회사가 고객의 사생활을 보호한다고만 답변했다. "우리는 고객과 오로지 사업 관계만 유지할 뿐, 고객의 개인적 문제에는 관여하지 않습니다." 이메일로 보낸 성명에는 이렇게 쓰여 있었다. 하지만 이에 대해서는 의문의 여지가 있다. 만약 토르나이가 디오구에게 단순 고객 이상으로 관여하지 않았다고 치면, 애초부터 그녀를 가리켜 "사실상 자국의 왕족"이라고 카메라에 대고 말하지도 않았어야 한다. 하지만 코언이 내놓을 준비가 된 답변은 그게 전부였다.

그녀의 돈의 출처에 대한 이들의 관심, 또는 걱정의 결여보다 어쩌면 더 놀라운 사실이 있다면, 그렇게 텔레비전에 나와서 20만 달러를 옷에 사용하는 것이 적잖이 멍청한 짓임을, 아울러 자기 아버지가 아동 사망률 세계 8위인 국가 운영에 일조하는 상황에서는 특히나 그렇다는 걸 디오구가 깨닫지 못하는 것처럼 보였다는 점이다. 그녀가 몰래카메라 탐사 저널리즘의 낚시에 걸렸을 가능성은 없다. 오히려 본인이 리얼리티 텔레비전 프로그램에 출연하기로 합의했고, 극도로 천박한 드레스 아홉 벌에 자기가 얼마나 많은 돈을 쓰는지를 구체적으로 보여 주리라는 사실을 알았을 터이니 말이다. 디오구는 스스로에게 비판을 가한 셈이었다. 마치 마리 앙투아네트가 거위 구이에 쓴 돈이 얼마인지를 구체적으로 밝힌 소책자를 간행한 다음, 요리 기술 분야에 대한 자신의 투자를 과격 혁명파 당원인 상퀼로트가 제대로 이해하지 못했다며 적반하장으로 격분하는 것과 마찬가지인 셈이다.

정직하게 말하자면, 어느 누구도 이 반짝이와 과도함의 이야기로부터 잘 벗어나지는 못한다. 하지만 이것은 머니랜드에서 쇼핑의 작동 방식을 보여 주는 완벽한 은유로 기능한다. 큰돈이 걸린 상황에서는 어느 누구도 과도하게 많은 질문을 하지 않는다. 역외 자금은 주택 가격, 미술품 가격, 고급 와인 가격, 요트 가격을 부풀린다. 이런 돈은 값비싼 시계, 호화품 승용차, 의복과 구두를 위한 시장으로 쏟아져 들어온다. 이제는 소비하기에 즐거운 뭔가를 찾아서 훨씬 더 많은 돈이 돌아다니고 있으며, 급기야 한 은행 분석가의 말마따나 "금권경제"金權經濟, plutonomy 라는 경제 연구의 완전히 새로운 분야를 창시하게 되었다. 금권경제라는 발상은 현실 세계에서 머니랜드가 스스로를 드러내는 방식에 관해 많은 것을 설명해 준다. 하지만 그 이야기를 하기 전에, 일단 주택을 살펴보자.

15

고급 부동산

슈퍼 부자가 선택하는 도시는 세율, 이민 법규, 언어, 사법 체계, 시간대 등 온갖 종류의 요소들에 따라서 달라지게 마련이지만, 그중에서도 두 도시가 항상 1부 리그를 차지한다. 바로 런던과 뉴욕이다. 런던이 종종 미국의 경쟁 상대를 살짝 앞서는 이유 가운데 하나는 뉴욕의 아파트처럼 기존 주민들이 입주 희망자를 거부할 수도 있는 공동주택이 없다는 것이다. 이는 다시 말해, 배타적이고 대대로 부자인 뉴요커들은 지금껏 자기네 건물에 번지르르한 머니랜드인이 들어오지 못하도록 의도적으로 막아 왔다는 뜻이기도 하다.

이런 문제를 우회하기 위해서, 아마도 세계에서 가장 허세적인 아파트 단지라 할 수 있는 센트럴파크 웨스트 15번지15 Central Park West가 건립되었다. 2008년에 완공된 이곳의 개발업자는 금융 위기의 경제 최저점이라는 사실에도 아랑곳 않고 기술 및 금융 분야 억만장자, 올리가르히, 아랍 족장, 그리고 세계 엘리트의 일반적인 대리인 등에게 설계도 상태에서 콘도를 판매했다. 이곳은 마치 공동주택처럼 보였지만, 따분한 규율 따위는 전혀 없었다.

훗날 (약자인) 15CPW로 일컬어진 이곳은 맨해튼 주택 지구 내 전통적인 부자들의 맨션에 대한 의도적인 모방으로서 건립되었다. 외관은 석회석으로 장식되고 커다란 창문과 높은 천장을 지닌 두 채의 고층 건물로 이루어져 있었는데, 앞쪽 건물보다 뒤쪽 건물이 더 높아서 뒤쪽의 주민들도 앞쪽의 20층짜리 쌍둥이 건물 옥상 너머로 센트럴파크를 조망할 수 있었다. 이곳은 미국 내 호화판 부동산의 개념을 재정의했으며, 2014년에 워낙 화제가 되었기 때문에 언론인 마이클 그로스가 아예 이곳을 다룬 단행본을 간행했을 정도다. 그 책에서 저자는 이전 시대 사교계 간행물의 과하게 흥분한 산문체를 그대로 반영하고 있다. "센트럴파크 웨스트 15번지는 단순한 아파트 건물 이상이다. 이것은 가장 터무니없이 성공한, 미치도록 값비싼, 어마어마한 대부호가 가득한 21세기의 부동산 개발 사업이었다. … 이곳은 우리 시대 자산 귀족의 부활과 삶을 상징한다." 그의 저서 『터무니없는 재산의 집House of Outrageous Fortune』은 참으로 끝내주는 읽을거리이다. "더 이상은 고상하지도, 통일되지도, 태생이 좋지도, 심지어 성장 과정이 좋지도 않지만, 이들은 전례가 없었던 수입을 올리고 역사상 가장 비범한 삶의 수준을 누린다.

15CPW의 성공은 새로운, 심지어 어딘가 수상하기까지 한 전 세계적 초超 사회를 축성하는 셈이다." 그는 계속해서 말한다. "우리가 그들을 좋아하거나 말거나 간에, 그들은 아찔할 정도의 순수입이라는 한 가지 공통점을 가지고 세계의 새로운 지배계급이 된 개인들이다. 부의 첫 번째 세대에서 전형적인 일이지만, 이들은 새로운 방법으로 막대한 돈을 벌었으며 … 이른바 브릭BRIC 국가

들인 브라질, 러시아, 인도, 중국 등 신흥 시장 출신이 이들 새로운 부자 중에서도 가장 새로운 이들이다."

물론 그 아파트 대부분은 익명의 법인 매개체를 통해서 소유되기 때문에 이 귀족들의 정확한 신분은 대부분 숨은 상태로 남아 있지만, 그래도 그로스는 이스라엘과 한국은 물론이고 러시아, 그리스, 인도, 남아메리카, 이탈리아 국적자 소유의 부동산과 세네갈의 휴대전화 대부호 소유의 부동산까지도 확인했다. "15CPW의 짧은 역사 중에서도 가장 터무니없는 일화"는 2013년에 시티그룹의 전직 CEO 샌디 와일이 6년 전 구입했던 펜트하우스 한 채를 매입가의 두 배인 8,800만 달러에 판매했을 때이다. 구입자는 그 당시에 (결국 60억 달러를 내놓아야 했던) 지저분한 이혼 과정을 밟고 있었던 러시아 비료 업계의 대부호인 드미트리 리볼로블레프였는데, 아마도 매사추세츠에서 공부하고 있던 자기 딸이 휴가를 맞이해 뉴욕에 올 때마다 머물 곳이 필요하다고 판단한 것으로 보였다. 그 아파트에는 침실이 네 개였고, 센트럴파크를 조망할 수 있는 침실과 서재, 거실, 전시실, 식당, 사실私室이 있었으며, 그 모든 방마다 화장실이 하나씩 딸려 있었다. 그뿐만 아니라 그 층의 네 면 가운데 세 면을 따라 이어지는 베란다도 있었다.

리볼로블레프는 러시아의 비료 업체인 우랄칼리Uralkali에서, 구체적으로는 시베리아 가장자리에 자리한 칼륨 광산에서 돈을 벌었다. 그 광산이 자리한 베레즈니키와 솔리캄스크 같은 도시는 맨해튼 주택 지구의 웅장한 건축물과는 상상이 불가능할 정도로 달랐다. 도시 주위로는 붉은 광재鑛滓 더미가 쌓여서 마치 화성의 표면을 연상시켰으며, 두 도시를 연결하는 고속도로를 따라 몇 킬로미터씩이나 그런 더미들이 늘어서 있었다. 페름이라는 도시에서 2시간 반을 운전해 가야만 두 도시에 도착할 수 있는데, 아무리 달려도 똑같은 곳에 머물러 있는 느낌이 들기 때문에 마치 환상처럼 느껴지는 종류의 러시아 여행이다. 똑같은 자작나무 숲과 똑같은 직선 도로가 이어지다가, 전진의 상징으로 가끔 한 번씩 뾰족한 침엽수가 나타나는 식이다.

베레즈니키의 인구는 1980년대 이후로 4분의 1가량 감소했으며, 주민들은 과거 소련 정부가 중앙아시아부터 북극권에 이르기까지 어디에나 지어 놓은 조잡한 5층짜리 아파트 단지에 살고 있다. 한 학교에는 전직 대통령 보리스 옐친이 이곳에서 공부했음을 증명하는 말쑥한 명패가 붙어 있었지만, 지난 수십 년 사이에 이 학교에 추가된 새것이라고는 딱 그것 하나뿐인 듯했다. 내가 만난 학교 관리인은 명패 사진을 찍는 것까지는 허락했지만, 썩어 가는 벽돌이나 지저분한 창문의 사진은 못 찍게 했다. "정부는 우리를 마치 가축이라도 되는 것처럼 대한답니다." 그녀의 말이었다.

베레즈니키는 리볼로블레프에게 재산을 벌어 준 소금 광산 바로 위에 건립된 도시였는데, 소금은 물에 녹는 성질을 가졌기 때문에 문제가 된다. 폐쇄된 작업장에 물이 흘러들어오면 갱도 천장을 떠받치던 기둥이 녹아 버린다. 갱도가 무너지면 싱크홀이 생겨 주택, 도로, 나무, 철도, 승용차, 공장이 땅속으로 꺼져 버린다. 2007년에 생긴 ('할아버지'라는 별명의) 싱크홀은 무려 50층 깊이였는데, 아마 세계에서 가장 큰 싱크홀일 것이다. 베레즈니키의 주민 상당수가 피난을 갔으며, 그리하여 러시아의 지방 도시에서 흔히 볼 수 있는 수준보다 좀 더 슬픔에 잠긴 분위기였다. 우랄칼리는 수십 개국에 비료를 수출했는데, 그로 인한 소득 가운데 이곳에 머물러 있는 금액은 극소수에 불과한 듯했고, 야심만만한 현지인 가운데 이곳에 머물러 있는 사람도 극소수에 불과한 듯했다. 리볼로블레프는 오래전에 이곳을 떠났고, 2010년에 우랄칼리의 자기 지분을 또 다른 억만장자에게 매각했다. 2008년에는 도널드 트럼프 소유의 플로리다 저택을 9,500만 달러에 매입했고, 2011년에는 AS 모나코 축구 구단을 매입한 뒤 곧이어 센트럴파크를 굽어보는 그 펜트하우스를 매입했다.

전설적인 정보통인 뉴욕의 부동산 컨설턴트 조너선 밀러는 리볼로블레프의 새로운 펜트하우스가 한마디로 미국 최고의 아파트라고 단언했다. "저는 지금까지 아마 8,000채 이상의 아파트에 들어가 봤을 겁니다. 칵테일파티에 참석했던 사람들의 이름까지는 기억 못하지만, 건물 바깥의 벽돌 색깔이라든지 그 내부의 모습은 확실히 기억하죠." 2017년에 그는 자기 사무실에 앉아서 내게 이렇게 말했다. 우리 주위로는 그 도시의 부동산 시장에 관한 권위자로서 그의 말을 인용한 신문 기사 수십 개가 장식되어 있었다. "시장에서 30년간의 경험을 토대로 말씀드리건대, 제가 보기에 그 건물은 지금까지 건설된 콘도 중에서도 최고입니다."

밀러의 분석에 따르면, 호화판 부동산은 사실상 새로운 전 세계적 통화가 되었다. 매우 부유한 사람들은 세계의 1부 리그 도시들에 있는 주택을 부의 저장고처럼 사용하는데, 특히 아파트는 다른 모든 값비싼 물건들을(예컨대 모네나 모딜리아니의 그림 같은 것들을) 보관하는 창고처럼 이용할 수 있어서 큰 이점이 있다는 것이다. "저로선 고정관념을 갖고서 그 모두를 도피 자본이라고 단언하고 싶지는 않습니다. 실제로도 그렇지는 않으니까요. 다만 그런 현상의 이례적 증가는 확실히 도피 자본을 뜻합니다. 그들은 자본을 보전합니다. 그들은 단지 자본을 보전하고 싶어 하기 때문에 장기간 뭔가에 넣어 두는 겁니다." 2008년 이후 맨해튼 대규모 개발 사업의 콘도 판매 가운데 약 30퍼센트는 외국에 근거한 구매자에게 넘어갔는데, 그중 대다수는 대금 전액을 즉석에서 지불했다. 이것은 놀라운 변화였으며, 1990년대 초부터 가속화되었다. 공산주의의 붕괴로 인해 이전까지는 없었던 규모로 도피 자본이 생성되었기 때문이다. 특히 런던에서 그러했다.

1990년대 초는 영국 부동산 업계에 힘든 시절이었다. 이전 10년 동안 거품이 부풀어 올랐다가 조세 개혁, 금리 인상, 경기후퇴로 인해 극적으로 터져 버렸다. 큰돈이 오가던 1980년대 문화에서는 부동산 중개업자의 상징이 번쩍이는 정장과 벽돌 크기의 휴대전화였던 반면, 이제 그들은 자리에 앉아 과연 다음 판매는 언제쯤 가능할지를 궁금해하는 상황이 되었다. 런던의 평균 집값은

1980년대 후반 동안 거의 3분의 2나 올랐다가, 시장이 바싹 얼어붙어 버렸다. 《데일리메일》에서는 이를 가리켜 "지난 60년 사이에 최악의 주택 불황"이라 했으며, 1993년의 주택 가격은 그로부터 4년 전보다 더 낮아졌다.

"시장 밑바닥이 하루아침에 멈춰 버렸다." 한 부동산 중개업자는 이렇게 회고했다. 당시에 그는 앨버트홀, 자연사 박물관, 해러즈백화점, 킹스 로드, 사치갤러리Saatchi Gallery 등 런던의 가장 두드러진 명소들이 즐비한 런던 서부의 고상한 지역 켄징턴·첼시 자치구에서 일하고 있었다.

"심지어 이 근방에서도 압류가 상당히 많았습니다. 저는 켄징턴에서 압류를 하면서 많은 시간을 보냈지요. 그때 저는 이 일을 한 지 10년째였습니다. 그 당시에 저는 우리 고객들이 주로 영국인이라고 간주했고, 켄징턴에서는 특히 그러했지요. 그곳은 매우 영국적인 주거지였으니까요." 그의 회고다. 찰스 황태자와 다이애나 황태자비가 켄징턴궁에 산다는 사실이 그 자치구의 인기에 일조했고, 그곳의 더 부유한 주민들에게 뚜렷한 정체성을 부여했다. 이들은 명품과 고급 브랜드가 즐비한 슬론 스퀘어Sloane Square를 즐겨 찾는 까닭에 "슬론 레인저"Sloane Rangers라는 별명을 갖고 있었으며, 다이애나는 그 전형이었다. 또 이들은 방약무인하리만치 반反지성적이고, 야외 스포츠를 좋아했고, 에르메스 스카프와 레인지로버에 돈을 썼다. 하지만 이 부유한 영국인들조차도 1992년 말에는 구매를 중단했는데, 바로 그때 완전히 의외의 고객이 부동산 중개업자의 사무실로 걸어 들어왔다.

"그 사람의 이름이 잘 생각나지 않네요. 알렉스 아무개인가 그랬을 겁니다. 알고 보니 그 사람한테는 동업자가 두 명 있었어요. 아마 그들이 어떤 은행을 소유하고 있었던 것 같습니다." 부동산 중개업자가 내게 말했다. 세 사람은 아파트를 한 채씩 구입했는데, 가격은 20만 파운드에서 32만 파운드까지였고, 모두 현금으로 지불했다. 그런 불경기에는 이런 판매 자체가 이례적인 일이었지만, 그가 결국 신문사에 전화를 걸어서 이야기를 하게 만든 원인은 그게 아니었다. 바로 고객의 국적이 뉴스 가치를 지녔기 때문이었다. 그들은 러시아인이었다. "그 사람의 성^姓이 기억나지 않아서 안타까운데요, 여하간 그는 더 큰 일로 나아갔습니다. 지금은 아마 억만장자가 되었을 거예요."

이것은 영국 현대사에서 구소련 출신의 개인 구매자에게 영국의 부동산이 판매된 첫 사례였던 듯하고, 이후 더 많은 사례를 위한 문이 열렸다. 그로부터 3개월 사이에 《이브닝스탠더드》는 한 석유 대부호가 햄스테드 소재 주택을 110만 파운드에 매입했고, 한 아르메니아인이 근처의 부동산 두 군데를 320만 파운드에 매입했다고 보도했다. 이 신문은 부동산 중개업자의 말을 이렇게 인용했다. "런던을 자기 돈의 안전한 피난처로 인식한 구매자들을 점점 더 많이 만나게 될 겁니다." 예언이 이처럼 의기양양하게 정확한 것으로 판명되는 경우는 드물지만, 부동산 중개업자는 그 사실을 상기시키자 기뻐했다. 그러면서도 최근 러시아와 영국 간의 긴장과 관련해서 자기 이름을 이용하지는 말아 달라고 요청했다.

"그 주 초에 저는 러시아 시장을 다루는 러시아 담당 편집자들과 점심을 했습니다. 당신이 저에게 보여 주신 바로 그 보도 자료를 보여 주었더니 그들이 깜짝 놀라더군요." 그의 말이다. 부동산 중개업자는 분홍색 피부에, 중상류층에, 솔직한 얼굴이어서 마치 〈네 번의 결혼식과 한 번의 장례식 Four Weddings and a Funeral〉에 나오는 쾌활한 파티 손님 같았으며, 옛 기억을 떠올리며 크게 웃음을 터트렸다. "그들이 깜짝 놀란 이유는 바로 부동산 가격 때문이었습니다. 20만 파운드요. 지금은 거기에 0을 하나 더 붙여야 할 겁니다. 말 그대로 지금은 아마 그 가격의 10배가 되었을 테니까요. 그런데 그 사람들 말로는 20만 파운드라면 러시아인 한 명이 쓰기에는 정말 이례적인 액수라는 거였습니다."

물론 지금 와서 보면 상당히 기묘한 일이기는 했다. 1995년 1월부터 2017년 5월까지의 기간 동안 켄징턴·첼시 자치구에서 부동산의 평균 매입 가격은 18만 파운드에서 무려 150만 파운드 이상으로 솟구쳤다. 이제 그 구의 단독주택은 380만 파운드에 달하고, 2017년 3월에는 본래 무덤 파는 일꾼의 숙소로 지어졌다가 다 무너져 가는 땅콩 주택 한 채가 71만 3,823파운드에 팔렸다. 이는 결국 그 좁은 면적이 1제곱피트당 1,717파운드라는 뜻이다. 심지어 새로운 소유주가 개축을 하기 전인데도 말이다.

내가 만난 그 부동산 중개업자의 선구적인 거래에 관한 1992년 1월의《이브닝스탠더드》기사 헤드라인은 "부동산─부유한 망명자들의 피난처"였다. 하지만 실제로는 그보다 더한 뭔가였다. 알렉스와 동업자 두 명은 결국 런던의 가장 고상한 동네 가운데 한 곳에서 안전한 피난처를 발견했을 뿐만 아니라, 나아가 이 과정에서 원래 투자액의 10배에 달하는 수익을 얻었다. 마치 고전적인 피라미드 사기극과도 비슷하게, 맨 처음 투자자는 뒤늦게 합류하는 가담자들을 희생시키는 대가로 놀라운 수익을 벌어들였다. 그 와중에 이들과 유사하게 부유한 외국인들은 각자의 부를 오로지 자기네만 감당할 수 있는 종류의 사치품에 소비함으로써, 런던 서부의 상당 부분을 오로지 영국인 가운데 극소수만이 감당할 수 있는 장소로 변모시켰다.

"이것은 이례적인 시장입니다." 운 좋은 부동산 중개업자가 말했다. "저는 항상 런던이 그 자체로 섬이라고, 즉 영국의 나머지 지역에서 어느 정도 벗어난 상태라고 생각했으니까요. 이곳은 진정으로 국제적인 도시이며, 세계의 다른 어떤 도시와도 다르고, 다른 어디보다도 더 그러하니까요. 왜 하필 런던일까요? 시간대, 언어, 사법 체계, 주민, 음식이 크게 개선된 것, 여기에 문화도 또 다른 이유이고, 이곳이 뉴욕에 버금가는 세계의 금융 중심지라는 사실도 있고, 이 모든 이유들 때문입니다."

런던의 부동산 분야 상장회사 새빌스Savills에서는 자기네 고객의 소비 습관에 대한 조사 결과를 간행했는데, 그 내용은 자기가 살지도 않는 도시 한가운데 있는 주택 한 채에 수백만 파운드를 쏟아부을 여력이 있는 종류의 사람들에 대한 매혹적인 통찰을 제공한다. 2014년 이곳에서는 런던의 최고급 부동산이 지난 30년 동안 250퍼센트나 가격이 뛰어올라 영국 내 다른 모든 주택을 능가했다는 내용의 문서를 간행했다. "대도시에서 공간을 얻기 위해 경쟁하는 사람들 사이에서 돈이 주 무기가 되자, 주택 가격 상승이 그토록 강력하게 나타난 것은 놀라울 일도 아니다." 새빌스의 결론이었다. 머니랜드로 현금이 쏟아져 들어오면서부터, 그곳의 부유한 시민들은 제한된 숫자의 장소에서 제한된 범위의 현실 세계 자산을 구입하려고 경쟁을 벌였고, 그로 인해 불가피한 결과가 나왔다. 아찔한 가격 팽창이 이루어졌고, 이는 결국 부자를 더 부유하게 만들어 주었다.

2014년 초에 우크라이나의 올리가르히 드미트로 피르타슈가 옛 지하철역을 5,300만 파운드에 매입했는데, 그 이전까지 국방부의 사무실로 사용되었던 그곳은 마침 그가 소유한 6,000만 파운드짜리 저택에 인접해 있었다. 지하 2층에 수영장이 설치되고, 본래 거물 개발업자 마이크 스핑크를 위해 설계되었던 그 저택은 해러즈백화점에서 걸어서 5분 거리에 있었다. 해러즈백화점에서 다른 방향으로 1~2분 걸어가면 영국에서 가장 말쑥한 아파트 단지인 원하이드파크One Hyde Park의 네 동짜리 모더니즘 건물이 있었다. 이 건물은 개발업체 캔디 브러더스와 카타르 전직 총리 소유 회사 간의 합작으로 지어진 것이었다. 한 흥분한 언론 보도에 따르면, 그 개발 사업에서 펜트하우스 한 채가 2010년에 1억 4,000만 파운드에 팔렸는데, 그로써 세계에서 가장 비싼 아파트가 되었다고 한다. 개발 사업 그 자체는 역외의 소유였으며, 그 안에 있는 아파트 대부분도 마찬가지였기에, 이곳에 살려면 얼마나 비용이 많이 드는지, 또는 거주민이 누구인지 정확히 말하기는 힘들다. 하지만 가을 저녁에 그곳을 지나가다 보면 불이 켜져 있는 집은 극소수임을 쉽게 알아볼 수 있다. 이곳에 사는 사람들은 정작 집에서 많은 시간을 보내지는 않는 것 같다.

"부유한 사람들의 이런 집들은 여러 다른 국가와 대륙에 걸쳐서 그 어느 때보다도 더 멀리, 더 넓게 확산될 것이다." 2017년에 미국에 근거한 최상위 부동산 중개업체 두 곳인 와버그Warburg와 반스Barnes가 공동 발표한 전 세계 주택

시장에 대한 검토서에서는 이렇게 지적했다. "부동산 부_富는 항상 그렇게 멀리까지 떨어져 있거나 이동성이 있지는 않았었다. (오늘날 모두 진행 중인) 세 가지 상호 연관된 발달이 지금의 변화를 촉진했다. 첫째는 항공 여행의 확장, 둘째는 기술 혁명, 셋째는 사업의 세계화이다."

이 검토서에서는 극한 부유층(즉 3,000만 달러 이상의 자산 보유자) 10명 가운데 1명 꼴로 주택을 5채 이상 갖고 있으며, 그 장소는 종종 본인의 사업에 편리한 곳이거나, 또는 본인이 선호하는 레저 활동에 편리한 곳이라고 지적했다. 이검토서의 저자들은 굳이 필요할 가능성도 없는 주택을 여러 채 구입하는 매우부유한 사람들이 급속히 늘어난다는 상황에 내재한 수입의 잠재력에 무척이나흥분한 나머지, 급기야 대책 없이 혼동된 은유를 사용하기까지 했다. "그런 개인들은 이 세계를 자신들의 굴_蠣이라고, 또한 부동산을 그 왕관에 박힌 진주 가운데 하나라고 간주한다." 이곳은 머니랜드인 관계로, 그들이 원하는 것을 갖게도와줄 일단의 조력자들이 나타났다. 게나디 페레파다 같은 사람이 그러했다.

페레파다는 땅딸막하고 원기 왕성했고, 검은 머리카락을 번들번들하게 뒤로 넘겨 이마에 두드러진 V 자 꼭지를 드러냈다. 그는 1990년에 우크라이나에서 뉴욕으로 이주했고, 진정한 뉴요커처럼 부지런히 일한 끝에 미국 부동산으로 투자를 다각화하려는 부유한 러시아어 구사자들의 거간(물론 본인은 "호화 부동산 중개업자 겸 국제 투자 컨설턴트"로 알려지고 싶어 하지만) 역할을 찾아냈다. 미드타운 웨스트 48번 스트리트에 있는 그의 사무실에는 구소련 전역에서는 물론이고 멀리 중국, 이스라엘, 페르시아만에서 가져온 각종 기념품이 있었다. 나와 만났을 때에는 비록 억양이 강하지만 훌륭한 영어를 구사했으며, 내가 러시아어를 구사한다는 사실을 알고 나서는 두 가지 언어 사이를 오락가락하는 독특하면서도 당혹스러운 변종으로 넘어가 버려서, 때로는 한 문장을 서너 번씩말하기도 했다(아래의 인용문에서 고딕은 그가 러시아어로 말한 부분을 가리킨다).

"저로 말하자면 그들이 수제 마이바흐를 타고 다닌다는 이유로 비난한 적은 결

코 없습니다. 그가 수제 롤스로이스를 타고 다녀도 마찬가지죠. 수제요. 여하간 저도 그게 수제인지는 잘 모르겠습니다만, 안에 타조로 장식을 했다던가, 또는 TV가 달렸다던가, 또는 뭔가 특별한 게 있어서 수제인 거겠죠. **하지만 그들 역시 당신이나 나와 똑같은 사람들이라는 겁니다.**" 그의 말이었다. "그건 개인적인 접촉까지 내려갑니다. 당신이 사람들과 어떻게 어울려 사시는지는 모르겠습니다만, 저는 매우 중요한 합의 속에서 살아갑니다. 즉 친구는 아무리 많아도 부족하고, 돈 역시 아무리 많아도 부족하다는 거죠. 돈과 친구는 많으면 많을수록 좋은 겁니다. 따라서 제 삶의 기준은 제 친구들인 겁니다. 우리는 사람들과 친구가 되어야 합니다. 무슨 말이지 아시겠습니까? 사람들과 친구가 될 수 있어야 한다는 겁니다. 당신도 아시겠습니다만, **제 직업은 바로 사람들과 친구가 되는 겁니다.**"

그는 아이폰을 꺼내더니 그날 하루의 통화 기록을 보여 주었다. 첫 연락은 아제르바이잔의 수도 바쿠에서 오전 1시 24분에 온 것이었다. 이어서 오전 3시 6분, 오전 5시 15분, 오전 6시 15분, 오전 6시 46분, 오전 6시 48분, 오전 7시 20분, 오전 7시 21분에 온 것이 있었다. "**저한테 걸려 오는 연락은 뭔가 의미가 있습니다.** 뭔가가 있는 **연락이거나, 아니면 아예 없는 연락이죠. 하지만 이 뭔가의 연락은 상당히 많은 가치를 가질 수 있습니다. 제 전화는 결코 꺼지는 법이 없습니다. 결코요.**"

그는 자기가 판매 중인 아파트 단지의 홍보 자료를 넘겨 가며 보여 주었다. 센트럴파크 조망권, 패널이 설치된 벽, 여러 개의 화장실, 지하 주차장 등. 그중에는 파크 애버뉴 520번지도 있었다. 어퍼이스트사이드에서 아직 공사 중인 그 석회석 씌운 고층 건물의 거주민은 세계의 정상을 굽어볼 수 있다고, 즉 공원 너머 맞은편에 있는 15CPW의 동료들을 바라볼 수 있다고 했다. "이곳은 최저 1,600만 달러부터 시작합니다. 일천육백이요. 그리고 펜트하우스는 1억 3,000만 달러입니다. 일억 삼천이요. 벌써 50퍼센트는 팔렸습니다. **저는 이 건물을 대리하고 있습니다. 건물 전체를요.**"

비록 그의 속사포 같은 독백 가운데 어느 정도까지가 판매용 발언인지, 그리고 어느 정도까지가 진짜로 일어나는 일의 반영인지를 구분하기는 어려웠지만, 그 사진들에 대해서는 반박할 수가 없었다. 사치품 회사들이 자기네 제품 사진을 그에게 보내며, 어떤 것이 고객들의 관심을 끄는지 알아봐 달라고 부탁했던 것이다. 그는 자기 전화에 저장된 여러 개의 롤렉스 시계 사진을 보여 주면서, 자기 생각에 가장 바람직하다고 여겨지는 것을 골랐다. 마침내 롤렉스 사진이 끝나자, 그는 벌거벗은 여성의 몸에 올려놓은 초밥을 먹는 고객들의 모습이 담긴 파티 사진을 보여 주었다.

"이건 예술이에요. 예술이죠. 부유한 사람들이 어떻게 사는지 아시겠죠? 초밥을 몇 개 올려놓았겠거니 생각하시죠? 저 여자는 곳곳에 초밥이 있었어요. 몸 전부에요." 그는 평소보다 더 크게 씩 웃었다. 그것은 내부자의 웃음이었는데, 왜냐하면 부유한 사람들이 어떻게 사는지를 알기란 놀라우리만치 어려웠기 때문이다. 물론 본인이 부자라면 알겠지만, 우리 대부분은 그렇지가 못하다.

인디언크리크Indian Creek를 예로 들어 보자. 플로리다주 마이애미데이드카운티에 있는 그 마을에 가려면 일단 잘 다듬은 잔디밭과 목조 주택으로 이루어진 조용하고도 쾌적한 주거지를 지나가야 한다. 그곳의 도로에는 보도가 없지만, 차량이 워낙 적게 다니기 때문에 도로를 따라 걸어가도 나쁠 것 없다. 그렇게 가다 보면 다리가 하나 나오는데, 양편 모두에 초소가 하나씩 서 있고, 그 사이에는 단철 문이 놓여 있다. 다리에 한 발짝을 들여 놓으면 인터폰으로 무슨 용무인지 묻는 목소리가 들린다. 그곳에 아무런 용무가 없거나, 또는 (내 경우처럼) 그냥 호기심에 해 본 일이었다고 치면, 그 섬은 사유지이므로 어서 떠나 달라는 요구가 나올 것이다.

그 사실을 강조하기 위해서인지, 그곳에는 경찰이 상당히 많이 있다. 가장 최근의 인구 조사인 2010년의 결과를 보면 인디언크리크의 거주민은 86명인데, 그중에는 미국 500대 부자 가운데 4명이 포함되어 있고, 가수 훌리오 이글레시아스, 콜롬비아의 억만장자인(아울러 원래 근거지는 런던이지만 뉴욕과 기타 두어 곳에도 집을 소유하고 있는) 하이메 갈린스키, 그리고 다른 여러 명이 있는데, 이 모두의 순수입은 《마이애미헤럴드》에 따르면) 무려 370억 달러에 달한다. 그 금액이면 인구 700만 명이 넘는 국가 세르비아의 연간 경제 생산량에 맞먹는다. 인디언크리크의 경찰관은 전업 근무자 10명에 예비 근무자 4명이며, 그 외에도 민간인 공공 업무 보조원 4명이 근무하고 있어서, 경찰관과 거주민의 비율이 1:5에 달하며, 이것은 심지어 가장 편집증 상태였던 구동독의 상황보다 현저하게 더 높은 비율이다. 이 마을은 섬이기 때문에 다리를 통하지 않고는 접근할 수 없지만, 경찰은 그곳 웹사이트에 나와 있는 것처럼 "미국에서 가장 배타적인 자치구"를 보호하기 위해 노력하는 까닭에, 해양 순찰대도 일주일 내내 밤낮으로 운영하고 있다. 한마디로 이곳은 해자★를 두른 공동체이며, 현실에 구현된 머니랜드인 셈이다. 2012년에 이 섬에 있는 침실 10개에 화장실 14개짜리 주택 한 채가 4,700만 달러에 판매되어서, 그 계약을 마무리한 중개업자의 말마따나 플로리다 남부에서 역사상 가장 값비싼 부동산이 되었다. 지역 언론은 구매자가 러시아의 억만장자라고 보도했다.

중개업자가 공개한 주택의 사진을 보면 널찍하고 천장이 높은 저택이 나오는데, 수수하지만 어마어마한 규모이며, 동이 트는 비스카인만★을 굽어보는 인피니티풀이 있다. 한쪽으로는 슈퍼요트가 들어설 만큼 깊은 선착장이 있고, 나머지 3면에는 그 섬의 골프장의 푸르른 잔디밭이 펼쳐져 있다. 이 저택과 일반인의 주택을 비교하자면 마치 호랑이와 고양이를 비교하는 느낌마저 들지만, 그래도 우아한 동시에 절제미가 있다. "이 집에서는 마치 깊고도 정화하는 숨결처럼 공기가 들어왔다 나갑니다. 이렇게 탁 트인 평면도에서 안과 밖 사이의 경계는 영원히 흐려지는데, 전체 벽이 갈라지면서 만에서 불어오는 상쾌한 바람을 포용할 수 있게 됩니다. 천장은 차마 믿을 수 없을 정도의 높이까지 치솟고요." 중개업자의 소개문 가운데 일부다. 하지만 그곳으로 들어가는 다리 너머에 선 사람이 구경할 수 있는 것이라고는 자기 휴대전화로 검색한 그곳의 사진뿐이며, 그 와중에도 검은 색안경을 낀 경찰과 한 명이 유심히 지켜보고 있게 마련이다.

마이애미는 아직까지 전 세계 부동산 인기 지역의 1부 리그에서 결승전에 진출하지는 못한 상태이지만, 시드니, 밴쿠버, 로스앤젤레스, 도쿄, 기타 몇 군데와 함께 세계의 핫머니를 끌어들이는 자석이 되기 위해, 아울러 런던과 뉴욕을 제치고 정상을 차지하기 위해 열심히 노력 중이다. 이 도시의 부동산 중개업자 협회는 고객의 출신지를 보여 주는 수치를 간행하는데, 비록 구매자 가운데 워낙 많은 수가 유령 회사 배후에서 자기 정체를 숨기기 때문에 주의하며 다뤄야 하는 정보이기는 하지만, 외국 투자의 지속적인 분출이 플로리다 남부의 햇볕 좋은 해안을 따라서 모조리 가격을 끌어올리는 패턴이 드러났다. 2017년 초에는 마이애미의 부동산에 투자되는 모든 돈의 5분의 2가 해외에서 온 것이었으며, 압도적으로 시장의 맨 꼭대기에 집중되었고, 그중 거의 절반은 베네수엘라, 아르헨티나, 브라질, 콜롬비아 4개국에서 유래한 것이었다. 베네수엘라는 최소한 2011년 이후로 매년 가장 큰 해외 자금의 출처가 되었지만, 정작 그 나라에는 금융 및 경제 재난이 몰아치고 있었다.

"그것은 도둑 정치의 행동을 암시하는 겁니다." 국토안보수사국 마이애미 지부를 담당하는 특별수사관보 존 토번은 2017년 2월에 내게 이렇게 말했다. 그의 설명에 따르면, 베네수엘라에서 온 합법적인 투자조차도 본국에서 달러 수출을 규제하고 있는 까닭에 십중팔구 암시장을 거쳐 왔으리라는 것이었다. "진짜 의외의 사실은 합법적인 부를 가진 합법적인 개인들이 본국의 정치 상황에서 탈출하려 하는 과정에서 볼리바르화를 주고 달러화를 구입하는데, 바로 그 달러화는 바로 그 암시장을 이용해 돈을 착복하는 도둑 정치가들에게서 나온다는 겁니다."

그렇다면 마이애미는 그 평판만큼 안 좋은 것일까?

"혹시 시간이 나면 베이사이드에 가 보세요. 거기서 관광 보트 가운데 하나를 타 보면 알 카포네의 집을 실제로 볼 수 있습니다. 아직 거기 있고, 아직 홍보되고 있지요. 그건 기념물입니다. 지난번에 어느 돈세탁 관련 토론회에 나갔었습니다. 아니나 다를까, 딱 이런 질문이 나오더군요. '아, 마이애미에 있는 부동산에서는 돈세탁이 이루어진다면서요?' 그래서 저는 이렇게 말하고 싶었습니다. '혹시 그 집을 아직 못 보셨습니까? 알 카포네의 집을요? 바로 거기에서 시작되었던 겁니다. 이건 새로운 일도 아닙니다.'"

물론 마이애미의 투자 가운데 다수는 여전히 미국 내에서 유래하며, 외국 돈 가운데 상당 부분도 합법적이다. 문제는 부동산을 보유하는 데 사용된 투명하지 않은 회사들의 흐려 놓기 효과 때문에 우리로선 합법적인 것과 불법적인 것을 알기가 불가능하다는 점이다. 도널드 트럼프 대통령의 러시아 연계설을 둘러싸고 일어난 논란 초기에, 트럼프 일가가 소유한 부동산 개발 기업인 트럼프오가니제이션에 대한 러시아의 투자 내역을 분석한 로이터의 보도에 따르면, 플로리다주에서 이루어진 트럼프 브랜드의 개발 사업 7건을 통해 건립된 주택 2,044채의 소유주 가운데 63명이 러시아인이었다. 이보다 훨씬 더 놀라운 사실은 그중 703채가 법인 매개체를 통한 소유였다는 사실인데, 따라서 부동산 권리 증서에 결부된 실존 인물은 전혀 없고 이들의 소유권은 완전히 흐려졌다는 것을 의미한다. 다른 모두라면 누구나 알 수 있듯이, 어쩌면 그것은 블라디미르 푸틴의 소유일 수도 있었다.

그 개발 사업 7건 가운데 6건은 서니아일스비치 지역에서 이루어졌는데, 인디언크리크 북쪽에 자리한 이곳은 러시아 출신 거주민이 상대적으로 많은 것으로 유명하다. 해안에는 콘도가 가득 들어찬 고층 건물들이 늘어서 있는데, 한때는 뉴잉글랜드의 은퇴자들을 겨냥해서 판매되었지만 지금은 자기 현금을 남에게 빼앗기지 않을 만한 어딘가에 놓아두고자 안달하는 부유한 머니랜드인이 구입할 가능성이 더 크다. 마이애미의 가장 큰 방파제 섬의 척추를 따라 이어지는 콜린스 애버뉴에서 조금 떨어진 곳에는 해안에 건설 중인 새로운 고층 건물의 전시장이 있다. 이 전시장을 찾는 손님은 어떤 종류의 부동산에 관심이 있는지를 확인하기 위한 질문지를 작성해야 하며, 진짜 투자자인 척하고 넘어가려던 내 시도는 오래가지 못했다. '소요 비용' 항목의 선택지 중에서 가장 낮은 것이 300만에서 500만 달러였는데, 나는 그 1000분의 1도 못 갖고 있는 형편이었다. 하지만 마침 한가한 오전이다 보니, 멋지고 온화하고 친절한 오십 대 중반의 여성 판매 사원 모니카가 나를 마치 질문하기 좋아하는 구경꾼 아닌 다른 누군가처럼 여기고 구경시켜 주기로 했다.

턴베리오션클럽Turnberry Ocean Club은 마이애미의 이 지역 곳곳에 쇼핑몰과 호텔과 클럽과 기타 등등을 건설한 소퍼 일가의 개발 사업이었다. 도널드 소퍼는 1960년대에 피츠버그에서 이곳으로 이주해서 늪지를 '어벤추라'라는 도시로 변모시켰는데, 현재 이곳에는 미국에서 다섯 번째로 큰 쇼핑몰과 수만 명에 달하는 인구가 있다. 그의 자녀들도 저마다 개발업자로 활동하며, 전 세계 엘리트의 합법적인 일원이다. 특히 딸 재키는 세계 최대 미술 축제 중 하나인 '아트바젤'을 마이애미에 가져온 크레이그 로빈스와 결혼했다. 모니카와 내가 대화를 나누던 때에만 해도 도널드의 아들 제프리는 슈퍼모델 엘 맥퍼슨과 결혼한 상태였지만, 얼마 후에 타블로이드 신문의 구구한 추측 속에 갈라섰다. 재키와 제프리 모두 인디언크리크 마을에 각자 집을 갖고 있었다.

서니아일스비치에서 이들이 짓고 있는 고층 건물은 54층에 모두 154가구가 입주하고, 그 절반 높이쯤에 양옆으로 툭 튀어나온 수영장이 있고, 고소공포증이 있는 수영객을 위해 1층에도 수영장이 있을 예정이었다. 회의실, 대회장, 주식거래실, 어린이 놀이방, 극장에, 심지어 개를 데리고 1층까지 엘리베이터를 타고 내려가는 번거로움을 싫어하는 사람을 위해 32층에 야외 개 산책 공간까지 들어설 예정이었다. "손님께서는 도착하시자마자 무척 감격하실 거예요. 롤스로이스나 벤틀리를 개인 승용차로 제공해 드릴 테니까요. 어느 쪽으로 할지는 저희도 아직 결정을 못 했지만요. 또 저희는 개인 항공기도 갖고 있어요." 모니카가 미소를 지으면서 내가 어떻게 그걸 받아들이는지 살펴봤다. "저희는 가장 낮은 가격이 390만 달러부터 시작합니다. 제일 낮은 층부터죠. 거기서부터 죽 올라가서 3,500만 달러까지 가는 거죠. 하지만 저희 사업의 대부분은 400만 내지 500만 달러 사이예요."

그녀는 나를 데리고 표준 아파트의 모델하우스 가운데 하나를 돌아다니면서 침실, 화장실, 베란다, 부엌 기타 등등을 가리켜 보여 주었다(그 모델하우스는 건물 사방으로 뻗어 있어서 일출과 일몰 조망을 모두 제공했다). 떠날 시간이 되자, 어쩐지 그녀가 정말로 나를 좋아하는 듯한 느낌을 받아서 떠나기가 미안해졌다. 그녀가 최고의 판매 사원인 반면, 나는 그렇지 못한 이유도 그래서였다.

서양 여러 도시에 부동산을 구입하는 부유한 외국인 가운데 일부는 (예를 들어 런던의 원하이드파크에 사는 사람들처럼) 그곳을 텅 비워 놓아도 될 만큼 여유가 있는 반면, 나머지 상당수는 투자한 금액에 대한 수익을 원하기 때문에 타인에게 임대한다. 하지만 이것이야말로 만만찮은 계획이다. 만약 내가 (예를 들어) 말레이시아에 사는데 세입자가 뉴욕에 산다고 하면, 서로 같은 시간에 깨어 있어야 하며, 나아가 아파트에 관한 어떤 문제에 대해서도 편리하게 의사소통을 할 수 있어야 한다. 식기세척기를 수리하러 누구를 불러야 하는지 내가 어떻게 안단 말인가? 그 지역의 부동산세 납부를 내가 어떻게 안단 말인가?

바로 이 대목에서 등장하는 사람이 딜런 피출리크이다. 젊고 홀쭉하고 잘생긴 뉴요커 피출리크는 2012년까지 부동산 개발 회사에서 일하다가, 외국 소유주들이 계속해서 자신들이 새로 취득한 부동산을 관리할 사람을 추천해 달라고 묻는 것을 깨닫고, 자기가 바로 그런 사람이 되어야 마땅하다고 생각했다. "우리는 문자 그대로 처음부터 끝까지 모든 일을 합니다." 그의 말이다. "매월 명세서를 작성하고, 세입자로부터 집세를 걷습니다. 부동산세와 보험금 같은 비용을 지불하고, 유지와 보수를 담당합니다. 식기세척기가 고장 나거나 위층에서 물이 새면, 세입자는 우리한테 전화를 걸고 우리는 그 일을 처리합니다."

피출리크는 시장에 대한 나름의 지식을 이용해 고객이 아파트를 개조할 때에 조언하고("걱정 마세요. 40만 달러만 보내 주시면, 제가 대신 해 드리겠습니다"), 고객의 아파트를 타인에게 임대하고, 고객의 자녀의 이사를 돕는다. 이것은 신뢰의 게임이었다. 고객은 그를 믿었고, 그리하여 자기들을 위해 이것저것 해 달라고 그에게 부탁했으며, 다른 부자들에게 그를 추천했고, 그러다 보니 수지맞는 사업이 되었다. 그는 한 고객에 관해 이야기했는데(부유한 이스라엘 여성이었다) 자기가 모든 일을 해내는 동안, 고객은 자기 호텔 방에 틀어박혀서 심지어 자기가 피울 담배 심부름까지도 (매번 다섯 갑씩) 그에게 시켰다. 그녀의 아들은 비자 때문에 말썽이 생겨서 벤구리온 공항까지 어머니를 모셔다 드릴 수가 없었다. 그리하여 피출리크는 고객의 비용으로 일등석에 나란히 앉아 목적지까지 다녀와야 했는데 정말로 기묘한 경험이었다.

"그 양반은 기저귀를 차고 있더군요. 화장실에 가는 것조차도 쉽지 않은 몸이었죠." 그는 얼굴을 찡그리면서, 그때 비행기에서 있었던 일을 회고했다. "만사가 잘 되어 가고 있었는데, 세 시간쯤 되어서 제가 가만 보니 '딩동' 소리가 나더군요. 그러자 스튜어디스가 왔어요. '기저귀를 좀 갈아 주시구려.' 그 양반의 말에 사람들이 저를 바라보더군요. '댁의 아드님더러 갈아 달라고 하셔야죠.' 하듯이요. 그래서 저도 이렇게 바라봤죠. '이분은 제 어머니가 아니신데요.' 하듯이요. 결국 승무원이 대신 처리해 줬어요. 그래서, 예, 그렇게 넘어갔지요."

하지만 이것은 예외적인 경우였다. 피출리크의 고객 대부분은 평범하게 부유한 사람들일 뿐이었다. 《포춘》 선정 500대 CEO들, 전직 대통령들, 진짜 유명한 사람들이었지요." 한 러시아 고객은 1,400만 달러짜리 콘도를 1년에 딱 2주 동안 뉴욕으로 쇼핑하러 올 때에만 사용했다. 한번은 그가 미용실에서 무심코 잡지를 집어 들었더니, 자기 고객의 얼굴이 표지에 나와 있었다. 투자자의 국적을 보면 중국이 가장 많았고, 남아메리카와 페르시아만과 구소련 국가들도 적지 않았다. 외국인 투자의 물결은 도시마저도 변모시켰다. "지금으로부터 5년 전만 해도, 한 달에 2만 내지 3만 달러를 쓰고 싶으면 몇 가지 선택지가 있었습니다." 피츌리크의 말이다. "하지만 이제 저는 월세 2만, 3만, 4만 달러짜리 아파트의 포트폴리오를 모두 갖고 있고, 심지어 월세 11만 달러짜리도 있습니다. 한 달에 8만 달러를 쓰는 것은 쉬운 일이고, 그것도 여전히 남의 눈에 안 띄고서 그러는 것이 가능합니다."

피츌리크는 본인의 흥미로운 이력에 대해서 재미있어 하면서도 생각이 많았으며, 자신이 목격한 종류의 불평등에 대해 분명히 우려하고 있었다. 급기야 그는 낮 동안 5,000만, 6,000만, 7,000만 달러짜리 아파트를 구경하는 일이 자신의 정신에 뭔가 기묘한 작용을 하게 되었음을 깨닫기에 충분한, 또한 그런 종류의 사치에 에워싸여 살아가는 사람들의 정신 상태에 관해서 의문을 품기에 충분한 통찰을 얻었다. "이런 아파트에서 자고 일어난다는 것은 이 도시를 거의 호령하다시피 한다는 뜻이고, 자기만의 성에 해당하는 것을 가졌다는 뜻입니다. 자고 일어났을 때에 그런 느낌을 받고 또 깨닫는다고 치면, 매일같이 일어나는 그런 일이 그 사람의 삶에는 어떤 영향을 주게 될까요?"

더 중요한 질문이 있다. 우리의 가장 중요한 도시들이 통째로 머니랜드에 병합되고 만다면, 우리의 세계에는 어떤 영향을 주게 될까? 세계의 가장 똑똑한 금융 분석가들 가운데 일부는 바로 이 질문을 10년 이상 숙고해 왔는데, 그 결론은 깜짝 놀랄 만하다. 이제 우리는 금권경제에 관해 이야기할 필요가 있다.

16

금권 보유자들은
함께 어울리기를 좋아한다

아자이 카푸르는 돈에 관해, 그리고 돈 버는 것에 관해 많이 생각하는 사람이다. 2005년 가을, 그는 전통적인 사고방식으로는 유가 상승이 미국의 주식시장에 영향을 끼쳐야 하는데 그렇지 않은 이유를 생각하기 시작했다. 브렌트유가 배럴당 140달러를 넘으면서 사상 최고가를 기록한 것은 더 나중인 2008년의 일이었지만, 이미 그 당시에도 불과 3년 사이에 유가는 두 배로 뛰어서 충분히 놀랄 만한 상황이었다. 미국에서 연료에 부과하는 세금이 낮았기 때문에, 원유 가격의 상승은 거기 발맞춰 소비자가격의 상승으로 이어졌고, 급기야 소비자의 가처분소득에도 불가피한 영향을 끼치게 되었다. 운전자들은 화가 났고, 정치인들은 질문을 퍼부었고, 정부는 초조해했다. 하지만 주식시장에서 뚜렷한 도미노 효과는 나타나지 않았다. 이는 수수께끼 같은 일이었고, 그것도 분석가들이 해결하기 딱 좋아할 만한 종류의 수수께끼였다.

그 당시에 시티그룹에서 세계전략연구실의 실장을 맡고 있던 카푸르의 임무는 고객들이 투자할 만한 자산을 찾아내는 것이었기에, 지금 무슨 일이 벌어지고 있는지를 이해하는 것이 중요했다. 그와 동료들은 상황을 살펴보고 나서 걱정하기는 너무 이르다는 결론을 내렸다. 그런 다음에 이들은 약간 더 생각해 보았고, 약간 더 읽어 보았고, 결국 영감을 얻었다. 그리고 2005년 10월에 발표한 '금권경제, 사치품 구입, 전 세계의 불균형을 설명하다'라는 제목의 보고서에서 그 사실을 세상에 밝혔다. 이 보고서의 주석에는 그 당시, 또는 그 이후 정치적 좌파의 영웅이 된 학자들(예를 들어 토마 피케티와 이매뉴얼 사에즈^{Emmanuel Saez}가 그렇다)의 저술이 가득 들어 있었지만, 은행의 분석가들은 매우 부유한 사람들을 위해서 이들을 이용한 것에 불과했다. 그 보고서의 메시지는 간단했다. 부자는 더 부유해지고, 그런 사실이 여러분도 부자로 만들 수 있다는 것이다.

카푸르의 통찰에 따르면, 한 나라의 대부분을 극소수가 소유했을 경우에는 유가가 하는 일이 반드시 중요하지는 않다. 유가는 예산이 한정된 사람들에게나 중요할 뿐이다. 만약 매일의 통근에 드는 비용이 2개월 사이에 두 배로 늘어난다면, 내가 다른 곳(예를 들어 휴가, 영화 감상, 심지어 식품에)에 써야 하는 돈의 액수는 불가피하게 감소할 것이다. 하지만 내가 매우 부유하다면, 내 수입에서 여행에 소비되는 돈의 비율은 매우 낮을 것이며, 따라서 내 소비는 거의 아무런 영향을 받지 않을 것이다. 만약 내가 명품 버킨백, 선시커 요트, (예를 들어 마이애미에 있는) 네 번째 집 등을 일상적으로 구매하는 사람이라면 유가 변화도 별 상관이 없을 것이며, 이는 그런 상품을 제조하는 회사들의 수익성에 중요한 결과를 가져온다.

카푸르는 자기 동료 분석가들 가운데 너무 많은 사람이 일반 소비자만 바라보고 있다고 생각했다. 정작 불평등의 시대에는 일반 소비자가 경제에서 담당하는 역할은 점점 더 미약해지고 있는데도 말이다. 대신에 그는 영국, 미국, 캐나다 등지에서 부유한 사람들이 불균형하게 많은 자산을 소유한 경제를 설명하면서 '금권경제'金權經濟, plutonomy 라는 용어를 사용했다(그는 이 용어를 직접 고안했다고 주장했지만, 실제로는 최소한 19세기 말까지 거슬러 올라가는 단어이며, 그 당시에는 경제학의 동의어로 사용되었다). 카푸르의 분석은 독창적이었고, 지금 이 책의 앞선 두 장에서 자세히 설명한 것과 같은 종류의 사치품 소비가 세계에 영향을 끼치는 방식에 관해 매혹적인 통찰을 제공했다.

"금권경제에서는 '미국 소비자'니, '영국 소비자'니, '러시아 소비자'니 하는 것 자체가 없다." 카푸르의 말이다. "그 대신 부유한 소비자들이 있는데, 숫자는 극소수이지만 수입과 소비 모두에서 불균형적으로 어마어마하게 많은 몫을 차지한다. 나머지 '비非부자'는 숫자가 무수히 많은 반면, 국가적 파이에서는 놀라우리만치 적은 몫을 차지할 뿐이다." 이 시티그룹 분석가의 연구에 따르면, 미국에서 상위 100만 가구는 하위 6,000만 가구와 거의 비슷한 수준의 부를 보유하고 있다. 부유한 사람들은 자기 집에 묶여 있는 부의 비율이 상대적으로 낮은데, 다시 말해 가처분 부의 비율이 훨씬 더 높다는 것이다. 오로지 금융자산만 살펴보고 주택을 계산에서 제할 경우, 상위 100만 가구가 하위 9,500만 가구를 모두 합친 것보다 미국 자산 총액의 더 많은 부분을 보유하고 있다. 이것은 새로운 현상이었고, 신중한 투자자에게는 유리한 가능성을 지닌 현상이었다. 만약 나울릴라 디오구(20만 달러짜리 웨딩드레스를 입고 결혼한 앙골라 공주)나 드미트로 피르타슈(런던 지하철역을 소유한 우크라이나 대부호)가 선호하는 종류의 제품을 생산하는 회사에 투자하는 방법을 알아내기만 하면, 나는 불평등으로부터 수익을 얻을 수 있으며, 어쩌면 시간이 지나면 나 스스로도 금권경제인人이 될 수도 있을 것이다.

카푸르의 분석이 모두 시간의 검증을 견뎌 낸 것은 아니다. 그는 유럽 대륙과 일본에 비해 미국과 캐나다와 영국에 더 큰 불평등이 있는 이유가 그런 나라들의 이민이라는 유산 때문이라고 추측했고, 이는 조상들의 마을에 행복하게 머무른 선조를 가진 사람들보다 더 높은 수준의 도파민(즉 "호기심, 모험, 기업가 정신과 연관이 있는 … 쾌감 유도 두뇌 화학물질")을 이민자가 가지고 있기 때문이라고 주장했다. 하지만 카푸르의 경제적 접근법만큼은 엄격했다. 그는 머니랜드인이 선호하는 종류의 구매로부터 혜택을 입은 주식 포트폴리오를 찾아냈다. 예를 들어 율리우스베어, 불가리, 버버리, 리치몬트, 쿠오니, 톨브러더스 같은 업체들이 그러했다. 카푸르의 보고서는 그 포트폴리오에 담긴 회사들의 주식의 가격을 1985년까지 거슬러 추적해서, 주식시장 전체보다 더 높은 연간 수익률 17.8퍼센트를 누적 산출했음을 보여 주었다. 그 커다란 수익은 시간이 흐르면서 오로지 가속화했으며, 특히 러시아와 기타 국가의 부유한 사람들이 서양의 사치품에 대한 취향을 발전시킨 1994년 이래로 줄곧 그러했다.

"세계화로부터 불균형적으로 많은 혜택을 입고서 신흥 시장 기업가/금권정치가들(예를 들어 러시아의 올리가르히, 중국의 부동산·제조업 대부호, 인도의 소프트웨어 거물, 라틴아메리카의 석유·농업 귀족들)은 필연적으로 선진국 금권경제의 자산 시장에 다각화해서 투자한다." 카푸르의 말이다. "동병상련이라고, 우리는 '금권 보유자들'은 함께 어울리기를 좋아한다고 간주하며 … 신흥 시장의 엘리트는 모국보다 오히려 선진국의 금권경제에서 종종 소비와 투자를 행한다."

이것은 명확한 핵심이 아닐 수 없다. 그로부터 2년 전에 러시아의 억만장자 로만 아브라모비치가 첼시 축구 구단을 매입해서 화제가 되었으니, 이제는 세계의 부자들이 몇 안 되는 도시들에서 자기 돈을 소비하기 좋아한다는 것쯤은 놀랄 일도 아니다. 하지만 이런 행동의 결과에 대해서는 이제껏 누구 하나 눈여겨보지 않았다.

카푸르는 이 모두가 무슨 의미인지에 대한 핵심 통찰이 "패션을 사랑하는 동료 프리실라" 덕분이라고 공을 돌렸다. 그녀는 그에게 이렇게 말했다고 전한다. "우아, 나는 금권경제 주식을 보유해 부자가 되어서, 그 돈을 다시 그 제품을 소비하는 데 쓸 수 있어." 프리실라는 결국 만약 불평등이 계속 늘어난다면, 부유한 사람들은 사치품을 더 많이 구매할 것이고, 그리하여 사치품을 생산하는 회사들의 주식은 더 넓은 시장에서 계속 실적이 좋으리라고 논증하는 셈이다. 만약 카푸르의 고객들이 계속해서 그런 주식에 투자한다면, 불평등의 증대로부터 계속해서 돈을 벌어들일 것이고, 그 돈을 다시 사치품에 소비할 것이고, 그러면 그 주식이 오를 것이고, 그러면 불평등이 더 증대될 것이고, 그러면 더 많은 사치품을 구입할 것이고, 그 주식이 오를 것이며, 이런 식으로 계속된다. 이는 선순환이며, 누구나 충분히 똑똑하다면 거기에 투자할 것이다. 그 기본 메시지는 내가 프니나 토르나이의 웨딩드레스 부티크에서, 또는 런던 서부의 부동산 중개업자에게서 배운 메시지와 똑같았다. 어디에서 난 돈인지에 관해 너무 많은 질문을 던지지 않는 사람이라면 상당히 많은 돈을 벌 수 있었다.

카푸르는 이 주제를 계속 물고 늘어져서 몇 가지 조사를 더 내놓았다. 2006년에는 「부자는 더 부유해진다The Rich Getting Richer」라는 보고서를 간행했으며, 9월에는 런던에서 '차오르는 밀물이 요트를 띄운다'라는 제목의 심포지엄을 주최하면서, 자신의 투자 조언을 "반짝이에 몰두하라"라는 짧지만 기억에 남을 공식으로 요약했다. 이 심포지엄의 웹사이트는 아직 남아 있으며, 발표를 볼 수 있는 링크는 더 이상 제대로 작동하지 않지만, 그 보고서는 머니랜드 시민들이 사고 싶어 하는 것들에 대한 독보적인 통찰을 지닌 일부 참가자의 말을 언급하고 있다.

"전반적인 메시지는 부자들이 대단한 서비스, 독특함, 품질을 원한다는 것, 그리고 전통적인 가격 개념은 가치보다 훨씬 더 아래라는 것이다. 돈보다는 오히려 시간이 큰 가치를 지닌다. 부자는 개인적 관심과 독특함에 가치를 부여한다." 이 보고서의 저자들은 이렇게 결론 내렸다. "향후로도 부유한 사람이 계속해서 더 부유해질 가능성이 크다는 것, 그리고 부의 파이에서 더 큰 몫을 누릴 가능성이 크다는 것이 우리 스스로의 견해이다."

이 연구에서도 일부 측면에서는 저자들이 전적으로 옳지는 않다. 2007년에 시작되어 세계경제를 삼켜 버린 금융 위기로 인해 아주 부유한 사람들 가운데 일부의 재산은 싹쓸이되고 말았다. 하지만 저자들이 전적으로 틀린 것도 아니었다. 금융 위기 이후에 은행들은 이전처럼 돈을 쉽게 빌려주는 것을 꺼리게 되었는데, 그러다 보니 현금을 가진 사람은 이전보다 훨씬 더 나은 위치에 있게 되었다. 런던, 마이애미, 뉴욕 같은 곳의 개발업자들이 부유한 외국인들의 투자 대상이 될 만한 부동산을 짓기에 열심인 이유도 그래서이다. 만약 현금 구매자가 시장을 지배할 경우, 현금 구매자가 원하는 부동산을 짓는 것은 자연스러운 일이다. 그리고 만약 현금 구매자가 32층에 개 산책을 시킬 공간을 원한다면, 실제로 그런 공간을 갖게 되는 것도 자연스러운 일이다.

카푸르와 동료 분석가들이 2006년에 한 말을 지금 와서 다시 살펴보면, 마치 머니랜드 시민에 관한 완벽한 묘사인 것처럼 들린다. "극한 부유 금권경제인들은 특정한 지리의 일부가 되려는 경향보다는 매우 전 세계적이려는 경향이 있어서, 동료 금권경제인들과 함께 금권경제의 목적지에서 어울린다. 예를 들어 런던에서는 시가 400만 파운드 이상 주택의 60퍼센트가 비＃영국인에게 판매된다." 금융 위기 이후에는 이런 유목민적 머니랜드인이 지구를 상속받은 셈이다.

시티은행과 유사한 은행들은 상당히 많고, 저마다 수많은 분석가를 채용하며, 그 분석가들은 수많은 보고서를 내놓고, 그 보고서들은 주식, 채권, 일용품, 토지, 그리고 수익을 낼 수 있는 기타 등등 수많은 자산의 종류를 설명한다. 이런 보고서 대다수는 불과 이틀 뒤면 사라지는데, 그때쯤이면 이미 그 나름의 제한적인 목적에 기여한 다음이다. 하지만 카푸르의 금권경제 논문은 이보다 좀 더 오래 살아남았다. 로이터에서는 그의 첫 번째 보고서가 간행된 지 일주일도 되지 않아서 그 내용에 근거한 긴 기사를 게재했고, 이후 세계의 가장 위신 있는 언론 매체 대부분이 그 뒤를 따랐다. 후속 보고서들도 《이코노미스트》, 《배런스Barron's》, 《파이낸셜타임스》, 《애틀랜틱》에 기사로 게재되었다. 그의 통찰은 단행본으로도 각색되었는데, 대표적인 것이 15CPW에 관한 마이클 그로스의 흥미진진한 이야기였다. 또한 논쟁적인 다큐멘터리 제작자 마이클 무어는 2009년 영화 〈자본주의: 사랑 이야기Capitalism—A Love Story〉에서 카푸르를 악당 가운데 한 명으로 등장시켰다.

하지만 그건 불공정한 처사였다. 카푸르는 자신과 동료 분석가들이 묘사한 상황을 결코 기뻐한 적이 없었으며, 금권경제 관련 보고서에서도 자신은 이 문제에 관한 그 어떤 도덕적 입장도 취하지 않았다고 명백히 발언했다("우리 분석가들은 사실에 기반을 두었을 뿐이며, 우리가 원하는 사회의 모습을 근거로 삼지는 않았다"). 그는 단지 고객을 위해 수익성 높은 투자 기회를 찾아낸다는 자신의 임무를 다했을 뿐이다. 카푸르는 주로 선진국, 특히 미국에 대한 거시경제 분석에 초점을 맞추었고, 부패한 도둑 정치에서 나온 부에 관해서는 그저 지나치듯 언급했을 뿐이다. 따라서 오비앙 일가가 캘리포니아의 승용차 대리점에서 슈퍼카를 여러 대 구입할 수 있었던, 또는 덩치 작은 잠비아의 전직 대통령이 맞춤 정장과 키높이 구두를 구입할 수 있었던 원인인 터무니없는 종류의 도둑질을 카푸르가 묵인했다고 비판할 수는 없다.

사실 가난한 국가들에 대한 분석은 그의 보고서에서 가장 설득력이 덜한 부분일 것이다. 왜냐하면 대개 그런 나라들의 경제도 점차 미국처럼 준법적이 될 것이라는 믿음으로 귀결되기 때문이다. 현실을 살펴보자면, 그가 언급했던 국가들 가운데 여러 곳에서는 법치가 저하되고 있기 때문에, 실제로는 그가 예측한 것과 정반대 방향으로 발전하고 있는 셈이다. 그렇기는 해도 카푸르와 그 동료들에 관해서라면 인터넷의 좀 더 어두운 곳에서 얻은 평판, 즉 도둑 정치가들의 대사제들로 이루어진 일종의 도덕심 없는 비밀결사라는 평판은 지나친 감이 있다.

굳이 비판을 하려거든 이들을 겨냥할 것이 아니라 오히려 머니랜드의 역진 방지 톱니바퀴 구조를 겨냥해야 한다. 바로 그 구조 덕분에, 이 분석가들처럼 아주 똑똑한 사람들이 쉬지 않고 세계를 훑어보면서 가뜩이나 매우 부자인 사람들이 훨씬 더 부자가 될 수 있는 방법을 찾아내는 것이기 때문이다. 금권경제인이건 머니랜드인이건 간에, 부유한 사람들이 지배하는 세계에서는 그 어떤 야심만만한 사업가도 매우 부자인 사람들의 경제적 힘을 무시할 수가 없으며, 비록 그 재산의 출처가 의심스럽다 해도 마찬가지이다.

이러다 보니 한때는 침착했던 업체들에도 흥미로운 영향을 끼쳤다. 2015년 회계법인 딜로이트Deloitte가 스위스 시계에 관한 연구를 간행해《언서튼타임스》의 헤드라인을 장식했는데, 한정판 시계의 주요 제조업체들이 미래를 비관하고 있다는 것이 그 내용이었다. 슬픔의 이유는 경기후퇴나 제품의 문제가 아니라, 중국 정부가 부패를 단속하고 있다는 사실로부터 비롯된 것이었다. 즉 이전까지만 해도 부정한 공무원들이 누군가에게 호의적인 결정을 내려 주는 대가로 받았던 종류의 사치스러운 선물 판매에 지장이 생겼던 것이다. "중국과 홍콩에 대한 비관주의는 여러 신흥 시장들의 낮은 경제성장률과 아울러 반反부패 및 반反리베이트 입법으로 설명될 수 있다. 이런 발전은 사치품 판매 하락을 가져왔던 것이다." 딜로이트의 분석가들의 말이다. "시계 회사 경영진의 81퍼센트는 반부패 입법 때문에 중국에서의 수요가 지난 12개월 내내 떨어졌다고 지적했다."

사치품 시계는 공무원들 사이에서 인기가 높다. 자기 권력을 선전하는 신중하면서도 효율적인 방법을 제공하기 때문이다. 2009년 러시아 신문《베도모스티Vedomosti》는 짓궂게도 고위 공무원들이 공공 행사에서 차고 있는 시계들을 찍은 사진들을 게재하면서, 제품 각각의 가격과 해당 공무원의 공식 수입을 비교했다. 그중에서 가장 싼 시계는 회계감사원 수장의 것으로 겨우 1,800스위스프랑에 불과했다. 나머지는 1만 달러 내지 5만 달러짜리가 대부분이었는데, 몇

몇 공무원들은 이를 훨씬 뛰어넘어 정말로 빛을 내고 있었다. 모스크바 부시장은 각각 104만 달러짜리와 36만 달러짜리 시계로 1위와 2위 모두를 차지했다. 체첸공화국의 대통령 람잔 카디로프가 추정가 30만 달러의 시계로 3위를 차지했다. 이때의 기사가 고위 공무원들에게는 적잖은 망신거리가 되었던 모양인지, 2012년에는 유난히 반질거리는 책상 앞에 앉아서 찍은 모스크바 총대주교의 사진을 공식 사진사가 포토샵으로 수정해 3만 달러짜리 브레게^{Breguet} 시계를 손목에서 지워 버렸다. 하지만 책상에 반사된 시계의 모습까지 지우는 것을 깜빡한 까닭에, 대주교는 졸지에 어리석은 사람처럼 보였을 뿐만 아니라, 심지어 본인의 도덕적 인도하에서 금욕주의와 전통의 가치로 돌아가자고 주장하려던 시도마저 빛을 잃게 되었다.

이런 시계 논쟁도 러시아에서 뭔가 일치된 반부패 운동으로 귀결되지는 못했지만 (아마도 사치품 제조업체들은 안도했을 것이다), 2012년 중국에서는 반부패 운동이 강력하게 시작되어 수만 명이 기소되었고, 심지어 이전까지는 아무도 손대지 못할 계급의 구성원들, 즉 군대, 중앙정부, 지방 행정부의 주요 인사들까지도 거기 휘말렸다. 공무원들은 곧바로 부의 과시를 중단했고, 이로써 고급 음료 및 식품 생산업 등 카푸르가 고객들에게 투자를 권했던 종류의 사업에는 극적인 결과가 나타났다. 프랑스의 보르도 지방에서는 2005년 120만 리터의 와인을 중국에 수출했지만, 그로부터 7년 뒤에는 거의 50배나 증가한 5,380만 리터를 수출하게 되었는데, 부유한 중국인들의 과시적인 구매 패턴이 프랑스 와인 생산 경제를 전적으로 변모시킨 결과였다. 그러다가 반부패 운동이 시작되자, 중국 공무원들은 더 이상 샤토 라피트^{Château Lafite} 와인 병을 드러내 놓고 마시지 않았으며, 그 지역의 수출량은 불과 2년 만에 4분의 1이나 줄어들고 말았다. "자가용 비행기를 타고 와서 한 번에 5만 유로짜리 와인을 구입하던 부유한 중국인들을 보는 경우가 이전보다 확실히 더 드물어졌습니다." 한 와인상은 업계지에 이렇게 간결하게 말했다.

중국의 머니랜드인 사이에서 인기가 높은 종류의 유명 제품들의 판매 붐으로 수익을 올리던 서양의 다른 제조업체들에도 마찬가지 일이 벌어졌다. 2014년에는 중국과 (종종 중국으로 재수출하는) 싱가포르에서의 판매 감소를 겪은 스카치위스키협회가 이를 "중국 정부의 엄격한 운동" 탓이라며 완곡한 표현으로 비난했다. 2016년 말 무렵 이 두 군데 극동 시장의 판매량은 거의 50퍼센트나 떨어졌다. 카푸르의 금권경제 물결에 올라타고자 하는 희망으로 와인이나 증류주 생산업체에 투자한 투자자들은 매우 큰 충격을 받았을 것이다.

하지만 카푸르는 이런 위험에 대해서 고객들에게 이미 경고한 바 있었다. 그는 신흥 시장에서 정치인들과 사업가들이 부자가 되기 위해 법규를 악용하는 방식을 분석하지는 않았을 터이고, 또한 러시아가 (덜이 아니라) 더 법치적이 될 것이라는 잘못된 예견도 내놓은 바 있었다. 하지만 카푸르는 최소한 반부패 운동이 금권경제 주식 포트폴리오에 끼칠 위험을 분명히 인식했다. "높은 소득 불평등이 향후로도 악화되리라 예상되는데, 여기에 흔히 [국유 기업 주위로] 집중된 부패에 대한 인식이 수반될 경우에는 강력한 반부패 정책을 불러올 가능성이 크다." 2014년에 그는 (새로운 고용주인) 미국 메릴린치은행이 간행한 후속 보고서에서 이렇게 썼다. "신흥 시장에서 인기가 높은, 또는 매우 눈에 띄는 사치품(예를 들어 시계, 와인, 승용차, 귀금속 등)의 판매는 단기적으로 위험에 처할 가능성이 크다."

이때 카푸르는 10년 전에 자기가 내놓았던 계산을 재검토할 기회를 가졌지만, 굳이 수정할 이유를 찾지는 못했다. "러시아, 말레이시아, 이스라엘, 필리핀, 대만, 칠레의 초^超금권경제인들은 미국의 그 동포들에 비해 자국 경제에서 훨씬 더 많은 몫을 차지한다. 재산이 더 많을수록 세전 수익도 더 많다는 사실을 고려해 보면, 우리는 이러한 부의 집중이 증대할 것이라고 예상한다."

여기서 그가 굳이 "동포들"compatriots이라는 단어를 사용했다는 사실에 주목하라. 이것은 아마도 "동지들"comrades과 비슷한 뭔가를 의미했을 터인데, 왜냐하면 전 세계의 매우 부유한 사람들은 사실상 시민권을 공유하지 않기 때문이다. 그럼에도 불구하고 이 표현은 심리학적으로 의미심장한 말실수이다. 거기 숨은 뜻은 결국 카푸르의 금권경제인들이 (어떤 여권을 갖고 있든지 간에) 모두 같은 나라의 시민이라는 것이다.

하지만 각국 정부의 반부패 운동은 단지 카푸르의 금권경제 투자 전략의 수익성에 위험을 야기하는 데에서 그치지 않았다. 2005년의 최초 보고서 이후로 여러 다른 고용주를 통해서 보고서를 계속 간행하면서, 그는 본질적으로 금권경제란 곧 불평등에 관한 내용이라는 사실을 부각시켰다. 카푸르의 투자 전략이 터무니없이 큰 수익을 계속해서 내려면, 부유한 사람들이 계속해서 세계 경제의 터무니없이 큰 몫을 얻어야만 할 것이다. 만약 그들이 살아가고 돈을 소비하는 사회가 과도한 부의 축적을 중단시키려 작정한다면, 상황이 역전될 수 있다. "어느 시점에서는 금권경제에 반대하는 역풍이 불 가능성도 있다." 그는 2005년에 이런 결론을 내렸다. 그리고 미국의 주도하에 실제로 그런 일이 벌어졌다.

17

스위스
박살 내기

2007년 초 워싱턴의 변호사 두 명이 법무부와 접촉해서 한 가지
제안을 내놓았다. 익명으로 남기를 원하는 자기네 고객 한 명이
있는데, 미국에서 가장 부유한 사람들 수천 명이 세계에서 가장
강력한 금융기관들 가운데 한 곳의 주선으로 행한 조세 회피와
법규 위반을 폭로할 수 있다는 것이었다. 브래들리 버켄펠드는
거의 1년 전에 폴 헥터와 릭 모란의 사무실로 찾아가서 "세계적
인 음모에 관한 내부 정보"를 갖고 있으므로 그들을 통해 법무부
와 접촉하고 싶다고 말했으며, 변호사들은 몇 달에 걸쳐 그 내용
을 확인했다. "장담컨대 이거야말로 일생일대의 사건입니다." 두
사람은 법무부 검사 카렌 켈리에게 이렇게 써 보냈다.

버켄펠드는 자기가 아는 모든 사실을 연방 검찰에 털어놓는 대가로 기소 면책을 원했지만 결국 얻어내지 못했다. 실제로는 오히려 정반대였다. 2007년 여름 내내 앉아서 길게 대면하고 서류와 기억을 공유했음에도 불구하고, 법무부 검찰은 그가 비협조적이라고 생각했다. 2008년 5월에 그는 거주지인 보스턴에 도착하자마자 체포되어 사기 공모 혐의로 기소되었다. 한 달 뒤에 그는 유죄가 인정되어 징역 5년형이 선고될 처지에 놓였다. 그의 항고서와 함께 간행된 사실 진술서는 개인자산운용 은행원들이 정부의 손이 닿지 않는 곳에 자기 돈을 두고 싶어 하는 고객들을 돕기 위해 어느 선까지 나아갈 수 있는지를 보여 주는 주목할 만한 통찰이다.

버켄펠드는 지금까지 고객들에게 다음과 같이 조언했다고 시인했다. "현금과 귀중품을 스위스 안전 금고에 보관하라. 귀금속과 미술품과 사치품을 구입할 때에는 해외에서 스위스 은행 계좌에 있는 자금을 이용하라. 미국의 스위스 은행 계좌에서 꺼낸 자기 자금을 스위스 은행에서 얻은 대출금으로 허위 기재하라. 미국에 남아 있는 역외 금융 기록을 모두 제거하라. 미국 정부 당국도 발견할 수 없다고 간주되는 스위스 은행의 신용카드를 사용하라." 특히나 이 사건을 보도하는 언론인들의 상상력을 사로잡았던 한 가지 사례에서 그는 미국의 한 고객을 대리하여 다이아몬드를 구입한 다음, 치약 튜브에 은닉해 미국으로 밀반입함으로써 국세청IRS, Internal Revenue Service도 모르게 고객이 자기 부를 누리게 해 주었다고 인정했다. 마치 1960년대의 골드핑거 사기극과도 비슷했지만, 사실은 더 나은 셈이었다. 수백만 달러짜리 다이아몬드를 세면도구 주머니에 은닉할 수 있는 상황에서, 왜 굳이 주문 제작 롤스로이스에 무거운 금판을 붙여서 제임스 본드가 스위스까지 줄곧 따라오게 한단 말인가?

훗날 버켄펠드는 『악마의 은행원Lucifer's Banker』이라는 단행본에서 자기 경험을 회고했는데, 이에 따르면 사실 진술서에 나온 폭로 따위는 그가 실제로 하려는 일의 시작에 불과했음이 명백하다. 그는 요트 선착장, 모터 스포츠 행사,

클래식 음악회, 미술관 등에서 부유한 미국인들에게 접근한 다음, 명품 브랜디를 놓고 마주 앉아 다음과 같은 단도직입적인 호언장담으로 상대방의 돈을 낚아 올렸다. "제가 당신께 해 드릴 수 있는 것은 전무全無입니다." 버켄펠드는 이렇게 말을 꺼내 상대방을 깜짝 놀라게 만든 다음, 곧이어 핵심을 꺼냈다. "사실은 세 가지 전무입니다. 소득세 전무, 양도소득세 전무, 상속세 전무."

고객들이 비행기를 타고 제네바로 날아오면, 버켄펠드는 이들을 데리고 최고급 식당에 갔다가, 다음으로 스트립바에 들러서 이들의 화대를 대신 내 주었다. 그러고 나면 고객들은 거래를 하기에 적절한 마음 상태가 되기 때문에, 다음 날 오전에 그는 이들을 데리고 은행에 가서 돈을 예치하는 계약에 서명하도록 만드는 것이었다. 돈을, 즉 은행에서는 '순수한 새 돈'이라고 부르는 것을 유치할 때마다 보너스도 많아졌고, 버켄펠드는 그렇게 번 돈을 스스로 즐기는 데에 소비했다. "예를 들어 로랑페리에 샴페인 큰 병, 신선한 벨루가 캐비아, 또는 방금 하바나에서 항공 운송된 처칠 시가 상자 같은 최고급품을 좋아하는 사람들에게야 별로 대단한 금액도 아닐 것이다. 하지만 이보다는 수수하게 프리고르 스위스 초콜릿, 오데마 피게 시계, 브리오니 정장, 그리고 오로지 나를 기쁘게 해 주고 즐거운 시간을 갖는 데에만 관심이 있는 멋진 아가씨들을 좋아하는 사람에게는 괜찮은 금액일 것이다." 그는 회고록에서 적잖이 비꼬듯 말했다. "나는 이 게임을 완벽하게 갈고닦아 전 세계 각지로 1등석 비행기 여행을 하며 5성급 휴양지 호텔에 묵었고, 1퍼센트 부자들 수십 명을 유혹해서 자기 재산을 스위스의 번호 계좌에 예치하게 했으며, 그 와중에 아무 질문도 하지 않았다."

검찰의 말에 따르면, 버켄펠드의 면책을 거부한 까닭은 그가 기소를 피하려 했으며, 검찰에 전적으로 솔직하지 않았기 때문이다. 검찰은 특히 그가 자신의 오랜 고객으로 스위스 비밀 계좌에 2억 달러를 은닉한 억만장자 이고르 올레니코프와의 관계를 숨긴 것을 비난했다. 문제의 비밀 계좌는 부동산 개발 회사가 아니라 오히려 바하마의 유령 회사를 통해서 소유하고 있다고 추정되었지만, 그 세부 사항은 덴마크와 리히텐슈타인의 법인 구조물에 의해서 흐려지고 말았다. "우리로선 미국 시민이 그런 종류의 사기극에 가담하고 이곳으로 돌아와서, 여전히 한쪽 발을 그쪽에 담근 상태로 내버려 둘 수가 없습니다." 케빈 다우닝 검사는 버켄펠드의 선고 공판에서 판사에게 이렇게 말했다.

검사의 말은 핵심을 찌른 셈이었다. 기소 면책을 얻고 싶은 사람이라면 자기가 아는 것을 모조리 털어놓아야 하므로, 바로 그런 이유 때문에 판사는 결국 버켄펠드에게 징역 40개월을 선고했다. 하지만 이 사건에서 약간의 정상 참작을 받아야 할 사람이 있다면 바로 버켄펠드라는 것도 분명한 사실이다. 이 은행원은 그 음모를 워싱턴에서 폭로하면서 자기 죄를 시인했을 뿐만 아니라, 머니랜드의 성역에 해당하는 스위스 금융의 핵심부를 들여다볼 수 있는 어마어마하게 귀중하고도 전례가 없었던 창문을 제공했다. 그리고 이 폭로는 세계를 변화시켰는데, 왜냐하면 다우닝이 약간은 마지못해 시인한 것처럼 "2007년 여름에 버켄펠드 씨가 법무부의 문으로 걸어 들어오지 않았다면, 오늘날 이처럼 거대한 사기 음모가 발각되는 일은 없었을 것"이기 때문이다. 검사의 말에 따르면 "이제 이 수사로 인해 우리가 스위스 소재 은행에서 해외 증거를 취득하는 방식에서 변화가 생겼을 뿐 아니라, 심지어 스위스 정부가 미국과 새로운 조세 협정을 맺게 되기까지 했다."

머니랜드의 기반에 일격을 가하는 데에서 브래들리 버켄펠드보다 더했던 사람은 거의 없다시피 하며, 그의 폭로는 역외 금융의 작동 방식에서 혁명을 가져왔다. 워싱턴에 온 그는 단지 법무부하고만 정보를 공유한 것이 아니라, 국세청과 상원 조사소위원회에도 정보를 공유했기에, 2008년 7월 이 문제에 관한 상원 보고서가 간행되었다. 수사관의 결론에 따르면, 버켄펠드가 폭로한 것과 같은 종류의 역외 사기극으로 인해 미국 재무부는 매년 약 1,000억 달러의 세입 손실을 보고 있었다. 그리고 이 보고서는 버켄펠드의 고용주(즉 스위스의 금융 거인 UBS)가 그 일을 어떻게 해냈는지를 설명했다.

이 사기극은 다른 나라들을 벗겨 먹는다는 신성한 스위스적 전통의 연장 선상인 면이 있었다. 이 전통은 1934년의 금융비밀주의법에 정식으로 서술되었는데, 원래는 대공황 시기에 세입 기반을 유지하려 노력하던 프랑스 정부로부터 프랑스인 고객을 보호하기 위해 통과되었던 것이다. 이 비밀주의로 말하자면 나치 전범들과 기타 도둑 정치가들이 무척이나 사랑한 것이며, 훗날에 가서는 런던의 초창기 역외 금융가들이 이용했던 것이기도 하다. 하지만 이번에는 오래된 사기극의 최신 버전으로, 딱 이런 행동을 방지하기 위해 고안된 협정이후에 뒤따라 발생했다. 2001년에 버켄펠드의 옛 고용주 UBS는 적격중개기관QI, Qualified Intermediary이 되기로 합의했는데, 이로써 그곳의 미국인 고객들이 스위스 보유 자산으로부터 나오는 소득을 모두 신고하게 할 것이며, 만약 고객이 이를 거부할 경우에는 은행 스스로가 그런 소득에서 직접 세금을 제해서 미국 재무부로 보낼 것이라고 약속한 셈이었다. 이 거래의 핵심은 결국 스위스 은행들이 미국 재무부를 대리하여 세금을 징수하는 한에서만 그 비밀주의를 지킬 수 있다는 것이었다.

이것은 우아한 계획이었지만 한 가지 사소한 결함이 있었다. 즉 은행들이 정직해야만 한다는 것이었다. 따라서 이 계획이 실패하고 만 것은 매우 자연스러운 일이었다. 사실은 실패하는 데에서 끝난 게 아니라, 심지어 UBS가 적극적으로 이 계획을 전복해 버렸다. 다른 사법관할구역의 은행들은 자기네 스위스 개인 계좌 개설 작업을 중단하기로 합의했던 반면, UBS는 오히려 적극적으로 확장했고, 최대한 많은 부유한 미국인들에게 미신고 계좌를 판매했다. 그 이유는 명백했다. 조세 포탈 촉진은 극도로 수지맞았기 때문이었다. "미신고 계좌는 더 많은 자산을 보유하고 있었고, 새로운 돈을 더 많이 끌어들였으므로, 은행 측에는 신고 계좌에 비해 더 수익성이 높았다." 상원 보고서는 이렇게 결론을 내렸다. "QI 프로그램에 가입한 직후 UBS는 미국 고객들이 국세청IRS에 수십억 달러의 자산 신고를 회피할 수 있도록 스위스 계좌 개설을 도와주었다."

버켄펠드가 상원 수사소위원회에 말한 내용에 따르면, 그는 부유한 참석자들을 낚기 위해 마이애미에서 열린 아트바젤 같은 UBS 후원 행사에 참석했던 70여 명의 개인자산운용 은행원들로 이루어진 "만만찮은 세력"의 일부였다. 이 은행원들은 2004년부터 2006년 사이에 자사에서 보유한 미국발 화폐의 액수를 무려 네 배로 늘렸으며, 2007년에 또다시 네 배로 늘리려는 목표를 추구했다. "스포츠 행사에 갈 수도 있습니다. 자동차 전시회며 와인 시음회에 갈 수도 있습니다. 부동산 중개업자와 거래할 수도 있습니다. 변호사와 거래할 수도 있습니다." 버켄펠드는 상원 수사소위원회에 이렇게 말했다. "부유한 사람들이 어울리는 곳이 있으면 찾아가서 말을 거는 겁니다."

왜 사람들이 스위스에 있는 은행 계좌를 갖고 싶어 하는 거냐는 질문을 받자, 버켄펠드는 퉁명스러운 답변을 내놓았다. "조세 포탈 때문이지요. 게다가 … 사람들은 항상 배우자 몰래, 또는 동업자나 기타 등등 몰래 뭔가를 숨길 수 있다는 발상을 좋아하게 마련이니까요."

그리 놀라울 것도 없는 이야기지만, 미국 법무부는 UBS가 신뢰를 교묘하게 남용했다는 고발을 전해 듣고 난 뒤에도 제대로 대처하지 못했다. 2008년 7월에 미국 정부는 저 스위스의 금융 거인에게 계좌 보유 미국인의 이름을 모두 넘겨 달라고 요구했는데, 이는 금융 비밀주의라는 스위스의 전통을 파괴하는 요구였다. 평소 같으면 UBS도 이 요구를 무시하거나, 또는 흐려 버리거나, 또는 결과적으로는 새로운 돈벌이 기회를 부여한 QI 협정 비슷한 다른 차선책을 고안했을 것이다. 하지만 마침 금융 위기가 한창일 때에 벌어진 일이었다. 그해 10월 말에 UBS는 600억 달러 규모의 불량 자산을 스위스 금융 규제 당국에 매각했고, 미국 주택 담보 시장과 관련해서 490억 달러 규모의 손실을 기록했다. 주가는 원래 가격에서 3분의 2가 날아갔고, 과연 이곳이 은행으로서 생존할 수 있을지 여부를 놓고 추측이 구구했다. 금융시장에서 생사를 가르는 투쟁을 벌이던 이 은행은 말 그대로 미국 정부와의 전투에 사용할 탄약이 없었다.

결국 은행은 고객 자료를 넘겨주기 시작했다. 이것은 스위스의 은행 비밀주의라는 강력한 요새에 나타난 최초의 균열이었다.

2009년 2월에 UBS는 기소유예약정에 합의하면서 미국 정부 기관 여러 곳에 벌금으로 7억 8,000만 달러를 내기로 했다. 은행은 미국 개인자산운용 고객 2만 명 가운데 1만 7,000명이 자기네 서비스를 이용해 총액 200억 달러의 자산을 숨겼다는 사실을(결국 1인당 100만 달러 이상이라는 뜻이었다), 그로 인해 은행이 매년 2,000억 달러의 수익을 얻었다는 사실을 시인했다. 기소장에 명시된 것처럼, UBS는 겉보기에 착실하고 조용한 금융 운용을 하는 것처럼 보였지만, 실제로 그 개인자산운용 내역은 마치 스릴러에서 나온 내용과도 흡사했다. "중역들과 관리자들은 … 미국의 국경을 넘는 사업을 '유독성 폐기물'이라고 지칭했는데, 왜냐하면 그 사업이 미국 법률과 QI 합의에 순응하는 방식으로 수행되고 있지 않고 있음을 본인들도 알고 있었기 때문이다." 연방 검찰의 말이다. "중역, 관리자, 부서장, 은행원 들은 명목상의 법인, 암호화된 노트북, 번호 계좌, 그리고 기타 감시 회피 기술을 이용해 미국 고객들의 신분과 역외 자산을 숨겼다."

그로부터 5년 뒤, UBS의 최대 경쟁자인 크레디트스위스도 이와 유사한 혐의를 시인했지만(이 두 업체는 스위스에 있는 모든 돈의 절반가량을 통제했다), 이번에는 처벌이 훨씬 더 가혹했다. 즉 (더 관대한 기소유예약정 처분을 받는 대신에) 유죄 선고를 받고 26억 달러의 벌금을 냈던 것이다. 이때의 기소에서는 크레디트스위스가 시인한 이른바 "국경을 넘는 불법 금융 사업"의 더 많은 세부 사항이 폭로되었는데, 이 사업은 무려 수십 년간 지속되면서 100억 달러의 자산을 가진 2만 2,000명의 미국인에게 서비스를 제공했다. 그 자산 가운데 절반은 비교적 적은 수가(상원 조사에 따르면 겨우 1,234명이) 통제하고 있었는데, 극도로 부유한 조세 회피자인 이들은 유령 회사를 이용해 자기 신분을 숨겼다.

어쩌면 이 기소에서 가장 의미심장한 국면은 크레디트스위스가 처음에만 해도 QI 합의를 준수하려 했으며, 심지어 이를 위해 CSPA라는 새로운 민영 은행을 설립하기까지 했다는 사실일 것이다. 하지만 이 계획은 결코 실행되지 못했으니, 미국인 고객들이 관심을 보이지 않았던 까닭이다. "CSPA 계획은 사업으로서는 궁극적으로 실패하고 말았는데, 계좌가 신고되어서 과세된다면 미국인 고객들도 스위스의 은행 계좌에 프리미엄을 지불하기 꺼려하리라는 점이 부분적인 이유였다." 사실 진술서의 한 대목이다. 다시 말해서 고객이 스위스 은행을 이용하는 이유는 세금을 회피하기 위해서였다. 그러니 만약 고객이 그렇게 할 수가 없다면, 은행이 받는 과도한 수수료는 제몫을 못하는 셈이었다. 그러니 크레디트스위스는 수수료를 포기하는 대신 차라리 규칙을 깨는 편을 택한 것이었다. 웰컴 투 더 머니랜드!

항상 첨단 기술만 이용되는 것은 아니었다. 크레디트스위스는 취리히 공항에 지점을 두고 있어서, 고객들은 시내 한가운데로 찾아오지 않고서도 은행 서비스를 받을 수 있었다. 그곳의 서비스 중에는 미국인 고객이 미국으로 휴대하고 들어갈 수 있는 현금의 한도인 1만 달러를 우회하도록 총액을 더 작은 묶음으로 나누는 것도 포함되어 있었다. UBS도 이 게임에 뛰어든 상태였다. UBS의 고객인 백만장자 어니스트 보글리아노에 대한 소송에서 변호사들은 그가 취리히에서 배서한 여행자수표를 뉴욕의 자택까지 우편으로 보내는 방법을 이용해 스위스에 있는 자기 돈을 미국으로 옮겼다고 밝혔다. 이것은 부조리하다 싶을 정도로 구식 기술이었을 뿐만 아니라, 또한 1964년으로 거슬러 올라가는 최초의 유로본드 사기극과 거의 흡사한 모방이었다. 다른 점이 있다면 여행자수표가 아무런 수입도 제공하지 않았다는 점뿐이었다. 그 돈은 그가 소비하고 싶어질 때까지 그냥 거기 가만히 놓여 있을 뿐이다. 만약 스위스의 은행가들이란 자기 이익 말고 남의 이익을 돌봐 주리라고 신뢰할 수 없는 사람들임을 보여 주는 증거가 필요하다고 치면, 크레디트스위스와 UBS의 굴욕이 바로 그 증거였다. 런던의 사설 회원제 클럽에 있는 나무 패널 장식 객실에서 이루어진 기나긴 대화에서 버켄펠드가 내게 말한 내용도 그것이었다. 그 클럽에는 로비에 골동품 자동차가 한 대 놓여 있었는데, 스위스 사람들이 사업을 하는 방식이 딱 이러했다.

"제 생각에 이 은행들은, 특히 UBS는 역사적으로 줄곧 이렇게 말해 오기만 했던 것 같습니다. '좆까, 우리는 스위스라고. 우리는 크다니까. 해보려면 해보든가.'" 그는 웃으면서 이렇게 설명했다. 그는 극도로 친절한 대화 상대였고, 목소리는 크고도 활기찼으며, 오른손 가운데손가락에 커다란 다이아몬드가 박힌 너클더스터 반지를 끼고 있었지만, 이와 동시에 당혹스러울 정도로 직설적이었다. "저도 거기 가담했느냐고요? 당연히 그랬죠. 거기서 단지 청소원 일을 했다면 이렇게 나와서 폭로할 수까지는 없었을 테니까요. … 저는 계속해서 폭로할 겁니다. 왜냐하면 그들은 여전히 부정하고 있거든요. 마치 본인한테 음주 문제가 있음을 시인하지 못하는 알코올중독자와 마찬가지죠."

첨언하자면 비록 고객들이 조세를 회피하도록 도와준 혐의로 징역을 살고 나오기는 했지만, 그는 다른 면에서도 최초가 되었다. 내부 고발자를 독려하기 위해 고안된 새로운 입법 덕분에, 이 사건에 합의하기 위해 UBS가 낸 벌금 가운데 일부를 그가 차지하게 되었던 것이다. 그의 몫은 1억 400만 달러였다. 나도 참석했던 어느 회의에서 그는 이때 자기가 받은 정부 발급 수표의 사본을 코팅해 나눠 주면서 책갈피로 쓰라고 했다. 미국 재무부는 원천징수를 하기 때문에, 그 수표에 적힌 금액은 7,581만 6,958달러 40센트에 불과했지만, 그가 이전까지 익숙했던 생활 방식을 고수하며 살아가기에는 충분한 금액이었다.

UBS에 관한 폭로며, 이와 관련된 다른 스캔들(예를 들어 스위스에서 가장 오래된 은행 베겔린도 이와 유사한 사건에서 유죄가 인정되어 2013년에 문을 닫았다) 덕분에, 2010년에 미국 의회는 해외계좌납세의무준수법FATCA, Foreign Account Tax Compliance Act을 통과시켰는데, 내용은 QI와 유사하면서도 처벌이 훨씬 더 강해졌다. "일부 개인이 해외 계좌에 돈을 숨겨 놓음으로써 시스템을 유리하게 이용하는 사이, 국내의 수백만 가구와 소규모 사업체가 그 대가를 지불해야 하는 일이 너무나도 오래 지속되어 왔다." 재무장관 팀 가이스너의 말이었다.

FATCA에 따르면 해외 금융기관이 미국인 고객의 신분과 자산 공개를 거부할 경우, 미국 정부는 해당 기관이 미국으로부터 받는 모든 투자 수입에 대해서 30퍼센트의 세금을 물린다. 이것은 상당히 강력한 조치였으며, 크레디트스위스와 기타 스위스 금융기관들에 대해 진행 중이었던 형사사건 수사와 조합되었을 때에는 특히나 그러했다. 해외 은행들은 계속해서 미국인들이 법을 어기도록 도와줄 수도 있었지만, 만약 그럴 경우에는 미국 시장에서 차단되는 것은 물론이고 수십억 달러의 벌금을 물게 될 위험이 항존했다. 버켄펠드가 체포되어 UBS 스캔들이 터진 때로부터 5년 뒤인 2013년까지 크레디트스위스는 미국인 고객의 계좌 2만 2,000개 가운데 1만 8,900개를 없앴고, 이 은행의 자산은 26억 달러로 급감했다(재미있게도 이 은행은 1년 뒤에 딱 그 액수만큼의 벌금을 미국 정부에 납부했다). FATCA는 2015년부터 완전히 발효되었다. 여전히 구멍이 남아 있지만, 본질적으로는 미국인을 위한 가장 손쉬운 형태의 조세 포탈 수단을 없애 버렸다.

2017년의 연구에 따르면, FATCA 발효 후에 해외 계좌를 신고한 미국인의 숫자는 5분의 1이나 증가해서, 750억 달러의 부가 추가적으로 공개되었다. "미국 은행들은 비밀주의를 판매하는 해외 은행들에 밀렸던 것뿐입니다. 그렇게 간단했습니다. 그러다가 FATCA가 게임의 규칙을 바꿔 버린 겁니다." 상원 상설조사소위원회의 전직 고문변호사로서, 조세 포탈을 폭로하려는 상원의원들 배후의 원동력 가운데 하나였던 엘리스 빈의 말이다. "FATCA는 이미 역외 조세 포탈을 단념시키기 시작했고, 더 많은 미국 납세자들이 각자의 역외 계좌를 공개하고, 각자의 역외 수입을 신고하고, 각자 마땅히 내야 하는 세금을 내도록 만들었습니다."

미국은 아마도 이렇게까지 조취를 취할 수 있었던 유일한 국가일 것이다.

미국의 세법은 모든 시민에게 소득 신고를 요구하고, 설령 국내 거주자가 아니더라도 마찬가지가 적용되므로, 미국인인 한에는 단지 해외로 간다고 해서 이 법령의 조항을 손쉽게 회피할 수가 없다. 이에 더해서 미국 경제의 무게감이며 달러화의 독특한 전 세계적 역할 덕분에, 미국 정부는 은행들과 맞서는 과정에서 다른 나라들보다 훨씬 더 유리한 셈이었다. 미국이 선두에 나서자 세계 나머지 국가들도 그 뒤를 따랐다. 유럽 국가들은 상호 정보 교환에 합의했다. 영연방의 여러 조세 피난처도 영국과 자료를 교환하기로 합의했다. 이 모든 노력은 2014년에 공동보고표준CRS, Common Reporting Standard 으로 결실을 맺었는데, 이에 합의한 나라들은 서로의 거주민이 서로의 은행에 보유한 자산에 대한 정보를 자동적으로 교환하기로 했다. 이전에도 국가 간 정보 교환은 있었지만, 오로지 요청이 있을 경우에만 그러했기에 과세 당국도 뭘 찾아야 할지를 우선 알아야만 실제로 찾아볼 수 있었다. 그런데 이제는 정보가 자동으로 건너갔기 때문에, 소득 신고 관련 금융 자료를 교차 확인함으로써 누가 법령을 어기는지 알아낼 수 있었다. 이 합의는 머니랜드 배후에 있는 가장 유력한 추진 동력, 즉 법 집행 기관은 국경에서 멈춰 서지만 돈은 그렇지 않다는 사실에 훼방을 가했다.

지난 수십 년 동안 세계에서 가장 부유한 사람들의 자문 역할을 해 온 스위스의 변호사 필립 마르코비치는 2016년에 나를 만났을 때, 이 새로운 국제 합의가 슈퍼 부자에 대한 그림을 완전히 바꿔 놓았다는 이야기를 했다. "부호 일가에는 양자택일만 있습니다. 자국의 법령을 따르거나, 아니면 자국에서 떠나는 것뿐이죠. 과거만 해도 남용이 무척 많았고, 사람들은 은행의 비밀주의를 이용하거나 복잡한 구조를 이용해서 돈을 숨길 수 있었습니다." 그의 말이었다. "자국의 법령을 따른다는 것은 무슨 뜻일까요? 결국 자국의 세법을 이해할 필요가 있다는 것입니다. 어떤 경우에는 법령을 따르는 것이 심지어 선택지에도 없는 나라에 사는 사람들도 있는데, 예를 들어 정치적 불안정성이 있는 나라가 그렇습니다. 그런 나라에는 조세 체계에 부패가 있기 때문입니다. 법령을 따르는 것이 부호 일가에 안전하지 않은 몇 가지 사례에서도 여러 가지 이유가 있을 수 있습니다. 아울러 세금이 워낙 높은 탓에 어떤 부호 일가는 법령을 따르는 것 자체를 용인할 수 없는 나라들도 있습니다. 세금이 워낙 비싸기 때문에, 그런 나라에 살고 싶어 하지 않는 것이지요. 하지만 다른 선택지가 있습니다. 결국 법령을 따르든지, 아니면 그곳을 떠나든지 둘 중 하나죠."

이처럼 새로운 속임수 금지 조치야말로 여러 역외 중심지에는 나쁜 소식이 아닐 수 없었다. 예를 들어 저지섬에서는 금융 부문의 경제 기여가 밀레니엄 전환기 무렵에 18억 파운드였다가 지금은 8,000만 파운드로 감소했다. 저지섬 등지에서는 자산이 역내로 돌아갔으며, 이제는 과거 역외 중심지의 전통적인 이점이 사라진 상태이다. 저지섬의 전체 금융 부문은 이제 금융 위기의 시작 때보다 더 작아졌고, 회복의 기미도 거의 보이지 않고 있다. 그로 인해 그 섬 정부의 예산에는 심한 충격이 불가피했다. 사업체들이 떠나지 못하게 하려는 목적으로 법인세 감소 법안을 통과시키고 나니, 이를 보완하고자 판매세를 도입하지 않을 수 없게 되어서 일반 주민의 생활비가 치솟게 되었다.

미국 시민 가운데 일부는 시민권을 포기함으로써 FATCA 조항을 회피하려 했는데, 이럴 경우에는 더 이상 소득 신고를 할 필요가 없게 된다. 2016년에 5,411명의 미국인이 여권을 포기했는데, 이는 2015년에 비해서 26퍼센트가 더 늘어났고, 2014년에 비해서 58퍼센트가 더 늘어난 수치였다. FATCA를 고안하기 이전인 2008년에만 해도 여권 포기는 235건에 불과했으며, 이는 그 증가폭이 얼마나 가팔랐는지를 보여 준다. 공동보고표준[CRS]의 도입 시기는 또한 점점 더 커지는 사업 규모를 자랑하던 헨리앤드파트너스 같은 회사들의 거주권 판매 사업에서 붐이 일어난 시기이기도 했다. 마르코비치의 말마따나, 자기 부를 징세관의 손에서 벗어난 곳에 두고 싶어 하는 사람들에게는 이제 돈을 내거나, 아니면 떠나거나의 양자택일만 남아 있었다. 자국 이외의 곳에서 거주권을 얻을 경우, 예전의 고향이 아니라 새로운 고향에서 내 자산에 관한 정보를 얻게 될 것이므로, 낮은 세금 그리고(또는) 정직한 관료가 있는 어딘가로 옮길 만한 유인이 생겼다.

그렇다면 이건 해피엔딩일까? 머니랜드는 종말을 맞이한 것일까? 여기까지 읽은 독자라면 그렇지 않다는 사실을 알게 되어도 굳이 놀라지는 않을 것이다. 그 종언에 대한 예측은 항상 때 이른 것으로 입증되었다. 거기에는 두 가지 이유가 있다.

첫 번째 이유는 옥스팜, 크리스천에이드 같은 여러 자선단체의 캠페인에서 부각된다. 이들의 지적에 따르면 CRS는 G20과 경제협력개발기구^{OECD}에 의해서 만들어진 것인데 양쪽 모두 부유한 국가들의 모임이다 보니, 그 조항들 역시 충분한 자원을 갖춘 조세 부문을 위해서만 고안되었을 뿐이다. 이런 국가들은 자국의 정보를 이용할 수 있을 만큼 충분히 정직하고 유능하다고 생각되는 다른 국가들을 선택할 수 있다. 예를 들어 스위스는 지금까지 자기네 자료를 (EU 회원국과 더불어) 딱 9개국하고만 공유하기로 합의했는데, 하나같이 부유한 국가들이다. 정말로 변화를 만들어 내고 싶었다면, 가난한 나라들 역시 자국의 거주민에 대한 정보를 볼 필요가 있다. 만약 정보 교환에서 배제된다면 그들에게 과세할 수가 없기 때문이다. 바로 이 대목에서 머니랜드의 저 불운한 되먹임의 순환 고리가 다시 등장한다. 만약 한 나라의 통치자가 자국의 부를 훔쳐서 역외에 은닉할 경우, 그 나라는 너무 부패한 나머지 정보 교환 프로그램에 포함시킬 수 없다고 간주될 것이 거의 확실하다. 이는 결국 그 통치자의 절도 행위의 세부 사항이 결코 밝혀지지 않으리라는 뜻이며, 따라서 어느 누구도 결코 그걸 되찾아오지 못하리라는 뜻이다. 여기서 다시 한 번, 국제 금융 체제를 둘러싼 유인이 머니랜드의 작동 방식에 대한 지속적인 공격을 저해하는 셈이다.

하지만 어쨌거나 그것은 장래의 일이다. 설령 세계의 더 가난한 국가들이 모든 자료를 넘겨받는다 하더라도, 그 대부분은 그렇게 받은 자료를 분석할 재원이 결여된 상태일 것이다. 크리스천에이드에 따르면, 아프리카의 사하라 이

남 국가들이 조세 부문에서 세계 평균 수준의 인력 수준에 도달하려면 신규 조세 행정가를 65만 명이나 고용해야 하며, 이는 아이슬란드 전체 인구의 거의 두 배에 달한다. 새로이 세금을 걷는 데까지 가기도 전에, 이들을 고용하고, 훈련하고, 유지하는 데만도 상당한 현금 유동성 문제가 자연스레 생길 지경이다. 따라서 이것은 CRS를 머니랜드 문제에 대한 해결책이라고 부르는 것이 시기상조인 첫 번째 이유이다. CRS는 첫걸음일 뿐이며, 세계의 가장 부유한 사람들 역시 다른 모든 사람들과 똑같은 법률을 준수하도록 만드는 결과로 나아가는 여정은 아직 멀고도 위험이 가득할 수밖에 없다.

하지만 두 번째 이유에 비하자면, 첫 번째 이유는 아무것도 아니다.

제2차 세계대전 직후에 역외가 처음 등장했을 때를 돌이켜 보면, 그 시작은 은행가들이 작지만 중요한 구멍을 하나 발견하고 이용하면서부터였다. 즉 런던의 시티에 있는 달러는 미국 재무부의 통제를 받지 않았으며, 또한 잉글랜드은행의 관심사도 아니라는 사실이 바로 그런 구멍이었다. 사법관할구역 두 곳의 규제 제도가 완벽히 중첩될 수는 없다. 부유한 사람들은 그 틈새를 통해 자기 돈을 짜내고, 터널을 통해 저 아래 머니랜드로 흘려보낸다.

각국의 조세 당국이 자동적으로 정보를 교환하는 버켄펠드 이후의 규제 제도에도 구조적인 약점이 없지 않은데, 이는 그 시작부터 포함된 약점이기도 하다. 즉 CRS는 (비록 실제까지는 아니더라도 이상에서는) 모두가 다른 모두와 정보를 교환하기 위한 제도이다. 하지만 미국은 CRS에 포함되어 있지 않다. 자국 나름대로의 시스템이 있는 것이다. CRS나 FATCA와는 달리, 스위스의 비밀주의를 박살 낸 미국의 법률은 오로지 한 방향으로만 작용한다. 무려 100개국 이상의 금융기관들이 미국 시민이나 거주민 소유의 자산에 대한 정보를 미국과 반드시 공유해야 하지만, 미국의 금융기관들은 다른 나라에 아무것도 보낼 필요가 없는 것이다. 미국의 금융기관들은 세계 다른 곳에서 벌어지고 있는 일에 관해서 완전한 정보를 얻을 것이지만, 다른 국가들의 금융기관들은 미국 내에서 벌어지고 있는 일에 완전히 깜깜한 상태로 남을 것이다. 런던의 시티에서 유로본드를 탄생시켰던 작은 구멍으로부터 얼마나 많은 돈을 벌 수 있었는지를 돌이켜 보고 나서, 세계의 새로운 금융 구조물의 심장부에서 이와 같은 틈새를 통해서는 과연 얼마나 많은 돈을 벌 수 있을지 상상해 보라.

"만약 미국에서 영국에 계좌를 가진 미국인에 관한 정보를 요구한다면, 영국에서는 그 정보를 줄 것입니다. 미국에서 독일에 요구하더라도 마찬가지일 겁니다. 하지만 독일에서 미국에 요구한다면 이런 반응이 돌아올 겁니다. '꺼져.' 지금 장난하자는 겁니까? 이거야말로 지구상에서 가장 큰 위선입니다." 버켄펠드의 말이다. "이건 큰 문제이고, 미국 역시 그 일부입니다."

머니랜드는 지리적 위치가 아니라 시스템이며, 조건이 허락한다면 어디에서나 나타난다. 머니랜드의 규칙에 명시된 것처럼, 만약 더 이상은 스위스에서 방해받지 않은 채 돈을 놓아둘 수 없다고 치면, 그 수호자들은 그렇게 할 수 있는 다른 어딘가로 돈을 옮겨 갈 것이다. 버켄펠드 덕분에 이제 더 이상은 취리히와 제네바에서 머니랜드가 나타날 조건이 그렇게 크지 않게 되었으며, 과거처럼 침투 불가능한 요새가 아니게 된 은행들이 있는 두 도시는 다른 경쟁 금융 중심지들에 사업을 빼앗기고 있다. 하지만 미국에서는 오히려 머니랜드가 나타날 조건이 완벽하게 갖춰지게 되었다. 대표적인 곳이 "세계 최대의 소도시"로 일컬어지는 네바다주 북부 와쇼카운티의 리노이다.

18

조세 피난처
미국

눈 내리는 2월의 어느 날, 샌프란시스코에서 버스를 타고 리노에
도착한 사람의 눈에는 그곳이 마치 1970년대 풍경처럼 보일 것
이다. 승용차는 커다랗고, 도로는 널따랗고, 카지노는 네모진 모
서리와 부정적인 매력을 지닌 콘크리트 전당이다. 도박장 안으
로 들어가 보면, 에너지를 빨아먹는 형광등 불빛 아래 뭔가 지친
듯한 느낌의 카펫 위로 줄줄이 늘어선 슬롯머신을 만나게 된다.
돈을 거는 사람은 극소수이고, 그나마도 열성적이지가 않다. 바
깥 거리의 전당포에서는 귀금속을 받고 돈을 빌려주는가 하면,
도박판에서 운이 없었던 사람의 소유였던 총을 싸게 팔아 치우
기도 한다.

리노에 관해서 이전까지 내가 유일하게 알고 있었던 지식이라고 해야, 바로 이곳에서 누군가를 살해한 다음 상대방이 죽어 가는 모습을 지켜보았다는 조니 캐시의 노랫말 내용뿐이었다. 하루 이틀 정도 돌아다니고 나서야, 나는 이곳의 이런 모습이 유래한 과정을 깨닫기 시작했다.

네바다주의 표어는 "전투로 태어난"Battle Born인데, 미국 남북전쟁의 와중에 북부 연합이 새로운 주들을 만들어서 에이브러햄 링컨의 추가 표를 얻겠다는 성급한 노력의 결과로 이곳이 주州로서의 지위를 얻었다는 사실을 반영하고 있다. 그 당시만 해도 네바다는 북부 연합에서 (캘리포니아와 텍사스 다음으로) 가장 큰 주였지만, 인구는 겨우 4만 명에 불과했다. 따라서 주 정부는 돈을 벌기 위해 분투하고 있었으며, 전쟁이 끝나고 10여 년이 지나 은광의 생산량이 쇠퇴하기 시작하면서부터는 특히나 그렇게 되어서 지금까지 줄곧 새로운 세입원을 찾기 위해 노력해 오고 있었다. 그중 한 가지 수지맞는 사업 분야는 더 크고, 더 인구가 많고, 훨씬 더 부유한 이웃 주 캘리포니아의 규제를 회피하기 위한 장소를 제공하는 것이었다. 라스베이거스가 이웃 도시 로스앤젤레스의 주민들에게 고향에서는 얻을 수 없는 서비스를 제공해서 짭짤한 수익을 올려 왔는데, 리노 역시 이웃 도시 샌프란시스코에 마찬가지 서비스를 제공했다. 예를 들어 신속한 이혼, 속도위반 결혼, 도박, 낮은 세금, 대마초 등을 제공했던 것이다. 심지어 매춘도 합법인 네바다주는 미국 내에서도 독특한 곳이 아닐 수 없었다.

네바다주의 규제 완화 형태는 1986년에 이르러 머니랜드에도 영향을 주게 되었는데, 그 당시에 의회가 "격세 증여"generation-skipping transfer에 대한 과세 법령을 내놓았기 때문이었다. 그 법령의 정확한 세부 사항은 (쉽게 말해 할아버지가 손자에게 자산을 물려주는 것에 관한 내용인데) 우리의 맥락에서 중요하지 않다. 진짜로 중요한 것은 그 법령에 여러 가지 구멍이 있었다는 것이다. 그중 한 가지 구멍은 신탁에 영향을 끼쳤다. 내가 신탁이라는 법적 구조물을 만들어 전문 수탁인에게 재산을 양도하면, 이후로 수탁인은 내가 양도 당시에 합의했던 지시를 따르게 된다. 만약 내가 소유한 석유 회사를 손자를 위한 신탁에 넣어 두었을 경우, 1986년의 법령에서는 그 신탁이 끝날 때에 이루어지는 격세 증여에 대한 세금을 내기로 되어 있었다. 여기까지는 좋았다. 그런데 의회에서는 중대한 실수를 저질렀다. 즉 신탁이 끝나는 기간에 대해 하나의 기준을 세우는 대신, 그 기간을 각 주가 알아서 결정하도록 허용한 것이었는데, 그로 인해 충분히 예측 가능한 결과가 나왔다. 머니랜드의 역진 방지 톱니바퀴 덕분에, 각각의 주들은 부유한 사람들에게는 혜택을 주고 다른 모든 사람에게는 손해를 주기 위한 경쟁을 서로 벌이기 시작했던 것이다.

미국이 영국에서 물려받은 관습법에 따르면 재산을 영원히 신탁에 넣을 수는 없으며, 그 기간은 신탁을 만들 당시에 살아 있었던 관련자 모두의 사후 21년까지로 한정되어 있다(실제로는 이것만 해도 거의 한 세기 가까운 기간이 될 수 있다). 이는 미래 세대가 죽은 사람들의 소원에 무한정으로 얽매여 있어서는 안 된다는 원칙에 근거한 제한이다. 제멋대로인 선조들의 변덕이라면 19세기 소설에는 훌륭한 줄거리가 되었을지도 모르지만, 관습법을 형성한 판사들은 현실 생활에서 이를 맹종하면 파국적인 결과가 나올 것이라고 생각했다.

그리하여 미국에서 각 주들은 신탁이 얼마나 오래 지속될 수 있는지를 결정할 수 있었고, 일부 주(즉 위스콘신, 사우스다코타, 아이다호)에서는 일찌감치 관습법에서 이탈해 1986년 이전에 이미 이른바 영구성 제한을 폐지한 바 있었지만 별 효과가 없었다. 그 당시에는 전통적인 기간보다 더 오래 이어지는 신탁을 만든다고 해서 생기는 세금 혜택이 전혀 없었는데, 왜냐하면 신탁은 어쨌거나 양도자 본인의 수명보다 더 오래가게 마련이었기 때문이다. 하지만 격세 증여에 대한 과세가 이루어지자마자 유인이 생겨났다. 의회는 영원히 지속됨으로써 결코 과세 대상이 될 수 없는 신탁의 이점을 부지불식중에 만들어 냈던 것이다. 다시 말해 죽은 사람의 열망과 소원이 미래 세대를 (비록 세상 종말까지는 아니더라도) 여러 세기 동안 얽매어 버릴 수 있게 되었다는 뜻이다.

2003년에 이르러 최소한 1,000억 달러가(그리고 어쩌면 그보다 훨씬, 더 훨씬 많은 금액이) 이처럼 오래 지속되는 이른바 "왕조 신탁"dynasty trusts을 가진 주에 쏟아져 들어오자, 다른 주들도 그 제한을 폐지하도록 법률을 바꾸기 위한 강력한 유인을 얻게 되었다. 역사적인 견지에서 이것은 새로운 현상이었지만, 상당히 심오한 결과를 갖게 될 가능성이 있었다. 왜냐하면 영원이란 정말 극도로 긴 시간이기 때문이다. 만약 한 신탁이 딱 350년 동안만 영속한다 치더라도, 그 수익자는 최초 양도자로부터 무려 15대까지 이어질 수 있으며, 숫자로는 무려 10만 명 이상이 충분히 될 수 있다. 이런 수익자 모두는 수탁인에게 소송을 제기할 권한을 가지므로, 회의를 개최하고 싶다면 아예 경기장 하나를 빌려야만 모두 들어갈 수 있을 것이다. 이런 먼 친척들은 사실상 서로 혈연관계도 아니고 남남이나 마찬가지이지만, 그래도 공통의 조상이 품었던 좀비 같은 소원에 의해서 하나로 연결되어 있는 셈이다.

매사추세츠주의 몇몇 계보학자의 노력 덕분에 우리는 그런 친척들이 얼마나 서로 멀어질 수 있는지에 대한 훌륭한 사례를 몇 가지 갖고 있다. 예를 들어 1648년에 그 주에서 사망한 조지 앨런이 후손들의 유익을 위해 영구 신탁을 하나 만들어 놓았다고 치면, 수익자 중에는 버락 오바마와 윈스턴 처칠 모두가 포함되었을 것이다. 만약 그보다 14년 뒤에 역시 매사추세츠주에서 사망한 새뮤얼 힝클리가 마찬가지 조치를 취했다면, 훗날 오바마와 조지 W. 부시 모두가 그 수익자가 되었을 것이다. 어느 누구도 이런 조치로 이루어지는 일이 향후 부의 분배를 의도한 것이라고 생각하지는 않을 것이다. 오히려 영구 신탁이라는 세법상의 작고 외관상 대단해 보이지 않는 변덕이 만들어 낸, 기묘하고도 잘 탐구되지 않는 결과인 셈이다.

미국 여러 주가 서로 규제를 완화하겠다며 자기네 법률을 뒤틀고, 자기네 법률 회사로 부유한 사람들을 끌어들이려고 시도하는 방법은 이것 하나만도 아니었다. 네바다주는 영구 신탁을 갖고 있지 않았지만, 그 대신 2005년에 신탁 기간을 무려 365년이나 연장할 수도 있다고 간주되는 내용의 법안을 통과 시켰다(뉴욕시가 건립된 지가 대략 그쯤 된다. 만약 누군가가 후손들을 위해서 그저 늪 투성이 섬에 불과했던 맨해튼을 신탁에 넣어 두었다면 오늘날 어땠을지 상상해 보시라).

네바다주는 자기네 자산 보호 법령을 각별히 자랑스러워했는데, 이는 결 국 (내가 재산을 신탁에 넣어 둔 때로부터 2년이 지났다고 가정할 경우) 채권자가 내 자산을 건드릴 방법이 전혀 없다는 뜻이었으며, 결국 네비스에서와 마찬가지 인 상황이었다. 만약 어떤 사람이 소유한 회사를 신탁에 넣고서 이혼한다면, 그 의 전처는 그 자산에 대해서 아무런 요구도 할 수 없으며, 그의 자녀도 마찬가 지가 된다. 또한 네바다주 법률의 관대함 덕분에, 내가 만든 신탁에서 나 스스 로가 수익자가 될 수도 있었다. 이럴 경우, 내가 재산을 신탁에 양도해 버리면, 다른 누군가가 그 재산을 내게서 가져갈 수는 없는 상황에서, 정작 나는 그 재 산을 소유함으로써 누리는 혜택을 모두 유지하는 것이다. "자산 보호 신탁 배 후의 이론은 고객과 향후의 포식자 및 채권자 사이에 추가적인 보호 층을 제공 한다는 것입니다. 우리는 방탄조끼의 예를 들어 설명합니다. 방탄조끼를 입어 도 총격이나 소송을 당하면 물론 아프겠지만, 그래도 무사히 살아남을 수는 있 다는 겁니다." 라스베이거스와 리노 모두에 사무소를 두고 있는 프리미어신탁 Premier Trust의 웹사이트에 올라온 홍보 문구이다. 실제로 아직까지는 네바다주 의 신탁을 공략해 보려 시도한 채권자의 사례가 단 한 건도 없다.

이것은 오랫동안 잠재적으로 매력적인 전망으로 간주되었다. 그럼에도 불 구하고 지난 수십 년 사이에 스위스에 돈을 넣어 두는 부류의 부유한 외국인을 미국으로 끌어들이기에는 역부족이었는데, 물론 미국 법 집행기관의 적극적인 접근법도 적지 않은 이유가 되기는 했다. 미국에 돈을 넣어 둔다는 사실 자체부 터가, 마치 커다란 곰이 사는 동굴 안에 꿀단지를 가져다 숨겨 놓는 것과도 비 슷하게 우려스러워 보였기 때문이다. 이는 결국 미국에 있는 머니랜드가 대부 분 미국인의 몫이라는 뜻이다. 외국인은 가급적 미국 국세청IRS의 손이 닿는 범위 밖에 자기 돈을 놓아두기를 원했다. "보세요. 저는 영국의 어느 투자은행을 위해 일했습니다만, 미국 사람이 아닌 그 누구도 미국과의 거래를 원치 않았습니다. 국세청과 복잡성 때문이었죠. 한마디로 미국 옆에 있기를 원하지 않았습니다." 리노 소재 얼라이언스 신탁회사Alliance Trust Company의 대표 그레그 크로포드의 말이다. "그러다가 상황이 완전히 바뀌었습니다. … 지금은 해외에서 돈이 들어오는데, 그것도 상당한 돈이 들어옵니다."

크로포드의 사무실은 리노의 오히려 침체된 카지노 단지에서 몇 블록 떨어진 웨스트 리버티 스트리트 100번지의 말쑥한 건물 1층에 있었는데, 원래는 포르셰 미국 지사의 본부로 사용되던 곳이었다고 한다. 얼라이언스 신탁회사는 수요의 폭증 덕분에 규모가 커지면서 이전 사무실이 좁아져 2016년에 이곳으로 왔다. "얼라이언스 신탁회사는 국제적 유명 가문 사이에서 네바다주 신탁에 대한 관심의 상승에 주목했습니다. 더 많은 나라들이 사생활 보장을 감소시키기 위한 수단을 동원하는 상황에서, 네바다주는 가족의 사생활 보장이 여전히 존중되고 보호되는 전 세계의 몇 안 되는 장소 가운데 하나인 겁니다." 사무실 이전 당시에 배포한 이 회사의 언론 보도 자료에 나온 말이다. 스위스가 FATCA로 인해 비밀주의 게임에서 나가떨어지게 되자, 네바다주는 (다른 여러 주와 함께) 이 분야에 다시 한 번 활력을 불어넣기에 나섰다.

얼라이언스 신탁회사와 같은 건물 12층에는 전 세계에서 가장 존경받는 금융업체 가운데 하나인 로스차일드앤드컴퍼니Rothschild & Co.의 사무실이 있었다. 로스차일드는 2013년에 이곳으로 왔는데, 정작 그 존재를 건물 로비의 층별 안내판에는 광고하지 않은 상태였다(안내판에서 12층은 텅 빈 채로 남아 있었다). 어쩌면 2016년에 부유한 고객들이 버뮤다와 바하마제도 같은 전통적인 조세 피난처에서 네바다로 돈을 옮긴다는 사실을 보도한 블룸버그 기사에 뒤이어 일어난 작은 소동의 결과일 수도 있었다. 그 기사는 로스차일드의 관리실장 앤드류 페니의 발표문 초안을 인용했는데(물론 본인은 나중에 그 초안을 수정해서 발표했다고 주장했지만), 거기서는 미국을 "사실상 전 세계에서 가장 큰 조세 피난처"라고 언급했기 때문에, 이 업체도 편안하다고 느낄 만한 수준을 훨씬 뛰어넘는 주목을 받게 되고 말았다.

하지만 그는 사실을 이야기한 셈이었다. 리노에서 우리가 본 것, 그리고 각자 나름대로의 번성하는 신탁 사업을 보유한 사우스다코타, 델라웨어, 와이오밍 같은 다른 주들에서 쉽게 찾아볼 수 있는 것은 일관성 있는 기준에 합의하지 못한 세계의 실패로부터 비롯된 뒤틀린 결과물이었다. 이런 것들은 미국 정부가 이겼다고 생각하는 바로 그 순간에 민주적인 감독으로부터 부囊가 빠져나가는, 아울러 그 결과로 미국 금융기관들이 부유해지는 가시적인 징후였다.

피터 코토차누는 그런 모습을 가까이에서 지켜보았다. 그는 2007년 1월 UBS에 입사해서 자산 구조화 부서의 일원이 되었다. 뉴질랜드 태생의 변호사인 그는 유동 자산 500만 달러 이상을 보유한 고객들에게 투자 방법을 조언했는데, 본인의 주장에 따르면 어디까지나 관련 당국에 신고된 돈만 다루었기에 일종의 외톨이가 되고 말았다고 한다. "저는 실제로 은행에서 그 이유 때문에 조롱을 당했습니다. 왜냐하면 그곳에서의 일은 모두 미신고된 돈과 관련이 있었으니까요." 2017년에 그는 펜실베이니아주 소재 자택에서 전화로 내게 말했다. "그 당시에 그 은행에서는 미신고된 돈이 70퍼센트쯤 된다는 소문이 있었어요. 그러니 미신고된 돈을 다루지 않을 거면, 도대체 뭐 하러 굳이 UBS에 들어와 있느냐는 거였죠."

그러다가 브래들리 버켄펠드 스캔들이 터지자 만사가 바뀌었다. 갑자기 UBS는 미국 당국의 심기를 거스르지 않는 방식으로 고객의 돈을 관리하는 영리한 방법을 찾을 필요가 생겨났고, 곧은 성품의 코토차누야말로 그들이 찾아낸 적임자였다. 그는 서로 다른 사법관할구역 14개소의 상대적인 장점을 판정한 다음, 사업을 하는 완전히 새로운 방식의 틀을 만들어 냈다. 그 과정에서 코토차누는 해외계좌납세의무준수법^{FATCA}과 공동보고표준^{CRS}의 상대적인 장단

점을 꿰뚫는 전문가가 되었으며, 결국에 가서는 아주 영리한 다른 변호사 몇 명이 발견했던 것과 똑같은 사실을 발견하게 되었다. 미국은 나머지 세계를 부추기면서까지 금융 비밀주의를 박살 내는 데에 동참시켰지만, 정작 그 스스로는 똑같은 기준을 적용하지 않는다는 것이었다.

"사람들이 이렇게 물어봤습니다. '도대체 미국은 어떻게 했기에 새로운 비밀주의 사법관할구역이 된 겁니까?' 그러면 저는 아무 일도 안 해서 그렇게 된 거라고 대답합니다. 그게 바로 핵심입니다. 미국은 항상 비밀주의 사법관할구역이었지만, 다른 나머지 나라들도 역시나 마찬가지였지요." 코토차누는 내게 이렇게 말했다. "저는 이 상황을 워런 버핏의 표현에 비견합니다. '썰물이 되고 나면 누가 수영복을 입고 있지 않은지 알 수 있는 법이다.' 그 당시에는 수영복을 입고 있지 않은 사람이 상당히 많았고, 미국도 그중 하나였습니다. 그러다가 썰물이 되어서 다른 모두가 수영복을 찾으러 허둥지둥 가 버리자, 이제는 미국 혼자만이 수영복을 입지 않은 상태로 남아 있게 된 겁니다. 미국은 항상 수영복을 입지 않은 상태였는데, 이제는 혼자서만 수영복을 입지 않은 상태가 된 거죠."

이런 일이 일어난 이유는 복잡하기 짝이 없지만, 부분적으로는 여러 다른 나라들이 세금을 부과하는 방식에서의 차이에서 비롯된다. 미국 당국은 오로지 이자와 배당금에 대한 정보만을 수집했다. 이는 결국 미국이 해외 국가들과 공유할 수 있는 정보는 딱 그것뿐인 반면, CRS 규제에 의거하여 해외 국가들은 수입을 벌어들이는 실제 자산에 관한 정보를 미국과 공유해야 한다는 뜻이 된다. 여기서 끝이 아닌데, 바로 이런 상황이야말로 역외 부의 한가운데 놓인 긴장을 반영하는 것이기 때문이다. 이 긴장으로 말하자면 머니랜드의 시작 그 자체로까지 거슬러 올라가는 것이며, 세계경제라는 유조선의 공식 배관을 우회하는 거래였던 최초의 유로본드의 탄생에서도 반영된 바 있었다.

여러분도 기억하겠지만, 1960년대에 스위스 은행에는 나치 전범들의 돈만

들어 있는 게 아니라, 조세 회피자들과 피난민의 돈도 역시나 들어 있었다. 그 사람들 모두는 비밀주의/사생활/기밀성(각자 해당 항목에 표시하시오)을 추구했으며, 이는 결국 야비한 돈이 대피한 돈과 함께 세탁되고, 또다시 사악한 돈과 함께 세탁되었다는 뜻이다. 이 세 가지 집단의 사람들은 그 최초의 유로본드로부터 혜택을 입었다. 왜냐하면 이전까지만 해도 가만히 고여 있기만 했던 돈에 대해 수입을 제공했기 때문이다. 하지만 이 세 가지 집단의 사람들이 모두 똑같이 두드러지게 선전되지는 않았다.

스위스 은행들은 자기네 비밀주의가 유대인의 부를 나치의 몰수로부터 보호하기 위해 고안된 것이라고 주장하기를 좋아하지만, 정작 자기네가 마찬가지로 쌓아 놓은 온갖 독재자들의 돈이라든지, 또는 자기네가 촉진한 조세 회피에 대해서는 계속 침묵을 유지했다. 피난민에 대한 언급은 어디까지나 다른 고객들을 보호하기 위한 방패로 삼기 위해서, 그리고 스위스 은행들을 범죄 조장 기관이라는 실제 모습 대신에 뭔가 고상한 정신을 가진 기관처럼 보이도록 만들기 위해서 거론된 것뿐이다.

스위스 은행들은 자기네가 고객들의 세부 사항을 밝히지 않는 이유가 자칫 탐욕스러운 정부로부터의 보호를 추구하는 사람들의 정당한 이익을 위험에 빠트릴 수 있기 때문이라고 주장한다. 하지만 버켄펠드 스캔들에서 치약 튜브속 다이아몬드에 관한 폭로가 나오면서 스위스를 위한 이런 핑계는 소멸하고 말았으며, 이는 결국 조세 회피자들과 도둑 정치가들이 마침내 모습을 드러내게 되었다는 뜻이었다. 하지만 미국에서는 이런 핑계가 소멸하지 않았으니, 이곳에서는 은행가들이 여전히 자기네는 탐욕스러운 사업가들과 부정한 공무원들의 부를 위해서가 아니라, 오히려 세계의 약자들의 돈을 위한 피난처로 기능한다고 주장하기를 좋아한다.

2011년에 오바마 행정부는 외국인 소유 은행 계좌에 대해서 수집한 정보를 확대함으로써 해당 외국인의 본국 정부와 교환할 수 있는 방안을 모색하고 있었다. 이것은 반조세포탈 입법안의 중요한 항목이었다. 미국이 외국의 도움을 요청하면서도 아무런 대가를 제공하지 않는다면 유난히 위선적으로 보였을 것이기 때문이다. 하지만 은행가들로부터는 격앙된 반응이 나왔다. "우리가 일자리를 만들고 사업에 대한 부담을 줄이려 하는 상황에서, 이것은 잘못된 시기에 잘못된 문제이다." 플로리다금융가협회 대표 알렉스 산체스는 의회 증언에서 이렇게 말했다. "이 법안으로 인해 적게는 수백억에서 많게는 수천억 달러의 자본이 빠져나갈 수 있다."

플로리다주 하원의원 25명 전원도 나름대로의 편지를 보내 협회를 지지하면서, 오랜 세월 스위스 금융을 추종했던 사람들 모두에게 친숙한 한 가지 논증을 사용했다. 산체스는 플로리다 은행들에 있는 해외 소유 예금 가운데 600억 내지 1,000억 달러가 세금을 전혀 내지 않는다는 사실을 시인하면서도, 그 예금주들이 자기네 주에 그 돈을 맡긴 이유는 그게 아니라고 말했다. 오히려 예금주들은 안전에 대한 우려로 플로리다의 은행을 이용하는 것뿐이라는 주장이었다. "그들의 개인 은행 계좌 정보가 자국 정부 내부의 무자격자에 의해 범죄나 테러 단체로 새어 나갈 가능성이 있다." 산체스의 주장이다. "그럴 경우에는 자국 내에서 본인이나 가족을 겨냥한 납치나 기타 테러리스트 활동이 초래될 가능성이 있으며, 이는 섬뜩한 시나리오이면서도 매우 현실적인 걱정이다." 텍사스와 캘리포니아와 뉴욕의 은행가 협회들에서도 이와 유사한 편지가 날아왔는데, 하나같이 자기네는 그 부에 대한 정보가 새어 나갈 경우에 생명의 위협을 받을 사람들에게 안전한 피난처를 제공하고 있을 뿐이라고 주장하고 있었다.

만약 이 협회들의 말을 믿는다고 하면, 이들의 회원사인 은행들은 사실상 자선단체나 다름없다고 봐야 할 것이다. 문제의 계좌 소유주들이 자국 정부를 두려워한다는 것까지는 사실이겠지만, 플로리다주 은행들의 진짜 우려에 비교하자면 그 중요성은 미미할 뿐이다. 그들의 진짜 우려란 오히려 이런 것이다. 만약 은행들이 더 이상 비밀주의를 판매하지 못한다면, 그리하여 버켄펠드가

UBS를 폭로했을 때에 미신고된 돈들이 스위스를 떠났던 것처럼 라틴아메리카의 돈이 플로리다주를 떠나 모조리 새로운 거처를 찾게 된다면, 스위스의 가장 오래된 은행 베겔린이 망했던 것처럼 플로리다의 은행들도 망하게 될 것이다. 플로리다주 은행들 가운데 일부는 자본금의 최대 90퍼센트까지를 해외 예금에 의존하고 있었는데, 다시 말해 이런 은행들의 고객 거의 모두가 이자에 대한 세금을 전혀 내지 않았다는 뜻이다.

은행가들의 홍보 공격에 헤리티지재단 같은 우익 싱크탱크까지 가담했는데, 적어도 이쪽에서는 미국에 현금을 숨겨 놓은 해외 조세 회피자들을 폭로하는 것에 반대하는 이유를 최소한 더 솔직하게 내놓았다. 헤리티지의 선임 연구원 대니얼 미첼은 국가 간의 정보 교환 제안이 "회계상의 제국주의이며 … 우리 정부는 다른 나라들이 나쁜 세법을 강요하는 것을 도와야 할 의무가 전혀 없다"고 주장했다. 그 당시에 미국은 자국의 세법을 집행하도록 도우라며 다른 나라들에 강요하는 상황이었으므로, 이 주장은 오바마 행정부를 설득하지 못했다. 하지만 이런 주장 때문에 오히려 미세한 수정에 불과했을 법한 법안 통과는 예상 외로 훨씬 더 어려워지게 되었다. FATCA의 정보 수집 범위를 세계 다른 나라들의 기준에 맞추려고 해 보았자 미국의 국내 정치에서는 유리한 점이 없었기 때문에, 그 많은 돈을 리노로 불러 모은 원인이었던 불일치는 계속해서 남아 있게 되었다.

"민주당이 상하 양원을 지배할 뿐만 아니라 대통령까지 배출하게 되기 전까지는 변화가 없을 겁니다. 더 이상한 일들도 일어났습니다만, 저는 (중장기적으로는) 우리가 꼼짝달싹 못하게 되었다고 생각합니다." 코토차누의 말이었다. "저로선 과연 미국을 굴복시킬 수 있는 칼자루를 지닌 다른 나라가 있을지 모르겠습니다."

그렇다면 이 구멍은 어떻게 작동하는 걸까? "그건 극도로 간단명료합니다." 코토차누는 이렇게 장담해 놓고서는, 실제로는 극도로 복잡한 설명을 내놓았다. 기본적으로 그 작동 방식은 세법상 신탁의 근거를 어느 곳으로 삼느냐로 요약된다. 회사와 달리 신탁은 당국에 등록하는 것이 아니며, 대신에 양도자와 그 변호사들 간의 계약으로서 존재하기 때문에, 그 사법관할구역 역시 간단명료한 문제가 아니며 국가마다 서로 해석이 다르다. 변호사의 목표는 이런 불일치를 이용하는 것, 다시 말해 규제 사이의 틈새에 존재하는 신탁을 만들어 내는 것이다.

"그렇게 하는 가장 간단한 방법은(물론 다른 방법들도 여러 가지 있습니다만) 외국인, 즉 미국 이외의 국적자 한 명에게 상세한 권한 목록을 부여하는 겁니다. 예를 들어 외국 국적의 보호인에게 수탁인을 제거하고 대체하는 권리를 부여하는 겁니다. 짠. 그러면 이건 외국 신탁이 되는 겁니다." 코토차누의 말이었다. "그러고 나면 수탁인이 미국에 있다는 사실, 네바다주 법률을 따른다는 사실, 그 모든 자산이 미국에 있다는 사실, 그 모든 투자가 미국에서 이루어진다는 사실, 그 은행 계좌가 미국에 있다는 사실은 전혀 문제가 되지 않습니다. 만약 상세한 권한 목록을 좌우하는 인물이 미국 이외의 국적자일 경우, 세법상 외국 신탁이 되는 겁니다." 만약 이것이 미국의 세법상 외국 신탁이라고 하면, 미국은 설령 원한다 치더라도 이에 관한 정보를 외국 정부에 보낼 수 없으니 좋은 일이다.

하지만 이보다 더 나은 부분이 있었다. 만약 미국 국적의 수탁인이 한 명 들어 있다면(예를 들어 네바다주 리노 소재 얼라이언스 신탁회사의 경우처럼) 공동보고표준CRS상으로는 미국 신탁이 되어서 그 조항에 대해 면책이 되었다. 다시 말해 CRS에 근거한 외국 정부들과의 정보 교환을 할 의무가 없다는 뜻이므로, 러시아나 중국의 사업가도 자칫 자국 정부에 돌아가지 않을까 하는 두려움 없이 여기에 자기 돈을 놓아둘 수 있었다. 이 신탁은 외국 법률상으로는 미국 국적이었고, 미국 법률상으로는 외국 국적이었다. 즉 어디에도 존재하지 않는 셈이었다. 네바다주의 마법 신탁은 사법관할구역의 '트위스터 게임' 역할을 했던 셈이며, 지그문트 바르부르크라면 이런 방식을 마음에 들어 했을 것이다. 그 신탁은 경우에 따라 미국 국적일 수도 있었고 외국 국적일 수도 있었으니 말이다. "차마 믿을 수 없을 정도로 유용한 방법입니다." 코토차누의 말이다.

그렇다면 과연 누가 이로부터 이득을 얻을까? "그 덕분에 라틴아메리카, 러시아, 사우디 사람들은 세금 걱정을 하지 않습니다. 사우디는 소득세가 없지만, 개인의 부에 대한 정보가 본인에게 불리하게 사용될 수도 있으며, 게다가 신뢰할 수 없는 정권이 들어섰을 때에는 관련 자료를 기밀로 유지하고 싶어 하게 마련이지요. 그런 종류의 압제적인 정권이 있는 나라나 중동 사람들은 사생활 보장 역시 원하는 겁니다." 코토차누의 말이다. "제가 고객들에게 신고를 필수적으로 요구하는 까닭은, 미신고된 돈을 숨기는 일을 돕고 싶지는 않기 때문입니다. 제 입장에서 이 일은 오로지 신고된 돈에 대한 사생활 보장을 위한 것입니다. 하지만 지금은 상당히 많은 사람들이 미신고된 돈을 숨기기 위해서 이 구조물을 이용합니다. 과거의 역외 세계가 이제는 미국의 역내로 옮겨 온 셈이지요."

네바다주는 자기네 신탁회사들이 보유한 자산의 규모에 대한 자료를 간행하지 않은 것으로 보이지만, 그 경쟁자인 사우스다코타주는 간행했다. UBS의 폭풍이 몰아치기 전인 2006년에 그 주의 수탁인들은 이미 상당히 인상적인 328억 달러를 보유하고 있었는데, 이 금액이면 사우스다코타 인구 1인당 약 4,200만 달러씩인 셈이었다. 그러다가 2015년에 이르러서는 그 총액이 무려 1,750만 달러에 달했고, 이후 12개월 사이에 거의 3분의 1이나 더 늘어났다. 2016년에 이 주의 기록된 총액은 2,260억 달러가 되어서, 이 조세 피난 대초원의 인구 1인당 2억 6,100만 달러씩이 되었다. "비밀주의를 추구하는 국제적 유명 가문들이 보기에 역외 사법관할구역 가운데 상당수는 오히려 매력이 떨어지게 되었습니다. 미국 자체의 안정성에 국제적 유명 가문들의 요구에 응하는 현대적인 신탁법까지 더해지자, 그들이 보기에도 오히려 덜 강력한 국가에 근거한 역외 신탁보다 미국이라는 강대국 쪽이 더 매력적일 수 있었던 겁니다."
사우스다코타주의 신탁회사는 그 웹사이트에 이렇게 적어 놓았다. 쉬운 말로
바꿔 보자면, 조세 피난처들이 그 고객에 관한 정보를 뱉어 내도록 협박을 받는
상황에서도 정작 미국은 그런 일을 당하지 않는다는 뜻이다.

"사우스다코타와 네바다주는 기본적으로 똑같습니다." 네바다의 주도^{州都}
카슨시티에 가까워졌을 때에 크로포드가 말했다. 마침 주 입법부에서 세법 변
경에 대한 논의가 예정되어 있어서, 그에게도 증거 제출을 요구했다. "우리도
그쪽의 발상 가운데 일부를 베끼고, 그쪽도 우리 것을 베끼죠. 그거야말로 경쟁
력을 계속 유지하는 지속적인 과정입니다." 그리고 그것이야말로 머니랜드의
역진 방지 톱니바퀴였다.

주간^{州間} 고속도로를 따라 달리는 동안, 서부의 넓디넓은 땅의 특징이라 할
수 있는 덤불 우거진 사막의 풍경을 지나가다 보니, 오늘날 이런 곳에 무려 수
십억 달러가 예치되어 있다는 사실이 뭔가 기묘하게 느껴졌다. 비록 미국인은
신탁에 넣을 수 있는 자산의 액수가 (약 500만 달러로) 제한되어 있었지만, 외국
인에게는 이런 제한이 적용되지 않았기 때문에, 국제적인 사업의 붐이 그처럼
불균형할 정도로 많은 돈을 끌어들였던 것이다. "해외에서의 유입은 무척 재미
있습니다. 취리히나 홍콩 등지로 찾아가야 해서도 그랬지만, 그런 신탁들은
상당히 규모가 큰 경향이 있기 때문이었습니다. 예를 들어 우리 사무실에 있는
보통 신탁이 대략 800만 내지 1,000만 달러 규모라고 가정하면, 해외에서 온
신탁은 아마 보통 수준이 5,000만 달러쯤 되었을 겁니다. 이것은 즐길 만한 사
업의 일면이지요." 크로포드의 말이었다. "CRS 덕분에 전통적인 돈 중심지들에
서 이쪽으로 많은 돈이 몰려오고 있습니다. 예를 들어 스위스, 싱가포르, 홍콩,
어느 정도까지는 두바이, 거기에 카리브해 일부 등이 바로 그런 중심지들이었
는데 … 그 사람들이 전화를 걸어서 이렇게 말하는 겁니다. '제 할아버지께서
그런 장소들 여러 곳에 이런 걸 만들어 놓으셨는데, 이제 갑자기 그 정보가 방

글라데시나 우즈베키스탄으로 넘어가게 생겼으니, 어서 미국으로 옮겨 주시기 바랍니다.'"

다른 나라들에 이런 사기극을 중단하도록 요구해 놓고서, 자국 스스로는 그런 사기극을 좀 더 만들어 내고 있으니, 혹시 미국은 위선적으로 행동하는 것이 아닐까? 그는 잠시 불편한 표정을 지었다. "이 일 배후에 어떤 거대한 계획이 있을 가능성은 없어 보입니다." 크로포드의 말이었다. "이 일은 진짜로 우연히 진화한 겁니다. 하지만 뭔가 배후가 있다 치더라도, 누군가가 미국에 돈을 예치했을 경우, 솔직히 말해서 우리로선 그 사람이 그 사실을 보고했는지 안 했는지를 알지 못한다는 겁니다. 우리는 선서 진술서를 받고, 그 돈이 최소한 깨끗한 데에서 나왔음을 보장하려 노력합니다만, 그렇다고 해서 일일이 확인까지 할 수는 없습니다."

네바다주 의회는 창문 주위로 둥근 아치가 있고 넓은 잔디밭이 펼쳐진 상당히 멋진 청사에 있었다. 우리는 웅장한 출입문의 기둥 아래를 지난 다음, 계단을 올라가서 위원회실에 도착했다. 바로 그곳에서 얼라이언스 신탁회사 대표 크로포드와 다른 여러 사람은 오히려 법률의 미세한 부분에 대한 의견을 개진했는데, 만약 관철된다면 그의 회사 같은 업체들은 다른 주들로까지 확장할 수 있는 한편, 네바다 바깥의 신탁회사들은 이 주로 들어올 수 있을 것이다. 결국 이들에게 유리한 내용이었으며, 질문을 던지는 여러 의원들에게도 마찬가지인 것처럼 보였다. 공청회가 끝나자 앨 크레이머 의원은(그의 40번 지역구는 아까 내가 따라온 길을 따라 카슨시티에서 리노까지 이어져 있었다) 네바다주 상공부의 금융기관 담당 부서 책임자 조지 번스에게 다가가 대화를 나누었다.

크레이머는 외화의 유입이 자기 유권자들에게 가져올 온갖 일자리에 대해서 열변을 토했다. "제가 예상하기에 21개 내지 25개의 네바다주 회사들에서는 모두들 향후 수년 사이에 대여섯 명씩의 직원을 추가할 겁니다. 당신께서 뭐라고 말씀하시든지 간에 그 정도면 100명 이상을 고용하는 셈이고, 그들 각자는

10만 달러 이상의 혜택을 받는 셈이 될 겁니다." 그가 말했다. "만약 직원 100명의 호텔 하나를 갖고 있어서, 거기서 1년에 10만 달러를 벌어들인다고, 그것도 모두 네바다주로 오는 사람들로부터 벌어들인다고 치면, 당신께서도 이것이야말로 세계 최고의 성공이라고 생각하실 거고, 지금 제가 예상하는 일이 바로 그겁니다. 저는 우리가 준비되었다고 생각합니다. 이건 큰일이 될 겁니다."

지금의 리노는 외관상 마치 무너져 내리는 것처럼 보일 수도 있지만, 신탁 회사 몇 개만 더 온다면 금융 지구가 생겨날 것이고, 결국 도시 전체의 쇄신을 추진할 수 있을 것이다. 번스 역시(그로 말하자면 그곳에 사무소를 개장한 로스차일드앤드컴퍼니에 허가를 내 준 장본인이었다) 이런 열정을 공유하고 있었기에, 두 사람은 이 사업에서 자기들이 따돌린 다른 모든 사법관할구역에 대해서 약간 이야기를 나누었다.

"맨섬도 있고, 카리브해에도 몇 군데가 있고, 태평양에도 두 군데가 있고, 이런저런 섬들이 있어서, 이와 같은 것에 관한 나름대로의 법규를 갖고 있습니다. 아주 솔직히 말해서, 미국 정부며 국세청IRS에서는 그런 장소들 가운데 일부에 대해서 그 법규 가운데 일부를 바꾸라는 압력을 넣는 것이 가능합니다. 따라서 이들은 네바다주에 있음으로써, 훗날 생길 수도 있는 일의 변덕에 휘둘리지 않는 겁니다." 크레이머의 말이었다.

"약간 좀 불안한 곳에서는 상황이 다르죠." 번스가 끼어들었다. "예를 들어 키프로스 같은 곳도 상당히 좋은 법규를 갖고 있습니다. 하지만 도대체 누가 자기 돈을 키프로스에 갖다 놓으려고 하겠습니까?"

두 사람은 요란하게 웃음을 터트렸다.

실제로 누가 그렇게 하겠는가? 만약 미국 정부가 내 자산을 미국 정부로부터 보호해 준다고 치면, 기껏해야 지중해의 섬나라가 제공하는 보호 따위가 무슨 소용이란 말인가? 2015년에 코토차누가 업계지인《트러스츠앤드트러스티즈Trusts & Trustees》에 기고한 기사에서 말한 대로이다. "저 '크게 빨아들이는 소리'

가 들리는가? 그것은 바로 [CRS의] 보고를 회피하여 미국으로 흘러들어오는 돈의 소리이다. 불운하게도 그 돈 가운데 상당 부분은 미신고될 것이다."

그것은 또한 머니랜드가 스스로를 재주장하는 소리이기도 했다. 이것은 음모론이 아니라(결코 그런 적은 없었다) 개밋둑의 법칙에 따른 자연스러운 결과이다. 즉 유인이 맞아떨어지면 모두가 똑같이 행동한다는 것이다. 네바다주가 조세 피난처로 변한 것은, 돈이 자유롭게 움직이지만 법은 그럴 수 없는 세계에서, 똑똑한 사람들이 스스로 돈을 벌어들일(아울러 고객을 위해 돈을 아껴 줄) 방법을 찾다 보니 생겨난 자연스러운 결과였다. 만약 네바다주와 기타 인기 높은 신탁 친화 주(州)들이 사우스다코타주와 마찬가지로 많은 돈을 자기네 법률 회사들에 예치해 두었다면, 그건 세금과 감독을 회피해서 무려 1조 달러 이상이 눈에 안 보이게 숨겨졌다는, 그리고 심지어 우리의 증손자들이 죽고 나서까지도 계속 그럴 수 있으리라는 뜻이다. 그리고 어쩌면 시간의 종말 때까지도 그럴 수 있으리라는 뜻이기도 하다.

뉴욕주 조세재정부의 2013년 추산에 따르면, 그곳 거주민이 다른 주(州)의 신탁에 자산을 집어넣는 바람에 매년 1억 5,000만 달러의 세입 손실이 발생했다. 하지만 미국 때문에 세계의 나머지 지역이 얼마나 많은 돈을 잃고 있는지에 대해서는 아무런 추산이 없다. CRS는 심지어 아직 완전히 효력이 발휘되지도 않았기에, 전통적인 부의 피난처들이 특유의 비밀주의를 잃어버렸을 때의 결과도 아직 나타나지 않았지만, 이미 공식 통계에서는 그 효과가 눈에 띄게 나타났다. 버클리에 있는 프랑스 경제학자 가브리엘 쥐크망의 최근 연구 일부에 따르면, 세계의 역외 부(富)에서 스위스 기관들이 차지하는 몫은 지난 10년 사이에 약 50퍼센트에서 거의 4분의 1로 줄어들었다. 그리고 아시아의 조세 피난처가 슬금슬금 기어올라와서 스위스와 어깨를 나란히 했다. 그렇다면 '역외'는 아직 유용한 개념이기는 한 걸까? 이제 최고의 조세 피난처가 바로 미국이라고 치면, 우리에게도 유목민적인 머니랜드인의 필요와 변덕에 맞춰서 자기네 법률을 변모시키는 곳들을 가리키는 완전히 새로운 용어가 필요할 수도 있다.

•

기묘한 이야기이지만, 내가 만난 사람들 중에서 지금 벌어지는 일을 가장 잘 이해했던 사람은 바로 카리브해의 작은 조세 피난처 네비스의 총리 마크 브랜틀리였다. 자기네 섬의 금융 서비스의 중요성에 관한 질문을 받자, 그는 무려 10분을 꼬박 할애하여 미국에 대해 철저한 비난을 퍼부었다. 말솜씨는 유창하고도 설득력 있었고, 열정은 진심이었으며, 네비스가 FATCA와 CRS에 서명하지 않을 수 없었던 반면 워싱턴은 아무런 대가도 지불하지 않았던 상황을 설명할 때에는 특히나 그러했다. "몇 년 전에 한번은 제가 어떤 회의에 참석했는데, 강연자가 상당히 폭발적인 발언으로 말문을 열었던 것이 기억납니다. 즉 세계에서 일어나는 돈세탁 대부분은 바로 한 섬에서 이루어진다는 거였습니다." 2018년 초에 브랜틀리는 내게 이렇게 말했다. 마침 그 현장에는 카리브해의 사법관할구역 대부분이 참석해 있어서, 대표자들은 깜짝 놀라 서로를 쳐다보기 바빴다. "저는 그가 말하는 섬이 부디 네비스는 아니기를 바라며 숨을 죽였습니다. 그러자 강연자는 그 섬이 바로 맨해튼이라고 말하더군요. … 지금 벌어지고 있는 일은 역외에 있던 돈이 이제 역내로 범람해 델라웨어, 네바다, 기타 유사한 지역으로 가는 것이라고 말입니다."

브랜틀리는 영국에 대해서도 충분히 많은 분노를 표출했다.

"영국, 그중에서도 특히 런던에 부유한 러시아인들이라든지, 또는 세계 각국의 올리가르히들이 불균형할 정도로 많이 산다는 사실은 이제 비밀도 아닙니다. 왜 그럴까요? 날씨가 좋아서 그럴 리는 없을 겁니다. 그렇다면 왜 사람들이 런던으로 몰리는 걸까요?" 그가 질문을 던졌다. "그건 분명히 어느 정도의 순자산을 지닌 사람들을 그곳으로 끌어들이는 의도적인 정책이 있기 때문이고, 그런 정책이 있는 이유는 바로 그런 사람들이 가져오는 부가가치 때문입니다. 그러니 만약 영국이 그렇게 할 수 있다고 치면, 영국처럼 물려받은 것이 없는 다른 국가들이 스스로의 힘으로 일어서려는 것은 무엇이 문제이겠습니까?"

영국으로부터 독립했을 당시 네비스의 총리로 재직한 시미언 대니얼과 마찬가지로, 브랜틀리는 이제 자기네 섬이 작고 외지고 바다로 에워싸여 있다는 모든 단점에도 불구하고 생계를 유지하도록 도와야 하는 임무에 직면한 상태였고, 미국과 유럽 국가들이 스스로도 지키지 않는 기준을 고집하는 것이야말로 극도로 위선적이라고 생각하고 있었다. "제가 오랫동안 생각해 보았습니다만, 그런 주장은 우리가 뭔가 어두운 지상낙원, 즉 샹그릴라Shangri-La를 운영하고 있다는 거였습니다." 그의 말이었다. "제가 변호사로 활동할 때, 우리는 런던의 모든 주요 법률 회사, 시티의 모든 대형 법률 회사, 그리고 뉴욕과 취리히 같은 대도시의 모든 주요 법률 회사와 거래하고 공조한 바 있었습니다. 그런데 이제는 우리가 어찌어찌 단절된 것만 같습니다. 사실 우리를 역외와 역내로 구분하려고 시도하는 것 자체가 오류입니다. 그런 구분 따위는 없습니다."

브랜틀리는 핵심을 짚고 있었다. 네비스가 사용하는 책략은 네바다주에서도 마찬가지로 이용 가능하지만, 미국 국무부는 자국 대신 이 섬나라를 비난하는 셈이다. 또한 스스로도 지키지 않는 법규를 외국인에게 강요하는 셈이다. "이처럼 열성적인 규제 감독 가운데 일부는 실제로 돈 가로채기가 아닌가 하는 의구심이 들게 됩니다. … 이런 법규를 추진하는 것은 모두의 유익을 위해서라고들 홍보하는 변칙적인 생각들도 있습니다만, 저는 전혀 확신하지 못하겠습니다." 그의 말이다.

브랜틀리는 2009년에 버락 오바마 대통령이 한 연설을 회고했다. 거기서는 케이맨제도 소재 사무용 건물인 어글랜드하우스를 가리켜 수천 개 회사들의 주소지라고 비판하면서, 그것은 세계에서 가장 큰 건물이거나, 그렇지 않으면 세계에서 가장 큰 조세 사기극일 것이라고 주장했다. "저는 깜짝 놀랐습니다. 왜냐하면 하버드를 나온 변호사 출신인 그조차도 금융 서비스 부문의 작동 방식을 미처 몰랐기 때문입니다." 브랜틀리의 말이다. "케이맨제도에는 돈이 없습니다. 그 돈은 런던에 있습니다. 그 돈은 뉴욕에 있습니다. 그 돈은 세계의 큰 돈의 중심지에 있습니다. 케이맨제도는 큰돈의 중심지가 아닙니다. 그곳은 단지 시설일 뿐입니다."

브랜틀리는 2017년 12월에 당선되었으며, 우리가 이야기를 나누었을 때에는 집무를 시작한 지 겨우 몇 주가 흐른 다음이었기 때문에, 민간 부문에서 벗어난 지 얼마 되지 않았다. 그는 옥스퍼드대학에서 법학 학위를 취득했고, 몇몇 주요 상업 소송에 참여했기에, 자기가 감독하는 사업에 관해서 잘 알고 있었다. "우리가 규제에 대한 격분이라든지, '이건 세계에 나쁜 일이야'라는 생각이라든지 하는 것들을 모조리 벗겨 놓고 본다고 하죠. 그 맨 알맹이까지 모조리 벗겨 놓고 보면, 대개 가장 큰 목소리를 냈던 바로 그 사람들이야말로 스스로 뭔가 매우 흥미로운 일을 하고 있다는 사실을, 그리고 그 일이야말로 우리가 하려던 일과 어쩐지 비슷해 보인다는 것을 깨닫게 됩니다. 바로 그것이 주된 관심사이죠."

어쩌면 브랜틀리의 말이 맞을 수도 있다. 내가 보기에는 확실히 설득력 있는 주장 같았다. 하지만 이 모두에는 오로지 한 가지 확실성만 있었으니, 그것은 바로 머니랜드가 계속해서 진화하리라는, 그 보호는 계속해서 강화되리라는 것이었다. 그곳의 상상력 뛰어나고 충분한 동기를 갖춘 방어자들은 자기네를 가장 환영하는 그 어떤 사법관할구역에서도(그곳이 네비스이건, 영국이건, 미국이건, 아니면 완전히 다른 어딘가이건 간에) 그 시민들이 돈을 숨기고 배가할 새로운 방법을 생각해 낼 것이기 때문이었다. 민주주의의 발상과 법치를 고수하는 모든 사람에게 이것은 매우 걱정스러운 생각이 아닐 수 없다.

Chapter /

19

머니랜드에
맞서기

그런가 하면 이 모든 것이 전혀 문제가 없다는 관점도 꾸준히 지속된다. "머니랜드는 세계화의 대가일 뿐이며, 부유한 나라에게는 물론이고 그걸 가능하게 하는 역외 피난처들 모두에게도 순이익이야. 그래, 세계의 상당 부분이 정치가로 자처하는 탐욕스러운 악당들에게 약탈당하고 있는 것은 맞아. 그래, 부유한 사람들이 정교한 역외 구조물을 통해서 세금을 최소화하는 것도 맞아. 하지만 머니랜드인이 자기 돈을 우리나라에서 소비하는 한, 우리는 승리할 수 있어."

이런 논증은 저지섬 및 네비스 경제의 기반이자, 네바다주가 장차 되고 싶어 하는 종류의 경제에 기초가 된다. 아울러 이런

377

주장은 런던과 뉴욕의 부동산 시장에서 거듭 떠오른 논의를 떠받친다. 즉 영국인이나 미국인 가운데 자기 도시의 큰 면적을 차지하는 주택을 구매할 만한 사람은 극소수이지만, 부동산 중개업자와 변호사와 회계사는 그걸 구매할 만한 사람을 지원함으로써 유복하게 살아가기 때문에 아무 문제가 되지 않는다는 것이다. 옛날 옛적에는 이를 가리켜 윔블던 가설이라고 했다. 즉 대회를 주최하는 한에는 우승을 못해도 아무 상관없다는 것이다(이 가설은 훗날 영국인인 동시에 테니스 실력까지 탁월했던 앤디 머리라는 선수가 나와서 결국 깨지고 말았다).[18]

우크라이나, 아프가니스탄, 나이지리아 같은 나라들에서 역외의 조력을 통한 타락으로 야기된 피폐는 그 자체로도 물론 관심의 대상이 될 만하다. 하지만 그토록 순진한 인도주의적인 우려에도 마음이 흔들리지 않는 사람이라면, 지금 우리가 당장 그걸 멈추려고 행동하지 않을 경우, 저 먼 나라들의 비참이 결국 우리의 비참이 될 수도 있다는 사실에 주목하는 편이 좋을 것이다. 부패는 아프가니스탄과 나이지리아와 중동의 이슬람주의자를 과격화시켰고, 그들이 자금 부족과 사기 저하에 시달리는 정부군을 물리치게 거들었다. 하지만 탈리반, 이슬람국가, 보코하람 같은 단체들은 일단 활동을 시작했다 하면 국경에서 멈춰 서지 않는다. 실제로 이들의 폭력은 이미 확산되는 중이다. 내가 제1장에서 인용했던 미국 해병대 장군 존 앨런이 부패를 가리켜 자기 병사들이 아프가니스탄에서 직면한 가장 큰 잠재적 위협이라고 말한 이유도 그래서였다. 부패는 단지 테러리스트에게만 힘을 부여하는 것이 아니다. 부패는 사하라 이남 아프리카에서의 전염병 치료를 막아서고, 치명적인 죽음이 발판을 확보하도록 돕는다. 부패는 구소련 국가들의 의사들이 의약품을 잘못 사용하도록 장려하고, 급기야 우리가 사용하는 치료제에 바이러스가 저항력을 얻게 도와준다. 이런 질병 역시 테러리스트와 마찬가지로 국경에서 멈춰 서지 않는다.

18. 테니스의 종주국인 영국에서 개최하는 윔블던 대회에서는 1936년의 프레드 페리 이후 무려 77년만인 2013년에야 앤디 머리가 영국 선수로서 우승을 차지했다.

나아가 서양 여러 나라에서 부동산을 구입하고 영향력을 발휘하는 것을 용인받는 저 부패한 엘리트들은 단지 바다를 건너왔다는 이유 때문에 악당 노릇 하기를 중단하지는 않는다. 그들은 앞서 한재산을 벌었던 나라들에서 했던 것과 똑같은 방식으로 이곳의 공공 생활마저 오염시킨다.

국가 안보와 공중 보건과 공공질서의 이유 때문에라도, 우리는 모두 머니랜드에 관심을 가져야 마땅한 것이다.

───────────●───────────

하지만 이런 논증조차도 정부가 뭔가 조치에 돌입하도록 자극할 가능성은 없어 보이는데, 여기에는 충분히 이해할 만한 이유가 있다. 막상 시행하려면 국민에게 비용이 전가되는 어떤 조치의 장점을 국민에게 납득시키기는 힘들기 때문이다. 머니랜드의 조력자들도 세금을 내고 있으므로, 그들을 공격하면 단기적으로는 공공 재정에 타격이 있을 것이다. 바로 그런 이유 때문에 간혹 정부가 행동에 돌입하더라도, 기껏해야 형식적인 수사에 그치고 말았던 것이다.

외국인에게 이자를 지급할 경우에 그 모국에 관련 내용을 통보하게 하려던 백악관의 온건한 시도에 대해서조차도 미국 은행들이 어떤 반응을 보였는지 보라. "그 예금주들에게는 납치가 단지 이론적인 걱정에만 그치는 것이 아니다. 예금 정보가 누설된다면 그들에게는 진짜로 위협이 된다." 텍사스주 한 은행의 총괄부사장 제리 슈워벨의 말이다. 그는 만약 이 규제가 효력을 발휘하게 되면 "막대한 자본 도피"가 일어나서 여러 은행이 파산할 것이라고 예견했다.

이 규제는 어쨌거나 2011년부터 효력을 발휘했는데, 이후에 슈워벨이 재직하던 텍사스주 라레도 소재 IBC은행은 파산하기는커녕 오히려 주가가 세 배로 뛰었다. 그 은행의 탄력성은 그를 비롯한 이의 제기자들이 미국 정부를 설득해서 정보 교환의 대상 국가 수에 한계를 두었다는 사실 때문일 수도 있다. 예를 들어 멕시코와 브라질은 그런 대상 국가 목록에 있었다. 하지만 베네수엘라, 콜롬비아, 파나마, 적도기니, 아프가니스탄, 나이지리아, 말레이시아, 중국, 러시아, 그리고 도둑 정치가들이 만연하는 기타 국가는 목록에서 빠졌으며, 그리하여 규제 자체가 오히려 무의미하게 되어 버렸다.

우크라이나도 역시나 목록에서 빠졌는데, 이 나라로 말하자면 서로 다른 정치적 신념을 지닌 사람들이 그토록 오랜 기간 동안 고차원의 터무니없는 부패에 관한 이야기를 워낙 많이 쏟아냈기 때문에, 우리로선 그것이야말로 우크라이나 정치인들이 태생적으로 하는 일인 모양이라고 쉽게 결론을 내려도 무리는 아닐 것이다. 예를 들어 바우어새가 딱정벌레 날개 껍질을 이용한 정교한 장식을 만드는 것도 자연의 섭리이고,[19] 일식 때 달이 태양을 완전히 가리는 것도 자연의 섭리이듯이, 키예프의 장관들이 저지르는 도둑질도 그저 자연의 섭리일 뿐이라고 말이다.

하지만 폴 매너포트의 유죄 선고는 부패를 특정 문화에 고유한 행동의 한 형태로 간주하는 견해가 터무니없음을 밝혀 준다. 매너포트는 워싱턴의 베테랑 활동가였으며, 도널드 트럼프가 승리한 바로 그 선거야말로 그가 무려 다섯 번째로 관여한 대통령 선거였다. 하지만 그가 유죄 선고를 받았던 행위가 우크라이나의 독립 이후 수십 년 동안 그곳 정치인들의 행동과 매우 부합된다는 사실은 놀랍기만 하다. 그는 심지어 자기 고용주가 그랬던 것처럼 (우리가 제1장에서 살펴본) 폼폴로라는 영국 회사를 두었다. 이 회사는 야누코비치가 사용한 할리 스트리트의 주소에 등록되어 있지도 않았지만, 저 전직 대통령의 유령 회사들과 똑같은 일을 했다. 즉 내가 뉴욕에서 만난, 2개 국어를 구사하는 정력적인 부동산 중개업자 게나디 페레파다의 고객들이 선호하는 것과 똑같은 종류의 미국 부자 동네에 살면서, 자기 신분을 숨긴 채 사치품과 부동산에 돈을 소비하

---

19. 오세아니아에 서식하는 바우어새는 수컷이 집(바우어)을 짓고 딱정벌레 껍질을 비롯한 갖가지 물건을 가져다가 장식한 다음 암컷을 초대해서 구애하는 독특한 습성으로 유명하다.

게 도와주었던 것이다. 그의 지출 명세는 마치 사치품 좋아하는 아프리카의 한 정치인에 대한 미국 상원의 조사에서 나온 내용처럼 보일 지경이었다.

폴 매너포트에 대한 유죄 선고에서 명확히 드러난 사실이 있다면, 사람들은 자기가 나고 자란 문화 자체에 내재한 뭔가 때문에 훔친다기보다는, 오히려 무사히 빠져나갈 수 있으리라는 생각 때문에 훔친다는 것이다. 우크라이나의 경우처럼 개발이 덜 되었거나 부패한 제도가 있는 국가에서는 사람들이 훔칠 가능성이 더 높지만, 그것은 기회의 작용일 뿐 개인의 작용은 아니다. 아울러 세계 각지를 돌아다니는 더러운 돈이 과거에만 해도 기꺼이 피난처를 제공해 주었던 장소들을 더럽히기 시작했다는 불안한 징조들도 나타나고 있다. 2016년 대통령 선거에서 러시아의 관여 의혹에 대해 미국이 느끼는 불안 역시, 심지어 선진국에서도 상대적으로 적은 금액의 더러운 돈이 끼칠 수 있는 불안정 효과를 보여 주는 주목할 만한 증언인 셈이다. 영국에서도 이와 유사한 우려가 있는데, 브렉시트 국민투표 당시에 벌어졌던 '탈퇴' 캠페인에 동원된 수상쩍은 기부금 때문이었다. 아울러 서양의 주요 국가에도 이와 마찬가지의 우려들이 있으며, 특히 프랑스와 독일에서 그렇다.

해리 포터 시리즈 가운데 한 권에서 위즐리 씨는 자녀들에게 이렇게 경고한다. "제 스스로 생각을 할 수 있는 것이 있는데, 정작 그 두뇌가 어디 달려 있는지 알 수 없다면 절대로 그걸 믿지 마라." 그는 자기 딸 지니가 글을 적어 넣을 때마다 마법처럼 답변을 내놓는 일기장을 지목해 말한 것이었는데, 알고 보니 그 물건은 악당 볼드모트의 영혼이 깃든 물건으로 밝혀졌다. 그런데 이 원칙은 머글의 세계에서도 마찬가지로 적용될 수 있다. 익명의 회사는 합리적으로 행동할 수 있지만, 명백히 그곳을 통제하는 지성까지는 없으며, 자기네와 마주친 사람은 누구라도 교란시키게 마련이다. 심지어 그 옹호자들까지도 그 존재에 대한 정당화를 애써 고안해야 한다는 사실은 놀랍기 그지없다. 내가 이제껏 들은 것 중에서도 가장 흔한 주장은 디즈니코퍼레이션에서 플로리다주의 토지를 매입할 때에 있었던 실제 사례에 근거한 것이다. 이 회사는 자기네 이름으로 가 아니라, 여러 군데 작은 회사를 통해서 토지를 매입했다. 만약 그 정체를 숨기는 것이 불가능했다고 치면, 그 회사의 부에 대해서 알고 있었던 판매자가 가격을 높였을 터이니 불공정하지 않았겠느냐는 것이 그 주장의 골자이다. 하지만 익명의 회사들의 옹호자들이 내놓을 수 있는 최선의 사례가 이것뿐이라고 치면, 사실은 애초부터 내놓을 수 있는 주장 자체가 없었던 것이나 마찬가지이다. 최소한 정당들이라도 그 두뇌가 어디 달려 있는지 알 수 없는 법인이 내놓은 돈만큼은 받지 않고 거절해야 마땅하다.

정치판으로 유입되는 이런 익명의 자금에 대한 광범위한 용인은 민주적 절차에 대한 신뢰의 크나큰 상실에 기여한다. 브렉시트 국민투표가 실시된 지 2년이 지났지만, 우리는 헌법연구위원회라는 단체에 42만 5,000파운드를 준 사람이 누구인지 여전히 알지 못한다. 헌법연구위원회에서는 이 돈을 북아일랜드의 민주연합당DUP, Democratic Unionist Party에 전달했고, DUP는 영국인에게 '탈퇴' 찬성표를 던지라고 촉구하는 광고에 이 돈을 대부분 사용했다. 물론 불법행위는 전혀 없었지만(북아일랜드의 특수한 상황 때문에, 그곳에서는 안전을 이유로 정당 기부자의 신분을 밝히지 않는다) 편법 행위는 확실히 있었다. 이 자금은 DUP가 후보자를 내지 않았던, 그리고 보통은 정치자금이 그 출처를 신고해야 하는 잉글랜드와 스코틀랜드에서 대부분 소비되었기 때문이다.

유로본드의 경우와 마찬가지로(1960년대 런던에서 발명된 이 마법의 종잇조각은 그때까지 숨어 있던 부를 해방시킴으로써, 야비한 돈이 사악한 돈과 뒤섞이게 만드는 동시에 역외 책략이 용인 가능하게 보이도록 일조했다) 이것 역시 서방의 원칙 비틀기의 한 가지 사례였다(훗날 도둑 정치가들은 아예 원칙을 박살 내 버렸지만 말이다). 만약 블라디미르 푸틴이 실제로 정교한 법인 구조물 배후에 더러운 돈을 숨김으로써 미국의 민주주의 과정을 왜곡했더라도, 그는 본명으로 활동하기를 꺼리던 부유한 미국인들이 오래전에 닦아 놓은 길을 따라갔을 뿐이다(이 길에 대해서는 제인 메이어^{Jane Mayer}의 탁월한 저서 『검은 돈^{Dark Money}』에 잘 나와 있다). 이런 은밀한 자금 제공에 대한 반대는 단순히 내 편에게 유리하느냐 불리하느냐에 근거해서 이루어져서는 안 된다. 그런 자금은 태생적으로 유해하다. 신뢰가 없다면 자유민주주의는 기능할 수 없다.

전후의 금융 구조를 고안하기 위해서 1944년에 뉴햄프셔주 브레턴우즈에서 연합국 대표단이 만났을 때, 이들은 통제되지 않은 돈의 흐름이 제기하는 위험을, 아울러 불안정을 확산하고 민주주의를 손상시킬 수도 있는 그 위력을 예리하게 자각했다. "각국의 재량이라는 시대에 뒤떨어지고 문제 많은 경제정책에서는 균열이 생겨나 점점 커질 것이 분명하다." 미국 대표 해리 덱스터 화이트는 1942년에 재무장관 헨리 모겐소에게 보낸 전언문에서 이렇게 말했다.

그로부터 2년 뒤에 모겐소가 국제통화기금 개막 회의에서 한 연설에도 이와 똑같은 주제가 반영되어 있다. "각국 경제생활의 실들이 불가분하게 한데 엮여 세계경제라는 직조물이 되었습니다. 이 실들 가운데 하나라도 떨어져 나가게 둔다면, 전체 직조물이 약해지고 말 것입니다. 제아무리 크고 강한 나라라도 멀쩡하게 남아 있지는 못할 것입니다." 바로 이런 추론에 근거하여, 투기적인 부를 국경 안에 가둬 두고 민주주의 정부가 계속해서 감시하는 시스템의 장점을 각국이 납득했던 것이다.

연합국이 만들어 낸 그 시스템은 그 창조자들이 고대했던 것만큼 오래 지속되지는 못했으며, 다른 무엇보다도 참가국들이 부과하는 높은 세율 때문에 그 수명 동안 자주 비판을 받았지만, 이제 와서 돌이켜 보면 그 업적은 놀라워 보이기만 한다. 영국의 언론인 에드 콘웨이^{Ed Conway}가 브레턴우즈 사건과 이후의 역사를 서술한 『정상 회의^{The Summit}』에서 지적한 것처럼, 1948년부터 1970년대 초까지 전 세계는 전무후무한 발전과 안정을 누렸다. 이 기간에 전 세계 국내총생산은 매년 평균 2.8퍼센트씩 늘어났는데, 그 이전이나 이후의 비율을 훨씬 웃도는 수치이다. 이 마법 같은 25년 동안에는 단 한 번의 전 세계적 경기후퇴도 없었다. 1971년에 리처드 닉슨이 금에 대한 달러화 고정 가격을 포기함으로써 이 시스템이 붕괴된 이후로는 전 세계적 경기후퇴가 네 차례나 있었다.

투기적인 돈을 각국의 국경 안에 가둬 두려던 브레턴우즈의 참석자들의 꿈은 죽어 버리고 말았다. 세계화가 이루어져 지속 중인 상황에서, 우리는 그들이 확인했던 문제들에 대한 다른 해결책을 반드시 모색해야 한다. 설령 우리가 세계화를 받아들인다고 해서 그 어두운 측면조차도 반드시 받아들여야 하는 것은 아니다. 여기서 말하는 어두운 측면이란, 우리의 정치와 경제와 주요 제도를 기웃거리는 대량의 익명 자금이다. 역외에 관한 간단한 사실은, 그것이 어디까지나 사람들이 역내에서 할 수 없는 일들을 하도록 허락하기 위해서만 존재한다는 것이다. 역외 구조물은 사람들이 자기 돈의 소유권을 숨기도록 허락해 주며, 이렇게 할 경우에는 남들 앞에 부끄러운 뭔가를 가진 사람들에게 유리하며, 다른 모든 사람들을 당혹스럽게 한다. 법인 구조물의 이런 남용은 유한책임회사를 설립하는 목적을 돌이켜 보면 더욱 특이하다. 즉 기업가들이 개인 파산을 두려워하지 않고서 투자하도록 독려하기 위해서라는 목적 말이다. 회사 소유주에게 비밀주의 권한을 부여하는 것이야말로 법률의 제정 의도에 정면으로 반하는 것이 분명하다. 비밀주의는 기업가 정신을 장려하는 것이 아니라, 오히려 사기극을 조장한다.

물론 자기 신분을 숨겨야 할 합당한 이유를 가진 사람들도 있다. 스토킹을 당할 위험이 있는 영화배우들, 불량 정권의 추적을 받는 정치적 망명자들, 부유한 부모로부터 재산을 물려받은 어린이들이 그런 경우이다. 이들의 사생활 보장은 존중되어야 하지만, 어디까지나 명백한 이유에 대해서만 체계적이고 의식적으로 제공되어야만 하며, 아울러 부자에게만이 아니라 그걸 필요로 하는 모든 사람에게 제공되어야만 한다. 익명을 필요로 하는 합당한 이유를 가진 사람들의 세부 사항을 공개 등기부에 게재하지 못하게 방지하는 한편, 그 외의 모든 사람에 대한 특권을 부정하는 것은 지극히 타당할 것이다. 하지만 현재 머니랜드의 호의는 오로지 그럴 만한 여력을 가진 사람에게만 제공되고, 정작 그걸 필요로 하는 사람에게는 제공되지 않는다. 일단 노출에 대해 합당한 두려움을 가진 사람에게 사생활 보장을 제공하고 나면, 나머지 모두는 완전히 똑같은 방식으로 대우받아야 한다.

정작 우리가 그렇게 하지 못하는 이유를 보여 주는 한 가지 사례가 있는데, 내가 영국에서 벌어진 로비에 관한 기사를 검색하던 도중에 우연히 찾아낸 문제였다(하지만 법적인 이유 때문에 이 기사는 결코 간행되지 못했다). 유럽아제르바이잔협회TEAS, The European Azerbaijan Society 라는 단체에서 수만 파운드를 들여 영국 하원의원들을 비행기에 태워 주고 바쿠로 데려와서 고급 호텔에 숙박시키고 관광까지 시켰다는 내용이었다. 해외 유람에서 돌아온 의원들은 만장일치로 하원에서 아제르바이잔에 대해 우호적인 목소리를 냈는데, 이 구소련 공화국으로 말하자면 세습 독재 정권하에서 (다른 무엇보다도) 자국 지배 가문의 사업 거래를 폭로한 언론인을 투옥한 곳이었으니 참으로 기이한 일이 아닐 수 없었다.

아제르바이잔은 "최근 수년 동안 정치적으로나 경제적으로나 어마어마한 진전을 이루었습니다. 그런 사실을 인정하고 보답해야 합니다." 보수파 하원의원 마크 필드가 2011년에 한 말이다. 당시에 그는 TEAS에서 매달 4,000파운드를 받고 있었다. 그의 건너편 야당석에서도 마찬가지의 열성이 드러났다. "우리는 그곳의 노조가 우리 영국의 상황보다 더 나은 관계와 더 많은 고용권을 누리고 있음을 발견했습니다. 아제르바이잔은 젊은 민주주의 국가입니다." 노동당 소속 하원의원 짐 셰리던의 말이었는데, 그로부터 6개월 전에 그는 단독으로 3,100파운드짜리 여행을 하고 돌아온 바 있었다.

아제르바이잔까지의 모든 여행 경비와 영국 하원에서 나온 공식적인 칭찬 사이에는 상당히 직접적인 관계가 있는 것으로 보이며, 바로 이것이야말로 TEAS의 운영자인 탈레 헤이다로프가 그 여행 비용을 부담한 이유임에는 의심의 여지가 없다. "그런 방문은 큰 효과를 냅니다." 그는 2012년 3월의 한 회의에서 이렇게 자랑했다(바쿠 교통장관의 아들인 아나르 맘마도프 역시 미국에서 똑같은 일을 해서 똑같이 인상적인 결과를 낳았다). 그렇다면 그 돈은 어디서 나온 것일까? 런던정경대학 졸업생에게 충분히 기대할 만큼의 아름다운 영어로 유창하고 매력적인 언변을 구사하는 탈레 헤이다로프가 어느 칵테일파티에서 (매너 없이 그런 자리에서 그런 질문을 던진) 내게 답변한 바로는 TEAS에서 등록 회원들에게 모금을 했단다. 하지만 그 단체에는 그 정도의 비용을 부담할 만큼 회원 수가 충분히 많아 보이지는 않았다. 게다가 그의 설명은 마찬가지로 한동안 TEAS의 돈을 받았던 스웨덴 정치인 예란 린드블라드의 설명과도 맞아떨어지지 않았다. "돈에 첨부된 문서에서는 에스토니아를 경유해 마셜제도에서 시작된 거래를 보여 주는 경우가 매우 흔했습니다." 그가 내게 한 말이다. "은행가와 징세관이라면 곧바로 돈세탁을 떠올리게 마련이지요. … 아무 은행도 조세 당국에 보고하지 않았던 게 천만다행이었습니다." TEAS가 영국에 있는 회원들에게 모금한 돈을 무려 마셜제도와 에스토니아를 거쳐 돌아오게 해서 다시 영국 하원의원의 여행비를 댔다니 그저 놀라울 뿐이다.

수수께끼는 이것 하나만이 아니었다. 탈레와 그 형제인 (아울러 TEAS의 운영에 관여해 온) 니자트는 현금이 모자라지도 않았다. 이들 모두는 런던 중심부의 상당히 인기 높은 지역에 부동산을 보유했으며, 카페와 식당도 한 곳씩 보유했다. 하지만 그 돈이 어디서 나왔는지는 불분명했다. 그 와중에 이들의 아버지인 카말라딘은 2006년부터 아제르바이잔의 위기관리부^{MES, Ministry of Emergency Situations} (재치꾼들은 그 이름을 '중요한것전부'^{Ministry of Everything Significant} 라고 바꿔 불렀다) 장관으로 재직 중이었다. 위키리크스가 폭로한 미국 대사관의 전문^{電文}에 따르면, 카말라딘 헤이다로프가 권한을 남용해 막대한 재산을 얻었다는 내용이 있었다. "아제르바이잔에서는 헤이다로프의 이름이 가장 유력한 권력자로 암암리에 종종 언급됨." 그 전문에서 한 미국 외교관은 워싱턴의 자기 상관들에게 이렇게 보고했다. "헤이다로프는 조직 내에서의 체계화된 뇌물을 통해 세관의 수입을 늘렸으며, 결국 방대한 피라미드 사기극을 만들어 내고 말았음."

물론 TEAS가 실제로 그 모든 수입을 실제로 회원들에게서 거두었거나, 탈레 헤이다로프가 또 다른 수입원을 갖고 있었을 가능성도 있다. 하지만 설령 그렇다 치더라도 관련 증거는 결코 제출된 적이 없었으므로, 혹시 아제르바이잔의 국가 예산에서 착복한 돈이 어찌어찌 런던까지 와서 하원의원들에게 사용되고, 그리하여 하원에서 아제르바이잔 정부 칭찬이 나오도록 설득한 것이 아닌가 하는 삐딱한 추측이 나오는 것이다. 이것은 명백히 매우 걱정스러운 생각이며, 민주주의에 대한 믿음을 확장하는 데 도움이 되는 추측은 아니다.

이와 유사하게 불투명한 돈의 발자취는 미국에서도 역시나 찾아볼 수 있다. 나는 한 우크라이나 친구를 통해서 북아일랜드에 등록한 아베이로Aveiro라는 유한합자회사에 관해서 알게 되었는데, 이 업체의 법인 등록 서류에 따르면 "국제무역 및 투자"에 관여한다고 나와 있었다. 하지만 실제로 이 업체는 내용 미상의 우크라이나 이권을 위해 활동하는 워싱턴 로비스트에게 돈을 쓰고 있었으며, 관련자가 정확히 누구인지는 알아낼 방법이 없었다. 아베이로의 파트너 두 명은 모두 역외 회사들이었으며(하나는 몽플레르 주식회사Montfler SA, 또 하나는 니스베트투자 주식회사Nisbett Invest SA였다) 그 서류에는 두 곳의 주주가 누구인지는 고사하고, 심지어 두 곳이 어떤 사법관할구역에 자리하고 있는지조차도 나와 있지 않았다. 아베이로 소유주들의 선의를 신뢰할 수도 있지만, 현실에서는 아니었다. 뭔가 숨길 것이 없지 않은 한, 어느 누구도 자기 돈을 소비하기 위해서 굳이 그렇게 우회적인 접근법을 채택하지는 않을 것이기 때문이다.

세계 일부 지역에서는 이 문제에 대응하기 위한 노력도 있었다. 오늘날 우크라이나에서는 모든 회사들에 그 실소유주를 밝히도록 요구한다. 그곳의 데이터베이스는 제대로 관리되지 않고 접근하기도 어렵지만, 그래도 나는 런던 법원에서 일시 동결되었던 2,300만 달러의 소유주인 올리가르히 미콜라 즐로체프스키에 관해서 수소문하던 중에, 키예프 중심가의 아파트에 사는 그의 어머니를 찾아내서 매우 즐거운 대화를 나눌 수 있었다. 그는 자기가 그 주소에 살고 있다고 등록해 놓았기에, 그 어머니도 때때로 언론인이 찾아오는 것에 익숙해졌다고 말했다. 다른 국가들도 실소유주 공개를 요구했지만, 아직까지는 똑같은 종류의 문제를 겪고 있다. 덴마크는 회사들에 그 "수익적 소유자"beneficial owners [20]를 공개하도록 요구하는 유럽의 몇 안 되는 국가 가운데 하나인데, 이는 브래들리 버켄펠드가 UBS를 내부 고발하기 전에 운영했던 것과 같은 사기극의 반복을 근절하려는 의도였다. 왜냐하면 그는 그 사기극에서 덴마크의 회사들을 즐겨 이용했기 때문이었다.

영국도 지금은 회사들에 "상당한 통제권을 지닌 인물"PSC, person with significant control을 보고하라고 요구하는데, 이는 결국 할리 스트리트의 회사 공장인 포메이션스하우스가 사용하는 영리한 소유권 구조물을 회피해서 우리가 그 주식의 실제 주인을 찾아낼 수 있다는 뜻이다. 새로운 PSC 등기부에는 그 회사가 나와 잠시 만났던(그리고 포메이션스하우스가 만들어 낸 수많은 회사들이 사기극에 관여되었다는 사실에 관해 내가 쓴 기사를 보고 이메일로 항의했던) 그 회피적인 여성 샬럿 파와르의 소유로 나와 있었다.

관련 자료를 분석한 운동가들은 이 자료가 외부 기관의 확인이 아니라 자체 보고에 의존한다는 점에서, 영국의 모든 기업 정보와 똑같은 문제를 공유하고 있다고 지적했다.

하지만 2018년에 의회에서는 (정부의 반대에도 불구하고) 카리브해의 역외 영국 속령屬領에 그 회사들의 진짜 소유주를 밝히도록 의무화하는 내용의 법안을 통과시켰다. 조세 피난처들이 이미 영국 당국과 정보를 교환해야 하는 상황이다 보니, 이제는 경찰도 영국령 버진아일랜드, 앵귈라, 지브롤터, 기타 등등이 수립한 비밀주의의 베일 너머를 들여다볼 수 있게 되었고, 결과적으로 그런 곳

---

20. 소득에 대해 실질적인 처분권을 가지며 그와 관련된 위험을 실질적으로 부담하는 자.

에서 만들어지는 회사들의 숫자가 크게 줄어들었다.

법인 구조물과 번호 계좌가 제공하는 비밀주의가 없다면 머니랜드로 가는 경로, 곧 '훔치기-숨기기-소비하기'에서 중심 구간이 사라지고, 도난 추적은 훨씬 더 쉬워진다. 잊지 마시라. 국토안보수사국 마이애미 지부를 담당하는 특별 수사관보 존 토번의 말에 따르면, 단지 소유주가 누구인지를 밝혀내는 일에만 그의 시간 가운데 절반이 소비된다고 한다. 다른 수사관들은 그의 말조차도 과소평가라고 입을 모은다. 어떤 재산에 실명을 결부시킬 수만 있다면, 어떤 재산이 훔친 것인지 여부는 매우 빨리, 매우 명확해지게 된다.

———————— • ————————

그 방향으로 움직이기 위한 모든 노력은 반갑지만, 지금까지의 문제는 그런 노력들이 모두 부분적이었을 뿐이고, 이른바 돈은 국제적인 반면에 법은 그렇지 못하다는 머니랜드의 근본 원인을 공략하지는 못했다는 것이다. 다른 사법관할구역에서 허락하지 않는 일을 일부 사법관할구역이 허락할 경우, 머니랜드의 문지기들은 불일치를 이용할 길을 항상 찾아낼 것이다. 예를 들어 미국과 나머지 국가들 간의 정보 교환 요구 사항에서의 차이를 이용했던 것이 그러했다. 거주권을 판매하는 회사들은 부유한 러시아인과 그 밖의 다른 사람들에게 자기네 상품을 권하면서, 자기네 사법관할구역은 고객의 금융 비밀을 지켜 줄 것이라고 약속한다. 왜냐하면 정보 교환은 출신 국가와 하는 것이 아니라 거주 국가와 하는 것이기 때문이다. 구멍은 기회를 제공한다. 그것도 항상.

네비스의 거만한 규제관 하이디린 서턴은 부패에 관한 내 걱정을 무척이나 재미있어하면서, 자기네 섬에서는 영국 속령의 사례를 따르지 않으며, 외국인에게 그 등기부에 대한 자동 접근을 허락하지도 않을 것이라고 단언했다. "우리는 독립국가입니다." 그녀의 말이었다. "따라서 이곳 네비스의 법 집행기관

소속 공무원이 우리의 등기부를 보고 싶어 한다면, 그건 또 다른 문제겠지요. 하지만 다른 사법관할구역에서 영장 없이 그렇게 하려 한다면, 그건 우려할 만한 일이겠지요."

그녀의 걱정도 물론 이해할 만했지만, 그들도 이런 상황을 극복할 필요가 있다. 매번 수십억 달러씩의 돈이 연이어 머니랜드로 흘러들어가서 눈에 보이지 않게 되는 상황을 세계가 중지시키려 한다면, 하나가 되어 행동할 필요가 있기 때문이다. 브레턴우즈 회의에서는 모두들 이를 이해했는데, 그 당시의 참가자들은 자기네가 민주주의를 안전하게 지키기 위해 행동하고 있다고 믿었기 때문이다. 하지만 아이러니하게도 이들의 행동이 성공하기 위해서는 민주주의에 대한 어느 정도의 혐오도 필요했다. 국제통화기금IMF은 물론이고 심지어 국제통화에 대한 케인스의 제안마저도 하나같이 계몽된 기술관료적 엘리트가 통제해야 한다고 간주되었기 때문이다. 이들의 주장은 마치 민주주의하에서도 어떤 일들은 너무 중요하기 때문에 차마 대중에게 맡겨 둘 수 없다는 것처럼 들리기도 한다. 이런 성격의 주장은, 하나같이 대중의 불신을 부추기는 데 능숙한 정치인들로부터 나오는 반격에 불가피하게 취약할 수밖에 없다.

미국의 정치인 가운데 일부는 머니랜드의 역학에 대해서 충분한 우려를 품고 있었기 때문에, 자칫 오해를 받을 위험을 무릅쓰고서 하원에서 여러 법안을 상정했다. 그중에는 2018년의 금융서비스위원회에서 나온 초당적 법안도 있고, 각 주州의 법률에 의거하여 창설된 회사에 대한 실소유주 정보 수집을 의무화한 2017년의 법인투명성 법안도 있다.

하지만 트럼프 행정부는 오히려 정반대로 움직였다. 임기가 시작되고 6개월 만에 백악관은 미국 회사들이 외국 공무원에게 뇌물을 제공하는 것을 방지하던 두 가지 중대한 조치인 자원채취산업투명성기구 가입과 그 관련 법령인 카딘-루가 수정 조항을 취소해 버렸다. 이 두 조치는 모두 에너지 회사들이 외국 정부에 지불한 돈의 내역 공개를 의무화하는 제도였다.

석유 회사들은 이 의무 조항 때문에 자기네가 외국 경쟁 업체들에 비해 불리하게 되어서 확장을 못 하고 있었다고 주장했다. "에너지 일자리가 돌아오고 있습니다. 많은 사람들이 이제 다시 일하러 나가고 있습니다." 트럼프는 이 조치들을 취소하는 서류에 서명한 후에 이렇게 말했다. 이것은 민주주의적 의무와 국제적 주도권의 충돌을 보여 주는 뚜렷한 사례였다.

어쩌면 그의 생각은 자기 행정부의 구성원이(특히 사위인 재러드 쿠슈너가) 미국, 그중에서도 특히 부동산 시장으로 유입되는 익명 소유 외국 돈의 흐름으로부터 오랫동안 수익을 얻어 왔다는 사실에서 영향을 받은 것일 수도 있다. 쿠슈너 가족의 회사들은 연이은 언론의 관심 이후, EB-5 비자 프로그램으로부터 이익을 얻은 과정에 대해서 현재 수사를 받고 있다. 원래는 외국 시민이 미국의 적절한 부동산 개발 프로그램에 50만 달러 이상을 투자하면 영주권 신청을 할 수 있도록 배려하는 제도였지만, 실제로는 금융 위기 이후부터(사실은 그 이전부터도) 세계 각국에서 몰려온 부동산 개발업자들이 이 프로그램을 유용한 자본의 출처로 이용하고 있었다.

EB-5 비자 프로그램이 얼마나 허술하게 관리되었는지를 생각해 보면, 이전에 이런 스캔들이 벌어지지 않은 것이 어떤 면에서는 신기할 정도이다. 2015년의 미국 회계감사원 보고서에서는 정말로 놀랄 만한 취약점의 명세가 나오는데, 정작 미국 이민국USCIS, US Citizenship and Immigration Services에서는 그 내용을 진지하게 받아들이지 않은 것으로 보인다. 예를 들어 신청서는 전자 접수가 아니라 종이 접수만 가능한데, 다시 말해 은행들이 사기꾼을 확인하기 위해 실시하는 기본적인 종류의 자동 검색이 불가능하다는 뜻이다.

"투자자의 자금 출처를 확인하기가 어려울 수 있다." 보고서에서는 이렇게 지적했다. "일부 청원자는 신청서에 자신의 자금 출처에 관해서 부정확한 정보를 보고하려는 강력한 유인을 갖고 있을 수도 있다. 그 자금이 불법적인(따라서 부적절한) 출처에서 나왔을 경우, 예를 들어 그 자금이 마약 밀매나 인신매매나 기타 범죄 행위로부터 취득한 것일 경우가 그렇다."

신청자들은 서류를 준비하는 과정에서 숙련된 중개업자를 이용하는데, 정작 USCIS는 신청자들이 제공하는 정보의 신빙성을 판정할 채비를 전혀 갖추고 있지 못하다. 이듬해의 후속 보고서에는 이 프로그램에서 한 해에 무려 1만 4,000건의 청원과 신청을 받았으며(이 프로그램을 통해 얻을 수 있는 비자의 수량은 매년 1만 개로 한정되므로, 번번이 그 한계에 도달하는 경우가 일반적이었다), 그 각각의 분량은 약 1,000페이지에 달한다는 놀라운 정보가 포함되어 있었다. 다시 말해 1,400만 장의 종이가 들어온다는 뜻인데, 그 모두를 수작업으로 검토해야 하며, 원칙상 그 모두를 워싱턴의 어딘가에 있는 커다란 창고에 넣어 놓아야 한다는 이야기이다. 그 기록 보관소는 세인트키츠네비스의 기록 보관소보다 훨씬 더 잘 정리되어 있겠지만, 설령 그렇다 하더라도 이런 속도로 문서가 쌓인다면 그 정확성을 계속 검토하기는 어려울 것이다.

2012년에 USCIS의 직원들은 정부에서 임명한 국장 알레한드로 마요르카스가 EB-5 프로그램 관련 신청에 대해서 "부적절한 영향력을 행사한다"면서 이의를 제기했다. 감찰관실의 수사 결과, 이런 성격의 모든 프로그램에서 생성될 수 있는 구체적인 위험이 드러나는 동시에, 머니랜드의 역진 방지 톱니바퀴 작용의 축소판에 해당하는 것이 드러났다.

부유한 외국인들은 영향력 있는 현지인의 유익을 위해서 돈을 투자하며, 그로 인해서 자금의 출처를 면밀히 조사하는 것에 반대하는 강력한 유인이 생겨난다. 예를 들어 마요르카스는 영향력 있는 상원의원의 청탁을 받고 나서 라스베이거스의 프로젝트 하나를 승인하지 않기로 했던 결정을 뒤집어 버렸으며, 이에 직원 한 명이 이메일에 이런 말을 남기기도 했다. "내 생각에 우리는 완전히 새로운 국면의 더러움으로 진입하는 것 같다."

국토안보부의 특별수사관 테일러 존슨이 2015년의 상원 조사 당시에 제출한 증거에 따르면, 그녀는 바로 그 라스베이거스 프로젝트를 수사한 직후에 괴롭힘과 보복을 당하게 되었다. "저는 조직범죄와 고위 공무원과 정치인의 연계를 발견했습니다. 즉 정치인이 막대한 유세 기부금을 받고 EB-5 프로젝트에서 일부 신청자의 편의를 봐준 것처럼 보였던 겁니다." 그녀의 말이다. "저는 중국과 러시아와 파키스탄과 말레이시아 출신의 EB-5 신청자들이 최소 16일 만에, 그리고 최대 1개월 이내에 승인을 받았다는 사실을 발견했습니다. 서류철에는 기본적이고도 필수적인 법 집행기관의 조회 자료가 빠져 있었고 … 제가 수사하는 과정에서 EB-5 프로그램이 심각한 보안 문제를 갖고 있음이 매우 명확해졌습니다." (이 주장은 법정에서 검증되지 않았으며, 그녀의 휘하 직원들도 아니라고 반박했다.)

부유한 중국 시민들에게 사실상 비자를 판매하는 일에 쿠슈너 가족이 관여하기 이전부터도 수만 명의 부유한 머니랜드인들이 미국에 정착한 바 있었으며, 수십억 달러 상당의 대충 확인된 돈이 이들과 함께 미국에 유입된 바 있었다. 이 시스템을 악용한 것으로 확인된 도둑 정치가도 최소한 한 명 있다. 차오지엔쥔喬建軍은 중국 허난성 저우커우시의 국유 곡물 창고에서 한재산을 빼돌린 다음, 그 돈을 이용해 EB-5 프로그램에 투자해서 워싱턴주에 주택을 한 채 구입했다. 전처 자오스란趙世蘭은 2017년에 유죄를 선고받았지만, 차오는 여전히 도피 중에 있다.[21] 이것은 명백히 힘겨운 조사일 수밖에 없었으며, 특히 관련 정보 상당수를 중국으로부터 어렵게 얻어 내야 하는 것이었기에 더욱 그러해서, 결국 답변보다 더 많은 질문을 제기하고 말았다. 워싱턴 DC의 보관 시설에 쌓인 수미터 높이의 그 서류철에는 또 다른 스캔들이 과연 얼마나 많이 파묻혀 있는 걸까?

중국은 EB-5 신청자들 대다수의 출신지이므로, 차오/자오 같은 범죄의 패턴은 수천 번이나 반복될 수 있었다. EB-5 비자를 얻는 데에 성공한 1만 명의

---

21. 차오지엔쥔은 도피 생활 7년 만인 2018년에 스웨덴에서 체포되었지만, 중국 정부의 범죄인 인도 요구를 스웨덴 정부가 거부해 도로 풀려나고 말았다.

신청자들 중에서 얼마나 많은 사람이 그렇게 훔친 돈으로 미국 거주권을 구입한 경우였을까? 더 걱정스러운 점은, 그중 얼마나 많은 사람이 미국을 내부에서 전복하기 위한 목적으로 돈을 내고 입국 권리를 구매했을까? 이런 질문들에 답변하기 위해서는 관련된 돈의 출처에 대해서는 물론이고, 그 돈으로 구매한 부동산에 대해서도 투명성이 필요하다. 이런 질문에 답변하려는 노력 모두는 트럼프가 대통령으로 남아 있는 한 소멸할 것이 분명한데, 경제의 내막을 조명하려는 시도에 대한 그의 반대 때문이다.

마찬가지로, 조세 회피 및 부패와 싸우기 위해 역외 세계를 열어 젖히려던 영국 정부의 정책 역시 브렉시트 국민투표 이후로는 거의 전적으로 중단되고 말았다. "부패방지 신고 전화는 더 이상 걸려 오지 않게 되었다." 국민투표 이전의 총리 데이비드 캐머런의 선임 고문으로 총리 관저에서 일하던 전직 경찰관 존 벤턴의 말이다. 자국의 문제와 우려에 정신을 집중하고 있는 나라이다 보니, 세계 금융 구조를 재건하기 위한 전 세계적인 추구를 선도할 만한 의향이 거의 없게 마련이었다. 한편으로는 이런 상황을 오히려 환영할 수도 있어 보인다. EU라는 국제 관료주의의 올가미에 저항하여 영국이 자국 민주주의를 재천명할 기회로도 보이기 때문이며, 실제로도 그런 면이 없지 않다. 하지만 머나먼 엘리트의 완고함에 대한 분노에서 촉발된 민주주의적 격발이, 바로 그 엘리트의 고삐를 죄기 위해 고안된 계획조차도 파괴하고 말았다는 점은 아이러니할 수밖에 없다.

───────●───────

EU 회원 자격에 대한 영국의 국민투표에서 승리한 '탈퇴' 캠페인의 구호는 "통제권을 되찾자"Take Back Control였는데, 이는 전 세계 사람들이 무책임한 머니랜드인들의 비행에 직면했을 때에 느끼는 짜증 가운데 상당 부분을 압축하는 탁월한 표현이었다. 하지만 이 구호는 오히려 엉뚱한 표적을 겨냥하고 말았다. EU는 무책임한 부에 대항하여 여러 나라가 함께 싸우도록 지원함으로써, 악당과 도둑이 재산을 유지하지 못하도록 저지하고 있었다. 만약 영국이 혼자 행동한다고 치면, 각국이 저마다의 규제를 수립하는 과정에서 생긴 구멍의 숫자만 더 늘려 줄 것이다.

지금까지는 우리가 이민자에 대항하여 국경을 강화하기만 하면 우리나라를 다시 위대하게 만들 수 있다고 주장하는 도널드 트럼프 같은, 또는 영국에서는 브렉시트 운동 주도자인 나이젤 파라지 같은 사람들의 말을 믿는 시민이 너무 많다. 자유 질서에 대한 진정한 위협은 가난한 이민자들이 아니라 무책임한 돈이다. 역외 강도들은 세계를 약탈하고 있으며, 이런 약탈은 민주주의를 잠식하고, 불평등을 촉진하고, 우리가 차마 따라갈 수도 없는 머니랜드로 점점 더 커다란 양의 부를 빨아들인다.

이에 대한 해결책은 도개교를 들어올리지 않는 것, 즉 자국의 돈이 안착한 땅에서 자기도 더 나은 삶을 영위하기를 바라며 무너지는 자국을 떠나 도망쳐 온 외국인을 악마화하지 않는 것이다. 이에 대한 해결책은 애초에 피난민 위기를 촉진하는 불안정의 근본 원인을 해결하는 것이다. 만약 나이지리아, 러시아, 시리아, 혹은 중앙아메리카의 지배 엘리트가 훔친 부를 역외에 은닉하지 못하게 우리가 저지할 수만 있다면, 우리는 그들이 애초부터 훔치지 못하게 저지하도록 돕는 셈이다. 우리가 잊지 말아야 할 점은 부패가 어디까지나 기회의 범죄라는 것, 따라서 무사히 빠져나갈 수 없으리라는 사실을 알고 나면 사람들도 뭔가를 훔칠 가능성이 훨씬 더 적어진다는 것이다.

우리는 세계화의 이 어두운 측면을 조명하고, 부와 재산의 소유권에 투명성을 부과하고, 누가 무엇을 실제로 소유하고 있는지를 알아낼 필요가 있다. 일단 우리가 그렇게 하고 나면 머니랜드로 가는 길은 무너질 것이며, 우리는 부패한 자들을 기소하는 동시에 그들이 실제 모습 그대로 도둑임을 알아볼 수 있을 것이다.

  그렇다면 우리 시민들은 무엇을 해야 할까? 우리는 누가 무엇을 소유하고 있는지를 알 필요가 있다. 우리는 도둑을 감옥에 넣을 필요가 있다. 우리는 세계의 훔친 부를 우리의 도시들이 세탁하지 못하도록 저지할 필요가 있다. 그리고 우리는 이처럼 인내를 요구하고, 힘겹고, 전문적이고, 빛나지 않는 일을 하기 위해서 필수적인 제휴를 구축할 준비가 된 정치인을 지지할 필요가 있다. 이렇게 해야만 진정으로 우리의 경제와 우리의 사회에 대한 통제권을 되찾을 수 있을 것이고, 우리 모두를 위협하는 세계에 대한 대대적인 약탈을 멈출 수 있을 것이다.

뭔가 썩은 것

이 책의 하드커버 판본이 영국에서 간행되고 2주도 채 지나지 않아서, 덴마크의 법률 회사 브룬&야일레 Bruun & Hiele에서 똑같은 주제에 관한(그러나 제목만큼은 더 긴) 간행물 「단스케은행 에스토니아 지점의 비거주자 포트폴리오에 관한 보고서」를 내놓았다. 이 87쪽짜리 문서에서 변호사들은 특유의 전문적인 언어를 기꺼이 들을 준비가 된 용감한 독자들에게 머니랜드의 숨은 역학의 작동 방식에 관해서 차마 값을 매길 수 없을 만큼 귀중한 통찰을 제공했다.

　그 배경이 된 이야기를 소개하자면 이렇다. 2007년에 덴마크 최대 금융기관인 단스케은행은 핀란드의 삼포은행을 매입했는데, 삼포의 지점이 에스토니아의 수도 탈린에서 상당히 활발하게 운영되고 있었지만, 정작 단스케는 그 지점이 자기네 사업에 적절하게 흡수되도록 "조치하지" 못했다. 이는 결국 탈린의 은행가들이 주로 러시아어와 에스토니아어로 의사소통을 했던 반면, 본사는 영어와 덴마크어를 사용하고 그 나름대로의 컴퓨터 시스템을 이용해 계좌를 관리했다는 뜻이다. 따라서 코펜하겐에 있는 상사들은 탈린에서 무슨 일을 벌이고 있는지를 부분적으로밖에는 몰랐는데, 결국 이런 외면이 상당히 불운한 결과를 가져왔다.

단스케은행이 에스토니아 지점을 매입한 때로부터 결국 그곳의 행각을 저지하는 조치에 나선 2015년 말까지의 기간 동안, 그 불량 전초기지는 러시아, 우크라이나, 아제르바이잔, 기타 구소련 국가에서 2,000억 유로 상당의 금액을 빼냈다. 이것만 해도 (비록 전 세계까지는 아니더라도) 유럽 역사상 가장 큰 돈세탁 스캔들이 거의 확실했으니, 그 액수만 놓고 보면 HSBC가 라틴아메리카의 마약 카르텔을 대신하여 옮긴 총액보다 약 250배나 더 많은 셈이었다. 좀 더 이해하기 쉽게 설명해 보자면 이렇다. 나한테 2,000억 유로가 있다면 HSBC를 즉시 매입할 수 있고, 남은 돈으로 단스케은행까지 매입할 수 있을 것이다.

변호사들의 보고서에는 단스케은행의 직원들이 돈의 출처에 대해서 올바른 질문을 던지는 데에는 물론이고, 심지어 자기네가 감독하는 은행 계좌의 실소유주를 발견하는 데에도 완전히 실패했음이 명백히 드러나 있다. 이같이 에스토니아에 근거하지 않은 사람이나 회사의 소유인 '비거주인 계좌'는 수년 동안 그 지점의 수익에서 최대 99퍼센트를 차지했으므로, 그 지점의 운영에 어느 누구도 너무 많이 간섭하기를 원치 않았음이 명백하다. "이 은행은 그 배후의 고객의 신분이 확인되지 않은 상태에서 다수의 러시아 중개업자들과 고도로 수익성 높은 계약을 체결했다." 보고서에는 이렇게 나온다. "배후의 수익적 소유주의 신분을 드러내지 않은 까닭은, 혹시나 러시아 당국이 관련 정보를 요구할 경우 자칫 고객들에게 문제가 야기될 수 있기 때문이다." 다시 말해 은행가들은 자기네가 누구의 돈을 옮기는지를 말 그대로 알지 못했던 것이다. 그들은 정부의 철저한 조사를 피하기 위해 고객들과 공모하고 있었다.

그들이 그런 일을 해낸 방법에 관한 세부 사항은 전문적인 내용에 속하지만, 결국 단스케은행은 (유로본드로부터 반세기가 지난 뒤에) 머니랜드인들이 훔친 돈을 숨겨서 무사히 소비할 수 있도록 허용하기 위해, 그런 자산을 금융 전문가들이 남부끄럽지 않게 만들 수 있는 또 다른 방법을 고안한 셈이었다. '비거주' 는 단지 '역외'를 좀 더 그럴싸하게 바꿔 부르는 방법일 뿐이었다.

이 스캔들이 세계의 주목을 받게 된 것은 어디까지나 은행원 가운데 한 명이(즉 하워드 윌킨슨이라는 영국인이) 당시에 벌어지던 일을 우려해 상사들에게 보고하고 나서였다. 그가 작성한 최초의 보고서는 완전히 불투명한 소유권을 지닌 한 유령 회사의 은행 계좌에서 포착된 수상한 거래를 서술했다. 그 회사의 소유주가 누구인지는 윌킨슨도 몰랐지만, 그래도 그 회사가 등기소에 제출한 서류는 볼 수 있었는데, 그 계좌를 거쳤음을 그가 똑똑히 보았던 자금의 흐름이 전혀 내용에 반영되지 않았기 때문에 명백히 허위였다. 거짓 보고는 불법이었으므로, 이는 결국 단스케은행이 범죄자를 위해 은행 업무를 처리한다는 뜻이었다. "그 은행은 범죄를 저지른 회사와 알면서도 계속 거래했다." 윌킨슨은 2013년 12월의 보고서에서 말했다. 그는 러시아의 주요 국내 정보기관인 FSB 소유의 계좌라든지, 블라디미르 푸틴 친척들 소유의 계좌상 돈도 의심스럽다고 덧붙였다. 따라서 이것은 그냥 아무런 옛날 범죄자들이 아니라, 가장 높은 층에 속한 도둑 정치가들이었다. 윌킨슨은 최초의 경고에 뒤이어 2014년 1월과 3월과 4월에도 추가 후속 보고서를 내놓았는데, 그 모두는 본질적으로 똑같은 사실을 지적하고 있었다. 즉 누군지 알 수 없는 사람들이 구소련 국가의 고위 공무원들을 대리하여 유령 회사를 이용함으로써, 탈린 지점의 계좌를 거쳐 다른 서양 은행으로 막대한 금액의 돈을 옮긴다는 것이었다.

"이 돈 가운데 일부라도 어디로 가는지를 아는 사람은 전혀 없습니다."

2018년 11월에 윌킨슨은 덴마크 의회에서 이렇게 증언했다. "그 돈은 전 세계 금융 시스템에 들어가 버렸습니다. 따라서 깨끗하고도 자유롭습니다."

단스케은행 사건에는 내가 이 책의 다른 부분에서 언급한 모든 요소가 들어 있었다. 불법적으로 자기네 수익을 급증시키려고 공모한 관리자들, 너무 수익이 높아서 외면하지 못했던 고객들, 국가 간의 규제 틈새 활용, 정의 실현의 가망성이 전무한 상황에서 강자가 약자를 상대로 벌이는 약탈까지도. "지급액 가운데 상당 부분이 수상한 것으로 추산된다." 2018년 9월에 변호사들은 이렇게 결론을 내렸다. "지금까지 약 6,200명의 고객을 검토했는데, 이들 고객 중 대다수가 수상한 것으로 간주되었다."

이 스캔들로 단스케은행의 최고경영자가 자리에서 물러났고, 에스토니아 규제 당국은 탈린 지점을 폐쇄하면서 그 기업 문화에 대해서 엄격한 질책을 남겼다. 하지만 그 직후에 벌어진 일은 참으로 흥미로웠다. 변호사들의 보고서가 나온 지 한 달 뒤에 세계에서 대표적인 반부패 행사인 제18회 국제반부패회의가 하필이면 또 코펜하겐에서 개최되었다. 이 자리에는 각국 정부 장관들이며 세계에서 가장 유명한 관련 운동 단체의 대표들이 참석했다. 그렇다면 바로 그 도시에서 불과 몇 주 전에 폭로된 저 거대한 돈세탁 스캔들에 대해서는 뭐라고 말할 것인가? 그런데 이들은 그 사건을 아예 무시하기로 집단적으로 합의라도 했던 모양이다. 단스케은행이라는 이름은 이 회의의 기록으로 배포된 단 한 건의 문서에도 등장하지 않았으며, 그로 인해 앞서 소개한 변호사들의 보고서에 상술된 것과 똑같은 종류의 행동에 맞서 싸우자는 이 회의의 공언 역시 유난히 부조리해 보이게 되었다.

특히나 기이했던 것은 영국에서의 반응이었다. 최소한 덴마크와 에스토니아에서는 이 스캔들로 인해 정치적 폭풍이 불어닥쳤지만, 영국에서는 심지어 어깨 한 번 들썩이는 법이 없었다. 문제는 이 사건에서 가장 많이 계좌를 보유한 집단 세 군데 가운데 두 군데가 영국과 영국령 버진아일랜드에 등록된 유령 회사들이었으며, 윌킨슨도 유럽 의회에 제출한 증거에서 이 점을 부각시켰다는 사실이었다. "마찬가지로 중요하고도 괘씸한 것은 바로 유령 회사들이 자리한 국가들이다." 이 내부 고발자는 유럽 의회 의원들에게 이렇게 말했다. "그 중에서도 최악은 단연코 영국이다. 나도 지금 이런 자리에 나섰으니 만큼 어느 정도 예의를 차려야 하겠지만, 내 모국이 관련된 일이다 보니 예의를 차릴 수가 없는 것이다. 영국의 역할은 절대적으로 수치스러웠다."

그럼에도 불구하고 반부패 회의에 참석한 영국 대표단은 회사 등록에 관한 영국의 모델을 전 세계에 확대하려고 강하게 밀어붙였다. 이건 마치 육상 대회에 푸틴이 불쑥 나타나서는 금지 약물에 반대하는 싸움에서 러시아를 본받으라고 모두에게 독려하는 것과도 비슷했다. 또는 미투 운동이 촉발된 지 한 달 뒤에 하비 와인스틴이 설립한 미라맥스 영화사가 성별 평등에 관한 자사의 전문성을 추켜세우는 것과도 비슷했다.

단스케은행에 관한 변호사들의 보고서에서 명백히 드러난 것처럼, 처음에만 해도 관리자들은 잘못에 관한 윌킨슨의 주장을 억누르는 한편, 그의 구체적인 우려에 대한 정보를 상부에는 알리지 않는 데에 성공했다. 그러다가 에스토니아 지점이 하는 일에 관한 뉴스가 언론에 나타나기 시작하면서, 이사회에서도 이 일이 상당히 크게 잘못되었음을 깨달았다. 당시의 언론 보도는 조직범죄 및 부패보도 프로젝트^{OCCRP}에서 간행한 기사에 근거하고 있었다. 동유럽 전역에 근거한 언론인들로 구성된 이 지칠 줄 모르고 두려움도 모르는 조직에서는 이른바 (수십억 유로를 세탁하는 정교한 사기극을 가리키는) "세탁소" 두 곳을 폭로한 바 있었다. 러시아의 세탁소는 몰도바의 은행들을 통해 운영되었으며, 아제르바이잔의 세탁소는 바쿠의 통치 엘리트를 위해서 막대한 금액을 옮겨 주었다. 양쪽 모두에서 범죄자들은 영국의 유령 회사에 의존해서 자기 신분을 숨겼고, 단스케은행을 이용해서 자기 현금을 옮겼다. 변호사들의 보고서에서도 단스케은행의 고객 177명이 러시아의 세탁소에 관여했다고 확인했는데, 그 대부분은 영국에 등록되어 있었으며, 아제르바이잔 스캔들에 관여한 고객 6명은 모두 영국에 등록된 유한합자회사였다.

2018년에 영국 정치계는 러시아의 돈과 영향력에 대한 우려로 진동했는데, 이는 솔즈베리에서 일어난 세르게이와 율리아 스크리팔 부녀 독살 미수 사건, (정부 장관들 다수에게 놀라우리만치 큰 영향력을 발휘한) 텔레비전 드라마 〈맥마피아McMafia〉, 그리고 크렘린의 미국 대선 관여라는 현재 진행형 스캔들로부터 부분적으로나마 비롯된 셈이었다. 단스케은행에 관한 보고서를 작성한 변호사들은 이런 더러운 돈이 유럽을 돌아다니는 정확한 과정은 물론이고, 이를 숨기는 과정에서 영국 규제 시스템의 구멍이 담당한 역할을 철저하게 서술했다. 아울러 이들은 자기네가 서술하는 내용이 문제의 단편에 불과하다고 설명했는데, 왜냐하면 단스케은행의 비거주자 예금 가운데 발칸 국가들에 있는 것은 많아야 10분의 1에 불과했기 때문이다. 더러운 돈이 대거 서양으로 쏟아져 들어오는 상황이었고, 영국은 공범이나 다름없었다.

이것은 세기의 스캔들이라고 할 만했다. 하지만 영국 정치인 가운데 이 사건을 의회에서 굳이 언급할 만한 가치가 있다고 생각한 사람은 없었을 뿐만 아니라, 영국 정부에서 코펜하겐에 파견한 공무원들도 자국이 회사 규제를 무척 잘하고 있다고 모두에게 떠들고 있었다. 이보다 더 좋지 않은 일은, 영국의 시스템이 사기꾼과 돈세탁꾼의 악용에 취약하다는 사실에 대해서 정부가 이미 여러 해 전부터 가장 직접적인 표현을 통해 경고를 받아 왔다는 점이다.

이 책의 앞부분에서 서술했듯이, 영국의 유령 회사들은 항상 사기꾼과 도둑에게 매력을 발휘해 왔지만, 이들의 사기극이 현저히 더 쉬워진 것은 2011년에 영국이 실시한 개혁 덕분이었다. 그 당시의 신생 연립정부는 영국이 사업에 대해서 얼마나 개방적인지를 보여 주려고 작정했다. 상무장관 빈스 케이블은 회사 설립을 최대한 간단하게 만들기로 결심했고, 영국 기업청 웹사이트상에 자료를 입력할 수 있는 자격 제한을 모두 없애 버렸다. 이전까지만 해도 이 포털

사이트는 오로지 공인된 중개업자만이 접속할 수 있었으며, 그중 상당수는 설령 부정직해도 최소한 어느 정도의 감독을 받고 있었다. 그런데 이제는 세계의 누구나 인터넷을 통해 그 웹사이트에 접속해서 그 어떤 확인 절차도 없이 회사를 설립할 수 있게 된 것이었다. 사람들이 실제로 그렇게 했다는 사실은 놀라울 것도 없다.

정부는 신설 회사 숫자의 붐을 훌륭하다고 생각했으며, 법인 설립의 속도를 이른바 "영국은 위대하다"Britain is Great라는 표어를 내건 홍보 캠페인의 일환으로 자랑했다. "영국에서는 사업체를 하나 설립하는 데 겨우 13일밖에 걸리지 않으며, 회사 하나를 등록하는 데는 최소 24시간밖에 걸리지 않습니다. 협조적이고 기업하기 좋은 환경을 위해서는 영국을 선택하세요." 사기꾼들 역시 이를 훌륭하다고 생각했다. 영국에 등록된 회사들이 러시아인을 제치고 단스케은행의 계좌 보유주 중 가장 큰 집단을 형성한 것은 2011년이며, 그로부터 1년이 지나기도 전에 그 숫자는 거의 두 배로 늘어났다. 러시아 세탁소의 절정기는 그 직후인 2013~2014년에 찾아왔다.

이 개혁은 정작 영국에 사는 국민 다수의 관심을 끄는 데에는 실패했다. '유한책임합자회사' 같은 단어가 매력적인 헤드라인을 만들어 내지는 않았을 터이니 별로 놀랄 것도 없다. 하지만 워릭셔주™의 사업가 케빈 브루어는 이에 대해서 우려를 느꼈다. 그는 이 개혁이 제기하는 위험을 경고하기 위해 여러 정치인에게 연이어 편지를 써 보냈다. "피시앤드칩스의 가격에 불과한 약 15파운드의 비용이면 아무런 검증도 없이 세계의 누구나 접속해서 회사를 설립할 수 있는데, 미키마우스나 도널드덕을 포함해서 아무의 이름이나 기입해도 되고, 심지어 남의 이름이나 아예 가공의 이름을 기입해도 되며, 그렇게 해서 러시아이건 자메이카이건 세계 어디에 있는 사람이라도 회사를 설립할 수 있고, 증명서를 얻어 낼 수 있습니다." 브루어가 내게 한 말이다. "그렇게 우스울 정도로 낮은 비용으로 아무한테나 회사를 설립해 주는 무제한적인 시스템을 가진 곳은 이 세상 어디에도 없습니다."

2013년 7월에 그는 빈스 케이블 상무장관에게 직접 호소하게 되었다. 브루어 본인도 회사 설립 중개업자였고, 1980년부터 지금까지 무려 50만 개 이상의 법인 구조물을 만들어 낸 바 있었지만, 케이블의 개혁 때문에 수입에 큰 타격이 불가피했다. 사실상 기업청이 그의 경쟁력을 깎아 먹은 셈이었는데, 등기소에서는 군이 할 의무가 없는 고객의 신분 확인을 중개업자는 반드시 해야 했기에 경쟁이 가능할 만큼 충분히 가격을 더 내릴 수가 없던 터다.

"세계의 누구라도 사업 활동을 위해 영국에 회사를 설립할 수 있는데, 정작 아무 이름이나 주소를 써도 그만이고, 심지어 완전히 가공으로 써도 그만이라는 것은 옳은 일일 수가 없습니다." 그는 자기 지역구 하원의원을 통해 상무장관에게 보낸 편지에서 이렇게 썼다. "이 정책은 잘못되었으며 희생이 클 뿐만 아니라, 그 배후를 전혀 알 길조차 없는 사기와 기만이 대대적으로 벌어질 수 있는 기회까지 만들었습니다."

탄탄한 유머 감각을 지니고 솔직하게 이야기하는 남성인 브루어는 성격에 걸맞게 자기 말을 실례로 입증했다. 2013년 5월 24일에 그는 영국에 등록한 회사 존빈센트케이블서비시즈 유한회사John Vincent Cable Services Ltd를 만들었는데, 그곳의 유일한 이사 겸 주주는 바로 상무장관 본인으로 되어 있었다. 이는 영국의 사업자등록법에 뻥 뚫려 있는 구멍 덕분에 거짓으로 익명을 유지하기가 얼마나 쉬운지를 보여 주는 확고한 실례인 셈이었다. 만약 이 회사가 사기 관련 목적에 사용된다고 치면, 케이블이 범죄자로 보이게 될 것이며, 진짜 악당은 남의 눈에 띄지 않고 도주해 버릴 것이다.

케이블의 차관인 하원의원 조 스윈슨은 상관을 대신하여 브루어에게 만사가 잘 되어 가고 있다고, 기업청에 대한 개혁은 사실 "상당한 성공"을 거두었다고 안심시켰다. 그녀는 사기에 대한 그의 우려를 일축했고, 그가 보여 준 회사 설립 시범의 속뜻을 전혀 이해하지 못한 듯, 오히려 그가 형사 범죄를 저질렀을 가능성도 있다고 지적했다. 브루어는 또다시 힘 있는 자리에 있는 누군가가 자기 말에 귀 기울이도록 설득하는 데 실패하고 말았다. "이건 정말 우스꽝스러운 일이었습니다. 어느 누구도 이걸 심각하게 받아들이지 않았으니, 어떤 사기극이 벌어졌다는 둥, 사람들이 신분 사칭에 무방비 상태라는 둥 하는 기사를 15분에 한 번씩 읽을 때마다 저는 벽돌 벽에다가 머리를 쿵쿵 박을 수밖에 없었습니다." 브루어의 말이다.

그로부터 2년 뒤에 케이블이 총선거에서 의석을 잃어버리자(아울러 그가 속한 자유민주당이 정권을 놓치자) 브루어는 후임 보수당 정권을 상대로 캠페인을 재개했다. 한때 그는 직원을 25명이나 고용했지만 이제는 대부분 그만두고 말았기에, 이번에는 자칭 "기업 친화 정당"으로부터 좋은 소식을 듣고자 고대했다. 그는 하원의원 제임스 클레벌리를 만났는데, 당내에서 "자유 기업"이라는 명칭의 모임을 이끌던 이 정치인만큼은 그의 우려를 이해하는 듯 보였다. 곧이어 만찬에서 만난 신임 상무장관도 이 문제에 대해서 글을 써서 설명해 달라고 그에게 요청했다.

브루어로선 공감하는 소식을 얻게 되리라 희망을 품을 만한 이유가 있었다. 왜냐하면 데이비드 캐머런 총리는 부패와의 싸움을 자기 총리직의 중점 과제로 삼았으며, 세계를 궁핍화하고 있는 확고부동한 부정직과 싸우는 방법을 논의하기 위한 전 세계적 모임까지도 주최했기 때문이었다. 캐머런의 정상 회의는 "익명 회사들이 부패 수익금을 숨기는 데 오용되는 것을 종식시키고, 부패를 용이하게 만들거나 공모한 변호사, 부동산 중개업자, 회계사를 축출하고 … 사람들이 보복에 대한 두려움 없이 부패를 신고하기가 더 쉬워지게 만들려는" 세계 지도자들의 의지에 대한 요란한 선언과 함께 2016년 5월 12일에 폐막되었다.

이런 상황은 브루어가 자기 주장을 내놓기에 이상적인 것처럼 보였다. 어쨌거나 그는 캐머런이 소집한 정상 회의의 주제가 된 바로 그런 범죄를 조력하는 데 영국이 공모하고 있음을 폭로하기 위해 노력하고 있었다. 그가 이야기를 할 필요가 있는 산업부 차관은 상원의원인 네빌롤프 여남작女男爵이었는데, 브루어는 그녀와의 만남을 고대한 나머지 앞서 케이블을 설득하는 데 실패한 묘기를 다시 한 번 시도했다.

정상 회의의 폐막 5일 후에 브루어는 클레벌리클록스 유한회사Cleverly Clogs Ltd를 만들었다. 주주는 모두 세 명이었다. 첫째는 네빌롤프, 둘째는 클레벌리, 셋째는 완전히 가공의 이스라엘인 이브라힘 아만이었으며 (어떤 이유에선지) 브레인트리 소재 어느 소매점이 주소지로 되어 있었다. 이것은 사기 조력에 영국이 얼마나 활짝 열려 있는지를 보여 주는 설득력 있는 사례였지만, 브루어는 이 사례를 결코 제대로 사용해 보지도 못했다. 네빌롤프와의 회견이 취소되자, 브루어는 그 회사를 해산하려고 신청했다. "아무런 결실도 없었고, 저는 환멸을 느꼈으며, 정말로 막다른 길에 도착한 셈이었습니다." 훗날 그는 내게 이렇게 말했다. "어쩌면 제 행동이 너무 순진했는지도 모르겠습니다. 물론 좋은 의도에서 한 일이었고, 뭔가 대화를 끌어내려던 시도였고, 사람들이 정말로 이해하지 못한다고 생각했기 때문이었습니다. 장관이 바뀌어도 제가 받은 편지는 사실상 글자 하나까지 똑같았습니다."

2013년에 케이블의 상무부에서 보낸 편지에서는 회사를 설립할 때에 의도적으로 거짓말을 하는 것은 형사 범죄라고 브루어에게 경고하고 있었지만, 왜 그가 대담하게도 그런 일을 또 저질렀는지는 쉽게 이해할 수 있었다. 그의 "범죄"는 희생자가 없었을 뿐만 아니라(그는 분명히 내부 고발자로 행동했을 뿐이고, 그 가짜 법인으로부터 아무런 개인적 이득을 취한 바가 없었으니까) 어느 누구도 기소되지는 않은 형사 범죄이기도 했다. 만약 검찰이 진짜 사기꾼들을 뒤쫓는 데 관심이 없다면, 아마 그를 뒤쫓는 데에도 마찬가지로 관심이 없을 것이다.

하지만 곧이어 파산관리청에서 소환장이 날아오더니, 그곳의 조사관이 정식으로 조사했다. 브루어는 관련 서류를 모두 보여 주면서, 자기가 하고 있는 일을 기업청과 언론에는 물론이고 이름이 사용된 정치인에게도 이미 경고했었다고 주장했다. 하지만 이런 주장도 아무런 도움이 되지 않았다. 2017년 12월에 그는 레디치 법원에 출두했고, 변호사와 상의한 끝에 2018년 3월 15일에 유죄 선고를 받았다. 벌금이 2만 2,800파운드여서 매월 1,000파운드씩 분할 납부하게 되었다. 브루어는 이해를 고대했겠지만, 마치 자기가 사기꾼 우두머리인 것처럼 유죄판결을 요란하게 선전한 정부의 언론 보도 자료를 보자마자 마침내 자기 어리석음을 깨닫게 되었다.

"이와 유사한 사례로서는 영국 최초였던 이번 기소는 의도적으로 법률을 어기고 회사 등기부에 거짓 정보를 제출하는 사람들에 대해 정부가 강력 대처하리라는 점을 보여 주었다." 언론 보도 자료에 인용된 상무장관 앤드류 그리피스의 말이었다.

나 역시 그 언론 보도 자료를 읽으면서 케빈 브루어를 처음 알게 되었기 때문에, 그가 그런 일을 하게 되기까지의 배경은 전혀 모른 상태에서 오히려 기쁜 마음이 들었다. 만약 정부가 매년 영국에서 70만 개 정도씩 설립되는 회사들의 진상을 확인하는 일을 마침내 진지하게 실시하기로 작정했다면, 그거야말로 환영할 만한 일이었기 때문이다. 어쨌거나 도둑 정치는 영국의 회사들이 조력하는 갖가지 일들 가운데 단지 일면에 불과하다. 전 세계적 유행의 절정기에 취약한 투자자들에게 매년 100억 달러 상당의 손해를 끼친 바이너리 옵션[22] 사기극은 거의 전적으로 영국에서 등록된 법인 매개체 뒤에 숨어 이루어졌으며, 그나마도 수많은 사례들 가운데 단 한 가지 사례에 불과하다. 영국 범죄수사국에서는 오로지 영국 내에서만 사기극으로 인한 비용이 매년 1,900억 파운드에 달한다고 추산했다. 물론 사기꾼들은 뒤에 숨을 만한 회사를 얻기가 더 어

---

22. 바이너리binary가 이진법을 의미하는 것처럼, 단순히 가격의 상승 또는 하락 가운데 하나만 골라 베팅해 돈을 따거나 잃는 구조의 사행성 짙은 금융 상품이다. 주가, 지수, 상품 가격 등 값의 오르내림이 있는 것이라면 무엇이든 투자 대상이 될 수 있다.

려워진다 해서 범죄를 포기하지는 않을 테지만, 효율적으로 법을 집행하는 정권이라면 최소한 그중 일부라도 반드시 체포되도록 할 것이다.

하지만 문제의 언론 보도 자료에서 브루어의 범행 내용에 관한 서술을 보자, 나는 혼란을 느끼기 시작했다. 회사를 설립해서 범죄를 저지르려는 의도를 지닌 사기꾼치고 유명 정치인의 이름으로 회사를 설립하는 사람은 보통 없었기 때문이다. 그렇게 하면 원치 않은 관심을 끌게 마련이었고, 그런 관심이야말로 사기꾼이 결코 바라지 않는 바였기 때문이다. 사기꾼들의 회사는 항상 수수한 이름을 갖게 마련이며, 거기 결부된 사람들도 전적으로 눈에 띄는 게 없어 보이게 마련이었지만, 브루어가 한 일은 오히려 정반대였다.

나는 이런 모순에 관심이 생겨서 온라인에서 그를 검색해 보았으며, 곧바로 2013년에 《데일리미러 Daily Mirror》에 게재된 기사를 찾아냈다. 거기에는 브루어가 빈스 케이블에게 보낸 이메일이 수록되어 있었고, 그런 일을 한 이유에 대한 본인의 설명도 인용되어 있었다. 주요 언론사에 자기 범죄를 공개적으로 시인하다니, 참으로 기묘한 사기꾼이었다. 여전히 혼란을 느낀 나는 정부 여러 부서에 전화를 걸어서, 공공의 이익을 위해서라며 그를 기소하기로 결정한 사람이 과연 누구였는지를 알아보려고 했다. 불과 몇 분도 지나지 않아 이 사건에 대한 보도 담당관들의 관심도 식기 시작했다. 언론 보도 자료에서 그토록 강력한 인용문을 내놓았던 장관이 재직하는 상무부에서는 아무것도 모르겠다고 부인하면서 기업청에 알아보라고 답변했고, 또다시 기업청에서는 그 불운한 사업가를 법정으로 끌고 간 결정은 "검찰"이 내렸다고 주장했다. 검찰청에서는 이 사건에 대한 관여를 부인하며 파산관리청에 알아보라고 답변했고, 결국 파산관리청에 가서야 책임 전가가 마침내 끝났다. 심지어 그들조차도 완전한 책임을 시인하지는 않았고, 자기네 결정은 어디까지나 검찰청 규정에 의거한 것이었다고 주장했다.

그들은 브루어에 대한 기소가 공공의 이익을 위해서라고 진정으로 확신했을지 모르겠지만, 실제로 이에 동의한 사람은 많지 않았을 것이다. 정부의 반부패 옹호자인 하원의원 존 펜로즈만 해도 이 기소를 가리켜 "전언자를 사살하는 어리석은 행위"라고 비난한 바 있었다. 그는 정부의 언론 보도 자료가 나온 지 며칠 뒤에 나와 이야기를 나누면서, 자기가 이미 추가 정보를 얻기 위해 장관들과 접촉했으며, 내친 김에 회사 등록에 대한 영국의 "맹신적인" 접근 방식에 깃든 진짜 문제에 대해서도 주의를 주었다고 말했다. "그건 옳을 수가 없고, 반드시 잘못이어야 합니다. 하지만 그렇게 해 버렸다는 사실이야말로 우리가 충분한 관심을 기울이지 않았다는 사실을 자명하게 입증한 셈입니다." 펜로즈의 말이었다.

이후 2개월 동안 영국 회사들이 사기극을 벌이는 데 오용된다는 사실을 놓고 벌어진 의회에서의 논쟁 중에 브루어의 고난이 언급되었지만, 막상 지금까지 받아 놓은 정보를 모두 확인하라고 기업청에 요구하게끔 의원들을 설득하지는 못했다. 재무장관 존 글렌은 위원회의 논의 중에 정부가 이에 동의할 수가 없는 이유를 설명했다. 하지만 왜 영국의 조력에 힘입은 도둑질의 전 세계적 유행을 저지하기 위해 정부가 기꺼이 조치를 취하지 않는지에 대한 그의 추론이란, 이 책을 여기까지 읽은 독자 모두에게 절망스러울 정도로 친숙하기 짝이 없을 것이다. 물론 그는 최소한 정직하게는 말한 것이었지만 말이다.

"그렇게 많은 회사들에 대한 실사를 수행하기 위해 자원을 동원한다면 상당한 충격이 있을 것입니다." 장관의 말이었다. "영국 경제에 청구되는 전체 비용은 매년 수억 파운드에 달할 수도 있습니다."

개인적으로 나는 그 숫자의 수학적 근거에 대해 상당히 의심이 든다. 만약 매년 기업청의 웹사이트에서 직접 설립되는 회사들 모두가(약 35만 개에 달하는데, 전체 숫자의 약 절반에 해당한다) 차라리 케빈 브루어처럼 적절하게 규제받는 회사 설립 중개업자를 통해서만 설립된다고 치면 그 비용은 건당 37파운드가 추가될 것이며, 이를 모두 합치면 1,300만 파운드가 채 못 되기 때문에 "수억 파운드"와는 상당히 거리가 멀다. 아울러 새로운 사업가가 중개업자에게 지불할 50파운드조차도 차마 감당할 수 없는 상황이라면, 애초부터 실행 가능한 사업 계획을 갖고 있다고 보기는 어려울 것이다. 이를 차치하고라도, 아울러 심지어 장관의 추산이 맞다고 가정하더라도, 그렇게 해서라도 오로지 영국에서만 매년 1,900억 달러의 비용을 쓰게 만드는 사기극의 유행을 종식하는 데에 도움이 된다고 치면, 그것이야말로 훨씬 더 이익이 많이 남는 개혁일 것이다.

하지만 어떤 면에서 개혁의 구체적인 비용과 충격보다 저 중요한 것은 바로 글렌이 표현하는 원칙이 아니었을까 싶다. 즉 그는 머니랜드를 단속하고 싶어 하지만, 영국은 차마 그걸 감당할 여력이 없다는 것이다. 또는 바꿔 말해서 머니랜드에 대한 조력은 상당히 좋은 사업이기 때문에, 우리는 차마 그걸 포기할 의향이 없다는 것이다. 우리에게는 원칙보다 수익이 더 중요하다는 것이다.

이 대목에서 단스케은행과의 흥미로운 유사성이 나타난다. 어째서 그 은행의 에스토니아 지점은 코펜하겐 본사의 감독을 전혀 받지 않은 상태에서 그토록 막대한 금액의 돈을 세탁하도록 방치되었던 것일까. 단스케은행이 핀란드의 경쟁 은행을(그리하여 결과적으로 탈린 지점까지도) 매입한 직후에 전 세계금융 위기가 닥치자, 관리자들은 그 이름을 바꿀 시간과 의향 모두가 있었음에도 불구하고 그 지점을 완전히 통합하지 않기로 결정했다. "에스토니아 지점은 본사 수준으로 발달한 돈세탁 방지 절차를 채택하고 있지 않았으며 … 본사는 에스토니아의 사업 활동에 대해서 오로지 제한적인 이해만 갖고 있었다." 변호사들의 보고서는 이렇게 결론을 내렸다. "너무 비싸고 너무 많은 자원을 필요로 한다고 간주되었기 때문이다." 영국 정부와 마찬가지로, 단스케은행은 더러운 돈에 대한 자신들의 접근을 막아설 수도 있는 뭔가를 차마 감당할 수 없었던 것이다.

키예프에서의 혁명 직후 여러 달 동안, 나는 종종 우크라이나 언론인 친구들과 나란히 앉아서 술을 마시면서 우리가 발견한 공무원들의 행동에서 가장

기이한 사례들을 공유했는데, 그때마다 우리는 그게 과연 부패 때문인지, 아니면 무능 때문인지를 판단해 보려 시도했다. 하지만 생각만큼 답변하기 쉬운 문제는 아니었다. 도둑 정치 시스템에서는 무능한 사람들조차도 가족의 연줄 덕분에 다른 나라에서였다면 차마 도달하지 못했던 수준의 높은 자리에까지 오르기 때문이다. 게다가 이들의 무능이 또다시 유용한 까닭은, 그로 인해 효율적인 정부가 불가능해지는 바람에 민원인들이 뇌물을 바치게 되기 때문이다. 이 논리는 거꾸로 뒤집어도 역시나 사실이다. 제아무리 유능한 사람도 압박에 못 이겨 부패한 정책을 시행하게 되면, 졸지에 무능한 것처럼 보일 수 있다. 요약하자면 무능과 부패는 서로를 북돋워 주는 셈이다. 두 가지는 워낙 깊이 뒤얽혀 있기 때문에, 더 이상은 서로 별개의 현상으로 바라보는 것조차도 부적절하다.

이 불쾌한 혼종은 단지 무능이나 부패 각각에 의지해서는 설명하기 힘든 많은 것들을 설명해 준다. 왜 영국이 이처럼 저렴하고 효율적이고 잘 고안된 회사 등록 시스템을 가지고 있으면서도, 정작 회사를 등록하는 사람들이 제출하는 정보를 확인할 수는 없는 것일까? 왜 단스케은행은 에스토니아 지점이 올린 수익을 기꺼이 기록하면서도, 정작 이에 대해서 적절한 확인을 가할 의향은 없었던 것일까? 왜 도둑 정치는 세계에 끼치는 파멸적인 충격이 나날이 명백해지는 와중에도 계속해서 확장되는 것일까?

바로 머니랜드 때문이다.

자료 출처

이 책을 쓰는 과정에서 수행한 공식 인터뷰는 모두 녹음해 두었고, 녹음 자료와 녹취록 모두 내가 갖고 있다. 하지만 상대방이 요청했을 때에는 익명으로 처리했다(아울러 익명으로 처리했음을 본문에 밝혀 두었다). 비공식 인터뷰는 녹음해 두지 않았지만, 진행 중에나 이후에 글로 옮겨 적어 놓았다. 인터뷰를 비공식으로 해 달라고 요청한 사람들은 자기 안전에 대한 우려 때문에 그러는 것이었지만, 언론과 이야기해도 된다는 허락을 받지 못했다는 이유로 그러는 경우도 소수이지만 있었다. 각자의 시간과 경험과 생각을 기꺼이 나누어 주었음에도 불구하고 내가 이 책에서 인용하지 못한 분들께는 심심한 사과를 드리는 바이다.

또 나는 여러 조사관들이 작성한 1차 자료라든지, 학술 논문과 단행본과 텔레비전 프로그램을 참고했다. 신뢰할 만한 언론 보도를 광범위하게 참고했으며, 적절한 대목에서 그 출처를 밝혀 놓았다. 이 책을 쓰는 과정에서 내가 읽은 단행본 모두를 열거하려면 너무 길어질 것이므로, 여기서는 각 장을 집필하는 과정에서 참고한 핵심 저술과 추천 도서에 대해서만 간략히 요약하고 넘어가고자 한다.

chapter 1
알라딘의 동굴

도적 떼에 관한 맨서 올슨Mancur Olson 의 이론은 『권력과 번영: 공산주의와 자본주의 독재의 웃자람Power and Prosperity: Outgrowing Communist and Capitalist Dictatorships 』

(New York: Basic Books, 2000)[1]에 나와 있다. 프랜시스 후쿠야마Francis Fukuyama 의 『정치 질서의 기원: 인간 이전의 시기부터 프랑스 혁명까지The Origins of Political Order: From Prehuman Times to the French Revolution』(New York: Farrar, Straus & Giroux, 2011; London: Profle Books, 2011)[2]도 매우 도움이 되었다. 새러 체이스Sarah Chayes는 『국가의 도둑들: 왜 부패가 전 세계 안보를 위협하는가Thieves of State: Why Corruption Threatens Global Security』(New York and London: W. W. Norton & Co., 2015)[3] 에서 부패와 테러리즘의 관계를 매우 자세하게 서술했다.

존 앨런John Allen의 인용문은 미국 상원 대외관계위원회에 그가 제출한 증거 자료에서 가져왔고, 외교관 및 기타 인물들의 진술서와 함께 해당 웹사이트(https://www.foreign.senate.gov/hearings/a-transformation-afghanistan-be-yond-2014)에서 찾아볼 수 있다.

토마 피케티Thomas Piketty의 기념비적 저서 『21세기 자본Capital in the Twenti-eth-frst Century』(Cambridge, MA and London: Harvard University Press, 2014)[4]은 놀라우리만치 읽기가 쉽다. 가브리엘 쥐크망Gabriel Zucman의 『은닉된 국부론: 조세 피난처라는 골칫거리The Hidden Wealth of Nations: The Scourge of Tax Havens』(Chicago, IL: University of Chicago Press, 2015)[5]는 매혹적이고도 훌륭한 요약을 제공한다. 발터 샤이델Walter Scheidel의 『위대한 평등주의자: 석기시대부터 21세기까지의 폭력과 불평등의 역사The Great Leveler: Violence and the History of Inequality from the Stone Age to

---

1. 번역서는 『지배 권력과 경제 번영: 공산주의와 자본주의 아우르기』(멘슈어 올슨 지음, 최광 옮김, 나남, 2010).
2. 번역서는 『정치 질서의 기원: 불안정성을 극복할 정치적 힘은 어디서 오는가』(프랜시스 후쿠야마 지음, 함규진 옮김, 웅진지식하우스, 2012).
3. 번역서는 『부패 권력은 어떻게 국가를 파괴하는가』(세라 체이스 지음, 이정민 옮김, 이와우, 2018).
4. 번역서는 『21세기 자본』(토마 피케티 지음, 장경덕 옮김, 글항아리, 2014).
5. 번역서는 『국가의 잃어버린 부: 조세 도피처라는 재앙』(가브리엘 주크만 지음, 오트르망 옮김, 앨피, 2016).

the Twentyfrst Century』(Princeton, NJ and Oxford: 2017)[6]도 역시나 매우 흥미롭다. 역외에 숨어 있는 돈의 양에 관한 제임스 S. 헨리James S. Henry의 평가는 2012년 조세정의네트워크Tax Justice Network에서 간행된 그의 논문「역외의 가격 재론The Price of Offshore Revisited」에 들어 있다.

chapter 2
해적

런던 시티의 역사는 바로 그 장소의 역사를 다룬 데이비드 키너스톤David Kynaston의 기념비적 4부작에 매우 자세하게 나와 있다. 그중에서도『런던의 시티, 제4권: 더 이상은 클럽이 아니다, 1945~2000년The City of London, Volume 4: A Club No More, 1945-2000』(London: Chatto & Windus, 2002)에는 유로본드와 관련된 모든 내용이 들어 있다. 그 책의 두께 때문에 엄두가 안 나는 사람이 있다면, 같은 저자의 한 권짜리 저서『런던의 시티: 1815~2000년City of London 1815-2000』(London: Chatto & Windus, 2011)과 리처드 로버츠Richard Roberts 와의 공저로 더 짧은『시티라는 국가: 어떻게 시장이 세계를 지배하게 되었나City State: How the Markets Came to Rule the World』(London: Profle Books, 2001)를 추천하는 바이다.

브레턴우즈 회의는 그 가치에 비해 많은 관심을 받지는 못했지만, 에드 콘웨이Ed Conway의『정상 회의: 닫힌 문 뒤에서 벌어진 제2차 세계대전 당시의 가장 큰 전투The Summit: The Biggest Battle of the Second World War—Fought behind Closed Doors』(London: Little, Brown, 2014; New York: Pegasus Books, 2015)는 그런 아쉬움을 채워 준다. 벤 스틸Benn Steil의『브레턴우즈 전투: 존 메이너드 케인스, 해리 덱스터 화이트, 그리고 새로운 세계 질서 만들기The Battle of Bretton Woods: John Maynard

---

6. 번역서는『불평등의 역사』(발터 샤이델 지음, 조미현 옮김, 에코리브르, 2017).

Keynes, Harry Dexter White, and the Making of a New World Order』(Princeton, NJ and Oxford: Princeton University Press, 2013)[7]도 마찬가지이다. 존 메이너드 케인스에 관한 전기는 워낙 드물어서 아쉬운데, 개인적으로는 리처드 데이븐포트하인스Richard Davenport-Hines 의 『팔방미인: 존 메이너드 케인스의 일곱 가지 삶Universal Man: The Seven Lives of John Maynard Keynes』(New York: Basic Books; London, 2015: William Collins, 2015)을 상당히 재미있게 읽었다.

지그문트 바르부르크에 관한 결정판 전기는 니얼 퍼거슨Niall Ferguson 의 『거대 금융인: 지그문트 바르부르크의 생애와 시대High Financier: The Lives and Time of Siegmund Warburg』(New York and London: Penguin Press, 2010)[8]이다. 이언 프레이저Ian Fraser 의 자서전은 『잉글랜드로 가는 큰 길The High Road to England』(Norwich: Michael Russell Publishing, 1999)이다. 짐 키오Jim Keogh 의 인용문은 마틴 메이어Martin Mayer 의 『은행가들The Bankers』(New York: Weybridge and Talley, 1974)[9]에서 가져왔다.

유로본드 시장에 관해서는 역사가들의 저술이 여럿 나와 있다. 이언 M. 커Ian M. Kerr 의 『유로본드 시장의 역사: 처음 21년A History of the Eurobond Market: The First Twenty-one Years』(London: Euromoney Publications Ltd, 1984)은 흥미로운 저서이며, 크리스 오말리Chris O'Malley 의 『국경 없는 채권: 유로본드 시장의 역사Bonds without Borders: A History of the Eurobond Market』(Chichester: John Wiley & Co., 2014)도 마찬가지이다. 아울러 영국당대사연구소Institute of Contemporary British History 에서 캐슬린 버크Kathleen Burk 가 주관했던 증언 세미나의 녹취록도 귀중한 자료임을 확인했다.

---

7. 번역서는 『브레턴우즈 전투: 존 메이너드 케인스, 해리 덱스터 화이트, 그리고 새로운 국제질서의 정립』(벤 스틸 지음, 오인석 옮김, 아산정책연구원, 2015).

8. 번역서는 『하이 파이낸셔: 지그문트 바르부르크의 삶과 시대』(니얼 퍼거슨 지음, 김지현 외 옮김, 21세기북스, 2011).

9. 번역서는 『뱅커스: 탐욕과 공익의 두 얼굴』(마틴 메이어 지음, 이현옥 옮김, 지식노마드, 2009).

역외의 발전 과정에 관한 중요한 권위자로서 수많은 훌륭한 논문을 집필하고, 또 나와 대화까지 나누어 준 로넨 페일런Ronen Palan에게 감사드리는 바이다. 그와 리처드 머피Richard Murphy의 공저『조세 피난처: 세계화는 실제로 어떻게 작용하는가Tax Havens: How Globalization Really Works』(Ithaca, NY: Cornell University Press, 2009)[10]와『역외 세계: 주권 시장, 가상 장소, 유목민 백만장자The Offshore World: Sovereign Markets, Virtual Places, and Nomad Millionaires』(Ithaca, NY: Cornell University Press, 2003)는 정말이지 탁월하다. 니콜러스 색슨Nicholas Shaxson의『보물섬: 역외 금융과 조세 피난처의 손상을 파헤치다Treasure Islands: Uncovering the Damage of Offshore Banking and Tax Havens』(Basingstoke: Palgrave Macmillan, 2011)[11]도 역시나 매우 훌륭하다.

브래들리 버켄펠드Bradley Birkenfeld의 인용문은『악마의 은행원: 아직 공개하지 않았던 나의 스위스 은행 비밀주의 파괴법Lucifer's Banker: The Untold Story of How I Destroyed Swiss Bank Secrecy』(Austin, TX: Greenleaf Book Group Press, 2016)에서 가져왔다. 스위스의 부패한 돈에 관한 보편적인 인식의 사례로서 고시니Goscinny와 우데르조Uderzo의 만화『아스테릭스, 스위스에 가다Asterix in Switzerland』(London: Hodder & Stoughton, 1973)[12] 대신 '땡땡의 모험 시리즈' 22편인 에르제Hergé의 만화『시드니행 714편Flight 714 to Sydney』(London: Methuen, 1968)[13]을 언급하기로 선택한 까닭은 땡땡이 이 문제를 더 먼저, 그리고 더 잘 지적했기 때문이기도 하지만, 또 한편으로는 땡땡이 아스테릭스보다 더 나은 만화라는 내 지론을 아

10. 번역서는『택스 헤이븐: 세계의 금융 안정성을 위협하는 조세 회피처에 대한 종합 보고서』(리처드 머피 · 로넨 팰런 · 크리스티앙 샤바뇌 지음, 노형규 옮김, 지식의날개, 2013).

11. 번역서는『보물섬: 절세에서 조세 피난처 탄생까지 현대 금융 자본 100년 이면사』(니컬러스 색슨 지음, 이유영 옮김, 부키, 2012).

12. 번역서는『아스테릭스, 스위스에 가다』(르네 고시니 지음, 알베르 우데르조 그림, 오영주 옮김, 문학과지성사, 2004).

13. 번역서는『시드니행 714편』(에르제 지음, 이영목 외 옮김, 솔, 2016).

내에게 납득시키고자 하는 헛된 바람 때문이기도 했다. 이언 플레밍Ian Fleming의 『골드핑거Goldfinger』는 1959년 런던의 조너선 케이프Jonathan Cape에서 처음 간행되었다.

chapter 3
소小앤틸리스제도의 여왕

네비스 관련 정보의 상당 부분은 그 섬의 공립도서관에서 찾은 문서에서 가져왔는데, 마침 그곳의 회사 공장들 몇 군데에서 멀지 않은 곳에 고맙게도 도서관이 자리하고 있었다. 회사 설립 관련 통계는 네비스 정부 웹사이트에서 찾아볼수 있다. 네비스의 역사는 빈센트 K. 허바드Vincent K. Hubbard의『검과 배와 설탕: 1900년까지의 네비스 역사Swords, Ships & Sugar: A History of Nevis to 1900』(Corvallis, OR: Premiere Editions, 1992)에 나와 있는데, 정작 그 저자는 본인의 역외 변호사 경력이 그 책에 기록해 둘 만한 가치까지는 없으리라 생각한 모양이니 영 아쉬울 뿐이다.

러시아 "세탁소"의 돈세탁 음모 관련 정보는 그 문제에 대해 오랫동안 놀라운 업적을 올린 조직범죄 및 부패보도 프로젝트OCCRP의 웹사이트에서 찾아볼 수 있다.

저지섬 민회에서 벌어진 토론 인용문은 그곳 의회의 웹사이트에 게재된 의사록의 일종인 녹취록에서 가져왔다. 그곳의 전직 경찰관 성명서는 저지섬 복지 문제 독립 조사위원회Independent Jersey Care Inquiry의 웹사이트에서 찾아볼 수 있다. 개인적으로는 아동 인권 단체인 보이스포칠드런Voice for Children과 리코소르다Rico Sorda의 블로그에 대해서 독자의 관심을 촉구하고 싶은데, 여기서는 저지섬의 다른 언론 매체 상당수가 더 이상 다루지 않는 정보가 계속 올라오기 때문이다.

저지섬의 역사가들은 조세 피난처로서 그곳의 발전에 관해서는 별로 관심을 보이지 않았지만, 조프리 콜린 파월Geoffrey Colin Powell의『저지섬의 경제 조사Economic Survey of Jersey』(St Helier: States of Jersey, 1971)는 딱 그런 것을 좋아하는 우리 같은 사람들에게 매력적인 읽을거리이다. 폴 비션Paul Bisson의 소설『메리골드 다크Marigold Dark』(St Helier: Jayplate, 2015)와 존 새뮤얼John Samuel의 소설『어둠 속에서 내가 너에게 한 말What I Tell You in the Dark』(London: The Overlook Press, 2014)은 저지섬 특유의 분위기에 대한 훌륭한 통찰을 제공한다.

chapter 4
섹스, 거짓말, 그리고 역외 매개체

개인적으로는 마셜 I. 골드먼Marshall I. Goldman의『러시아의 해적화: 잘못된 러시아 개혁The Piratization of Russia: Russian Reform Goes Awry』(London and New York: Routledge, 2003)이 극도로 유용했으며, 카렌 다위샤Karen Dawisha의『푸틴의 도둑 정치Putin's Kleptocracy』(New York: Simon & Schuster, 2014)도 마찬가지였다. 리처드 파머Richard Palmer의 인용문은 1999년 미국 하원 금융재정서비스위원회의 러시아 돈세탁 관련 청문회에서 그가 내놓은 증언에서 가져왔고, 해당 웹사이트(https://archives-fnancialservices.house.gov/banking/92199pal.shtml)에서 찾아볼 수 있다.

chapter 5
할리 스트리트의 수수께끼

할리 스트리트 29번지에 관한 조사 대부분은 내가 2016년 4월《가디언》에 게재한 기사를 집필하며 수행했던 것이다.

chapter 6
유령 회사 게임

범죄를 용이하게 만들어 주는 과정에서 유령 회사의 역할에 대해서는 훌륭한 단행본이 몇 가지 나와 있다. 마이클 G. 핀들리Michael G. Findley, 대니얼 L. 닐슨 Daniel L. Nielson, J. C. 샤만J. C. Sharman이 공저한 『전 세계적 유령 회사 게임: 초국가 적 관계, 범죄, 테러리즘에서의 경험Global Shell Games: Experiments in Transnational Relations, Crime, and Terrorism』(Cambridge: Cambridge University Press, 2014)은 필요 불가결 한 자료이다. 스티븐 플래트Stephen Platt 의 『범죄 자본: 금융 산업은 어떻게 범죄 를 용이하게 만드는가Criminal Capital: How the Finance Industry Facilitates Crime』(Basingstoke: Palgrave Macmillan, 2015)도 매우 흥미로운 자료이다. 브룩 해링턴Brooke Harrington 의 『국경 없는 자본: 자산 관리자들과 1퍼센트 부자들Capital without Borders: Wealth Managers and the One Percent』(Cambridge, MA and London: Harvard University Press, 2016)[14]은 불평등을 촉진하는 금융 산업의 역할을 설명한다. 필립 마르코비치 Philip Marcovici 의 『가족 자산의 파괴적인 힘: 승계 계획, 자산 보호, 조세 및 부 관 리를 위한 지침서 The Destructive Power of Family Wealth: A Guide to Succession Planning, Asset Protection, Taxation and Wealth Management』(Chichester: John Wiley & Sons, 2016)는 그런 성격의 책치고는 훨씬 더 재미있는 편에 속하므로, 내 책에서 다루지 못한 것이 영 아쉬울 뿐이다.

　　글로벌위트니스Global Witness 는 2016년에 원칙을 왜곡하려는 미국 변호사들 의 열의에 관한 자체 조사를 '가로대 낮추기: 수상한 자금을 미국으로 들여오는 것에 관해 미국 변호사들은 어떻게 조언했는가'Lowering the Bar: How American Lawyers Told Us How to Funnel Suspect Funds into the United States 라는 제목으로 자기네 웹사이트에

---

14. 번역서는 『국경 없는 자본: 전 세계 0.1% 부의 동선을 관리하는 자들의 이야기』(브룩 해링턴 지음, 김영선 옮김, 동녘, 2018).

간행했다.

세계은행World Bank의 도난자산회수StAR, Stolen Asset Recovery Initiative 운동과 스탠퍼드대학 법과대학원의 해외부패방지법 위반 혐의 기소 컬렉션에는 역사적인 부패 사례에 관한 탁월한 데이터베이스가 있다. 제발 부탁이니 다른 나라들도 이렇게 탁월한 방식으로 법원 판결문을 모아 놓기 시작하면 안 될까?

상원 상설조사소위원회The Senate Permanent Subcommittee on Investigations는 시티은행의 행동에 관한 불미스러운 세부 사항을 파헤쳐 놓았으며, 그 결과를 다른 여러 자료들과 함께 1999년 11월에 자체 웹사이트에 올려놓았다.

chapter 7
암

이 장은 내가 우크라이나에서 했던 취재에 근거한 것이다. 부패 사례 연구는 내 조사 과정에 큰 도움을 주었던 용감하고도 결의가 넘치는 활동가들로 이루어진 소집단인 반부패행동센터Anti-corruption Action Centre, 즉 AntAC의 웹사이트에서 찾아볼 수 있다.

chapter 8
방울뱀처럼 밉살맞은

프레더릭 포사이스Frederick Forsyth의 『전쟁의 개들The Dogs of War』(London: Hutchinson, 1974)[15]을 처음 읽은 것은 십 대 때였는데, 지금까지 내가 각별히 좋아하는 스릴러 가운데 하나이다. 치누아 아체베Chinua Achebe의 소설 『모든 것이 산산이

---

15. 번역서는 『전쟁의 개들』(프레드릭 포사이드 지음, 정성호 옮김, 백양출판사, 1987).

부서지다Things Fall Apart』(London: William Heinemann, 1958)[16]와 『더 이상 평안은 없다No Longer at Ease』(London: William Heinemann, 1960)[17]는 정말 걸작이다. 그의 에세이 「나이지리아의 문제The Trouble with Nigeria」는 1983년에 나이지리아의 포스디멘션 출판사Fourth Dimension Publishing에서 간행되었으며, 2010년에 펭귄의 그레이트아이디어Great Ideas 시리즈 가운데 하나인 『아프리카의 이미지An Image of Africa』에 수록되어 재간행되었다. 같은 테마를 일부나마 다루고 있는 현대 나이지리아 소설가로는 치분두 오누조Chibundu Onuzo가 있는데, 특히 『라고스로 오신 것을 환영합니다Welcome to Lagos』(London: Faber & Faber, 2017)가 환상적이다.

세계 도둑 정치의 기원에 관한 깊이 있는 연구를 원하는 독자라면, 내가 《저널오브데모크라시Journal of Democracy》 2018년 1월호에 게재한 에세이 「도둑 정치의 대두: 세계화의 어두운 면The Rise of Kleptocracy: The Dark Side of Globalization」을 참고하기 바란다. 스타니슬라프 안드레스키Stanislav Andreski는 『아프리카의 곤경: 근대화의 병리에 관한 연구The African Predicament: A Study in the Pathology of Modernisation』 (New York: Atherton Press; London: Michael Joseph, 1968)에서 이 발상을 더 흥미롭게 탐구한 바 있다. 도둑 정치에 관한 신나탐비 라자라트남Sinnathamby Raja-ratnam의 강연은 아놀드 J. 하이덴하이머Arnold J. Heidenheimer의 저서 『정치적 부패: 비교 분석 독본Political Corruption: Readings in Comparative Analysis』(New York and London: Holt, Rinehart and Winston, 1970)[18]에 수록되어 있다.

적도기니에 관해서는 로버트 클리트가드Robert Klitgaard의 『열대의 악당들: 아프리카 가장 깊은 곳에서의 발전과 퇴폐를 경험한 사람의 이야기Tropical Gang-sters: One Man's Experience with Development and Decadence in Deepest Africa』(New York: Basic Books, 1991)가 핵심적이다. 미국 상원의 오비앙 일가 관련 조사 내용도 상당히

---

16. 번역서는 『모든 것이 산산이 부서지다』(치누아 아체베 지음, 조규형 옮김, 민음사, 2008).
17. 번역서는 『더 이상 평안은 없다』(치누아 아체베 지음, 이소영 옮김, 민음사, 2009).
18. 번역서는 『권력과 부패』(A. J. 하이덴하이머 엮음, 김중위 옮김, 한벗, 1982).

홍미로운데, 프랑스에서 재판이 진행 중일 때 법률 캠페인 단체 셰르파^{Sherpa}에서 그 내용을 공개했다.

국제통화기금^{International Monetary Fund}의 연구 논문인 크리스천 함^{Christian Harm}과 조슈아 샤라프^{Joshua Charap} 공저의 「제도화된 부패와 도둑 정치 국가^{Institutionalized Corruption and the Kleptocratic State}」는 부패의 작용 방식에 관해 설득력 있는 이론을 내놓는다.

chapter 9
여권을 판매하는 사람

크리스티안 H. 켈린^{Christian H. Kälin}의 취리히 대학 박사학위 논문 『이우스 도니: 투자 시민권 획득^{Ius Doni: The Acquisition of Citizenship by Investment}』(Zurich: Ideos Publications Ltd, 2016)은 여권 판매 산업 배후에 놓인 원리에 대한 완벽한 요약을 제공한다. 아토사 아락시아 아브라하미안^{Atossa Araxia Abrahamian}은 저서인 『카즈모폴라이츠: 세계 시민의 도래^{The Cosmopolites: The Coming of the Global Citizen}』(New York: Columbia Global Reports, 2015)에서 자신의 사업을 설명했다. 세인트키츠네비스 여권 판매 프로그램의 어두컴컴한 시작을 살펴보고 싶은 독자라면, 켄 리조크^{Ken Rijock}의 『세탁꾼^{The Laundry Man}』(London: Viking Press, 2012)을 꼭 읽어보기 바란다. 일단 내용이 무척 재미있다.

국제통화기금에서 2015년에 간행한 연구 논문 「과유불급?: 경제 시민권 프로그램하의 유입에 관한 신중한 관리^{Too Much of a Good Thing?: Prudent Management of Inflows under Economic Citizenship Programs}」는 세인트키츠의 프로그램의 성공을 분석한다.

개인적으로는 조세 피난처로 나아간 앵귈라의 흥미로운 경로에 관해 서술할 지면이 모자랐다는 사실이 영 아쉬운데, 왜냐하면 그 일 자체에 관한 자료가 원체 부족하기 때문이다. 하지만 그곳의 독립 반대 혁명만큼은 도널드 E. 웨스트레이크^{Donald E. Westlake}의 유쾌한 책『영국의 하늘 아래^{Under an English Heaven}』
(London: Hodder & Stoughton, 1973)에 잘 서술되어 있다.

chapter 10
"외교관 면책특권!"

극도로 부유한 사람들의 외교관 면책특권 오용은 줄곧 주목을 받지 않은 채로
남아 있었으며, 다만 영화 〈리셀 웨폰 2^{Lethal Weapon 2}〉만 예외였을 뿐이다.

chapter 11
'쓰기 불가능하게' 만들기

빌 브라우더^{Bill Browder}의 러시아 펀드매니저 활동 경력과 인권 운동가로의 변
신에 관해서는 저서인『적색 수배서: 나는 어떻게 해서 푸틴의 최대 적수가
되었는가^{Red Notice: How I Became Putin's No. 1 Enemy}』(New York: Simon & Schuster and
London: Corgi, 2015)[19]에 나와 있다. 끝내 상영이 불가능했던 영화의 감독은 하
바나 마킹^{Havana Marking}이었다. 진짜 좋은 영화였는데. 거기 출연한 다리아 칼레
니우크^{Daria Kaleniuk}와 그 밖의 사람들에게 감사드리는 바이다.

chapter 12
암흑 물질

2015년에 올리버 하비^{Oliver Harvey}와 로빈 윙클러^{Robin Winkler}가 작성한 도이체방

---

19. 번역서는『적색 수배령: 푸틴과 검은 러시아에 맞선 미국 경제인의 실화』(빌 브라우더 지음,
김윤경 옮김, 글항아리, 2018).

크Deutsche Bank의 보고서 「암흑 물질: G10의 환율을 움직인 숨은 자본 흐름Dark Matter: The Hidden Capital Flows that Drive G10 Exchange Rates」은 온라인으로 찾아볼 수 있는데, 그 내용을 보면 영국의 비밀 자금 유입 가운데 상당 부분을 러시아와 연결 짓고 있다. 그로부터 2년 뒤에 바로 그 은행이 이른바 "미러트레이딩 기법"mirror trade을 통해서 100억 달러의 숨은 자본을 러시아 바깥으로 움직인 혐의에 대한 미국과 영국의 기소를 모면하기 위해 6억 3,000만 달러의 벌금을 물었다는 사실은 참으로 아이러니하다.

마르크 피트Mark Pieth가 편집한 에세이 선집 『도둑맞은 자산 회수하기Recovering Stolen Assets』(Basel: Basel Institute of Governance, 2008)는 훔친 돈을 적법한 소유주에게 돌려주려 시도하는 과정에서 마주하는 여러 가지 어려움에 관해 서술했다. 세계은행의 도난자산회수운동StAR에서 2014년에 간행한 라리사 그레이Larissa Gray, 케틸 한센Kjetil Hansen, 프란베라 레치카커크브라이드Pranvera Recica-Kirkbride, 리니아 밀스Linnea Mills 공저의 『드물고도 머나먼: 도난 자산 회수의 냉엄한 현실Few and Far: The Hard Facts on Stolen Asset Recovery』 역시 지금까지의 오히려 낙담스러운 이야기를 소개한다.

chapter 13
"핵의 죽음이 당신의 문을 두드려 댄다"

이 장에 수록된 정보 대부분은 2015년 1월부터 3월까지 런던왕립재판소에서 진행된 알렉산드르 리트비넨코의 죽음에 관한 공판에 제출된 증거에서 가져왔다. 그 사건은《GQ》영국판의 의뢰를 받아 취재했던 것이다. 그 증거 가운데 일부는 나중에 러시아 정부 측 변호사들의 이의 제기로 일부 삭제되었다. 이건 결국 리트비넨코와 스페인 정보기관의 공조에 관한 정보 가운데 일부를 더 이상은 그 공판 관련 웹사이트에서 볼 수 없게 되었다는 뜻이다. 하지만 구글링을 잘 해 보면 원본도 찾아볼 수 있다.

이 공판 이후에 루크 하딩Luke Harding은 『매우 비싼 독극물: 리트비넨코 암살, 그리고 러시아와 서양 간 전쟁의 전모A Very Expensive Poison: The Defnitive Story of the Murder of Litvinenko and Russia's War with the West』(London: Guardian Faber, 2016; New York: Vintage, 2017)를 저술했는데, 이는 그가 지난 10년 동안 다뤄 온 암살 관련 연구를 토대로 한 결과물이었다. 마리나 리트비넨코Marina Litvinenko와 알렉스 골드파브Alex Goldfarb가 공저한 『이의 제기자의 죽음: 알렉산드르 리트비넨코의 독살과 KGB의 귀환Death of a Dissident: The Poisoning of Alexander Litvinenko and the Return of the KGB』(London and New York: The Free Press, 2007)도 있다. 알렉산드르 리트비넨코의 사후인 2018년 2월에는 그가 유리 펠슈틴스키Yuri Felshtinsky와 공저한 『러시아 터트리기: KGB의 테러를 다시 가져오려는 비밀 음모Blowing Up Russia: The Secret Plot to Bring Back KGB Terror』(London: Gibson Square, 2007)도 재간행되었다.

chapter 14
돈이 좋다고 말해요

니콜라스 색슨Nicholas Shaxson의 『오염된 샘: 아프리카산 석유의 더러운 정치 Poisoned Wells: The Dirty Politics of African Oil』(Basingstoke: Palgrave Macmillan, 2007)와 톰 버지스Tom Burgis의 『약탈 기계: 군벌, 대부호, 밀수업자, 그리고 아프리카의 부에 대한 조직적 절도The Looting Machine: Warlords, Tycoons, Smugglers and the Systematic Theft of Africa's Wealth』(London: William Collins and New York: Public Affairs, 2015) 모두는 역외 금융이 아프리카를 거덜내기까지의 과정에 대한 탁월한 설명이다. 1990년대 글로벌위트니스의 기념비적인 앙골라 관련 보고서들인 「투박한 자각A Crude Awakening」(1999), 「거친 무역A Rough Trade」(1998)은 여전히 해당 웹사이트에서 찾아볼 수 있다.

chapter 15
고급 부동산

15CPW의 역사를 다룬 마이클 그로스^{Michael Gross}의 『터무니없는 재산의 집: 세계에서 가장 강력한 주소, 센트럴파크 웨스트 15번지^{House of Outrageous Fortune: Fifteen Central Park West, the World's Most Powerful Address}』(New York: Atria Books, 2014)는 탁월한 저서이다. 뉴욕 부동산 시장에 관심이 있는 사람이라면, 조너선 밀러^{Jonathan Miller}의 주간 뉴스레터 「하우징 노츠^{Housing Notes}」를 밀러새뮤얼 주식회사^{Miller Samuel Inc.} 웹사이트에서 구독할 수 있다.

마이애미부동산업자협회^{The Miami Association of Realtors}에서도 플로리다 남부 부동산의 해외 구매자 정보를 제공한다.

내가 『러시아 최후의 인간: 그리고 죽어 가는 나라를 살리기 위한 분투^{The Last Man in Russia: And the Struggle to Save a Dying Nation}』(London: Allen Lane; New York: Basic Books, 2013)를 작업할 때 내 친구 사샤^{Sasha}가 페름에서 솔리캄스크며 베레지니스키까지 직접 운전을 맡아 주었다. 고마웠어, 사샤!

chapter 16
금권 보유자들은 함께 어울리기를 좋아한다

아자이 카푸르의 금권경제 관련 보고서는 비록 악명이 높기는 하지만 정작 입수하기는 상당히 어렵기 때문에, 그걸 대신 찾아 준 쥘^{Jules}에게 다시 한 번 감사드리는 바이다. 나는 거듭해서 카푸르에게 연락을 시도했지만 아무런 답변이 없었다. 혹시 이 글을 읽으시면 연락 부탁합니다, 아자이.

chapter 17
스위스 박살 내기

이 장의 핵심 자료는 브래들리 버켄펠드^{Bradley Birkenfeld}의 회고록『악마의 은행원: 아직 공개하지 않았던 나의 스위스 은행 비밀주의 파괴법^{Lucifer's Banker: The Untold Story of How I Destroyed Swiss Bank Secrecy}』(Austin, TX: Greenleaf Book Group Press, 2016), 그리고 그로부터 증거를 제출받았던 미국 상원의 UBS의 행각 관련 보고서였다. 가브리엘 쥐크망의『은닉된 국부론: 조세 피난처라는 골칫거리^{The Hidden Wealth of Nations: The Scourge of Tax Havens}』(Chicago, IL: University of Chicago Press, 2015)는 스위스 금융 산업의 역사를 서술하는 데 중요한 자료가 되었다.

chapter 18
조세 피난처 미국

로런스 M. 프리드먼^{Lawrence M. Friedman}의『영구 양도: 유언장, 신탁, 상속법의 사회사^{Dead Hands: A Social History of Wills, Trusts, and Inheritance Law}』(Stanford, CA: Stanford Law Books, 2009)는 미국의 신탁에 관한 소개로서 유용하다. 피터 코토차누^{Peter Cotorceanu}가 취리히 소재 애너퍼드법률회사^{Anaford Attorneys}에서 간행한 2015년의 보고서「등잔 밑에 숨기기: 비^非미국인이 FATCA와 GATCA에도 불구하고 신고를 합법적으로 피할 수 있는 방법^{Hiding in Plain Sight: How Non-US Persons Can Legally Avoid Reporting under Both FATCA & GATCA}」역시 현재 벌어지는 일을 이해하는 데 도움이 되었다.

chapter 19
머니랜드에 맞서기

아서 위즐리Arthur Weasley의 인용문은 J. K. 롤링J. K. Rowling의 『해리 포터와 비밀의
방Harry Potter and the Chamber of Secrets』(London: Bloomsbury, 1998)[20]에서 가져왔는데,
내 생각에는 이 세상 거의 모든 것에 적용되는 격언 같다.

제인 메이어Jane Mayer의 『검은 돈: 극우의 대두 배후에 있는 억만장자들의
숨은 역사Dark Money: The Hidden History of the Billionaires behind the Rise of the Radical Right』(New
York: Doubleday, 2016)[21]는 푸틴이 등장하기 이전부터 올리가르히의 돈의 중
력 효과가 어떻게 현실을 왜곡해 왔는지를 보여 주는, 정말 눈을 번쩍 뜨게
만드는 저술이다. 낸시 매클린Nancy McLean의 『사슬에 묶인 민주주의: 미국에 대
한 극우의 은밀한 계획의 깊은 역사Democracy in Chains: The Deep History of the Radical Right's
Stealth Plan for America』(New York: Viking, 2017)[22]는 아마 이보다 더 비범한 저술일
것이다.

chapter 20
뭔가 썩은 것

「단스케은행 에스토니아 지점의 비거주자 포트폴리오에 관한 보고서Report on the
Non-Resident Portfolio at Danske Bank's Estonian branch」는 2018년 9월 19일자로 단스케은
행 웹사이트에 게재되었으며, 검색 엔진을 이용해서 쉽게 찾아볼 수 있다. 하위

---

20. 번역서는 『해리 포터와 비밀의 방』(조앤 K. 롤링 지음, 김혜원 옮김, 문학수첩, 1999).

21. 번역서는 『다크 머니: 자본은 어떻게 정치를 장악하는가』(제인 메이어 지음, 우진하 옮김, 책
담, 2017).

22. 번역서는 『벼랑 끝에 선 민주주의: 억만장자 코크는 어떻게 미국을 움직여 왔는가』(낸시 매
클린 지음, 김승진 옮김, 세종서적, 2019).

드 윌킨슨Howard Wilkinson의 유럽 의회 출석에 관해서는 그 산하의 금융범죄·조세포탈·조세회피 위원회Financial Crimes, Tax Evasion and Tax Avoidance committee 웹사이트에 2018년 12월 11일자로 게재되었다. 그의 덴마크 의회 출석 장면은 국립내부고발자센터National Whistleblower Center의 유튜브 채널에 2018년 12월 5일자로 올라와 있다. 조직범죄 및 부패보도 프로젝트OCCRP에서 밝혀낸 여러 가지 돈세탁 음모에 관한 기사는 해당 웹사이트에서 찾아볼 수 있으며, 그 외의 다양하고도 놀라운 이야기들도 함께 올라와 있다. 나는 케빈 브루어Kevin Brewer의 곤경에 대해 2018년 3월 22일자 《옵저버》에 처음으로 기고한 바 있다. 정부의 잘못된 판단으로 나온 언론 보도 자료에 관심을 갖게 해 준 리처드 스미스Richard Smith에게 감사드리는 바이다.

감사의 말

이 책에 수록된 여러 가지 발상과 이야기는 더 이전에 내가 기고한 기사에서 자라난 것이므로, 애초에 그 기사를 의뢰해 준 편집자들에게 크게 감사드리는 바이다. 특히 앤 애플바움, 조너선 샤이닌, 데이비드 울프, 시그리드 라우징, 조너선 히프, 라이언 키어니, 찰스 데이비드슨, 브렌트 콜머, 프랜시스 윈, 스테파니 지리, 네이선 손버그에게 감사드린다. 하바나 마킹에게도 감사드리는 바이며, 언젠가는 우리의 영화가 다른 어디에선가 상영될 수 있을 것이다. 멜리사아텐은 내가 워싱턴과 다른 여러 곳에서 만날 사람을 찾아 주는 과정에서 극도로 큰 도움을 주었다. 코트니 랜섬, 소피아 밀럼, 사이먼 오스트로브스키는 더이상 친절할 수가 없을 정도였다. 고마워요, 친구들!

돈이 움직이는 과정의 가장 미세한 국면에 대해서도 기꺼이 서로 생각을 교환할 수 있는 친구들을 두고 있다는 것은 대단한 일이었다. 특히 로만 보리소비치, 아서 두한, 리처드 스미스, 에드 시저, 치도 던, 수 홀리에게 감사드리는 바이다.

캐롤리나 서턴은 꿈에 그릴 만한 에이전트로서 충고와 격려가 가득했다. 프로파일출판사의 에드 레이크는 이 프로젝트에 대해서 처음 들었던 순간부터 줄곧 열성적이었으며, 환상적으로 뛰어난 편집자였다. 함께 일하게 되어서 정말로 즐거웠다.

로지는 내 부재를 우아함과 완벽함으로 인내해 주었다. 마음 내킬 때면 언제나 내 방으로 쳐들어와서, 이 세계의 미래를 걱정하는 것이 중요한 이유를 꼬박꼬박 상기시켜 준 토빈과 카이에게도 감사를 보낸다. 나는 그 녀석들을 위해이 책을 쓴 것이다.

옮긴이의 말

출판 번역자로 첫발을 내디디며 작업한 책이 바로 미국 작가 레너드 위블리의 소설 『약소국 그랜드 펜윅 이야기The Mouse on Wall Street』였다. 지도상에서 어디 붙어 있는지 아는 사람조차 드문 유럽의 초소형 독립국 그랜드 펜윅이 미국을 상대로 선전포고를 하면서 벌어지는 황당무계한 소동을 통해 강대국 위주의 국제 질서를 풍자하는 유머 소설이다. 이후 4권까지 이어진 시리즈에서 약소국 그랜드 펜윅은 얼떨결에 세계 최강 핵 보유국, 세계 최초 달 착륙 성공국, 세계 최대 달러화 보유국, 세계 최대 산유국으로 변모하며 여러 강대국과 어깨를 나란히 하게 된다.

그랜드 펜윅 시리즈가 각별히 재미있게 느껴지는 까닭은 기껏해야 가로세로 몇 킬로미터밖에 안 되는 약소국이 뜻밖의 행운을 통해 세계 여러 강대국을 호령하는 실세 국가로 군림한다는 기발한 설정 때문이다. 아울러 대단한 힘을 가졌지만 여전히 순박하고 정직한 사고방식의 소유자들이 복잡한 국제 외교를 지극히 간단하고 상식적인 차원에서 해결한다는 내용도 각별히 매력적으로 보인다. 세계를 뒤흔들 수 있는 핵폭탄, 에너지 기술, 외환 보유고, 산유량을 지녔음에도 그랜드 펜윅은 욕심을 부리지도 않고, 불의와 타협하지도 않는다.

그런데 그랜드 펜윅의 현실 속 모델로 짐작되는 유럽의 초소형 독립국 리히텐슈타인을 살펴보면 이런 이상과는 거리가 먼 현실이 드러난다. 이곳은 오래전부터 이웃 나라 스위스와 나란히 역외 금융의 중심지 역할을 해 왔다. 『머니랜드』에서도 여러 번 언급되었듯이, 러시아와 우크라이나에서 나온 수상한 자금이 리히텐슈타인에 설립된 유령 회사를 통해 소유권을 흐린 경우는 비일비재하다. 과거 영국의 식민지였던 카리브해의 영연방 섬나라들도 마찬가지여서, 오늘날의 약소국은 곧 역외 금융의 중심지라 해도 과언이 아니다.

역외 금융의 문제점은 이미 무수한 언론 보도를 통해 비교적 널리 알려져 있다. 조세 회피 목적으로 해외에 유령 회사를 만들고 자산을 빼돌리는 비양심적인 개인과 기업의 행동으로 인한 피해는 오로지 서민의 몫이 된다. 과거에는 해외 송금 자체가 쉽지 않았기 때문에 조세 회피에도 근본적인 한계가 불가피했지만, 현재에는 세계화의 유행과 기술의 발전 덕분에 '자본은 국경을 넘어 자유롭게 흐르지만 규제는 국경을 넘지 못하는 불일치'가 발생하며, 이는 역외 금융이라는 편법을 이용해 부를 은닉하고 보전하는 교묘한 음모의 증가로 귀결된다.

영국의 탐사언론인 올리버 벌로는 이처럼 세계 각지에서 편법으로 흘러 나온 돈이 모여드는 장소를 '머니랜드'라고 명명한다. 물론 머니랜드는 실제의 공간이 아니라 가상의 개념에 불과하지만, 세계 경제와 정치에 실제로 큰 영향력을 발휘함으로써 현실 세계에서도 그 존재감을 드러낸다. 그 규모는 많게는 매년 수백억 달러씩 늘어나는 것으로 추정되며, 그중에는 단지 조세 회피만을 의도한 야비한 돈뿐만이 아니라, 구식민지와 구소련 같은 신생 독립국가의 불안한 정치 상황을 틈타 만연한 도둑 정치가와 올리가르히의 더러운 돈도 포함된다.

하지만 머니랜드를 단지 도둑 정치가와 올리가르히의 창조물이라고 단언할 수는 없다. 영국과 미국과 스위스를 비롯한 여러 선진국의 금융인과 변호사가 그처럼 야비한 돈과 더러운 돈의 하수인이 되었고, 유령 회사와 역외 금융의 그물망을 만들어 머니랜드의 유지와 팽창을 적극적으로 돕기 때문이다. 올리버 벌로가 머니랜드의 문제를 단지 후진국이나 개발도상국에만 국한된 문제로만 치부해서는 안 된다고, 오히려 선진국의 협조 속에서 벌어지는 새로운 개념의 약탈이니 만큼 국제적인 차원의 해결이 필요하다고 지적한 이유도 그래서이다.

머니랜드의 영향력을 단적으로 보여 주는 사실은 이 책에서 묘사된 사건들 가운데 일부가 아직도 현재 진행형이라는 점이다. 저자가 맨 처음 소개한 우크라이나 대통령의 홍보 전문가는 현직 미국 대통령 도널드 트럼프의 초선 당시 선대위에서 활동한 측근이었다. 조만간 미국 대선에서 재선을 노리는 트럼프와 격돌할 민주당 후보 조 바이든 역시 아들이 우크라이나에서 거액을 챙겼다는 사실이 오랫동안 의혹으로 떠올라 있다. 미국과 한국 연예계에 거액을 투자하며 온갖 의혹을 자아낸 말레이시아의 큰손 존 로우 역시 머니랜드의 일원이다.

그렇다면 머니랜드의 팽창과 존속을 저지하기 위해서는 어떻게 해야 할까? 영국인인 저자는 일단 자국에서부터 머니랜드에 유리한 법률과 제도를 싹 뜯어 고쳐야 한다고 주장한다. 하지만 이는 서양에서 오랜 세월 각별히 떠받든 자유라는 대전제와 배치되는 내용이다 보니, 자칫 논란만 불러 일으키고 실현은 불가능할 수 있어 보인다. 아울러 일단 역외의 맛을 경험한 다음에 과거로 돌아갈 수 있을지도 불확실한 상황이고, 국제적인 자본 흐름을 규제한다는 발상 그 자체부터가 세계화라는 대세에 역행하는 처사라는 비판도 가능하다.

하지만 번역서 출간을 앞두고 벌어진 코로나-19의 현실을 살펴보면, 이 뜻밖의 상황으로 사고방식의 전환이 가능하지 않을까 하는 생각도 든다. 전염병 유행 초기에 자유라는 대전제만 고수하다 효율적인 방역에 실패한 결과로 미국과 유럽 여러 나라가 큰 피해를 입었음을 놓고 보면, 공공선을 위해서는 그 신성불가침의 대의에도 약간의 억제는 불가피하다는 사실이 입증된 듯하기 때문이다. 이번 일을 계기로 머니랜드의 토대인 '자유의 남용'이라는 문제에 대해서도 반성이 이루어진다면 어떨까? 향후 세계의 행보가 더욱 궁금해질 수밖에 없는 이유다.

2020년 6월 박중서

찾아보기

인명 찾아보기

내용 찾아보기

북트리거 포스트

북트리거 페이스북

머니랜드

사악한 돈, 아비한 돈, 은밀한 돈이 모이는 곳

1판 1쇄 발행일 2020년 7월 6일

지은이 올리버 벌로 | 옮긴이 박중서
펴낸이 권준구 | 펴낸곳 (주)지학사
본부장 황홍규 | 편집장 윤소현 | 기획·책임편집 김지영 | 편집 전해인 김세은
디자인 정은경디자인
마케팅 송성만 손정빈 윤술옥 이예현 | 제작 김현정 이진형 강석준 방연주
등록 2017년 2월 9일(제2017-000034호) | 주소 서울시 마포구 신촌로6길 5
전화 02.330.5265 | 팩스 02.3141.4488 | 이메일 booktrigger@naver.com
홈페이지 www.jihak.co.kr | 포스트 http://post.naver.com/booktrigger
페이스북 www.facebook.com/booktrigger | 인스타그램 @booktrigger

ISBN 979-11-89799-27-4 03320

이 도서의 국립중앙도서관 출판예정도서목록(CIP)은 서지정보유통지원시스템
홈페이지(http://seoji.nl.go.kr)와 국가자료공동목록시스템(http://www.nl.go.kr/kolisnet)에서
이용하실 수 있습니다. (CIP제어번호: CIP2020022512)

북트리거

트리거(trigger)는 '방아쇠, 계기, 유인, 자극'을 뜻합니다.
북트리거는 나와 사물, 이웃과 세상을 바라보는 시선에 신선한 자극을 주는 책을 펴냅니다.